《瞭望宁夏70年》丛书　　周庆华　主编

瞭望者永远是年轻

周庆华　编著

黄河出版传媒集团
宁夏人民出版社

图书在版编目（CIP）数据

瞭望者永远是年轻 / 周庆华编著. --银川：宁夏人民出版社，2019. 11
（瞭望宁夏70年 / 周庆华主编）
ISBN 978-7-227-07112-9

Ⅰ. ①瞭…　Ⅱ. ①周…　Ⅲ. ①报纸—新闻事业史—宁夏　Ⅳ. ①G219. 244. 3

中国版本图书馆CIP数据核字（2019）第243376号

《瞭望宁夏70年》丛书　　周庆华　主编

瞭望者永远是年轻　　周庆华　编著

责任编辑　康景堂
责任校对　白　雪
封面设计　马小平
责任印制　肖　艳

黄河出版传媒集团
宁夏人民出版社　出版发行

出 版 人　薛文斌
地　　址　银川市北京东路139号出版大厦（750001）
网　　址　http://www.yrpubm.com
网上书店　http://www.hh-book.com
电子信箱　nxrmcbs@126.com
邮购电话　0951-5052104　5052106
经　　销　全国新华书店
印刷装订　宁夏报业传媒印刷集团有限公司
印刷委托书号（宁）0015431

开　　本　880 mm × 1230 mm　1/16
印　　张　7　　字　数　200千字
版　　次　2019年11月第1版
印　　次　2019年11月第1次印刷
书　　号　ISBN 978-7-227-07112-9
定　　价　48.00元

瞭望宁夏70年

（总　序）

周庆华

70年前，刚刚创刊的《宁夏日报》开始了瞭望宁夏的航程。70年勇立潮头，70年笔底烟花，70年薪火相传，70年筚路蓝缕。70年来，宁夏日报社及宁夏日报报业集团始终坚持正确的政治方向、舆论导向、价值取向，与真理同行、与时代同步。始终和着这片土地的每一次呼吸，用文字、图片、视频、音频忠实记录宁夏建设、改革、发展的每一次启程。

“却顾所来径，苍苍横翠微。”今年是新中国成立70周年，也是《宁夏日报》创刊70周年，用新闻为宁夏历史打了70年底稿的宁报人，也想为自己的70年做一次盘点。于是我们有了出版一套丛书的想法，名字就叫《瞭望宁夏70年》。丛书共五册，分别是《瞭望者永远是年轻》《攀登“珠峰”》《磨砺“四力”》《岁月印痕》《历史瞬间》。

创刊于1949年11月11日的《宁夏日报》，1954年因为宁夏省建制的撤销而停刊。1958年8月1日，宁夏回族自治区成立前夕，作为自治区党委机关报的《宁夏日报》复刊。“不尽黄河浪有声，凭谁击水起鲲鹏！”从报业经济一穷二白，到各项事业发展日新月异，从新闻产品生产的铅与火、光与电，到数与网，从《宁夏日报》一纸风行，到报刊网端微传播矩阵在“融”中创造，在“合”中提升，宁夏日报及宁报集团在奋斗中不断发展壮大。丛书第一册《瞭望者永远是年轻》，讲述的正是宁报人砥砺奋进的史话。因为初心始终不改，使命永远在肩。

有一种风景叫攀登。自第一届中国新闻奖1991年开评以来，宁报集团组织了一支支突击队，以“不到长城非好汉”的精神，一次次向中国新闻界的“珠穆朗玛峰”——中国新闻奖进发。共有47名编辑记者、7名通讯员、2名实习生，把他们的名字题写在中国新闻奖的光荣榜上。28届中国新闻奖，宁报集团获奖作品共有28件，其中一等奖3件，二等奖5件，三等奖20件。丛书第二册《攀登“珠峰”》讲述了宁报集团获中国新闻奖作品背后，那一个个鲜为人知几乎尘封在岁月中的呕心沥血的故事。

“一年三百六十日，都是横戈马上行。”一代代宁报人践行为人民服务的宗旨，深入基层，深入群众，深入火热的生活，不断增强脚力、眼力、脑力、笔力，书写波澜壮阔的时代图景，让新闻更有高度、更有深度、更有温度。丛书第三册《磨砺“四力”》汇编了宁报人70年磨砺“四力”感人至深的故事。这些故事揭示了“脚板底下出新闻”的至理，展现了“板凳宁坐十年冷，文章不写半句空”的工匠品格。

“岁月不居，时节如流。”《宁夏日报》一版是时代的封面，镌刻着宁夏解放70年来一个个悄然改变的面容。丛书第四册《岁月印痕》通过集萃《宁夏日报》70年一版版面，用另一种形式呈现了宁夏70年苟日新、日日新、又日新的历史。回看这些时代封面，你一定会感叹：解放70年来，塞上宁夏恰是风华正茂。

摄影记者是时代的眼睛。《宁夏日报》创刊70年来，一代又一代摄影记者用心、用情捕捉着一个个瞬间，见证了新中国成立以来宁夏一个个重要历史时刻，以及百姓平凡而幸福的光阴。丛书第五册《历史瞬间》，是一次宁夏70年精彩瞬间的集合。致敬每一个历史瞬间，因为这每一个瞬间都是不朽的！致敬伟大的70年，是这70年造就了这些不朽的瞬间！

70年光阴流转，2.5万多个日升日落，宁报人始终坚守在这块土地上，深耕着新闻。

致敬70年，再启新征程。这是我们给全媒体时代最好的回答，因为——“黄金时代，不在我们背后，乃在我们面前；不在过去，乃在将来。”

（作者系宁夏日报报业集团党委书记、社长、总编辑　宁夏报业传媒集团有限公司董事长）

70载恰是风华正茂

（前　言）

周庆华

翻开尘封的历史，《宁夏日报》与时代共进、与人民同行的脚步坚实铿锵。1949年11月11日，散发着油墨芳香的《宁夏日报》在银川市中山南街的一座低矮院落里诞生了，毛泽东同志亲自为《宁夏日报》题写报头。在一穷二白的黄土高原，《宁夏日报》的出现如一把温暖的火炬，引领导向、服务大局、凝心聚力，开启了瞭望、记录、推动宁夏发展进步的壮丽航程。

本书《瞭望者永远是年轻》讲述的是70年来，《宁夏日报》及由其发端的宁夏日报报业集团（简称宁报集团）广大员工创业、发展、改革的历程。瞭望者永远是年轻，因为他们不怕风吹雨打、不怕天寒地冻，总是瞭望在时代的潮头。

70年来，《宁夏日报》和着这片黄土地的脉搏，记录宁夏成长进步，定格历史起承转合，讴歌时代沧桑巨变，饱蘸深情书就了“中国故事”里不可或缺的“宁夏篇章”。从1958年的包兰铁路穿越亘古荒漠，到今天的银西高铁即将贯穿美丽宁夏；从西海固的苦瘠甲天下，到今天的追梦奔小康；从1997年时任福建省委副书记的习近平同志来宁夏开创闽宁对口帮扶模式，到2016年习近平总书记视察宁夏，发出“走好新的长征路”和“社会主义是干出来的”伟大号召……在宁夏各个重要历史时期，《宁夏日报》都留下了珍贵的历史足迹，绘就了波澜壮阔的历史画卷，成为宁夏历史发展进程的忠实记录者、见证者和推动者。

70年来，《宁夏日报》牢牢把握正确的政治方向、舆论导向、价值取向，与党同心、与人民同频、与时代同行，不忘初心、牢记使命，铁肩担道义，妙笔著文章，在坚持党性、坚守阵地中把准方向，在围绕中心、服务大局中找准定位，在追寻真相、走进现场中磨砺“四力”，在蹲点基层、深入心灵中讲好宁夏故事，做党的政策主张的传播者、时代风云的记录者、社会进步的推动者、公平正义的守望者。这些优良传统，成为《宁夏日报》薪火相传、代代永续的宝贵精神财富，为实现宁夏经济繁荣、民族团结、环境优美、人民富裕，与全国同步建成全面小康社会，建设美丽新宁夏、共圆伟大中国梦凝聚起强大的力量。

面对舆论生态、媒体格局、传播方式的深刻变化，面对“万物皆媒”的全媒体时代，走过70年峥嵘岁月的《宁夏日报》奋力踏上改革融合转型的新征程。2019年1月2日，自治区党委全面深化改革委员会审议通过了《宁夏日报报业集团媒体深度融合改革方案》，《宁夏日报》主力军全面向互联网主战场转移，打通报、网、端、微渠道，重构策、采、编、发流程，以全新的传播矩阵，在“融”中创造，在“合”中提升，奋力书写“媒体深度融合”的时代答卷。

70年波澜壮阔，70载风华正茂。70年的不平凡历程表明，鲜明的党性原则，是党报的立身之本，是党报与生俱来的优良品格。与新中国共成长，与人民共呼吸，与宁夏发展进步共命运，这是《宁夏日报》始终不渝的方向、从不懈怠的坚守、一往无前的动力。《宁夏日报》70年来取得的每一点进步，都凝结着历届自治区党委、政府的关怀与支持，凝结着自治区党委宣传部、新闻出版主管部门的有力指导，凝结着自治区各地、各部门以及各级记协、报协、兄弟媒体和社会各界、广大读者、客户的热情帮助，更凝结着几代宁报人的呕心沥血、开拓创新、接续奋斗。在这里，我代表宁报集团党委向为《宁夏日报》发展壮大而鞠躬尽瘁、奉献宝贵生命和青春年华的同志们致以崇高敬意！对社会各界长期以来对《宁夏日报》的支持、厚爱表示衷心感谢！

新时代新使命新征程。置身于伟大的新时代，我们将按照习近平总书记对新闻舆论工作的要求，增强“四个意识”，坚定“四个自信”，做到“两个维护”，更加坚定自觉地坚持正确的政治方向，更加坚定自觉地坚持正确舆论导向，更加坚定自觉地坚持正确价值取向。在众声喧哗中唱响主旋律，在“泛娱乐化”中坚守党报品格，在碎片化传播中弘扬专业精神。以深化改革融合转型为契机，全力推动媒体融合向纵深发展，加快构建融为一体、合而为一的全媒体传播格局。集众家之长，采众人之智，汇众创之力，创造出更多无愧于时代，有思想、有温度、有品质的精品力作，全面提升党报传播力、引导力、影响力、公信力。

回首来路，我们走过千山万水、访遍千家万户、写尽千言万语，成就了新闻事业的诗和远方，树立起《宁夏日报》的品格和声誉。展望未来，我们将继续用初心磨砺“四力”，用使命激励担当，用品格铸就华章，以守正促创新，以创新强守正，奋斗拼搏，不负新时代。

目　录

[瞭望者永远是年轻]

解放军来了晴了天

李东梅

1949年9月，中国人民解放军第十九兵团进入银川东大街。

1949年9月上旬，中国人民解放军第十九兵团挥师北上发起宁夏战役，以锐不可当之势向国民党马鸿逵的部队发起全线进攻。9月23日，解放军解放了宁夏省会银川，宣告国民党在宁夏的统治结束。

9月26日，银川市军事管制委员会成立，开始有组织、有步骤地接管国民党宁夏省军政机关和所属单位。

9月28日，军事管制委员会利用破旧设备，因陋就简出版了四开四版的《新闻简报》。这是解放后，在中国共产党领导下，宁夏出版的第一张报纸，它的诞生，标志着宁夏报业步入新的历史时期。

1949年9月底，陕甘宁边区三边地委机关报《三边报》副社长兼总编辑张源和崔国权、姚以壮、白槐、刘山、高铭显等人接到到宁夏接管国民党宁夏新闻机构，筹备出版《宁夏日报》的命令。一行人背起背包，挎上干粮袋，告别亲友，从陕西定边出发，踏上了西进的征程。

大家一路跋山涉水，情绪高涨。无奈天公不作美，走了没多远就下起了雨，道路泥泞难行，背包越来越重。有几天实在没办法走，只好分散住在沿途小村庄里。就这样走走停停，一直到10月6日，大队人马才到了吴忠，那一天恰好是农历八月十五中秋节。

几天后，一行人终于抵达银川，挤住在新华社十九兵团分社里，每个人都佩戴着"中国人民解放军银川市军事管制委员会"的证章，在张源同志的领导下开展工作。第一项任务就是接管国民党中央通讯社宁夏分社，编辑《新闻简报》。过了几天又接管了宁夏民国日报社，了解了财务、物资和设备情况，逐项清点交接，审查录用了一批留用人员，充实了报社、新华分社的职工队伍。

不久，宁夏日报社筹备人员搬进了银川南大街路东的一栋四合院内。在报社各方面都需要人的时候，中共西北局决定从群众日报社和新华社西北分社等单位调一批新人来，马永河、郭有华、姜尔清等同志就是这个时候从西安来到宁夏的。不久，从华北大学来的李维淼、王振刚、毛豫先、曹林等同志和从上海、北京来的陈人之、曹炎、蔡炯、黎建中、董甫昌、卢小满等同志也汇聚银川。报社一派人才济济、生机勃勃的兴旺景象。

11月8日，共出版了42期的《新闻简报》停刊。

11月11日，中共宁夏工委机关报《宁夏日报》创刊，四开四版。

创刊号社论《各族人民亲密团结　努力建设新宁夏》，是新中国成立后宁夏新闻史上、宁夏报史上第一篇原创性社论。

社论一开头说：

“谨向克服无数艰险困难，英勇歼敌，解放宁夏的十九兵团全体指战员致崇高的敬意！向三年来同马匪军艰苦作战，最后获得胜利的陕北地方兵团和人民游击队全体指战员致敬！向伤病员同志们致深切的慰问！向为解放宁夏而壮烈牺牲的人民勇士致无限的哀思！向长期作地下工作的同志们致热情慰问！向多年来反抗蒋马匪帮与积极支援我军的宁夏人民致热烈祝贺！祝贺宁夏七十万人民从九月二十三日这天起，永远摆脱了蒋马匪帮残酷压迫与奴役，获得了解放，开始了人民民主和各族团结友好的新时期，这是天翻地覆的变化，这是伟大的胜利！”

致崇高的敬意、致敬、慰问、致哀思、祝贺，这些话语一下子就点燃了那个天翻地覆时代的人们的情绪。

社论同时也是《宁夏日报》创刊的发刊词，说了办报的五层意思，言简意赅：

第一，报纸的定位——“本报是中国共产党宁夏工委的机关报，是教育干部指导工作的武器。”

第二，“武器”怎么用——“我们将坚持严肃地批评与自我批评。”

第三，办报方针——“要把报纸办好，就需要坚持党委领导与大家动手相结合的全党办报方针，要求每个党员干部都积极为党报写稿，尤其负责干部。”

第四，为人民鼓与呼——“本报又是宁夏各族人民的喉舌。我们将正确地反映人们的意见和要求，协助党政解决群众最迫切需要解决的问题。”

第五，对读者的期望——“深愿各界人民关心爱护报纸，多加批评指导。”

70年过去了，这些新闻思想并没有过时。

一个月后，中共宁夏工委任命宁夏日报社领导班子：社长贾怀济（宁夏工委宣传部部长兼），副社长兼总编辑张源，副总编辑马永河，委员程远（新华社宁夏分社主编、宁夏日报社通采室主任）、郭有华（经理部主任）。

毛泽东为《宁夏日报》题写报头

周一青

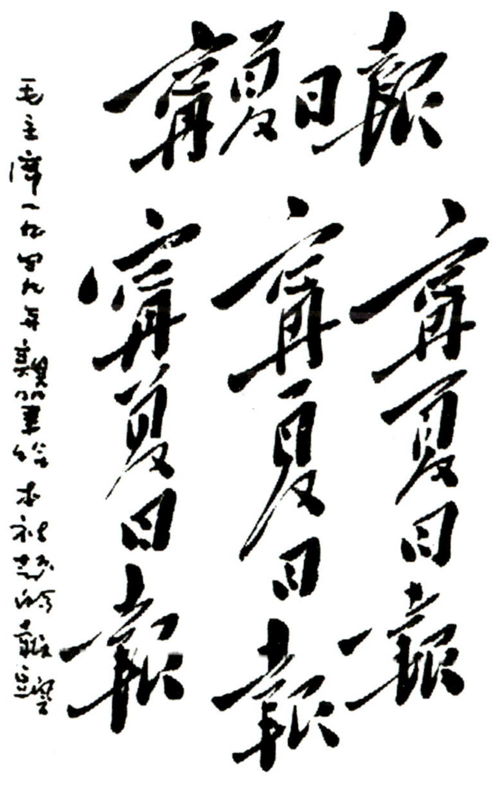

毛泽东同志为《宁夏日报》题写的报头。

1949年12月21日,《宁夏日报》正式启用由毛泽东同志亲笔题写的报头。70年来,这四个大字,见证了宁夏各族儿女凝聚在党的旗帜下,谱写的一曲曲艰苦奋斗的壮歌,书写的一个个民族团结的传奇。

1949年5月,为了贯彻执行《中共七届二中全会决议》和准备解放宁夏,当时的三边地委召开了中共三边第二次代表会议。按照安排,宁夏解放后,《三边报》全体人员将赴宁夏参加接管工作,创建宁夏解放后的省委机关报。

《三边报》的同志在讨论时认为,按照惯例,报名应当是《宁夏日报》。《三边报》报头是毛主席写的,《宁夏日报》报头更应请毛主席题写。

《三边报》副社长兼总编辑张源将这一意见向三边地委副书记朱敏、副书记兼宣传部部长贾怀济作了汇报,他们一致同意。随后,张源以三边地委的名义给毛泽东同志写信,请他为未来的《宁夏日报》题写报头。

信的大意是:近一个多月以来,我们认真传达、学习、讨论了中共七届二中全会精神,您的报告给我们指明了全国解放以后前进的方向。现在我们正在进行解放宁夏的准备工作。宁夏解放后,将出版省委机关报《宁夏日报》。您给《宁夏日报》题写报头,对宁夏全省人民将是莫大的鼓励。盼望您在百忙中给未来的《宁夏日报》写一个报头。谨向您表示衷心感激。

第二天,这封信经过报社同志推敲和三边地委领导审核后,从陕西省吴旗县吴旗镇由内部交通发走了。

1949年9月23日,中国人民解放军进驻宁夏省会银川市,宁夏解放。

三边报社人员正式开启入宁工作。经过积极筹备,1949年11月11日,《宁夏日报》正式创刊。创刊时用的报头是由解放军第十九兵团政治部李希庚同志题写的。

当年12月中旬,第十九兵团政委李志民从北京开会归来,把毛泽东为《宁夏日报》题写的报头交给张源。毛泽东将四个不同的报头分别题写在四条两尺见方的宣纸上,一横三竖。

大家以高涨的热情投入工作中,决心赶快设计版面,尽早制版,以最快的速度让人们在《宁夏日报》上看到毛主席题写的报头。

12月21日，毛泽东题写的《宁夏日报》新报头和宁夏人民见面了。

其实，今天《宁夏日报》报头，与1949年12月21日首次见报的毛泽东所题报头，稍有不同。

1954年，宁夏省建制撤销，《宁夏日报》停刊。

1958年8月1日宁夏回族自治区成立前夕，作为中共宁夏回族自治区委员会机关报的《宁夏日报》复刊。

1949年创刊时，由于当时宁夏日报社尚无照相制版设备，又因《宁夏日报》是四开版面，只好挑选了毛泽东题字中字体较小的一幅，描写雕刻了一块木质报头，用以印刷。

1958年《宁夏日报》复刊时，新中国成立已近10年，宁夏日报社的各类设备相比1949年有了显著提升，报纸也由四开四版（小版）变为对开四版（大版）。

复刊，一定要延用毛主席题写的报头。

报社将毛泽东题写的三竖一横《宁夏日报》报头拿了出来，重新照了像，洗印了许多份。几位负责同志在一起选用了竖写第一条的头两个字“宁夏”和第三条的末两个字“日报”这四个字制成报头，作为新《宁夏日报》的标志和“战旗”。

1958年8月1日，复刊的《宁夏日报》与宁夏人民见面。复刊号用的报头就是这次精选出的四个字。

毛泽东为宁夏书写《清平乐·六盘山》

房名名

六盘山是中央红军长征翻越的最后一座高山。

《清平乐·六盘山》是毛泽东在中央红军长征即将结束时所作的一首词，彰显了伟大的长征精神。最值得铭记的是，1961年9月，毛泽东为宁夏人民手书了《清平乐·六盘山》。

毛泽东手书是怎么获得的

1959年9月，人民大会堂落成。根据周恩来总理的意见，以全国各省、自治区、直辖市设计命名各会议厅。宁夏厅的布置工作由宁夏回族自治区人民委员会办公厅负责。

在制订方案时，许多同志提出，毛泽东同志率领中国工农红军长征经过六盘山，此后写下了光辉诗篇《清平乐·六盘山》，已在全国人民中广为传诵，最好的方案是在宁夏独有的贺兰石上雕刻毛泽东亲笔写的这首词，这将是对宁夏各族人民极大的鼓舞。这一方案得到了自治区党委的批准和人民大会堂管理局的赞同。

当时，自治区人民委员会办公厅负责布置会议厅的同志先后到中国军事博物馆和中央档案馆，查找毛泽东《清平乐·六盘山》的手稿，但没有找到。布置会议厅的同志十分着急，提出由自治区领导出面请毛泽东亲笔书写《清平乐·六盘

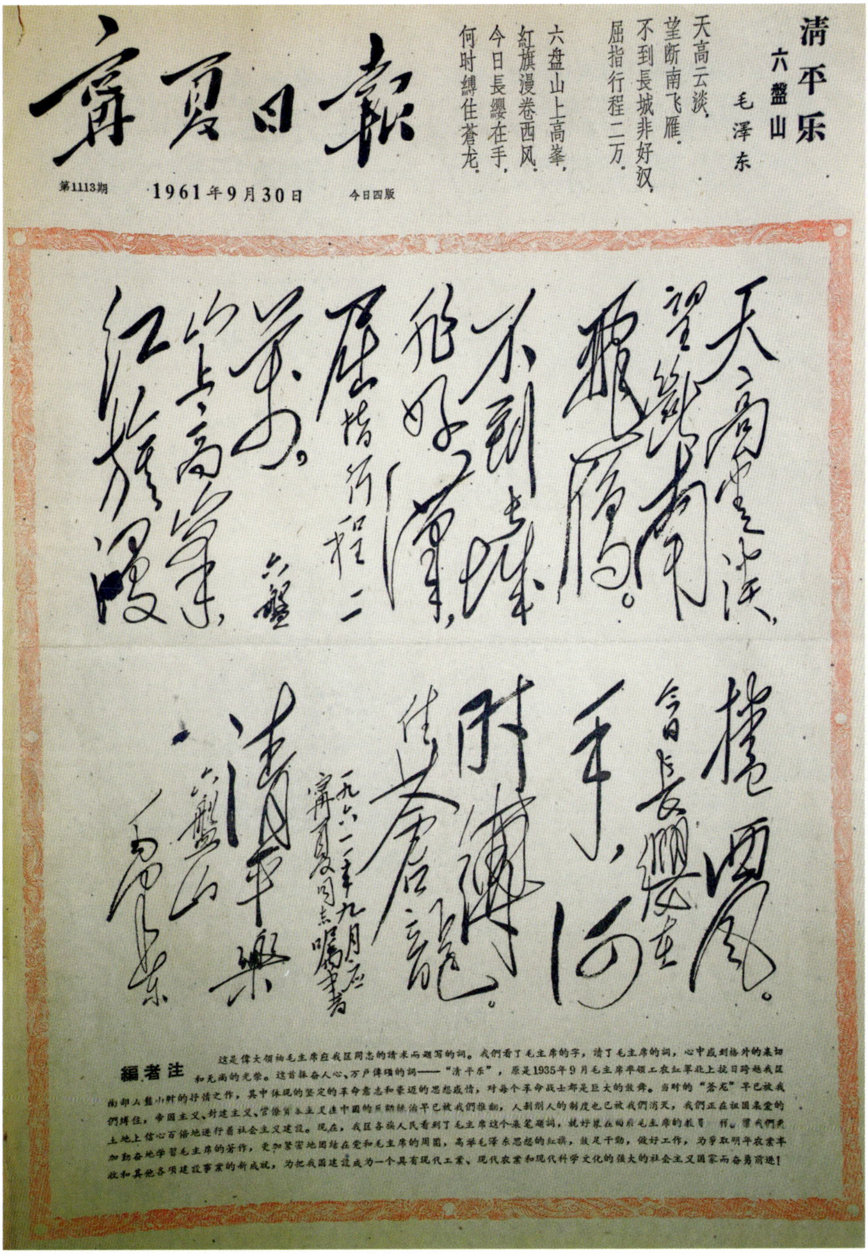

寧夏日報

第1113期　1961年9月30日　今日四版

清平乐

六盘山

毛澤东

天高云淡，望断南飞雁。不到長城非好汉，屈指行程二万。

六盘山上高峯，紅旗漫卷西风。今日長纓在手，何时缚住蒼龙。

天高雲淡，望断南飛雁。不到長城非好漢，屈指行程二萬。六盤山上高峯，紅旗漫捲西風。今日長纓在手，何時縛住蒼龍。

清平樂　六盤山

一九六一年九月应寧夏同志嘱書

毛澤东

編者注　这是偉大領袖毛主席应我区同志的請求而題写的詞。我們看了毛主席的字，讀了毛主席的詞，心中感到格外的亲切和无尚的光荣。这首振奋人心、万户傳誦的詞——"清平乐"，原是1935年9月毛主席率領工农紅軍北上抗日跨越我区南部六盤山时的抒情之作，其中体现的坚定的革命意志和豪迈的思想感情，对每个革命战士都是巨大的鼓舞。当时的"蒼龙"早已被我們缚住，帝国主义、封建主义、官僚資本主义在中国的反动統治早已被我們推翻，人剝削人的制度也已被我們消灭，我們正在祖国亲爱的土地上信心百倍地进行着社会主义建設。现在，我区各族人民看到了毛主席这个亲笔題詞，就好象在聆聽毛主席的教育一样。讓我們更加勤奋地学習毛主席的著作，更加紧密地团結在党和毛主席的周围，高举毛泽东思想的紅旗，鼓足干勁，做好工作，为爭取明年农業丰收和其他各項建設事業的新成就，为把我国建設成为一个具有现代工業、现代农業和现代科学文化的強大的社会主义国家而奋勇前进！

1961年9月30日，《宁夏日报》一版刊发毛泽东同志题写的《清平乐·六盘山》。

山》。时任自治区人民委员会办公厅秘书长的黑伯理利用到北京参加会议的间隙，到董必武家拜访，拜托董必武请毛泽东书写《清平乐·六盘山》，还提出要把这首词雕刻在贺兰石上挂在人民大会堂宁夏厅。董老答应一定代为争取。1961年8月25日，董老就此事给毛泽东同志写了一封信。

同年9月，中央工作会议在江西庐山召开，毛泽东在开会之余，书写了《清平乐·六盘山》。词中有一句，在当时人民文学出版社的《毛泽东诗词选》中为"旄头漫卷西风"，毛泽东在书写时改为"红旗漫卷西风"。

宁夏的领导和干部听到这一消息后非常激动，黑伯理等同志立即动身赴京，到董老的秘书申德纯处取到了这幅珍贵的毛泽东手书。

《宁夏日报》头版套红刊发诗词手迹

黑伯理回到银川后，由时任宁夏日报社总编辑张源和摄影部记者米寿世精心将毛泽东《清平乐·六盘山》手书拼成条幅，照相制版。

1961年9月30日，《宁夏日报》头版套红刊发《清平乐·六盘山》，配发了编者按，并发表了《不到长城非好汉》的社论。

自治区人民委员会办公厅请银川市制砚刻字合作社阎子江、阎子洋、关富强等工艺人员，将毛泽东手迹雕刻成石屏。他们到贺兰山采贺兰石，并把石料运往北京，进行雕刻创作。历时数月，毛泽东《清平乐·六盘山》手迹被精心镌刻于一幅长3米、宽1米的贺兰石石板上，凹进去的字呈紫红色，以楠木为框，十分精美。毛泽东为宁夏书写的《清平乐·六盘山》就这样被挂在了人民大会堂宁夏厅。

毛泽东《清平乐·六盘山》手迹和写给董必武的复信原件起初存放在宁夏博物馆，1982年由中央档案馆征集收藏。

抒发了"不到长城非好汉"精神的《清平乐·六盘山》，有着深刻的历史背景和文化内涵，已成为宁夏人民和全国各族人民强大的精神支柱。

一穷二白的日子

张　瑛

一九四九年十一月十一日　寧夏日報　星期五　第一號

寧夏日報

創刊號

洪江市國民黨軍八百餘人舉行起義

新華社寧夏分社成立

中國 中央 兩航空公司在港起義

劉敬宜陳卓林兩總經理已飛京 受到中央人民政府的熱烈歡迎

歡迎兩航空公司起義

新華社社論

欒希受任林墾部長

社論 各族人民親密團結 努力建設新寧夏！

中蘇友好協會寧夏分會籌備會成立

脫離匪幇反動體系 接受中央政府領導

1949年11月11日《宁夏日报》创刊号。

“我们创办《宁夏日报》时，印刷设备很差，技术工人很少，政府只给了我们4.5万斤小米做‘开办费’。”宁夏日报社原纪检组组长马骥云生前在一篇回忆文章中写道。

“当时的办报条件非常艰苦，可以说是一穷二白，记者下乡采访大多要步行，凭着一双脚走遍宁夏山川沟壑。运气好时能搭乘拉煤车，满脸满身都是尘土和煤渣。”宁夏日报社老报人洪雷说。

《宁夏日报》创刊时，接管了国民党统治时期宁夏民国日报社和印刷局。当时，宁夏日报社设在银川南大街路东的一座四合院内，每间房约15平方米，阴冷潮湿，采光不佳，遇上阴雨天白天也得开灯。老报人杨若楠在《艰难的历程》一文中写道：“由于纸糊窗户，空气不流通，冬冷夏热。尤其是冬天，每天生土炉子要半个多小时。又没烟筒，清早上班，各个房间门窗大开，黑烟滚滚。等烟散尽关起门窗后，室内温度虽有提高，但炉火里散发出来的气味弥漫全室，令人窒息。”

由于没有采访用车和公共汽车，“11路”（徒步）和自行车就成了记者们采访的“交通工具”，即使在道路崎岖的穷乡僻壤，记者也都是骑车或步行前去采访，有时赶不到县城，只能住在老乡家。

当时印刷条件十分落后，工人们在简陋的平房靠手工拣字、排版。新华社每日电讯由人工抄录。印刷厂仅有18间平房，共约270平方米，设备简陋陈旧，报纸是用手摇印刷机印刷的。虽然使用了铅字排版，但无铸字和制版设备，一旦缺字或插图还要用木刻填补，报纸上无法使用新闻图片。

宁夏日报社原副总编辑李维涤在《无限觉悟忆夜班》中，这样描述当时落后的印刷条件：“比如纸型，是打出来的。在活字版上铺上纸，一层纸一层糨糊，用大刷子打，一块纸版要打半个多小时。活字版上错一个字，打好纸版后再想改就麻烦了。当时组版编辑最怕出错，心总提到嗓子眼上。版样、稿子一送到排字房，从拼版到上机子开印，组版编辑往往都是一直跟到底。”

就是在这样的艰苦条件下，宁夏日报社的创业者们凭着对党、对人民、对新闻事业的热爱和高度负责的精神，呕心沥血，干劲十足。一年365天没有假日，每天除8小时工作外，晚上还主动到办公室编稿或看书学习两三个小时。

要保证新闻事业的健康发展，就要有一定的经济条件作后盾，这种经济条件的取得不能完全靠国家支持，要靠报社挖掘内部潜力。按照中央规定，宁夏日报社实行企业化经营管理方针，开展多种经营，“以报养报”“以厂（场）养报”。登广告、办工厂、开书店、办农场、开粉房、搞运输……到1951年，各项经营发展起来，不仅经费实现了自给有足，可以补贴出版党报亏损的部分，还有结余上缴国家。

只不过是从头再来

张　贺

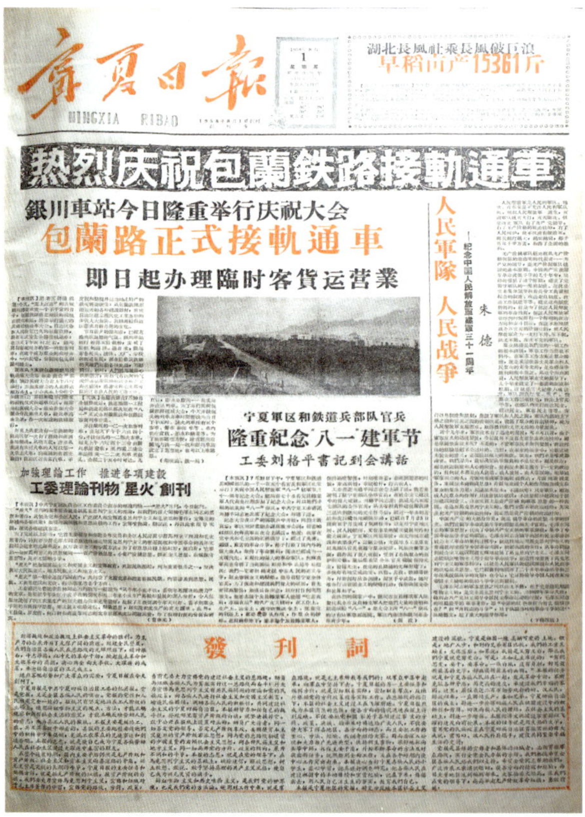

宁夏日報
NINGXIA RIBAO

湖北長風社乘長風破巨浪
早稻亩产15361斤

热烈庆祝包蘭铁路接軌通車

銀川車站今日隆重举行庆祝大会
包蘭路正式接軌通車
即日起办理臨时客貨运营業

人民軍隊　人民战争
——紀念中国人民解放軍建軍三十一周年
朱德

宁夏軍区和铁道兵部队官兵
隆重紀念"八一"建軍节
工委刘格平書記到会講話

加強理論工作　推进各項建設
工委理論刊物"星火"創刊

發刊詞

1958年8月1日《宁夏日报》复刊号。

1954年8月，宁夏省建制撤销，8月31日《宁夏日报》停刊。

1958年10月25日，宁夏回族自治区成立，同年8月1日，作为自治区党委机关报的《宁夏日报》复刊。

《宁夏日报》复刊背后有着怎样的故事呢?

紧锣密鼓筹复刊

1957年6月，一届全国人大四次会议通过决议:成立宁夏回族自治区。同年11月初，经中共中央批准，中共宁夏回族自治区工作委员会在北京成立。11月5日，中共宁夏工委在中共中央统战部召开第一次会议，研究确定自治区组织机构，其中讨论了成立宁夏日报社、新华社宁夏分社、宁夏人民广播电台等新闻机构的事项。

《宁夏日报》复刊工作是在原银川地委机关报《银川报》的基础上开始筹备的。《银川报》是四开四版的三日刊小报。

1957年11月28日，中共宁夏工委向中共中央宣传部报告:原银川有三日小报，人员很少，机器陈旧，不敷应用。现要扩充为自治区日报，因之，请求解决正副总编辑3人，编辑5人，记者15人。

1958年2月，中共宁夏工委由北京迁至银川办公。3月7日，中共宁夏工委任命张源为报社、电台组组长，负责筹建宁夏日报社和宁夏人民广播电台。

1958年3月15日，中共宁夏工委在《关于创刊〈宁夏日报〉的计划》中，要求《宁夏日报》于6月1日正式复刊，后因各方面原因推迟。

《宁夏日报》筹备复刊期间，报社领导向全国一些兄弟省市的有关单位多方求援，得到了人力、物力上的大力支持。《新闻日报》《解放日报》、新华社、上海厚生胶印厂等兄弟单位都调派了得力的专业人员、管理干部和技术骨干支援宁夏日报社。

《宁夏日报》复刊前，中共宁夏工委为了便于指导全区工作，于1958年4月1日将《银川报》改为《银川日报》，暂时作为工委机关报。《银川日报》从4月1日至7

月31日共出刊121期。

经过半年多紧张工作,《宁夏日报》复刊筹备工作基本就绪。

1958年7月4日,宁夏日报社和宁夏邮电管理局联合在《银川日报》刊登启事:

中共宁夏回族自治区工委机关报《宁夏日报》决定于8月1日创刊。它将在《银川日报》的基础上,进一步加强思想性、战斗性,彻底改变面貌,革新内容,力求充实、新颖、多样、活泼、生动;全面报道自治区政治、经济、文化建设情况,系统反映各族人民生活,并扩大国际、国内时事报道篇幅,满足各方面读者的要求。

1958年7月15日,中共宁夏回族自治区工委任命张源、白槐、关君放、李素本、白以坦、哈贵廉、杨伯元7位同志组成宁夏日报社编辑委员会,张源同志任第一副总编辑,主持报社工作。编委会下设总编室、党的生活部、工业交通部、农村工作部、文教部、记者部、经理部。

1958年8月1日,中共宁夏回族自治区工委机关报《宁夏日报》正式复刊。一版刊登了《发刊词》,阐述《宁夏日报》的性质、办报宗旨、编辑方针、宣传任务和读者对象。《发刊词》中写道:

"决心当好宁夏各族人民的小学生,虚心学习,认真进行调查研究,把各族人民在建设祖国中的丰功伟绩和宝贵经验记录下来,传播出去,用人民自己活生生的事实,教育我们自己。"

《宁夏日报》的复刊,标志着宁夏各族人民为建设社会主义新宁夏迈出了坚实而自信的步伐,标志着宁夏报业和新闻事业迈进新的发展时期。

五湖四海各路人才汇聚

1958年9月,9名大学生分配到宁夏日报社。

刚从北京大学中文系新闻专业毕业的22岁的王庆同到宁夏日报社报到。今年83岁的王庆同回忆道:"我先找到了羊肉街口,再往南走二三百米,看到路西有点气派的几排灰瓦平房，心想，这就是宁夏日报社了。”

走进报社工业交通部，王庆同向他的“顶头上司”、报社编委、工交部主任顾页问好：“顾主任好。”

顾页纠正说：“小王，叫我老顾，报社同事间不称呼职务。”

“当时我是编辑，在我心目中，报社编委、部门主任是个不小的官。但顾页没有任何架子，平易近人，在工作中和我们同甘共苦。这就是当时报社同事之间关系最真实的写照，非常融洽。后来，顾页成为《宁夏日报》总编辑。”王庆同说。

1958年8月1日《宁夏日报》复刊时，编辑部仅有采编校人员38人，基本是原《银川报》的人马，包括李维涤、李廷凡、毛弋、王振刚、姚臻、黄绍真、杨伟心、铁绍先、郑于骤、郑禄、蔡烟、刘弘毅等。

随着宁夏回族自治区的成立，其他省区掀起支宁高潮。据《银川移民史研究资料汇编》显示，当时，银川接收并安置了北京、上海、天津、陕西、河北、河南等兄弟省市支援宁夏建设的人员约10万人，这支队伍成为自治区建设的生力军。

老报人刘弘毅回忆，复刊时的《宁夏日报》除了一部分人员来自《银川报》外，大多来自五湖四海。有从人民日报社、解放日报社、工人日报社、甘肃日报社、铁道兵政治部等兄弟单位调来的部分支宁人员，也有北京大学、复旦大学等高等院校分配来的一批大学生，一时宁夏日报社人才济济。

到1959年，报社采编人员增加到70多人，但不少同志对宁夏的情况还很陌生，缺少新闻采访经验，对宁夏的艰苦生活还有个适应过程，采写地方稿的重担大部分仍压在十多名老记者身上。1959年1月，宁夏日报社组建了包括摄影记者在内的记者摄影部，专职采写文字稿、拍摄新闻图片。

《宁夏日报》复刊之初，宁夏日报社记者部与刚组建的新华社宁夏分社合署办公。《宁夏日报》记者也是新华社宁夏分社记者，采写的稿件同时刊发于《宁夏日报》和提供给新华社，还要选送稿件供《人民日报》《光明日报》等中央报纸采用。1958年底，新华分社脱离宁夏日报社单独设立机构，但《宁夏日报》记者仍担负着向中央各报供稿的任务。

复刊号诞生的不眠之夜

捧着《宁夏日报》复刊号，记者寻访了一些老前辈，试图从他们点点滴滴的回忆中，回放编辑出版复刊号的情景。

据几位前辈回忆，1958年7月31日，大家从20时开始上夜班，到第二天凌晨2时许，复刊号开始付印。

当时，一版、二版、三版、四版的责任编辑分别为杨伯元、卢盛瑞、刘弘毅和马悦，编委会全体成员都和大家一起上班。

据刘弘毅回忆，在复刊前几天，大家就开始着手策划准备工作。他编辑的是三版，大部分稿件都涉及包兰铁路通车。版上有4篇文字稿、3幅图片。文字稿中，一篇是解放军铁道兵一位少将的署名文章，标题是《向祖国人民汇报》，另一篇是铁道部第一工程局一位副局长的署名文章，标题是《又一个新的胜利》。

刘弘毅说："当时还是铅字印刷，稿件全用手写。编辑在稿纸上对稿件做好修改，并定好哪篇稿子发哪个位置之后，就交到组版编辑手里。"当时只有一名组版编辑，叫张增闵，他一个人要画4块版样。

画好版样后，组版编辑连同稿件一并交到排字车间。当年的排字工人胡彦学回忆说："排版车间就像一个中药房，一排木架子，里面一个个小格子里放着不同的铅字。工人坐在转椅上，三面被铅字字盘架包围着。他们根据稿件内容，把需要的铅字一个个找出来，按照顺序拼成文章的一段，然后再'掐'起来放在大盘子里。这样反复多次，最后排成文章。拼版工人将文章按照组版编辑画的版样摆进一块版里，周围用麻绳固定，再压制成胶版，送上印刷机。排版中，如果遇到字架上没有的字，刻字工就得当场在铅坯上刻。"

为使复刊号美观大方，美术编辑的工作显得特别重要。唐西林是《宁夏日报》复刊号的美术编辑。他在一篇文章中回忆说："二版手工标题《建设社会主义，保卫社会主义》，我提前几天就找当时银川一中的胡介文老师写好了。"

"包兰铁路通车是全国瞩目的大事，一版稿件标题《热烈庆祝包兰铁路接轨通车》在版面上需要进行隆重处理，但是因为黑体字中没有这么大的字号，我只好手工书写。写好后再铺上底纹，大概写了三四遍才写好。四版银川毛纺织厂的广告画、人民日报社社论的图标都是我手绘出来的。"唐西林回忆道。

经过一夜奋战，1958年8月1日凌晨2时许，第一副总编辑张源签字付印，《宁夏日报》复刊号就此诞生。当晚，报社食堂特意炒了些菜，开了几瓶酒，大家开怀畅饮，畅谈未来。

张源：一生炽燃自我

马文锋　朱立杨

张源在新闻战线奋斗了32年，这个时间段是指他1947年5月任《三边报》副社长兼总编辑，到1979年调离《宁夏日报》。他还有4年时间虽离开了新闻单位，但仍在指导新闻工作。这就是1979年10月至1983年4月，他担任宁夏回族自治区党委宣传部部长期间。这样算下来，他在新闻宣传战线工作了36年。

这36年，张源一直是新闻单位和宣传部门的领导。其实更多的时候，他不过是位拿红笔的人，以一丝不苟的工匠精神，打磨着一篇篇新闻稿件，日复一日，年复一年。

张源的新闻历程，是改革开放前《宁夏日报》历史中不可或缺的一部分。

《宁夏日报》第一任总编辑张源。

茫茫子夜路何寻

“茫茫子夜路何寻，剑影刀光不顾身。”这是张源在《颂歌——纪念毛泽东同志九十诞辰》一诗中，对新民主主义革命时期，有识之士探索中国独立与解放道路历程的写照，也是张源青年时代的自我写照。

张源1917年6月15日生于河南省孟州，曾用名张澍。青少年时，他受参加过“同盟会”“中华革命党”革命组织的父亲和地下共产党员的影响，读了许多进步书刊，渴求真理，向往进步。

1935年12月14日，为了反对日本侵略中国东三省，河南开封学生在寒风袭人的广场聚会演讲，继而上街游行示威，号召民众抗日救国，被反动当局的军警镇压。最终在百姓的支持下，学生运动取得胜利。作为进步学生组织“海啸社”的一员，张源参加了这次学生运动。他写下130多行的诗歌《请愿》，记录了当时学生运动“浩浩荡荡，汹涌澎湃，激扬着正义和愤怒”“十来名学生领袖被捕，全市掀起义愤的洪峰，正义的阳光终于战胜乌云”的情形。

1937年下半年，张源在河南孟县师范任教，同时从事抗战时期的群众工作，撰写并在一些进步报刊上发表了揭露国民党反动派黑暗统治的诗歌。1938年，他同八路军西安办事处主任林伯渠取得联系，投奔陕甘宁边区，进入陕北公学学习，参加了革命。

1939年1月至1947年5月，他先后在晋察冀军区锄奸干部培训班、晋察冀边区中学和陕甘宁边区三边师范、三边公学工作。1945年5月，加入中国共产党。

在晋察冀边区一次反日寇扫荡斗争中，他不顾个人安危，雪夜奔走100多里路，与八路军取得联系，使晋察冀边区中学师生全部安全转移，受到表扬。在任三边公学校务处长期间，他积极参加大生产运动，被评为劳动模范。1946年，他带领三边公学部分教职工和学员在吴起县五区参加土改试办工作。土改工作队改为战地服务团后，张源任团长，做战勤动员工作。

1947年5月至1949年9月，张源任《三边报》副社长兼总编辑，积极宣传解放战争、土地改革和边区生产。

宁报创刊复刊人

1949年9月23日，中国人民解放军第十九兵团进驻银川，宁夏解放。

早在半年前，张源等三边报社的同志就开始研究宁夏解放后如何办宁夏省委机关报的问题。

1949年3月，中国共产党七届二中全会召开，三边报社接到上级任务：《三边报》将停刊，报社人员将在宁夏解放后去创办宁夏省委机关报《宁夏日报》。

9月25日，张源等三边报社人员步行向刚刚解放的宁夏进军。

10月，他们赶到银川后，张源任宁夏军管会新闻科长，负责接管国民党新闻单位，创办中共宁夏省工委机关报《宁夏日报》和新华通讯社宁夏分社。

经过40多天的筹备，11月11日《宁夏日报》创刊，一版刊登了张源撰写的社论《各族人民亲密团结　努力建设新宁夏》。

这篇社论也是《宁夏日报》的发刊词。文中说：

"要把报纸办好，就需要坚持党委领导与大家动手相结合的全党办报方针，要求每个党员干部都积极为党报写稿，尤其负责干部，更应亲自动笔，通过党报，交流经验，改进工作。"

创刊伊始，张源就在编辑部提出："报纸工作不能与党闹半个字独立！"后来，这成了张源的口头禅。

张源很重视通联工作，创刊仅一周，宁夏日报社就在银川等市县组织了通讯小组，发展通讯员169人。

1949年12月，张源被任命为《宁夏日报》副社长兼总编辑。

当年12月中旬，解放军第十九兵团政委李志民从北京开会回来，把毛泽东同志为《宁夏日报》题写的报头带回银川，交给张源。

12月21日，《宁夏日报》开始使用毛泽东同志题写的报头。

1950年2月，中共宁夏省委宣传部和宁夏日报社邀请银川市特约通讯员座谈，主题是"如何加强报纸与实际工作的结合"。

当年6月，张源主持召开会议，围绕联系实际、联系群众、批评与自我批评三个方面，对宁夏日报社如何贯彻全国第一次新闻工作会议和西北地区报纸工作会议精神，改进报纸工作，进行了安排部署。

为了解决采编人员文字功底不扎实和不接地气的问题，1952年5月，张源组织编辑部开展练笔活动；9月，发动全社采编人员向群众学习，广泛搜集群众语言，不定期出版《群众语汇集》；12月，开办了语法修辞讲习班。

1954年1月，根据张源的提议，《宁夏日报》实行采编人员轮流担任驻地记者3个月的制度。

1954年宁夏省建制被撤销，8月31日，作为中共宁夏省工委机关报的《宁夏日报》停刊。张源调任《甘肃日报》副总编辑。

1957年7月15日，第一届全国人民代表大会第四次会议通过成立宁夏回族自治区的决议。

1958年10月25日，宁夏回族自治区成立。此前数月，张源回到银川负责筹办《宁夏日报》，组建新华社宁夏分社、宁夏人民广播电台、宁夏人民出版社。

1958年7月，中共宁夏工委任命张源为《宁夏日报》第一副总编辑，并主持工作。

1958年8月1日，《宁夏日报》复刊。

张源在《发刊词》中写道：

“《宁夏日报》是中共宁夏回族自治区工委的机关报。它是党报，又是全区各族人民的喉舌。党报的党性和人民性是完全一致的。”

10月，《宁夏日报》新闻夜大学开学。

1959年1月，自治区新闻界成立夜大，由宁夏日报社、新华社宁夏分社、宁夏人民广播电台联合举办。

1962年8月2日，张源被任命为《宁夏日报》总编辑。

张源几乎每天都要值夜班。那时是铅字排版，差错率高，为了防止差错，张源要审看所有的版面，每条稿件都逐字逐句反复斟酌。各个版面经他签字付印后，同事们都陆续下班了，他却还不回家，直到报纸印出来，浏览完所有的版面，未发现差错，他才回家休息。

1962年3月的一天凌晨，印刷厂已开始印刷《宁夏日报》了，张源突然问编辑周圜:“《全国科技大会召开》这条电稿,你根据什么将标题改为《具有划时代意义的科技大会召开》?”周圜说:“好像文中有个领导提到‘具有划时代的意义’。”经核对新华社电文原稿,并没有“具有划时代的意义”的表述。张源严肃批评了周圜,让印刷厂停止印报。他将科技大会一稿的标题改为《全国科学技术大会隆重召开》,重新压版。这时,标题有误的报纸已经印了1200份,张源要求不准投递错报,但望远桥邮递员已取了100多份错报,张源立即让周圜骑车追赶邮递员。最终,在永宁县望远桥,周圜追上了邮递员,将错报全部收回。

萧萧摇落满天霜

李素本是张源的妻子,1919年出生于辽宁省开原县,满族。1942年,投奔延安参加革命。

1947年,国民党胡宗南部进攻陕甘宁边区,任西北野战医院总护士长的李素本在医院政委、院长不在岗的情况下,带领医护人员和伤病员,历经艰险,顺利东渡黄河,转移到了安全的地方。西北野战军总部授予李素本“人民功臣”称

张源和妻子李素本。

号，并记一等功。

新中国成立后，李素本先后担任宁夏女中校长、自治区科协党组书记；1952年12月，李素本任《宁夏日报》副总编辑；1958年4月，任宁夏回族自治区妇联筹委会副主任；1958年9月，她又调任《宁夏日报》副总编辑。

有好几年，张源和李素本，一个是总编辑，一个是副总编辑，共同通宵值夜班，一年没有一天休假。张源负责一、三、四版，李素本负责二版，从小样、大样到签付印，他们都要一字一句地把关。两人常会就一篇稿件的安排进行讨论，分歧大时，免不了争吵几句，但最终，拍板的还是总编辑张源。

工作中有上下级之分，生活中两人相濡以沫。

1972年4月，李素本病逝于北京一家医院。

1973年4月，在银川市中山公园，张源看到一座铁牛雕塑，不禁想起以"铁牛"为笔名的李素本，含泪赋诗：

> 长白铁牛奔朔方，
> 萧萧摇落满天霜。
> 尖尖双角风抵雪，
> 薤露易唏过断肠。

1973年5月，张源任宁夏日报社党的核心小组组长。他在极其困难的条件下排除干扰，为整顿报社工作秩序，恢复党报的优良传统，做了极大努力。

1975年，张源的儿子张小源从部队回家探亲，张源高兴得犒劳儿子。他们来到一家饭馆，点了几个菜，刚要动筷子，一位头包羊肚白毛巾、穿得破破烂烂的老汉过来讨饭。张小源很不耐烦："去去去，我们还没吃呢，你就来要，等吃剩下再来！"他站起来驱赶老汉。张源大喝一声，制止了儿子，叫住老汉，让他坐到自己身边，亲切地问他是哪里人，为什么出来要饭？老汉说他是陕北子长县的，家里的日子实在熬不下去了，树叶都吃光了。他是生产大队的支部书记，只好领着村里娃娃和婆姨们出来要饭。说着，从怀里掏出来一个布包，里面是大队开的外出证明，还有他在抗日战争、解放战争、抗美援朝战争中获得的奖章和立功证书。张源突然放声痛哭:"谢子长为了新中国的建立献出了自己年轻的生命,现在,新中国成立都几十年了,子长家乡的父老却在沿街乞讨呀!子长啊,我们的工作没做好啊,我们对不住你呀……"张源把他和儿子身上的钱全掏给了老汉,安顿老汉和娃娃婆姨们吃饭,然后怀着沉痛的心情和儿子离开了饭馆。

1976年9月8日,在特殊的历史背景下,张源被迫辞去宁夏日报社党的核心小组组长、革委会主任职务。

再耕再播绿自来

1977年5月,张源重返宁夏日报社,任党的核心小组组长、革委会主任,主持报社工作。

1978年8月3日,在庆祝《宁夏日报》复刊二十周年大会上,张源作总结发言。此时,他的身份为宁夏日报社党组书记、总编辑。

1979年10月,张源调任自治区党委宣传部部长,指导全区宣传战线坚定不移地宣传和贯彻执行党的十一届三中全会确定的路线、方针和政策,积极促进拨乱反正。

1983年4月,张源任自治区政协副主席后,主持编辑出版了一批文史资料。

1985年早春时节,他赋诗《早春偶成》,流露了他豁达的心境:

贺兰山顶残雪在,
宁夏川里桃花开。
不怕霜晚苗冻坏,
再耕再播绿自来。

是啊,中华人民共和国成立后的宁夏新闻事业历经波折,多次"苗冻坏",但终究是"再耕再播绿自来"。

这年5月,张源离职休养。他致力于马列主义理论研究和诗词创作,写了许多诗词和论文,主编了宁夏诗词集《夏风》。

1993年9月27日，在庆祝宁夏解放44周年的第四天，76岁的张源，永远地“睡着了”。

对这一天的到来，他10年前就坦然做好了准备。

那是1983年5月23日，他写下了小诗《自祭》：

死后独葬荒郊，
快忘掉！
听任萤飞嚎叫，
我岂感到寂寥？

生前炽燃自我，
莫错过！
顶天立地而行，
影留亲人心窝。

新闻改革的七次浪潮

马文锋　吴少男

宁夏日报

NINGXIA DAILY

69年后再出发

——本报改版致读者

“微”你寻亲记之一

一街之隔的苦苦寻找

民营特色农产品企业玩转“双十一”

百瑞源厚生记线上销售双破500万元

住宁全国政协委员考察团赴海南考察

建设强大现代化空军路线图公布

本世纪中叶全面建成世界一流战略空军

成为总体实力能够支撑大国地位和民族复兴的强大空天力量

火车上智擒“老赖”

大型电视纪录片《六盘山》今起在央视科教频道播出

破解准营难项目报批难两大顽疾

银川启动行政审批第二轮改革

树梢上的宁夏印象

宁夏人青睐高品质本地羊肉枸杞热卖

2018年11月12日《宁夏日报》再次改版，掀起了第七次新闻改革浪潮。

《宁夏日报》真正意义上的新闻改革，是从1979年启航的。此前的30年，《宁夏日报》几经波折——1949年创刊，1954年停刊，1958年复刊，“文化大革命”中正常出版工作受到严重干扰和冲击，粉碎“四人帮”后逐渐恢复元气。这30年，《宁夏日报》的新闻宣传工作不断改进，但受时代局限，一直没有进行大的改革。

1978年12月，以党的十一届三中全会为标志，中国开启了改革开放的历史征程。对《宁夏日报》来说，十一届三中全会深远影响的显现是从1979年开始的。此后40年，《宁夏日报》掀起了一次次新闻改革浪潮，焕发出勃勃生机。

第一次浪潮：以经济宣传为中心

【改革重点】拨乱反正，恢复党报实事求是的优良传统，宣传报道转变为以经济宣传为中心。

●改革实践（1979年至1987年）

1979年后，宁夏日报社编委会提出并实施新闻报道三个转变：由以阶级斗争为纲转变到以经济建设为中心，由主要面向领导机关转变到面向广大干部群众，由为计划经济服务转变到为市场经济服务。尊重生产队自主权、建立家庭联产承包责任制、扩大企业自主权、发展集体所有制经济和个体私营经济等报道如雨后春笋般涌现出来，改变着人们的思想观念。

1984年和1986年，宁夏日报社编委会先后提出《〈宁夏日报〉改革方案》（后简称《方案》）和《关于办好〈宁夏日报〉一版的意见》，要求新闻“真、短、快、活、新”，限定了一版新闻报道的篇幅，力争每天一版发稿20条以上。1986年10月，一版共刊登稿件685篇，平均每天22篇。

《方案》同时提出一版每月应有一篇有反响的批评性稿件。这一时期，《宁夏日报》刊发了一批真实、锐利、有深度、成系列的批评报道，如《看“电霸”横行到几时》《石嘴山市大武口区招工　某些领导人以权谋私》《坑害农民　触目惊心》等，提高了《宁夏日报》的公信力和影响力。

第二次浪潮:强化服务功能

【改革重点】强化报纸的服务功能,把新闻报道的立足点真正转向干部群众。

●改革实践(1988年至1991年)

从1988年7月起,《宁夏日报》每周在二版办两块改革试验版。1989年7月,编委会作出《关于改进二版综合新闻版的决定》,指出二版要根据报纸改革"拓宽、搞活、求深、增色"的要求,坚持摒弃过去开"公共汽车"、当"收容站"的选稿及编辑方式,努力做到与党的方针贴得更紧,与生活贴得更紧,与读者贴得更紧。

组织大型系列报道也是这段时期《宁夏日报》新闻改革的成果。《黄河八百里行》、"黄河经济""231工程"大型系列报道,在新闻采写方式创新上进行了探索。

第三次浪潮:五大周刊的兴起

【改革重点】丰富新闻种类,增大信息量。

●改革实践(1992年至2002年)

1992年至2002年,堪称《宁夏日报》周刊的黄金十年,《西部周末》《西部商情》《西部证券》《时代聚焦》《税务周刊》五个周刊先后登场,争奇斗艳,各具特色。

1992年7月4日,《宁夏日报·周末版》创刊,周五出版,对开4版,注重新闻性、思想性、知识性、可读性、服务性。创刊不久推出的《周里京大闹宁夏军区招待所》轰动一时。1995年6月30日,《宁夏日报·周末版》改刊为《宁夏日报·西部周末》。至2002年7月26日停刊时,《宁夏日报·周末版》及《宁夏日报·西部周末》历时整整10年,共出版511期。它是《宁夏日报》历史上第一个"整建制"、成规模(四个版)、长期固定、相对独立、堪称"探索号"的新闻周刊,是《宁夏日报》一块具有历史意义的新闻改革"试验田"。

2000年1月1日,以新闻摄影为主要报道手段的周刊《宁夏日报·时代聚

2018年,《宁夏日报》总编室编辑团队风采。《宁夏日报》每一次新闻改革,总编室编辑团队都是中流砥柱。

焦》创刊,周六出版,对开4版。《时代聚焦》关注西部大开发、环境保护、山区旱情、赈灾助学等热点。至2002年6月29日停刊,共出版121期。

1999年4月8日,《宁夏日报·西部商情》周刊创刊,对开4版,内容以房地产、汽车、旅游、餐饮等经济信息为主。2002年6月停刊。

2000年11月19日,《宁夏日报·西部证券》周刊创刊,对开4版,周日出版,是一份证券信息类周刊。2002年6月停刊。

《宁夏日报·税务周刊》1998年12月16日创刊,对开4版。2003年4月以后调整为每期2版,更名为《宁夏日报·税务》,后来停刊。

五个周刊的兴起,使《宁夏日报》突破了40多年未变的每天4块版、每周28块版的版面规模,每周版面总数达到48块,极大丰富了新闻产品的种类,增大了信息量,在增强可读性、实现"三贴近"和版式创新、经营管理上都进行了有益的探索。

以历史的眼光看,《宁夏日报》的历史局限性,决定了这五个周刊的历史局限性:五个周刊造成《宁夏日报》周一至周五新闻版与周刊的比例结构失衡;各周刊采编独立，版面统一调度不太灵活；部分版面定位不准、内容重复；经营上机构和人员重叠，管理分散。

第四次浪潮：版面整合与三项改革

【改革重点】新闻改革全方位向纵深发展，包括工作思路、工作机制、用人机制和经营体制改革。

●改革实践（2002年至2005年）

2002年6月，《宁夏日报》新一轮新闻改革启动。这次改革的中心是版面调整，对内容交叉重复的周刊、专刊、专版、专栏予以整合，以增大版面新闻信息量、增强稿件可读性。

同时进行了与报纸调整相适应的机构设置调整，进行了第二轮处级干部竞聘上岗。

2005年，宁夏日报社实行干部、人事、分配三项制度改革。打破传统的分配体系，原有工资进入档案，把工资的大部分拿出来和奖金捆在一起，与岗位、绩效挂钩，拉开业绩突出者和工作一般者的收入差距，加大了激励机制的力度。

第五次浪潮：扩大新闻集群版块

【改革重点】建设新型党报。

●改革实践（2006年至2010年）

2006年10月15日，成立不久的宁夏日报报业集团党委作出了《关于把〈宁夏日报〉办成新型党报的决定》，增强新闻宣传的吸引力、感染力，有效引领宁夏政治、经济、社会、文化走向，有效吸引最有社会影响力的人群，把《宁夏日报》办成宁夏权威、主流、高端、强势的第一大报。

经过数次扩版，2009年4月，《宁夏日报》每周总版数达到对开68块版，周一至周五各12块版，星期六和星期日各4块版。版面结构进行较大调整，即扩大新闻集群版块规模，压缩专版专刊版块规模。周一至周五的1至10版为新闻集群版块，由“要闻”“地方要闻”“国内”“国际”“今日视点”“财经·科教、社会·法治”“体育”“文化”“读闻天下”版构成，基本涵盖各类新闻，初步形成“新闻超市”。

周一至周五的11至12版为专版专刊版块，包括“文化宁夏”“映象宁夏”“健康生活”“教育·人才”“汽车”“税务”“金融”“置业”“理论”“民生”。

第六次浪潮：“走转改”与全彩印刷

【改革重点】用“走转改”推进党报创新。

●改革实践（2011年至2016年）

2011年8月，根据中宣部等五部门的统一部署，《宁夏日报》启动了“走基层、转作风、改文风”活动，一大批带着露珠、冒着热气、散发着泥土气息、传递着百姓期盼的新闻作品如雨后春笋般涌现出来。通过“走转改”，《宁夏日报》强化了采编人员的马克思主义新闻观，丰富了党报的新闻传播理念，提升了党报的引导能力。

2012年1月4日，《宁夏日报》再次扩版，每周总版数由68块扩至84块，全年总版数扩至4300余块，达到历史极值。此次扩版，《宁夏日报》实现了所有版面彩色印刷。

第七次浪潮：新闻主力军挺进互联网

【改革重点】再造全媒体新闻生产流程。

●改革实践（2018年至今）

《宁夏日报》前六次新闻改革浪潮，基本上都是以版面扩张、增加新闻供给为引领，而第七次新闻改革浪潮，调整了方向。

2018年11月12日，创刊69周年的《宁夏日报》再一次整装出发，实施新一轮新闻改革。版面改革的“靶心”，是新闻供给侧结构。每周的版面总量，由84块优化为64块。大幅压减以非原创稿件为主要内容的版面，新增与宁夏贴近性强的“思想”“民生”“文化”“建设美丽新宁夏　共圆伟大中国梦”4个周刊和“不忘初心”“宁夏故事”等专刊专栏，力求推出更多有泥土的芳香、百姓的欢唱、思想的光芒的新闻作品和品牌栏目。

这次改版，只是《宁夏日报》新闻主力军向互联网主阵地挺进的前奏。

2019年5月，宁夏日报报业集团破除原有的《宁夏日报》新闻生产组织机构中存在的障碍，重建了新组织架构。将宁夏日报社时政部、经济部、社会部、理论评论部、摄影部和记者部，分别改为宁夏日报报业集团全媒体时政频道、经济频道、社会频道、理论评论频道、摄影频道和地方全媒体频道，将宁夏日报客户端和宁夏日报微博、微信整合为新媒体频道，将宁夏日报社总编室改为党报编辑室，新成立全媒体指挥中心和舆情研究室。其中全媒体指挥中心，是集团全媒体新闻生产的核心和灵魂。

这一改革，成功地将宁夏日报社新闻主力军转移到互联网主阵地。

集团还制定了《宁夏日报报业集团岗位薪酬分配改革实施办法（试行）》《宁夏日报报业集团采编岗位专业职务序列改革实施办法（试行）》《宁夏日报报业集团新闻系列专业技术职称评审条件（试行）》《宁夏日报报业集团全媒体绩效考核改革办法（试行）》。单一的纸媒考核升级为“纸媒+新媒体”的全媒体考核，极大地激发了采编人员融合转型的积极性、主动性和创造性。

永载史册的“银川会议”

尚陵彬

当你打开一份报纸、点开一个网站，一张张极具视觉冲击力的新闻图片会瞬间“抓”住你的眼球。生长于“读图时代”，“有图有真相”几乎成了当下人们阅读新闻的必然需求。

1990年8月，正是在塞上江南银川召开的一次会议，结束了中国报纸长期重

1990年8月，全国报纸总编辑新闻摄影研讨会在银川举行。

文字而轻图片的传统，开创了“图文并重，两翼齐飞”的新纪元，掀开了流光溢彩的新篇章。

新闻摄影的“火柴盒”时代

自中华人民共和国成立到20世纪80年代中期，中国报纸运用图片的理念是“配合、补白、调节和美化版面”。照片是给文字稿作配图的，而且占版很小。

“因为报纸上刊登的照片非常小，所以那时人们把报纸上出现的新闻照片称为‘火柴盒’，把在报纸上刊登照片称为‘贴邮票’。可以想见当时的新闻照片在报纸上多么不受重视。”《工人日报》老记者于文国如是说。“重文轻图”是当时中国所有报纸的通病。“报纸版面上只要有文字、有图片，就是‘图文并重’了。”曾在《人民日报》摄影组工作的许林说。那时，照片必须向文字“让步”，如果版面发生变化，新闻照片往往不能逃脱被“枪毙”的厄运。

对新闻摄影的轻视也导致摄影人才奇缺。

新闻摄影之路究竟该怎么走？当时中国新闻界的前辈们陷入深深的思考。

“银川会议”照亮新闻摄影前路

1990年8月19日，由中宣部新闻局、中国记协、中国新闻摄影学会举办的第一届全国报纸总编辑新闻摄影研讨会在银川召开。

为什么选择在银川召开这样一次重要的会议？这得感谢已故中国新闻摄影学会原副会长、著名摄影家、时任《宁夏日报》摄影部主任米寿世同志。

据参与“银川会议”筹备及报道工作的《宁夏日报》老记者李笑回忆，1989年年初，中国记协和中国摄影学会决定召开一次“全国报纸总编辑新闻摄影研讨会”，以此纪念1839年8月19日世界摄影术诞生150周年。当时，米寿世担任中国新闻摄影学会副会长，他极力争取将会议放在银川召开。经过多次协商，中国记协和中国摄影学会决定在银川召开会议。后来，会议延至1990年8月19

日召开。

邀请全国各地报业总编辑开会专门研讨新闻图片的运用问题，这在中国新闻史上开创了先河。

这次会议整整开了8天。时任《人民日报》总编辑的邵华泽及中央媒体，各省、市、自治区党委机关报及部分专业报共65家新闻单位的总编辑、副总编辑、总编室主任、摄影部主任等150位代表参加了会议。

这是中国报业在新闻摄影领域的首次思想大解放。邵华泽发表了《重视新闻摄影工作，提高新闻照片质量》的讲话，他提出"两个提高"的观点："要充分认识新闻摄影在整个报纸宣传中的地位和作用；要提高新闻摄影作品的质量，作为我们改进新闻摄影宣传的一个中心环节。这两句话概括地说，也就是两个

参加"银川会议"的代表正在参观摄影展。

‘提高’，一是提高认识，二是提高质量。”时任新华社总编辑南振中以《电视的冲击和报纸总编辑的慧眼》为题发表演讲：“总编辑的‘慧眼’主要表现在‘善识善用好新闻照片’。”“在电视新闻的猛烈冲击之下，我国新闻摄影发展的客观环境有了更大变化，加强和改进新闻摄影工作已经同报纸的生存竞争联系在一起，已经成为报纸的有机组成部分。”

在这次研讨会上，与会同志不约而同地提到了著名记者、新闻界前辈穆青提出的一个重要新闻传播理念：“图片和文字，是腾飞的两翼，缺少哪一个都飞不起来。”会上还着重讨论了蒋齐生提出的“报纸需要从‘图文并茂’上升到‘图文并重’”的观点。

最后，与会同志达成共识：文字是报道新闻的手段，摄影也是报道新闻的手段，两者不可偏废。只有革除重文字轻摄影、图片只是配角的陈旧观念，才能做到“两翼齐飞”；只有把文字和图片有机地结合起来，各扬其长，相得益彰，才能把报纸办得生动活泼，为群众所喜闻乐见。

值得一提的是，在这次会议期间，与会者们从当年1月至7月出版的49家报纸中随机抽取了7张要闻版、摄影报道版面，进行了评选，并专门研究制定了“全国报纸要闻版运用照片评选办法”。评选的标准，契合了“银川会议”的精神：图文并重，两翼齐飞。

永不过时的“图文并重，两翼齐飞”

“银川会议”开辟了中国报业新纪元，中国新闻摄影事业从此迈入黄金时代。

随着“图文并重，两翼齐飞”的新闻口号响彻中国新闻界，新闻摄影有了“名分”，作为一个独立的新闻“兵种”，与文字并肩担当起新闻传播的重任。

“新闻摄影记者被报社放在一个至关重要的位置，新闻摄影报道从可有可无变得不可或缺，为报纸带来了新的发展机遇。”曾任《宁夏日报》摄影部主任的苏保伟如是说。苏保伟是“银川会议”的见证者，也是“银川会议”精神的实践者。1996年，由文字记者转型为摄影记者的苏保伟创办了《宁夏日报·时代聚焦》新闻摄影周刊，通过挖掘独具视角的摄影新闻，践行"图文并重，两翼齐飞"的新闻理念。2000年1月1日，新千年的第一天，《宁夏日报·时代聚焦》首期推出16个彩版，周刊头版几乎用整版刊登了新千年宁夏首名新生婴儿的图片，令读者耳目一新。以图片报道为主要形式的《宁夏日报·时代聚焦》很快成为读者喜爱的版面。

转变观念的全国各地大小报纸开始争着让新闻照片上头版头条，视觉冲击力强的新闻摄影专版大量出现。

近年来，随着新媒体的迅速发展，传统报业受到剧烈冲击，但"银川会议"提出的"图文并重，两翼齐飞"的思想仍不过时。随着摄影技术的不断革新、发展，摄影新闻已成为无所不在、无处不用的一种图像艺术、图像生产力。

自办发行之路

和牧川

全媒体时代来临前，一份报纸的时效性很大程度上由报纸发行工作决定。对党报来讲，做好发行工作是发挥喉舌作用的重要保障，更是提高报纸社会效益和经济效益的重要途径。

在宁夏日报社的发展历史上，发行工作历来被高度重视。在不同时期，宁报人始终在探索契合当时社会效益、读者权益和报社利益的报纸发行方式。作

发行站投递员正在分拣报纸。

为宁夏历史最悠久的报业单位，宁报集团旗下各个报纸的发行史亦是一部宁夏报业发行史。

改革开放前的报纸发行工作

1958年8月1日，《宁夏日报》复刊，当时报纸全部通过自治区邮电管理局面向全国发行。报社配合邮局做好宣传、监督和调研工作。依靠各地党委和党委宣传部门，疏通发行渠道，改进发行措施，帮助邮局建立发行网点，以扩大报纸发行范围，增加发行量，提高投递质量。

《宁夏日报》复刊时，条件比较差，发行机构不健全，仅在报社财务科设两名发行人员。报纸发行除邮局征订外，还向有关单位和领导赠阅。在自治区工委的关心支持和邮局、报社的共同努力下，1958年，《宁夏日报》平均期发行量32779份，其中通过邮局征订发行25365份。

1959年，报纸发行工作由宁夏日报社财务科分出，单独成立了发行广告科，编委会任命边廷华为发行广告科副科长（科长暂缺），加强了对党报发行和广告工作的领导，加强了与邮局的协调配合。

创刊之初，《宁夏日报》发行的重点在农村，约占总发行量的一半以上。发行人员需要深入农村基层检查、督促报纸发行工作。

清晨，投递员们整装待发。

自治区党委和各地党组织对党报发行工作给予了极大重视和关心。自治区党委多次发文或指示，要求各地党委宣传部门研究党报发行和组织读报工作，解决订报、邮递和发行工作中的问题。当时全区19个县（市）先后成立党报党刊委员会，绝大多数公社、生产队、机关、厂矿、学校都成立了通讯员小组,它们成为全区党报通讯和发行工作的重要力量。

在全党办报的方针指引下,《宁夏日报》发行量逐年增加。以1960年为例,当年在纸张紧张的情况下,《宁夏日报》发行量达到34271份,按当时全区人口计,平均63人一份《宁夏日报》。

改革开放后的发行工作

党的十一届三中全会后,宁夏日报社按照实事求是的思想路线,推动党的新闻事业健康发展,报纸质量不断提高,为新时期报纸发行工作打下良好基础。

进入20世纪80年代,随着社会主义市场经济的建立和发展,许多在"文革"中被迫停办的报刊陆续复刊,特别是在经济发达地区,经济、生活、文化和行业等各类报刊创办发展,使报刊发行市场竞争日趋激烈。宁夏也相继问世十余种地方报纸和刊物,党报发行面临冲击和挑战。

面对激烈竞争,《宁夏日报》编委会从提升报纸质量和加强发行工作两方面入手,应对挑战。

每年秋季,宁夏日报社都要组织召开一次全区报刊发行工作会议,请自治区党委宣传部和地方党委、邮政部门对党报发行工作给予支持。征订期间,宁夏日报社还会抽调能力强、有基层工作经验、熟悉情况的编辑、记者深入基层,配合发行人员开展工作。

探索自办发行之路

2006年3月21日,很多银川市民发现,大街小巷、商铺店面一下子出现了很多宁夏日报社的员工。他们见人就问:"您订《宁夏日报》了吗?""您喜欢什么样的新闻?""您希望《宁夏日报》怎么改进?"……聊的话题也包括宁夏日报社各系列报的情况。

当天,宁夏日报社800名职工着装整齐、佩戴工作证,组成400个征订小组,拿着当日的《宁夏日报》和各系列报及宣传单,走进银川市400多个区段的大小

每天凌晨，当城市还在“沉睡”时，刚刚印出来的《宁夏日报》等报纸被装进发行投递车里，运往全区各地。

商店，进行“扫街”式宣传、征订和社会调查。此即为《宁夏日报》发行史上有名的“春雷行动”。从报社领导到普通职工，全部走上街头，面对读者，宣传报纸，体会发行工作的艰难，以引起报社全体员工对发行工作的高度重视。这是《宁夏日报》自1997年年底探索自办发行以来的一个重要节点。

20世纪90年代后期，《宁夏日报》发行出现了一些不利因素。尽管每年都抽调大量采编人员参与发行工作，但在市场大环境不利的情况下，总体发行量仍呈下降趋势。另外，随着邮局业务范围不断扩大，分散了发行党报的精力，报纸投递质量出现下滑，影响了新闻时效。

1991年，报社曾研究过搞自办发行，因条件不成熟，未能实现。1997年5月20日，这个议题再次被提上报社编委会。经编委会研究并报请自治区党委宣传部批准，报社成立了发行部。当年，在对全区各县（市、区）、乡镇区域划分进行摸底后，报社确定了党报投递路线、车辆直投点；购买投递专用车10辆，面向社会招聘司机10人、分报员4人；在各市（县）组建发行站26个，招聘投递人员470多人。

从1998年1月1日起，宁夏各县城、川区乡镇都能看到当天的《宁夏日报》，银川地区70%的订户在9时能看到当天的报纸。

当年8月，为充分利用日趋成熟的发行网络，报社发行部注册成立了宁夏报达投递有限公司，面向社会承揽代投业务，代投包括《宁夏广播电视报》《银川晚报》《银南报》《宁夏法制报》等多家报刊，扩大了自办发行网络的影响力，发行人员收入大大增加。

2003年9月底，根据新的形势，山区八县《宁夏日报》的投递工作交回邮局，部分发行站被撤销。

2006年7月，宁夏日报报业集团挂牌成立，旗下拥有纸质媒体7报2刊。在市场化要求不断提高的情况下，原有自办发行网络渐渐与形势不相适应，集团党委决定开展发行网络正规化、市场化建设。宁夏日报社发行部改名为宁夏日报报业集团发行部，从过去服务《宁夏日报》一张报变为服务集团内所有报刊。集团发行部制定完善了征订任务、报款回收、投递质量、站务管理等方面的考评制度，使发行人员的聘用、培训、薪酬、奖罚均有章可循。同时，发行员业务技能竞赛、购买意外伤害保险等措施提升了发行人员业务能力和岗位待遇。

集团发行部对全区原有15个发行站进行升级改造和迁建，各发行站门头牌匾规划统一、标志统一、颜色统一、站内设施统一。通过投递线路整合、加强成本核算、撤并边远零散发行直投站点、精简队伍等措施，使投递工作明显改进，报纸投递的时效性显著提高，发报车到达各发行站点的时间比过去提前40分钟以上。

在此后每年的大征订中，集团抽调精兵强将下派到各发行站，组成协调发行小组，与发行人员密切配合，攻克发行市场难关。

在对全区报刊零售市场充分调研的基础上，集团发行部成立宁夏飞报报刊营销公司，整合各系列报销售渠道，统一销售宁报集团的出版物。通过强化报纸配送环节，逐步形成了强大、快捷、适应市场的销售渠道，报刊销售量节节攀升。2019年，《宁夏日报》发行量超过7万份。

从创刊之初的筚路蓝缕，到改革开放后面对市场挑战的不断探索，再到自办发行，宁报集团走出了一条不同寻常的发行之路。

从“铅与火”到“光与电”

李志廷

告别“铅与火”，跨入“光与电”，在报业发展史上，印刷出版工作经历着一次又一次技术革命。每一次的创新步伐都带动了印刷行业的跨越式发展，也为宁夏日报报业集团的印刷产业插上了腾飞的翅膀。

人工排版1小时最快仅排1600字

《宁夏日报》创刊初期，办报条件差，人才缺乏，设备简陋，房屋矮小。印报

宁夏报业传媒印刷集团有限公司的质检员正在检查刚刚印出的报纸有无错误和瑕疵。

工人们在简陋的平房靠手工拣字排版，用平版印刷机印报。

创刊时《宁夏日报》是四开四版的小报，现在印刷这样一张小报是小菜一碟，但在铅字排版的年代，需要四五十名排字工人同时马不停蹄地工作，才能不延误出报。

“每天晚上，四五十名拣字员排成一列，手臂上下飞舞，拣字声此起彼伏，场面颇为壮观。”原宁夏日报社印刷厂厂长苏兴胜回忆，“在铅字柜围成的半圆里，拣字工一边看手稿，一边两臂翻飞，迅速从2000多个常用汉字库中找出稿件中的汉字，以及相应的不同的字体字号，然后通过排字、压形、铸版、印刷等多道工序，才能制成印刷版。”

很多排字工人，一生的工作就是从铅字库中拣字，有人因此铅中毒。为预防和减少铅中毒，报社要求印刷厂各车间频繁开窗换气，并为工人供应充足的饮用水。

这样辛苦的劳作，工作效率却不乐观：手工排版，熟练工1小时最快只能排好1600字。

除了考验眼力、体力，也考验智力和能力。就拿把照片印到报纸上来说，要先翻拍洗出来的照片，再通过一系列技术处理，才能最终把照片印到报纸上。翻拍看似简单，却不是每个人都能做好的，要运用光学、化学等诸多知识，不好好琢磨，很难搞定。由于印刷技术有限，有时上了报的照片模糊不清。为了不枉费摄影记者的一番辛苦，印刷工人们反复查书、研究、尝试，一次次实验、一次次革新，使呈现在报纸上的照片质量有了显著改善。

当时没有卫星，靠电波传输来接收新华社照片，遇到重大会议、重大宣传报道战役时，印刷工人们就更紧张了。因为电波不稳定，图片传输质量不好，需要从收到的20多张大幅照片里挑选出最好的，再根据原图精心修饰，经过十几道工序，才能将大幅照片制成印刷版。“我清楚地记得，那时候，尹治生等老师傅每天很早就来到车间，聚精会神地修照片。他们专注的表情，永远刻在我的记忆里。”苏兴胜说。

第一次技术改革，从铅印向胶印转变

现代印刷业是新闻出版业的支柱产业，也是现代文化产业体系中不可或缺的组成部分。多年来，宁夏日报社几代印刷人用勤劳和汗水，在实践中总结出了一整套保证报刊安全出版和不断提高印刷质量的经验。

20世纪80年代以前，印刷技术落后，处于偏远地区的宁夏更是如此。宁夏日报社印刷厂在30年里，一直沿用传统印刷设备和工艺。

1988年，宁夏日报社印刷厂引进当时在全国较为先进的电脑排版技术，开启了宁夏日报社印刷业的第一次技术改革。

当时，电脑对大多数人来说是个新鲜事物。为了尽快把新技术运用到实践中，老印刷工人带领年轻人，利用白天休息时间学习电脑排版。

“1988年10月，第一次运用电脑排版的那个晚上，大家非常兴奋。为了保险起见，当天晚上同时出了两份样报——电脑排版和手工排版各一份。”时至今日，苏兴胜对那时的情景仍记忆犹新。

传统和现代并存的局面持续了一个月。此后，对发行时间要求相对宽松的周报开始全部采用电脑排版。1991年春，手工排版正式被封存进印刷厂的历史档案中。

手工排版熟练工1小时最快只能排好1600字，而用电脑两三分钟就可排出一块1万字左右的简单版面。第一次技术革新，解放了生产力，成效立竿见影。

熟练运用电脑排版技术并不容易。印刷业贵在实践，很多工艺不动手就不会明白个中奥秘。这次技术改革，要完成报纸从铅印到胶印的转化，一开始，大家都有点摸不着门道。

“当时，印刷厂的年轻人和老师傅一起学习运用新设备。”苏兴胜回忆说，“最紧张的事莫过于晒版，做一张报纸经常要用50多张版，生怕出现掉字、缺图。报纸开天窗，可是不得了的大事！”

功夫不负有心人。大伙儿一起学习、分析、讨论，在一次次实际操作中，一个个难题迎刃而解。

硬件改善了，软件也得跟上，提高人员素质成为当务之急。印刷设备属于精密仪器，涉及电、光、水、气及化学等多方面知识，任何一个环节的疏漏，都有可能影响整个印刷过程。通过系统培训与实际操作，几年中，涌现出一大批业务精、肯吃苦的技术能手，员工素质全面提升。

经过一次次技术革新和人员培训，印刷厂驶入发展快车道，在激烈的市场竞争中愈战愈勇：1992年，引进教材、书刊等印刷业务；1995年，第一张彩色印刷的《宁夏日报》面世。

宁夏日报社印刷厂于2003年改制为股份制企业，成立了宁夏捷报印业有限公司，依托技术力量和装备水平的优势，成为自治区印刷业的龙头企业，业绩节节攀升。

宁夏报业传媒印刷集团有限公司的数码快印业务占有很大市场份额。

划时代技术革命带来跨越式发展

2000年10月23日，宁夏日报社新闻编采网络系统正式启动，采、编、发实现全流程网上操作。告别“铅与火”，迎来“光与电”，这是报业史上划时代的重大技术革命，印刷业也由此进入激光照排时代。

2018年4月，为进一步深化文化体制改革，抢抓文化产业大发展、大繁荣的机遇，宁夏报业传媒集团有限公司在原宁夏捷报印业有限公司的基础上，组建成立了宁夏报业传媒印刷集团有限公司。

走进位于自治区文化旅游创意产业园的宁夏报业传媒印刷集团有限公司，在平印车间，年轻的印刷工人通过色彩管理闭环系统查看正在印刷的杂志的相关指数。工人张杰说：“电脑可以自动进行参数设置，比如设置色彩参数，使颜色更准确、更亮丽，过去完全得靠手工操作。我们可比老师傅们幸福多了！”

平印车间的郑辉说，“平印中心承接商务印刷任务，先进的生产设备大大提高了印刷品的质量，比如全自动化联动装订生产线等大型装订设备，从根本上解决了装订的质量和精度问题。”

印前中心主要负责印刷前期的制版工作，完成解析文件、色彩管理、预检、拼版、输出CTP等工序。这里拥有4套输出软件和输出设备，可输出的版材品种和规格多达50多种。

轮印中心是一个具有印刷彩色、黑白报纸和图书杂志等能力的综合印刷生产车间，配备了高速轮转印刷设备，可承印多纸路、各种规格的报纸。按照每组设备的配置，6条生产线每小时可以印刷15万份报纸。

如今，宁夏报业传媒印刷集团有限公司已成为国家级定点书刊印刷企业。2004年通过了ISO9001-2000国际质量体系认证，公司拥有现代化大型印刷设备百余台（组），印前、印中、印后配套设备齐全，加工产业链和加工门类完整。目前承印《人民日报》《经济日报》《光明日报》《环球时报》《参考消息》等国家级、省级报纸20多种，全年报纸印刷总印张2.2亿。从双面彩色报纸、高档画册、图书、杂志、精装书，到信封、手提袋、招贴画、商标、不干胶、联单等，都能提供完善的印刷服务。

公司加强对印刷产品质量监督管理，完善内部印刷产品监督管理方法和程序，提升印刷产品质量，扩大了市场影响力。公司还取得绿色环保印刷企业和印刷产品的认证。

公司拥有一支高素质的印刷员工队伍，聚集了大量优秀平面与3D设计制作技术人才，能够长期稳定地印制各类期刊、画册、图书，服务政府机关、企事业单位百余家，并通过对企业的"特色定位"制定商务印刷套餐，而受到企业欢迎。

"2016年2月，公司成立了捷报数码快印分公司，开展专业的图文快印、图文输出、图文装帧，为各类相关行业提供高品质快印服务。我们在行业中保持硬件设备的领先水平，更注重服务软件的品质提升和服务品种的拓展。"印刷集团有限公司副总经理席朝阳说。

宁夏日报报业集团的诞生

陈　郁

宁夏日报报业集团办公楼。

2003年，自治区对行业、行政部门主管的报刊进行治理整合，将自治区政法委主管主办的《宁夏法制报》、共青团宁夏区委主管主办的《青年生活导报》、自治区科协主管主办的《宁夏科技报》和自治区发改委主办的《市场经济研究》杂志划转宁夏日报社主管主办。同时，在自治区党委的安排部署下，通过协商，《宁夏政协报》改由宁夏日报社与自治区政协办公厅联合主办。

报刊主办单位转换后，宁夏日报社对新划转或联办的4报1刊的定位进行了调整。经自治区新闻出版局同意并报国家新闻出版总署批准，确定《宁夏政协报》更名为《华兴时报》，《宁夏法制报》更名为《法治新报》，《青年生活导报》更名为《现代生活报》，《宁夏科技报》更名为《新知讯报》，《市场经济研究》杂志更名为《看天下》杂志。通过竞聘上岗，确立了4报1刊新的领导班子和办刊机构。

经过一段时间的紧张筹备，2003年11月3日，以"走近民众、体察民情、关注民生、服务社会生活"为办报宗旨的《兴华时报》，率先与读者见面；2003年12月19日，《现代生活报》揭牌；2004年2月27日，《宁夏法制报》正式更名为《法治新报》；2005年6月上旬，《看天下》杂志在北京、上海、广州等大中城市的2000多个报刊亭面世；2005年8月18日《新知讯报》创刊，这张"高端、新锐、大容量"的文摘报，令读者一报在手，因知新讯而知天下。宁夏日报社新添的"五朵金花"相继绽放异彩。

自此，宁夏日报社拥有了7报（《宁夏日报》《新消息报》《华兴时报》《法治新报》《现代生活报》《新知讯报》《小龙人学习报》）2刊（《看天下》杂志、《理财世界·馨家》杂志）1手机报（宁夏手机报）1网站（宁夏网），新闻生产规模比过去增长了一倍，报纸数量占全区的一半。为适应报业发展的新形势，宁夏日报社紧紧抓住文化体制改革的契机，积极探索集团化、产业化发展新路，提出了组建报业集团的构想。

2003年8月5日，社委员会向自治区党委呈报《组建宁夏日报报业集团初步方案报告》，阐述了组建报业集团的必要性和可行性。2004年6月4日，自治区

宁报集团第三届职工文艺汇演。

党委常委会作出了“原则同意组建宁夏日报报业集团”的决定。10月25日至26日，中宣部、国家新闻出版总署组成考察组，对组建宁夏日报报业集团事宜进行了考察。此后，宁夏日报社进行了较长时间、多方面的筹备，对广告、发行、印刷、财务、人力、技术、后勤服务方面的资源进行了整合，努力实现规模化、集约化经营。强化各报、刊、网领导班子，加强职工队伍管理教育，7报2刊1手机报1网站都发生了新变化，报刊定位逐步准确、特色更为鲜明，初步扭转了内容趋同化的倾向，扩大了宣传范围，拓展了服务领域。

2006年5月19日，自治区党委常委会在听取了《自治区文化体制改革领导小组关于我区文化体制改革实施意见的汇报》后决定：“同意宁夏日报报业集团选择适当时间正式挂牌。”

2006年7月11日，宁夏日报社向自治区党委呈报了《关于宁夏日报报业集团组建方案》的请示。《方案》提出了组建报业集团的指导思想和基本原则，并对领导体制提出建议，拟成立集团党委，体制为集团党委领导下的社长负责制和总编辑负责编采业务、总经理负责经营管理的分工负责制。同时成立集团党的纪律检查委员会。成立集团党委后，编委会作为集团编采业务专门领导机构，由总编辑、副总编辑和委员组成，实施对各报刊在宣传舆论导向上的领导、管理和监督，确保正确舆论导向。随后，还将按照现代企业的要求和标准，组建经营性机构，成立报业总公司，在总经理的领导下，实施对集团报业经济建设和经营性资产的管理、协调与监督，确保文化产业的发展壮大，实现国有资产的保值增值。

2006年7月19日，自治区党委常委会原则同意宁夏日报报业集团组建方案，并就坚持党报性质、防止国有资产流失、继续执行现有优惠政策、公司经营者不能持大股等提出了要求。常委会还同意成立宁夏日报报业集团党委、纪委。中共宁夏日报报业集团委员会由11人组成，其中书记1人、副书记2人。

2006年7月25日，宁夏日报社召开干部大会，自治区党委常委、宣传部长李东东等到会宣布了自治区党委关于组建宁夏日报报业集团和成立报业集团党委的决定。同时宣布了集团党委组成人员：白皋任集团党委委员、书记、社长，杨兆海任党委委员、副书记、副社长、总编辑，阮教育任党委委员、副书记、副社长、总经理，李安宁、王晓农、沙新任党委委员、副总编辑，王宏飞任党委委员、纪委书记。

2006年7月26日，宁夏日报报业集团成立挂牌仪式在宁夏人民会堂隆重举行，自治区党政军领导出席。

当年底，宁夏日报报业集团资产总额达到2.9亿元，年收入1.4亿元，报刊发行总量达到40万份，社会影响力增强，经济实力不断壮大。

成立宁夏日报报业集团，是宁夏深化文化体制改革的一项重要举措，标志着宁夏新闻出版事业迈出了新步伐，文化体制改革进入了一个新阶段。

大鹏一日同风起

邱青春

塞上新消息　报林秀青枝

1999年1月18日，“在深冬凛冽的寒风里，在中国报业的边缘地带，《新消息报》带着炽热的梦想执著上路了。”

当时的情景记录于为《新消息报》创刊十周年而编纂的纪念册《拾岁——《新消息报》的秘密与往事》里：1999年1月18日9时06分，第一张套红四开八版《新消息报》散发着浓浓墨香下机面世。为这激动人心的一刻，40多人几十小时未合眼，出报前几小时，新报人就相继围坐在报厂制版车间期待着。报纸甫一下机，新报人就发扬连续作战精神，全体出动，兵分七路(其中在石嘴山市大武口区和吴忠市各设1个点)，上街分发报纸。

经过前期努力，《新消息报》尚未面世，订户已过千。1999年1月27日，前三期试刊报每期印数7000份。5月30日，《新消息报》发行量达1.3万份以上，用时不到5个月，就位居我区日报类纸媒第二位。7月1日，经宁夏新闻出版局批准，《新消息报》由四开八版周五刊改为日报。

此时，《新消息报》是以内部刊物形式试刊出版的，直到当年12月3日，国家新闻出版总署才正式下文批准《新消息报》面向全国公开发行，国内统一刊号为CN64-0008。2000年1月1日，《新消息报》创刊号出版，发刊词为《拿什么奉

《新消息报》员工参加记者节活动。

献给您》，同时出版20个彩版《迎接新千年金页》。

确立了"时时关注百姓事，天天报道新消息"的理念，明确了"咱老百姓自己的报纸"的定位，新生的《新消息报》和年轻的新报人"搅动了宁夏报业一池平静的春水。"

不走寻常路　山高人为峰

有人说："《新消息报》几乎是以火箭速度成长的。《新消息报》创造的奇迹，许多报纸很难企及。"这个奇迹，是《新消息报》在宁夏新闻界率先推行全员聘用机制、人员工资奖金弹性分配制，新闻生产方式和市场营销策略集成创新的结果。

登临新闻"最高地"：

2003年，《新消息报》刊发的稿件《苁蓉种子搭"神州"返回　"沙漠人参"逍遥太空游》获第十四届中国新闻奖消息三等奖；2011年，《学校大摆“鸿门宴”家长无奈献礼金　石嘴山市八中如此庆祝教师节》获第二十二届中国新闻奖通讯二等奖；2015年，《89岁老兵遗失抗战胜利70周年纪念章　银川全城接力让纪念章回家》获第二十六届中国新闻奖通讯三等奖。

从《4·20特大袭警案系列报道》《清扫女工舍己救人献生命　游泳好手自发打捞感人心》等4件作品获宁夏好新闻一等奖开始，据不完全统计，20多年来，《新消息报》刊发的《中国藏西夏文献同时出版两套丛书　宁夏两学术机构科研项目撞车》《同心百余单位吃喝签单80多万元　新月楼餐馆“白条子装了96麻袋”》《好市民擒劫匪血洒街头系列报道》《南京证券违规收取沪市委托费　宁夏股民每笔交易多掏5元》等近百件作品，先后获得宁夏新闻奖一等奖、全国省级晚报（都市报）好新闻一等奖。

创新成就影响力：

20多年来，《新消息报》策划组织的社会活动层出不穷。10年间，以“扶危济困，共享和谐”“登山不止，运动不息”“联手外媒，展我风采”“尊崇文化，倡导文明”“模特赛事，扮靓塞上”“邀您植树，绿意盎然”“新年新俗，听觉盛宴”“推动娱乐，播撒快乐”等为主题的活动“你方唱罢我登场”，最多的一年，新消息报社主办或承办全国或西北、宁夏的活动近30个，每一次活动都获得了巨大的社会反响。于是，越来越多的主办者将能否由《新消息报》承办活动作为活动成败的关键。

闯出报业新疆域：

4年多变身厚报。2003年5月13日，《新消息报》A、B、C叠改版成功，成为宁夏首家分叠彩印的平面媒体；2004年7月18日，《新消息报》周一至周五出版32版，周六、周日出版16版，在宁夏媒体中率先步入厚报时代，与“发行量第一，零售量第一，覆盖面第一，社会影响力最大”的地位相适应，核心竞争力全面提升。

10年创收显奇迹：

到2005年1月，《新消息报》创刊5年，每年利润增长率均超过30%，创下西部欠发达地区报业经营奇迹；2007年9月13日，《新消息报》单日广告收入近40万元；2007年9月，单月广告收入达到400万元，创历史新高；2010年广告收入7358.29万元，利润3437.32万元；2013年广告收入达到历史峰值8645.28万元，利润3825.9万元。

2007年1月，在第二届中国传媒创新年会上，《新消息报》被评为"全国十大创新都市报"。2013年9月14日，国家新闻出版广播电影电视总局主持评选的2013年度"全国百强报刊"出炉，《新消息报》名列其中，也是宁夏唯一入选的报纸。

不忘初心　方得始终

《新消息报》创刊20年来，与国内大多数都市报一样，发端于浩浩荡荡的城市化与城市现代化进程，发端于民生新闻热血沸腾的年代，经历了纸媒的"黄金十年"，既书写过辉煌，也经历过曲折。走到今天，信息的生产与传播方式发生

《新消息报》记者在警营采访。

了翻天覆地的变化，面对互联网时代媒体融合的大趋势，《新消息报》一边耕耘纸媒，一边寻求转型发展，积极拥抱新媒体的传播方式和表达方式。

2010年至今，历经近10年打造的《新消息报》“两微”新媒体阵地，已成为宁夏地方新媒体平台中一支重要的正能量主力军——2010年年底开设《新消息报》微博账号，目前粉丝560万，为宁夏媒体微博第一大号；2013年2月开通“新消息报”微信公众号，截至2019年10月，用户已稳定在12万多人，在清华大学清博新媒体指数每周排名中稳居宁夏所有微信公众号前三位；《新消息报》直播及短视频项目推进一年来，已具备初步的融媒体协同作战能力；《新消息报》微信矩阵头条号、企鹅号等新媒体产品正在进一步拓展挖潜。

与此同时，《新消息报》延续之前的新闻策划和活动策划优势，近4年来主办的“身边的感动”评选、宁夏慈善榜、宁夏诗词大会、马云乡村教师计划宁夏评选、新年新衣等活动，取得了良好的社会效益和经济效益，为《新消息报》的转型发展作出了有益的探索。

新的时代，依然年轻的《新消息报》，将所有的辉煌和荣耀归零，剩下的只有不忘初心，以梦为马，砥砺前行。前方新的风暴或将更加猛烈，新报人唯有继续攀登，向着更高的山峰进发。

守好全区政法宣传主阵地

刘启生

《宁夏法治报》创刊于1982年3月。1985年1月，《宁夏法制报》面向全国公开出版发行。2003年12月24日，《宁夏法制报》划归宁报集团主管主办。2004年2月27日，《宁夏法制报》更名为《法治新报》，成为宁夏日报社旗下系列报之一。2015年5月，经国家新闻出版广播电影电视总局批准，《法治新报》更名为《宁夏法治报》。2019年起，《宁夏法治报》由四开小报改为对开大报，每周一至周五出

2019年10月，《宁夏法治报》职工用嘹亮的歌声庆祝中华人民共和国七十岁生日。

版，期发行量3万份。

从《宁夏法制报》到《法治新报》再到《宁夏法治报》，报社走过的37载风雨历程中，办报宗旨一以贯之，服务目标一以贯之。记录了塞上大地民族团结、和谐稳定的生动景象，见证了宁夏政法综合治理工作的忠诚恪守和发展进步；为依法治国、依法治区的坚实进程喝彩；与人民同心，与法治同行，解读并宣传了宁夏民主法治建设的成果，推动并促进了中国特色社会主义法治理念在宁夏的生动实践。正因为如此，《宁夏法治报》获得了广大读者特别是政法战线的厚爱与支持，成为政法综合治理宣传的主阵地、主渠道。

《宁夏法治报》与自治区党委同向，与宁夏政法队伍同行，主动承担和发挥好自治区党委政法委机关报的功能，承担好全区政法综合治理宣传工作主阵地的责任，坚持正确的舆论导向，牢牢锁定宁夏政法核心读者群，汇聚专业纸媒核心竞争力，紧紧围绕坚持依法治国和建设法治社会理念、平安宁夏法治宁夏建设、宁夏政法队伍建设、法律普及法律服务等，在占领和巩固政法主阵地的坚守中做优做强。

《宁夏法治报》始终不渝担负着营造良好舆论氛围的神圣职责，坚持"党报性质、法治特色"的办报方针和"彰显政法力量，弘扬法治精神"的办报理念。围绕中心，服务大局，这是办报的出发点和落脚点；宣传政法，服务综合治理，这是媒体光荣的使命；普及法律，服务读者，这是责任担当；推动法治，服务民生，这是永远的追求。

《宁夏法治报》进一步提高法治舆论引导的权威性，让法治的声音传播城乡，让法治精神引领塞上，为宁夏法治建设发挥作用。法治类党报的定位，既是全媒体时代《宁夏法治报》生存发展的必然选择，也是复杂舆论环境中《宁夏法治报》应有的责任担当。全面推进依法治国是《宁夏法治报》持续发展的新机遇、新起点、新动力。

《宁夏法治报》适应形势新变化，顺应读者新期待，创新观念、创新内容、创新手段、创新方法，加快媒体融合步伐，贴近政法基层，反映一线创新亮点，增强主阵地的魅力与灵气。在政法战线重大先进典型报道上勇于担当，不惜版面。关注平凡的基层政法干警，让他们的形象跃然纸上。在新闻采编上，坚持开门办报、群众办报，鼓励和吸引广大政法领导、法学专家、基层干警，为报纸提供优质独家稿件，努力使《宁夏法治报》成为“群众办报”的榜样媒体。

《宁夏法治报》采编人员进行业务探讨。

2016年9月，宁夏法治报社被自治区依法治区协调小组评为“全区六五普法先进集体”。2012年、2015年、2016年、2017年、2018年五次策划举办“全国法治报优秀记者宁夏行采访活动”，在全国媒体刊发宣传宁夏的报道2000多篇。2016年被中华全国法制新闻协会、全国法制报业发展年会授予“全国省级法制报业十佳媒体”；2018年1月被宁夏报业协会授予“宁夏报业创新发展先进集体”；2017年5月、10月，新媒体创新项目两次被中国报协表彰奖励。

宁夏法治报社坚持策划举办公益活动，为推动依法治国实践和构建良好社会风气秩序作出积极贡献。从2012年起，连续7年举办“3·15消费者权益日宣传周”“未成年人关爱行动”“宁夏法治新闻研修班”等活动。7年来，共向社会推选消费维权示范单位300个，为上千名未成年人讲授人身安全、品德养成等课程，培训政法系统“笔杆子”1000多名，产生了良好社会影响，赢得社会各界好评。

2018年以来，宁夏法治报社创办“法报小厨”融媒体工作室，在普法宣传中精心策划，发挥团队特别能战斗、特别能吃苦的奋斗精神，推送了一大批普法宣传的新媒体作品。“法报小厨”的多个产品屡屡获奖：“法报直播”成为2017中国移动互联网与传媒融合风云榜中国传媒融合年度标杆案例；“宁夏公告”微信公众号在由中国报业协会组织的2017中国（南京）传媒“移动优先”峰会媒体融合创新项目评选中荣获三等奖。

2018年9月，新媒体作品《此刻贺兰山万人洒泪送英雄　愿天堂没有暴雨》荣获年度全国优秀政法新媒体作品二等奖。2018年12月，由中国长安网、中央政法委长安剑举办的“改革开放40周年政法系统新闻影响力人物”评选活动中，“法报小厨”成功助推银川市公安局西夏区分局镇北堡派出所牺牲辅警王永良入选改革开放40周年政法系统新闻影响力人物，王永良也成为宁夏唯一上榜人物。在2018年11月举办的“决战执行难·盐池法院在行动”直播采访活动中，创下20万点击量，影响力叠加到线下，10余名失信被执行人迫于压力主动履行还款义务，到位金额达300余万元。2018年8月，策划的全国省级法治（制）报社长（总编辑）“七五普法塞上江南行”大型采访活动，将宁夏“七五”普法工作成果传播到全国各地，活动受到自治区领导的批示肯定，同时，此项活动入选由自治区党委政法委、自治区依法治区领导小组办公室、法治政府建设办公室、普法办公室、自治区司法厅等联合开展的宁夏2018年度“十大法治新闻（事件）”。

为了托起明天的太阳

黑玉红

《小龙人报》创刊于1996年8月31日，由宁报集团主管主办、宁夏教育厅协办，是一张以少年儿童为读者，面向全国发行的宁夏唯一一份少儿报纸。1998年8月经国家新闻出版总署批准面向全国公开发行。创办初期，报纸定位为综合类少儿报，2006年3月，经国家新闻出版总署批准，《小龙人报》正式更名为《小龙人学习报》，由综合类少儿报调整为教辅类少儿报。

《小龙人学习报》记者采访全区少代会代表。

《小龙人学习报》创刊20多年来，始终坚持唱响主旋律，传播正能量，宣传社会主义核心价值观，弘扬中华民族优秀传统文化，内涵丰富、特色鲜明，深受广大少年儿童的喜爱，读者群遍布宁夏山川，是全区中小学生首选的课外读物。2012年，《小龙人学习报》被中国少年儿童报刊工作者协会推选为优秀少儿报刊；2015年，被中国少年儿童报刊工作者协会评选为“中国少儿报刊金奖”。

一切为了孩子

“一切为了孩子”是《小龙人学习报》的办报宗旨，读者定位为6岁至16岁的少年儿童。报纸选编大量与中小学生学习成长贴近的文章，以深刻的思想、生动的形象反映生活，揭示人生真谛，赞颂真善美，丰富的人文素材为师生拓展了多彩灵动的文化天空和人文视野。报纸得到全区中小学师生的喜爱，成为孩子们的良师益友，也成为学校、家长和学生之间交流的纽带与桥梁。

教辅类少儿报的进阶之旅

《小龙人报》的前身是《黄河少儿报》，1996年，宁夏日报社编委会将《黄河少儿报》并入《宁夏日报》系列报，沿用《黄河少儿报》的刊号，并更名为《小龙人报》。

1998年8月，经国家新闻出版总署批准，《小龙人报》有了全国统一刊号，正式面向全国公开发行。顺应少儿报的发展规律，为满足不同年龄段小读者的需求，1999年9月1日，《小龙人报·中学版》正式出版发行。2004年3月，根据读者要求和市场需求，在原有中学版、小学版的基础上，又增加了小学低年级版。至此，《小龙人报》分为小学低年级版、小学高年级版、中学版3张报纸。《小龙人报》的受众定位更加具体。

2006年3月，经国家新闻出版总署批准，《小龙人报》正式更名为《小龙人学习报》，由综合类少儿报调整为教辅类少儿报。改变定位后，《小龙人学习报》每周出版小学高年级版、小学低年级版、初中语文版。报纸以高远目标关注学生成长的同时，服务教育教学的针对性和实效性进一步增强，报纸质量有了质的提升。

2007年年初，《小龙人学习报》抓住宁夏中考由本地命题这一契机，推出语文中考版。在中考专家、教研员、一线老师的支持和指导下，中考版内容紧紧把握中考动态，由于指导性、实用性强，得到市场认可。

2008年6月，《小龙人学习报》创刊10周年之际，编辑部成功策划了“十周年特刊”，各市县教育局以及友好单位送上了祝福，广大老师和小读者们更是用真挚的话语给予《小龙人学习报》高度评价。

2008年，《小龙人学习报》全面改版升级，小学版全彩色印刷，中学版分年级出版、分版本编排。中小学版内容紧扣教学主线，增强学生的语文运用能力，追求应试教育和素质教育的有机结合，为全面提升学生的语文素养服务。

2009年6月，报社推出《小龙人学习报·教研版》，全力为我区教育工作做好宣传服务，同时促进教师间的相互了解与沟通，引发对教育现象的思索与对话，引领教师逐步迈向专业发展的制高点。

2010年6月，小龙人学习报社借助“小龙姐姐”在读者心目中的影响力，联合多位国家注册心理咨询师，成立了具有公益性质的咨询教育中心——“小龙姐姐”成长教育中心，为青少年的健康成长提供服务。

2012年3月，小龙人学习报社被自治区妇联授予“自治区城乡妇女岗位建功先进集体”。

2013年6月1日，小龙人网正式开通。这是报社打造的专属于宁夏青少年的绿色网上家园，是向新媒体转型发展的一次大胆尝试。

2014年，报社重新整合报纸品种，停办了教研版、七八年级人教版报纸。研发数学中考版、英语中考版，开发报纸新品种，进一步拓展市场空间。

《小龙人学习报》记者走进校园，给学生讲雷锋的故事。

2015年5月，报社大力加强新媒体建设，开通了《小龙人学习报》微信公众平台。

2015年，《小龙人学习报》被自治区少工委确定为宁夏少先队队报。当年，在第六届全国少儿报刊奖评选中，《小龙人学习报》被全国少儿报刊协会评为“全国优秀报刊金奖”。

国家从2018年起，中小学语文教材全部使用统编版，报社分别在2018年、2019年再次对报纸进行整合，停办了七、八年级苏教版、数学中考版。

做让孩子信赖的媒体

《小龙人学习报》创刊20多年来，在团队的共同努力下，不断发展壮大，如今这份报纸已经由当初创刊时的1份小学版，发展壮大为拥有7份分类清晰的报纸、1个网站、1个微信公众号，具有成熟办报理念和一定服务规模的少儿媒体。特别是近5年来，报纸的总收入、利润每年都以两位数的速度增长；近10年来，《小龙人学习报》刊发的稿件共获得全国少儿报刊各类新闻奖、编辑奖61件（次），宁夏新闻奖41件（次）。2015年，《小龙人学习报》从全国上百家少儿报刊中脱颖而出，被评为“少儿报刊奖金奖”。报社员工也获得全国和自治区多项荣誉，何晓红、王霞荣获“全国少儿报刊先进经营工作者”；袁珊被评为“全国少儿报刊优秀工作者”；戴华峰被评为“自治区优秀新闻工作者”；马兰被自治区党委宣传部评为“宁夏名编辑”。2012年3月，小龙人学习报社被自治区妇联授予“自治区城乡妇女岗位建功先进集体”。

小龙人学习报社在办好报纸的同时，也在全区中小学生中开展了大量有意义的社会活动，扩大报纸影响力，为读者提供更优质的服务。近些年，小龙人学习报社举办了4届全区中小学生作文大赛，以交通安全、绿色环保、民族团结、防毒禁毒等为主题的征文、知识竞赛、手抄报、绘画、才艺大赛等形式多样的活动，以及各种主题的夏令营、研学活动。近5年来，全区超过50万名中小学生参加了小龙人学习报社举办的各类活动。

报社发挥媒体优势，在全区中小学校开展了大量的公益活动，以此尽媒体的社会责任。“小龙姐姐”成长教育中心通过家长培训、青少年教育培训、心理辅导、热线咨询、专家讲座等形式，为全区中小学生提供免费心理咨询服务，为家长讲解正确的家庭教育方法。中心成立以来，共举办“小龙姐姐进校园”公益讲座100多场，近10万名师生聆听了心理专家的讲座。从2014年起连续5年，在由自治区文明办主办、小龙人学习报社承办的全区未成年人心理健康教育巡讲活动中，举行公益心理讲座100多场，为7万余名学生、2万多位家长提供了专业的心理咨询服务。

为了让山区孩子也能看到《小龙人学习报》，报社还联系多家爱心企业进行文化扶贫，为山区孩子赠阅《小龙人学习报》及其他书籍。近10年来，共捐赠报刊书籍价值100多万元。

《小龙人学习报》创办20多年来，从一棵嫩苗成长为艳丽的花朵，以独有的

《小龙人学习报》记者组织"小记者3D探索之旅"活动。

风姿绽放在全国少儿报刊的百花园中。今后，《小龙人学习报》将继续用优质的内容滋养千万少年儿童，加快媒体融合改革步伐，创新思路，谋求发展，打造宁夏权威少儿媒体。

作别西天的云彩

李文龙　邵志权

《现代生活报》职工走上街头宣传报纸。

“人事有代谢，往来成古今。”报纸也如一出历史剧，总有谢幕的时候。本世纪以来，宁夏日报报业集团先后有两张报纸——《现代生活报》和《新知讯报》，为顺应时代的变化而停刊。

“轻轻的我走了，正如我轻轻的来；我轻轻的招手，作别西天的云彩。”

受到帮助的群众为《现代生活报》记者送锦旗。

与众不同的阅读快感

2003年11月，共青团宁夏回族自治区委员会主管主办的《青年生活导报》整建制划转宁夏日报社后，经宁夏日报社党委研究决定，选派一批政治强、业务精的党报编辑记者，与原青年生活导报社人员一起，创办市场化运作的宁夏首份都市生活类报纸。当年12月19日，《青年生活导报》更名为《现代生活报》正式创刊。2006年，宁夏日报报业集团成立后，《现代生活报》划转宁报集团。

《现代生活报》创刊后，倡导人文关怀和平民视角，将笔端和镜头对准基层群众、普通市民，以朴实生动接地气的新闻报道和报纸版面，为读者奉上“与众不同的阅读快感”，给宁夏报业市场吹来了清新之风。

8年里，《现代生活报》坚持党的新闻事业的性质、履行新闻工作责任使命，以“融入都市生活、倾听市民声音”为办报宗旨，主动俯下身、弯下腰与百姓心贴心，在宁夏推出《文明之光》周刊，充分报道精神文明建设中的成果亮点，坚持报道市民新闻、市民故事等，始终把讲好宁夏百姓故事、传播好基层声音作为己任，始终将传播文明、改善民生、推动成长、促进和谐作为办报的根本目的和最高理想。

8年里，《现代生活报》立足宁夏、放眼全国，作为宁报集团的一艘快船，率先搏击全国报刊零售市场风浪。《现代生活报》曾在北京、上海、南宁、兰州、银川等全国380个城市同步发行零售，最高时期发行量近20万份，实现了由宁夏地方都市生活类报纸，向覆盖全国的生活服务类报纸的跨越。

8年里，《现代生活报》坚持"好看，有用"的办刊理念，积极探索周刊化办报道路，先后创办《文明之光》《骄傲宁夏》《餐饮周刊》《教育周刊》《房展周刊》《宁夏地理》等周刊，竭力打造好看有用的阅读体验，张扬活泼激情的精神气质，倡导阳光积极的生活态度，在细分领域、垂直领域不懈尝试差异化竞争策略，接受市场的洗礼。

8年里，《现代生活报》坚持策划举办各种公益性活动，不断彰显报纸的引领力量，引导读者崇尚文明、积极向上。先后成功举办了"西部大开发十五周年纪念"活动、"宁夏餐饮精英榜发布"活动、全区民办学校校长论坛等。

受互联网时代阅读新方式的冲击，在报业市场深刻巨变的前夜，宁报集团党委审时度势，于2011年1月宣告《现代生活报》停刊。

关注农村，服务"三农"

《新知讯报》创刊于2005年，长年耕耘于"三农"和"文摘"两大新闻阵地。《新知讯报》有两大品牌：《文摘精粹》精编细选全国

《新知讯报》记者在蔬菜大棚中采访农户。

《新知讯报》记者深入田间地头采访。

各地媒体有思想性、可读性、趣味性的新闻或文章，为读者打开一道学习之门、借鉴之门；《塞上新农村》坚持“三贴近”原则，以宣传党和政府的“三农”政策、介绍农业科普知识和实用技术、指导农业生产、展现社会主义新农村风貌、服务广大农民生活为己任，那一片片田间地头，是《新知讯报》从业人员常年战斗的地方。

《新知讯报》前身为自治区科协下属的《宁夏科技报》，曾在宁夏取得了十几万份发行量的成绩。2003年，宁夏报业市场格局发生重大变化，《宁夏科技报》划归宁夏日报社，更名为《新知讯报》，并于当年试刊。

试刊初期，《新知讯报·文摘精粹》凭借差异化定位和有效的市场运作，很快吸引了众多读者。2004年11月，因为种种原因，《新知讯报》暂停试刊。到2005年，国家新闻出版总署对《新知讯报》的国内统一刊号问题予以高度重视，最终批准《新知讯报》正式创刊。

创刊后，《新知讯报》继续在《新知讯报·文摘精粹》上精耕细作，借助自治区重点活动“房·车生活文化节”的东风，迅速占领银川市房地产宣传阵地，取得了良好的社会声誉和经济效益。经过多年努力，《新知讯报·塞上新农村》还成为宁夏新闻服务“三农”的主阵地和广大农民群众获取信息的主渠道。《新知讯报·塞上新农村》周一8版，周四16版，以宣传党的政策、普及农村实用科学技术、树立科学文明新风为办刊宗旨，坚持“关注农村，服务‘三农’”的办报理念，成为宁夏360多万农民“自己的报纸”，在全区2000多个行政村实现全覆盖。

2018年12月27日，《新知讯报·塞上新农村》出版完第1004期报纸后停刊，为自己的新闻旅程画上了句号。《新知讯报》停刊，是宁夏日报报业集团实施报业供给侧改革和媒体融合发展的战略需要，也是集团新闻生力军向互联网主战场挺进的必然选择。

拥抱互联网时代

李文龙

宁夏互联网新闻中心是由原宁夏新闻网和原宁夏网于2009年整合组成。目前,宁夏互联网新闻中心和宁夏新传媒有限公司实行一套人马、两块牌子合署办公。

2002年1月10日,自治区编办批准成立隶属于自治区党委宣传部的全额拨款正处级事业单位——宁夏互联网新闻中心,职责是建设和管理宁夏新闻

宁夏互联网新闻中心的全媒体编辑进行现场直播。

宁夏互联网新闻中心编辑探讨新闻业务。

网。2003年1月8日，宁夏新闻网上线试运行。2003年3月12日，国务院新闻办公室批准宁夏新闻网从事登载新闻业务。2003年8月6日，自治区党委宣传部下发《关于成立宁夏新闻网的通知》，宁夏新闻网正式开通运行。

宁夏日报社于2000年7月开通《宁夏日报》电子版，2001年2月升级为宁夏日报网络版，2005年10月25日又升级为宁夏网。

自治区党委、政府于2008年5月出台《关于进一步深化文化体制改革的意见》决定："整合宁夏网、宁夏新闻网，组建新的宁夏新闻网，由宁夏日报报业集团管理，对自治区党委、政府负责。区直各部门自办的行业宣传网页可统一委托宁夏新闻网代办代管。"

2009年8月30日，宁夏互联网新闻中心挂牌，改由宁夏日报报业集团主管，具体负责宁夏新闻网、宁夏手机报、宁夏网络电视等新兴媒体的建设和管理。2009年9月19日，宁夏新闻网和宁夏网正式实现资源整合，原宁夏新闻网工作人员随之划转宁报集团。

2012年11月，宁夏文化体制改革工作领导小组同意宁夏新闻网转企改制工作方案。根据该方案，将宁夏新闻网的相关业务划转宁夏新传媒有限公司，宁夏新闻网不再由宁夏互联网新闻中心建设和管理。2013年7月15日，宁报集团独资国有企业——宁夏新传媒有限公司注册成立，宁夏新闻网相关业务划入宁夏新传媒有限公司运行。管理体制方面，宁夏新传媒有限公司由宁报集团主管主办，并履行出资人职责，对公司享有管理权、监督权和资产收益权。

此后，宁夏互联网新闻中心和宁夏新传媒有限公司实行一套人马、两块牌子的工作形态。

宁夏互联网新闻中心现有办公室、网络新闻编辑部、手机报编辑部、视频部、技术部、运营策划部6个部室，还有专注“两微”新媒体编发运营的新媒体组和负责政务网群建设及网络问政、舆情服务的政务组。

目前，宁夏互联网新闻中心建设维护宁夏新闻网、宁夏手机报、宁夏网及宁夏新闻网官方微博、“宁夏新闻网”微信公众号等新媒体产品。该中心积累了大量的新闻、文化信息资源数据，是宁夏最大的互联网资讯服务平台。

宁夏新闻网作为自治区党委、政府在互联网上的舆论宣传主阵地，全面承担宁夏的网络新闻宣传工作，成为自治区党委、政府的权威网络发布平台，以及了解民生民情、汇聚民智的重要窗口。中国传媒大学互联网信息研究院发布的《网站信息生态指数2017年12月榜》显示，在全国31家省级重点新闻网站生态指数排行中，宁夏新闻网位列第五名。

“宁夏新闻网”微信公众号粉丝数量15万，在中央网信办《网络传播》杂志发布的“全国省级网站微信传播力排行榜”中，稳居前15名，在西北地区省级网站处于领先位置。

宁夏新闻网微博粉丝数量达70万，2017年10月、11月入围《网络传播》杂志“全国省级网站微博传播力排行榜”，均位列第42名。

宁夏新闻网还先后荣获“自治区三八红旗集体”“全区整治网络谣言专项行动先进集体”“自治区青年文明号”、2012年“全区新闻战线‘走转改’活动先进集体”等荣誉称号。宁夏新闻网“文化频道”被国务院新闻办公室互联网新闻研究中心、中国互联网协会互联网新闻信息服务中心评为“2011年度中国互联网品牌栏目(频道)”。

宁夏新传媒有限公司是具有IDC(互联网数据中心)运营资质的国有企业,拥有拓尔思网站内容管理系统、北方网内容发布系统、经纬中天网络音视频内容管理系统等多种专业信息管理平台,可实现多站点管理,图文、音视频的多媒体发布,网群建设、维护能力在全区处于领先地位。

塞上江南　一端尽览

瞿学江

手机上，宁夏日报客户端这个图标很小，但它的意义不小、价值不小。作为一款移动App，宁夏日报客户端在手掌之中、方寸之间，乘着移动互联网这个席卷而来的浪潮，成为人们观察宁夏、链接世界的重要方式。

按照自治区党委宣传部和宁夏日报报业集团党委的决策部署，2016年11

宁夏日报客户端编辑、记者进行现场直播。

月，宁夏日报客户端正式启动建设工作。11月1日，客户端内容团队组建完成。面对时间紧、任务重、人手少的局面，团队成员克服经验匮乏、技术欠缺等困难，边学习，边研讨，与相关开发公司技术人员密切配合，需求分析、产品定位、模块设置、功能划分、内容架构、界面设计等一系列工作有序推进。

万事俱备，还缺一个好名字。2017年1月4日，新年的第一个工作日，宁夏日报报业集团所属报、网、微同时发布客户端万元征名启事。"征集令"一发，来自区内及全国各地的热心网友积极参与。截至当年1月15日投稿结束，共收到1800多位网友的应征作品5500余件。最终，得票最高的"宁夏日报"被确定为宁报集团客户端名称，3位作者共享1万元采纳大奖。

以"宁夏日报"为名，体现了宁报集团客户端与《宁夏日报》在新闻理念和核心价值上一脉相承，有利于充分发挥品牌影响力，打造与主流媒体品格气质相一致的移动新闻产品。

2017年3月6日，宁夏日报客户端正式上线运行，标志着宁夏日报报业集团全媒体矩阵又增添了一支生力军。宁夏日报客户端秉承"彰显党报权威、传播主流价值、体现专业品质"的理念，定位于"新闻+政务+服务"的时政客户端。客户端集新闻资讯、政务服务、投诉报料、便民服务、数字阅报等多项功能于一体，以宁报集团旗下各媒体的优质内容和专业团队为依托，以权威快速、深度多元的视角，24小时提供各类新闻资讯，重大新闻实时推送；通过智能分析引擎，实现全区五市用户的精准推送；搭建移动办事大厅，拓宽各级党委、政府与群众沟通的渠道；接入水电缴费、社保查询、出行参考、餐饮团购等服务项目，打造贴近百姓生活服务平台。

在内容架构上，一期产品设置了新闻、本地、政务、服务、"我"的五大模块，以及头条、政情、地市、读报、社会、财经、时事、时评、生活、问政、专题、视频、直播、图集、活动等15个频道。视觉上采用前沿设计元素，突出"大而简，简而精"。上线以来，宁夏日报客户端先后进行了几次迭代升级，不断改造完善功能和后台，优化频道设置和内容生产，进一步增强用户黏性，提升用户体验，形成了个性化、社交化、视频化的全新产品架构，用户数量不断攀升，社会影响力不断扩大。截至目前，客户端总下载量为5.2万次，用户覆盖全区五市，活跃度稳中有升。

上线以来，宁夏日报客户端牢牢坚持内容为王，不断提升原创能力这个核心竞争力，以独特、权威的内容增强对用户的吸引力。客户端采用“原创+聚合”的内容生产模式，在大量整合区内外、国内外新闻资源的同时，将宁报集团现有采编力量与新媒体渠道有机融合。按照宁报集团编委会“移动优先”的要求，宁夏日报社各采编部门和系列报网建立“先端后报”的内容生产流程。目前，涉及自治区党委、政府主要领导的时政报道、区内重大政策解读、重要人事任免、反腐消息、重大突发事件及百姓关注的各类民生服务稿件，已全面实现在宁夏日报客户端第一时间权威首发。客户端日均全平台发稿量超过300条，其中首发原创稿件近100条。

宁夏日报客户端充分发挥党报客户端龙头效应，引领集团全媒体矩阵，全力参与党的十九大、自治区第十二次党代会、全国及自治区两会、自治区成立

宁夏日报客户端记者在进行视频采访。

60周年大庆等一系列重大主题战役性报道，策划制作了大量用户爱读、想看的爆款融媒体产品。《换个姿势看宪法改了啥》《杨岭村：春到枝头已十分》等融媒体产品在严把政治方向、舆论导向的前提下，对重大时政类新闻进行了创新报道，推出后立即刷爆朋友圈。

宁夏日报客户端积极探索移动直播和短视频在新闻报道中的运用，借助移动互联网的技术手段与传播渠道，让用户能身临其境、触手可及地感受宁夏改革发展和社会生活的“新闻现场”。按照“宜直播则直播、能视频则视频”和“逢大事必直播”的原则，上线以来累计进行现场直播100余次，原创拍摄、制作视频300余条，努力向“直播常态化、视频标配化”目标迈进。

2019年5月5日，按照《宁夏日报报业集团媒体深度融合发展改革方案》的部署，宁报集团整合宁夏日报客户端、宁夏日报微信微博原有团队，组建新媒体频道。组建伊始，新媒体频道就发力客户端内容创新，通过分包栏目、工作室等形式，打破部门之间的壁垒，让集团编辑记者在全新的移动端上拥有一块自主天地，从而推动媒体深度融合、改革，孵化了如《一句阳光，叫醒耳朵》《政声》《漫·谈》《见书见影》《行摄市井》《夜·听风》等不少成绩亮眼的“网红阵容”。每天清晨推出的早读栏目《一句阳光，叫醒耳朵》，已经成为不少用户必点的新闻“早餐”。《政声》栏目对重要时政新闻进行重新梳理和整合包装，以可视化方式呈现，满足了高端用户对时政信息的广泛需求。

2019年8月，宁报集团编委会决定各采访频道共建宁夏日报客户端，根据各采访频道的职责划分和客户端各频道内容定位，由各采访频道负责运营维护客户端相应频道。

从单向度的“我写你看”，变成多维度互动交流；从单纯的图文表达，变成多样化的全媒体传播。以宁夏日报客户端的共建运营为契机，宁夏日报报业集团倒逼流程再造，从采编协调机制、新闻快速生产机制、用户交流机制、绩效考核机制、产品化运营机制等多个领域深化改革，实现传统媒体和新媒体在内容生产节奏上的融合。

目前，以宁夏日报客户端等一系列新媒体产品为依托，宁报集团旗下200多名采编人员正在实现由传统媒体从业人员向全媒体记者、编辑的转型升级，其互联网表达能力、议题设置能力、舆论引导能力正在不断提升。特别是宁夏日报社的部分骨干记者与编辑，通过与客户端共同运营产品化的特色栏目，产品意识、用户意识得到强化，他们正成长为推动集团加快融合转型的创新型人才。

做最好看的新闻杂志

李红平

《看天下》是宁夏日报报业集团主管主办的一本新闻综合类杂志，创刊于2005年5月。创刊时，基于宁夏的媒体发展现状，集团党委审时度势，以高度的战略眼光与前瞻意识，果断选择与北京海丰传媒深度合作，充分借鉴合作方的资源优势、人才优势与区位优势，使这样一本在中国西部少数民族地区创办的新杂志，在由中央媒体和北京、上海、广东等发达地区媒体主导，并形成激烈竞争的新闻杂志市场中，不仅迅速站稳了脚跟，而且用短短四五年的时间，就位居中国新闻综合类杂志发行量的第一名，并且在之后10余年的时间里，这一发行

《看天下》杂志的员工正在工作中。

地位未曾动摇。业内人士称之为中国期刊界的“看天下”模式。

在内容影响力上,《看天下》获得了各界认可,多次获得中国期刊交易博览会“中国最美期刊奖”“最受关注百强期刊奖”“最具影响力百强期刊奖”,多次入选中国邮政集团公司报刊发行局“中国邮政发行报刊百强排行榜”。《看天下》进入数字领域后,也多次取得“最受欢迎手机杂志”“最受欢迎新闻类数字杂志”“最佳人气移动媒体”“最具影响力融媒体”等称号。

《看天下》杂志编辑修改稿件。

《看天下》紧紧围绕党和政府的中心工作与时代的主题,始终把正确的舆论导向当作生命线和头等大事,并结合《看天下》的自身定位与优势,在近些年来传统媒体普遍面临巨大冲击的大背景下,努力求新求变,力争办出特色,从而在市场中占得一席之地。

把正导向 确保帮忙不添乱

自创刊以来,《看天下》始终把正确的舆论导向作为中心工作,持续加强编辑部的政治学习与业务培训,一些报道受到相关主管部门的表扬与鼓励。

力行“八项规定”、反对奢侈浪费,对端正党风和廉政建设产生了深远影响。政策出台没多久,《看天下》就在“中国”版的头条栏目,及时推出报道《中央亮剑“舌尖上的浪费”》,回溯了“八项规定”的出台背景,展现了中央领导在各地考察期间的低调平实风格,以及各地为执行中央新规推出的各项举措。稿件刊发后,达到了较好的宣传效果。

“神舟十号”发射、中国载人航天工程的飞速发展再度引发世界瞩目之时,

《看天下》及时推出专题报道《"神舟"百分百成功的幕后秘密》。对于中国载人航天工程的决策过程，以及中国航天人为确保每次发射百分之百成功而默默付出的努力、经历的坎坷、克服的困难，做了长时段、全方位的还原报道，大大增强了读者的民族自豪感，进一步凝聚和强化了爱国主义精神。

牢记使命　持续宣传报道好宁夏

《看天下》虽然是一本面向全国发行的新闻类杂志，但始终没有忘记自己首先是一本宁夏的杂志，结合自身的特点和优势，宣传宁夏、报道宁夏，让全国乃至海外的读者更多地了解宁夏，是《看天下》的使命与职责之所在。

在自治区成立六十周年之际，《看天下》连续多期以系列报道的形式，推出《固原：丝路重镇的新生》《北纬38度线上的竞争》《互联网医疗与一座城的故事》《塞上明珠中卫：新丝路上的枢纽要塞》等稿件，充分展现了宁夏在国家"一带一路"倡议以及在互联网等新业态中正在发挥的重要作用。

几年前，《看天下》积极配合宁夏旅游部门的相关活动，刊发了文化报道《在宁夏，重访丝绸之路》。固原是陆上丝绸之路东段北道的咽喉重镇，迄今留有四处古丝绸之路遗址，但因为地处西部，很多区外读者并不了解。《看天下》派记者探访这些遗址，讲述它们的故事与历史，大大加深了全国读者对宁夏的了解。

求新求变　努力办出特色

近些年来，随着微信公众号、社交媒体与短视频的快速崛起，媒体格局持续发生重大变化。受此影响，很多知名报刊都呈现出发行量与广告额持续多年断崖式下跌的态势，《看天下》也未能例外。

面对异常严峻的形势，《看天下》在确保导向正确的前提下，千方百计求新求变，持续创新报道方式和内容，以期进一步贴近年轻读者的爱好与需求，持续扩大在年轻群体中的影响力。

与此同时，面对新媒体信息太杂太碎，甚至虚假信息泛滥的现状，《看天下》努力巩固纸媒优势，在深度报道与信息可信度上下苦工夫。让读者在持续读到高质量的深度报道后，对《看天下》形成信任度与依赖感，从而稳固杂志的核心读者群。经过持续的努力，杂志的发行量近来出现了下跌减缓的态势。

此外，《看天下》也在尽力补齐新媒体的短板。经过近几年的发力，新浪微博拥有1800多万粉丝，微信公众号拥有近200万粉丝。杂志的今日头条号、百家号、抖音号也开始起步。从2018年底起，还以App的形式，探索杂志内容的线上付费阅读，并取得一定成效。

博闻雅识　非凡之客

陈　鹏

2008年10月15日，一本全新的杂志《博客天下》应运而生。

当时正值网络博客兴盛，近3亿网民中一半拥有博客，由此产生了浩如烟海的文章。《博客天下》以“人人都是记录者”为理念，从中筛选出导向正确、深

《博客天下》杂志的编辑们策划选题。

度优质的内容，用纸质媒介进行发表、传播和留存，由线上及线下，在丰富杂志内容的同时，也拓展了纸媒的生存空间。

这种新鲜、明确的定位在众多综合类杂志中独树一帜，顺应了时代的发展。创刊以后，凭借“十天新闻，一网打尽”的优势，影响力迅速扩大，不到半年发行量就跃居同类杂志前列，单期最多达到10万余本。在全国一些大中城市的机场，实销率接近90%，成为名副其实的“中国第一博客新闻杂志”。

彼时，其他带“博客”字样的刊物，内容多偏重休闲励志和“心灵鸡汤”，而《博客天下》是以新闻为核心，关注社会热点，贴近百姓生活，记录了诸如上海世博会、世界杯、国庆阅兵等重要历史事件，由此获得大量高端读者。同时，还积极培养优秀的博主，每期提供独家优质文章，为杂志注入新鲜、独有的血液，实现了可持续发展。

纸媒虽在时效性上弱于网媒，但能在内容上出奇制胜。正是《博客天下》的成功，开启了中国“杂志2.0”时代，在传统媒体向新媒体转型过程中，起到了承上启下的作用。

2012年，为了进一步提高内容质量，塑造品牌竞争力，《博客天下》开始向原创转型，组建了一支业务过硬的采编团队，遵循“三无”原则——无现场不新闻、无角度不新闻、无深度不新闻，强调以“活的报道”方式，进入社会的重大议题。在追求对新闻事件快速反应的同时，也注重精神层面的表达，见证了国家的进步历程，被称为“变革中国的新闻档案”。

《博客天下》更多关注在一段时间内有持续影响力并能引领公众讨论的话题，给予深入剖析和报道。比如，以微信帝国、名校创客、天猫一代、社会主义新农村等为主题的封面文章，立足互联网经济的大趋势，探索其给生活带来的巨变，产生了重大影响力。

巅峰时，《博客天下》覆盖全国5万个中国邮政报刊亭，55家省会城市和经济发达地区的720家机场书店、1600家社会书店、3300家便利店及大卖场。2012年，《博客天下》获得博看网评选的“最受关注百强期刊”，2013年被中信书

《博客天下》杂志美术编辑设计封面。

店评为“年度畅销期刊”，2014年被龙源期刊网评为数字阅读影响力期刊TOP100。

微博兴起之后，《博客天下》重新定义了“博客”的含义：博闻雅识，非凡之客，即对生活有要求、对世界有看法、对未来有期许的“博、雅、客”。在普遍唱衰纸媒的声音中，《博客天下》因准确感知时代的脉搏，把握未来的呼吸，从而焕发了新的生机。

互联网时代，纸媒的价值越来越倾向于服务高级知识分子、高收入阶层、高影响力人群。《博客天下》的读者群体中，具有本科学历及以上的人群比例达到93%。内容也注重在事实之外附加知识和判断，成为一本既重视新闻报道，又重视文化格调的杂志，突出生活品质感和中产阶级趣味。

2015年，随着新媒体浪潮的全面到来，公众号成为主流的大众阅读媒介，《博客天下》也创建了自己的公众号，实现线下内容与线上内容的联通，变渠道不变质量，继续服务多年来支持杂志的忠实读者。

为应对时代变迁，杂志不断调整策略。一是改变，更加关注商业、教育、科技、文娱等话题，在深刻洞察的基础上，也提供价值判断依据；二是创新，突破传统文字的界限，运用视频、直播等新的表达方式，赋予文字更多的感染力；三是延伸，不断开发多元化产品，基于内容创意进行多维传播，始终坚持全媒体的发展方向。

创刊11年来，《博客天下》总计编写3600万字的内容，采访人物近万名，累计刊发稿件5000余篇。2019年9月23日，《博客天下》迎来第300期，封面报道主题为“告别与开始”：告别的是过去的成绩，而一切还会以新的形式开始，不忘初心,砥砺前行。

当下,“媒体融合”已上升为国家战略。“传统媒体和新兴媒体不是取代关系,而是迭代关系;不是谁主谁次,而是此长彼长;不是谁强谁弱,而是优势互补。”《博客天下》也将紧紧抓住这个历史机遇,坚持以读者为中心,以内容为本,与互联网紧密结合,不断推出优质的作品,记录时代发展,记录美好生活。

雁点青天字一行

马　越

2009年9月，根据中央及自治区关于深化文化体制改革的部署，经自治区党委、政府批准，宁夏日报报业集团剥离划转经营性资产和业务，组建了宁夏报业传媒有限公司；2013年，经自治区党委宣传部批准，更名为宁夏报业传媒集团有限公司；2019年10月，正式组建宁夏报业传媒集团有限公司董事会，并召开公司第一届董事会第一次会议，在完善法人治理结构、建立现代企业制度

宁夏报业传媒集团有限公司组织策划了2009首届中国西部（银川）房·车生活文化节。

方面迈出了实质性步伐。

目前，宁夏报业传媒集团有限公司下设4个职能部门（办公室、计划财务部、人力资源部、项目融资部），7家子公司（广告公司、发行物流公司、印刷公司、博览公司、小额贷款公司、旅游公司、知天下文化传播公司）和1家控股公司（新思维房地产公司），业务涉及广告、发行、印刷、物业服务、会展、小额贷款、旅游和房地产等。

“风翻白浪花千片，雁点青天字一行”。在宁夏报业传媒集团有限公司党委的带领下，传媒集团各单位正排成一字雁阵，搏击在市场经济的天空。

产业结构由单一向多元发展

宁夏报业传媒有限公司成立初期，基本上以广告、发行、印刷、物业为业务板块，底子薄、规模小、实力弱，抗风险能力低，历史遗留问题多。

面对传统报业发行量萎缩、广告下滑、融合较慢等诸多挑战，如何突破藩篱提升业绩、寻求转型发展，成为摆在公司面前的一道难题。

积极拓展文化会展活动业务。坚持把社会效益放在首位，实现社会效益与经济效益相统一。以党报品牌为核心，通过正向引领，推动意识形态工作全面落实。宁夏报业传媒集团有限公司积极拓展会展业务，先后成功策划实施了11届房·车博览会（房·车生活文化节）、14届《新消息报》新年音乐会、2届新春灯会、“财富中国·宁港之夜”明星演唱会、海外华文媒体宁夏行、全国媒体记者“民族团结宁夏行”、贺兰山东麓葡萄文化长廊中央及省级党报媒体采访活动、2届俄罗斯大马戏团表演等各类活动，丰富了人民文化生活，拉动了文化产业发展。尤其是2019年会展公司承建的深圳文博会宁夏展馆，成为宁夏组团参加以来参展面积最大、参展企业最多、展示商品最多、推介活动最多、签约金额最多的一届，宁夏代表团还荣获文博会组委会颁发的9项大奖，获奖数量为各省市区参展团之最。

积极拓展小额金融服务业务。为使产业结构由单一支柱向多元支撑的方向转变，宁夏报业传媒有限公司借助自治区金融政策放宽的契机，发挥报业品牌公信力的优势，于2011年投资5000万元成立了宁夏报业小额贷款公司，立足支持小微企业和"三农"领域企业，实施稳健合规的经营。2013年、2014年又分别增加投资2000万元、1000万元，扩大经营规模，创新经营模式，实力得到进一步提升。2014年，小额金融服务业务利润突破千万元大关，标志着转型升级过程中小微金融服务业务板块战略性布局基本成型。

全力实施文化与旅游融合发展。旅游是传播和发展文化的载体之一，宁夏报业传媒集团有限公司通过内容经营形成影响力，再把影响力转化为产业和经济效益，不断尝试培育文化旅游经济。尤其是自2016年重组宁夏报业传媒集团旅游公司以来，把弘扬报业优秀文化与加快文化旅游产业发展结合起来，把推动文化创新与报业经济提升结合起来，着力整合文化旅游资源，打造文化旅游品牌，努力构造以文化丰富旅游内涵、提升旅游层次，以旅游带动文化消费、促进宁报集团文化产业发展的良好格局。

加快与新媒体融合发展步伐。多年来，宁夏报业传媒集团有限公司积极拓展新的创收模式，推出宁夏网络地级平台、宁报搜车、网络微电视、宁夏会展在线、宁夏报业天下艺和等10多个融合平台和手机客户端。2015年以来，成立了电商"不种田"公司和"宁报商城"等多个新媒体平台，2017年成立了互联网经营管理部和网络数字公司，全方位开启传媒集团向更广阔市场进发的新征程。

打造宁夏知名传媒品牌

转企改制后的宁夏报业传媒集团有限公司为了更好地延伸产业链，充分发挥公司举办大型活动的优势，积极打造我区会展品牌。会展公司先后举办了"2010虎啸塞上""2011瑞兔呈祥"新春灯展、第二届和第三届中国西部（银川）房车节、西夏啤酒清凉音乐节、书画艺术品拍卖会等有影响力的大型展会及活动，取得了良好的社会效益和经济效益，由传媒公司打造的会展品牌影响

宁夏报业传媒集团有限公司承建的深圳文博会宁夏展馆。

力正逐步增强。

打造文化产业聚集地。为着力构建现代文化产业体系要求，按照扩总量、提质量、增效益的目标，2014年由宁夏报业传媒有限集团公司投资兴建的宁夏文化旅游创意产业园，于2017年底完成一期建设并投入运行，项目入选宁夏“十三五”发展规划及自治区六十大庆献礼工程。园区以文化供给侧结构性改革为主线，以培育文创产业为方向，全力打造园区的核心功能，即“一馆、一院、两基地、四中心”的建设。“一馆”：即印刷互动体验馆；“一院”：即青少年中华传统文化教育学院；“两基地”，即文创产品研发基地、人才教育培训基地；“四中心”：即特色文旅商品展示中心、书画艺术交流中心、文化休闲体验中心、媒体数字技术中心。目前，园区已成功打造宁夏唯一一个活字印刷体验馆，为弘扬传统文化，促进广大青少年进一步了解中国传统文化创建了平台。待条件成熟时，推进产业园二期建设，强化园区的“创意内核”，聚集一批文化创意、影视制作、智能服务的新锐企业，积极构建自治区文旅创意产业的核心区、展示区、交易区。

通过近年来的快速发展，宁夏报业传媒集团有限公司各项经营效益和运行质量创造了历史最好水平，得到自治区政府及自治区国资委的认可，并获得多项荣誉。公司承办的“中国西部（银川）房·车生活文化节”荣获中国展会50强，被自治区政府授予“房车节突出贡献奖”。公司还荣获自治区国有企业最高荣誉——“跨越杯”、自治区“五一劳动奖状”、自治区“重合同守信用奖”及企业财务统计工作先进单位等称号；被中国报协评为“全国报业经营管理先进集体”；广告公司荣膺宁夏一级广告企业资质、年度中国报刊广告经营管理优秀团队奖；发行公司荣获“全国报纸自办发行先进单位”“全国省级党报发行工作先进集体”；印刷公司承印的《义教课程英语六年级上册》被人民教育出版社评为优质品奖。

突出以人为本

宁夏报业传媒集团公司准确把握党媒阵地和文化产业之间的社会属性，突出以人为本，积极营造和谐企业氛围，坚持把党建工作和企业文化建设贯穿于经营管理全过程，深入践行社会主义核心价值观，进一步统一思想、凝聚共识，充分调动党员员工的积极性和创造性，通过强化组织建设、制度建设、文化建设，推动精神文明工作与业务工作协同发展。

深入细致地做好宣传动员、教育引导和解疑释惑工作，知员工情、答员工疑、解员工难、聚员工力，引导员工理解改革、支持改革、参与改革，保证了改革的顺利进行；开展丰富员工业余文化生活的文艺汇演、趣味运动会、演讲比赛、征文比赛等活动；关心员工身心健康，落实员工休假、体检制度；探索形成扶贫帮困长效机制，扎实开展送温暖活动，积极参与社会公益事业，开展扶危助困、捐资助学、爱心救助等活动，建立党群工联系会议、职工爱心基金等制度，让改革红利惠及所有员工，并从思想帮扶、示范引领、文体活动关爱等方面入手，搭建平台，强化载体，狠抓员工思想建设，进一步增强了企业的向心力和凝聚力，提升了员工的归属感，为报业产业长远发展提供了保障。

凭谁击水起鲲鹏

周庆华

2018年以来，宁夏日报报业集团启动改革融合转型，各项工作扎实推进，改革成果初步显现。

奋力打好改革攻坚战

把改革融合转型发展作为事关生死存亡的首要任务，刀刃向内、自我革命，对标《宁夏日报报业集团媒体深度融合发展改革方案》（宁党办〔2019〕35号）“施工图”，紧扣“进度表”，抓好抓实主要改革措施。

宁夏日报报业集团重构符合全媒体时代和媒体深度融合发展需要的组织架构。以转变职能、扁平化管理为重点，重置管理部门5个；以促进渠道融合、释放生产力为重点，设立1室2中心7频道；以强化先进技术支撑、优化传播渠道为重点，整合技术力量，组建全媒体技术部门1个。彻底破除了传统媒体部门间相互分割的藩篱，形成了一体化的组织结构、传播体系和管理体制。

打破原有体制壁垒，实现了策、采、编、发流程再造。探索建立全媒体编委会机制，依托全媒体智能传播服务平台，发挥全媒体指挥中心作用，横向打通宁报集团各媒体的共享通道，纵向联通集团五市融媒体中心，实现报、网、端、微内容策划和生产发布一体化。按照移动优先，端—微—网—报的发布次序，形成“端快、微活、网全、报深”的传播矩阵，建立立体多样、融合发展的现代传播体系，满足了用户多样化、个性化信息需求。

创新人事管理，激发内生动力。探索建立全媒体考核体系，强化考核引导“指挥棒”作用，加大新媒体产品考核权重和分值，引导策、采、编、发力量由传统纸媒向新媒体转移。新媒体产品大量增长，出现“井喷”现象。创新人事管理，实施中层干部聘任制，打破身份界限，10名聘用身份人员走上中层管理岗位，为一批想干事、能干事的骨干搭建干事创业平台，形成心齐、气顺、风正、劲足的良好局面。创新采编专业职务序列改革，建立首席和“四档八级”采编专业职务序列模式，设置专业编辑、记者、评论员首席岗位和初级、中级、副高、正高四档八级专业岗位序列，为一线采编人员建立持续发展的晋升通道。已经完成首批96名专业技术人员评聘工作，有效激发采编人员强化专业技能、追求自我发展、提高工作业绩的动力。创新薪酬分配制度，建立符合全媒体运行的薪酬分配体系，以岗定薪、岗变薪变，优劳优得、优绩优得，实现同岗同工同酬，广大员工获得感、幸福感、安全感持续提升。创新新闻职称评审工作，突破职称评审唯资历、唯论文、唯奖项的条条框框，把扎根基层一线、取得重大成果等作为重要评审依据，建立注重履职能力、注重工作实绩的评价指标，增强员工的事业心、归属感和忠诚度。

完善治理结构，推进宁夏报业传媒集团公司向现代企业转变。坚持差异化发展，优化媒体结构和产业结构，解决了多年困扰发展的经营管理关系不顺问题。确立子报经营主体地位，在党媒改革“火车头”的牵引下，宁夏新闻网、《新消息报》《宁夏法治报》《小龙人学习报》的改革工作接续推进，一体发力，形成了争相改革的生动局面，有力推动子报走专业化、分众化、社交化的差异化发展道路。完善企业法人治理结构，成立宁夏报业传媒集团公司董事会、监事会，建立出资人管理制度，进一步理顺宁夏日报报业集团与宁夏报业传媒集团公司之间的关系。推动文化产业发展，聚焦主责主业，探索设立宁夏文化旅游创意产业园，通过政策落地、管理创新、招商引资，力促产业转型。

着力提升新闻舆论“四力”

宁报集团系列改革的组合拳互相助力、相得益彰，极大地提振了全体员工的精气神，集团上下形成了期盼改革、参与改革、支持改革、推动改革的浓厚氛围。

坚持正确政治方向，牢牢掌握舆论场主动权主导权。围绕深入学习贯彻习近平新时代中国特色社会主义思想，精心策划“‘不忘初心、牢记使命’主题教育”宣传报道，开设了《不忘初心、牢记使命》等17个栏目，推出重点稿件200余篇，制作短视频、H5等融媒体产品70余条，转发、点击量超过千万人次，切实把全区干部群众的思想和行动统一到中央和自治区党委的要求部署上来。刊发《奋力开创高质量发展新局面》《一图看懂坚决打赢贺兰山保卫战》《H5：闽宁协作在路上　结对携手奔小康》等2000余篇（条）全媒体报道，精准传播、权威解读，进一步统一了思想、凝聚了力量、推动了工作。推出“坚持底线思维、防范化解重大风险系列谈”“以互联网+激活社会力量参与扶贫”“生态修复不能毕其功于一役”等一系列全媒体评论，关键时刻不失语、重大问题不缺位，努力占领新的舆论场，发挥“定盘星”“压舱石”作用。

推进深度融合，打造新型主流媒体。强化互联网思维和一体化发展理念，聚焦时政类报道，实现重点报道、日常报道统一策划、统一指挥、统一调度、统筹发布，形成报、网、端、微协调联动，差异互补的全媒体融合传播体系。在庆祝中华人民共和国成立70周年主题宣传中，统筹调度集团各频道和系列报、网、采、编力量，实现一体策划、一次采集、多种生成、多元传播。传统媒体与新媒体优势互补、此长彼长，形成多样化、高密度、全覆盖的宣传声势。《宁夏日报》开设了《壮丽70年·奋斗新时代》专栏，分设了《记者再走长征路》《宁夏与共和国同行》《全媒体记者看宁夏》等10个子栏目，累计刊发稿件1000多篇（幅），刊发专刊、特刊90多块。宁夏日报新闻客户端、微博微信及宁夏新闻网推出《70年·宁夏热度、高度、温度、力度》《夸夸我的城》《网上展馆看宁夏变迁》《说说宁夏人的收入变化》《跟着镜头逛宁夏》等100多个融媒体原创产品，阅读量累计超过3000万人次。策划推出“我在宁夏表白祖国”抖音挑战赛，共发布20条抖音作品，点击量达到783万人次，单条最高点击量达到362万次。

注重传播效果，做大做强主流舆论。坚持移动优先战略，规定重要会议、重大活动的新闻30分钟内上端、上网，全面提升传播时效。加大短视频、直播、图集、VR、H5等新媒体产品采制力度，用群众喜闻乐见的形式和语言，唱响主流声音、传播主流价值。融合传播强效果，打好全国两会宣传等重大宣传战役，2018年、2019年全国两会期间发布稿件4300多条，视频380余个，新闻图片近1000幅，累计浏览阅读量212万余人次。多样呈现强效果，聚焦扫黑除恶专项斗争重大主题报道，传统媒体累计刊发稿件400余篇，新媒体累计发布文字、图集、手绘、H5、短视频340余条，直播累计观看人数超过270万人。讲好宁夏故事，增强传播效果，组织开展基层蹲点采访活动，宁夏日报报业集团党委领导班子成员带领全媒体采访小分队深入一线“摸活鱼”，从群众实践中策划选题，用群众语言讲述故事，以小切口反映时代发展大主题。新闻调查《共产党好 黄河水甜——易地扶贫搬迁的红寺堡答卷》被学习强国平台和新华网、人民网等6家中央媒体以及上观、交汇点、澎湃新闻客户端、津云客户端等30多家省级新媒体平台相继转发，把党的脱贫富民政策和宁夏的生动实践迅速传播到千家万户。

抓好激励引导，推动“主力军”向“主战场”全面转移。通过探索推进全媒体考核、采编专业职务序列、薪酬分配、新闻职称评审等改革，坚定了改革的决心、提振了发展的信心、凝聚了干事创业的力量，进一步巩固了党媒舆论主阵地。采编人员从“要我转”变为“我要转”，单一的纸媒考核升级为“纸媒+新媒体”的全媒体考核，极大地激发了采编人员转型的积极性、主动性和创造性。8月份，宁夏日报新闻客户端发布原创稿件1400余条，相当于前3个月的总和。各频道从“推着干”变为“抢着干”，主动到网、端、微上开设新媒体栏目，开拓发布渠道。全媒体理论评论频道发挥党报评论优势，开设了《思想杂谈》《基层声音》等栏目，聚焦热点，启迪人心，引导舆论。全媒体经济新闻频道开设了《正经新闻》《理财有道》等栏目，及时提供经济资讯和生活服务。新媒体频道开设了《一句阳光，叫醒耳朵》《夜·听风》《见书见影》等栏目，切实把思想力、策划力转化为生产力、传播力、影响力。加大全媒型人才培训力度，坚持“送出去”和“请进来”相结合，先后组织600余人次开展媒体融合发展培训，提升全媒体采编技能，实现个体的转型升级。给党媒采编人员配备了全媒体记者包、视频工作站、手持云台、无人机等设备，为拓展全媒体采编技能提供了工作条件。

努力推进媒体融合向纵深发展

“不尽黄河浪有声，凭谁击水起鲲鹏。”在奋力推动宁夏日报报业集团改革融合转型进程中，我们还将不断面临这样那样的风险挑战，但我们有信心把改革进行到底，向打造形态多样、手段先进、竞争力强的新型主流媒体的目标迈进。下一步，我们将重点抓好以下工作。

进一步壮大主流舆论。牢固树立“内容为王”的理念，不断深化新闻供给侧结构性改革，做大做强主流舆论阵地，努力打造具有强大传播力、引导力、影响力、公信力的新型主流媒体，奋力开创工作新局面。

进一步挖掘改革潜力。目前，集团全媒体考核、采编专业职务序列、薪酬分配、新闻职称评审等改革工作还处在试行阶段，我们将积极探索实践，及时校正纠偏，最大程度释放改革红利，充分激发和调动全体员工的主动性、积极性、创造性，持续提高全媒体生产力。

进一步锻造全媒体采编队伍。紧扣自治区党委、政府中心工作，开展形式多样的全媒体大练兵活动，巩固媒体融合成果，努力打造一支符合全媒体需要的人才队伍，推动改革融合转型取得更大成效。

全新破译红楼梦

新视角　新理念　新认证

■ 白山智叟　邓加荣　著

文匯出版社

图书在版编目(CIP)数据

全新破译《红楼梦》/ 白山智叟,邓加荣著. —2版. —上海: 文汇出版社,2012.5

ISBN 978-7-5496-0502-6

Ⅰ.①全… Ⅱ.①白… ②邓… Ⅲ.①《红楼梦》研究 Ⅳ.①I207.411

中国版本图书馆 CIP 数据核字(2012)第 057697 号

全新破译《红楼梦》

作　　者 / 白山智叟　邓加荣
插　　图 / 钟　灵　赵　丁　蓝　河
责任编辑 / 石　榅
封面装帧 / 王　翔
出 版 人 / 桂国强

出版发行 / 文匯出版社
上海市威海路 755 号
(邮政编码 200041)
经　　销 / 全国新华书店
照　　排 / 南京展望文化发展有限公司
印刷装订 / 上海新文印刷厂
版　　次 / 2012 年 5 月第 1 版
印　　次 / 2012 年 5 月第 1 次印刷
开　　本 / 640×960　1/16
字　　数 / 210 千
印　　张 / 20.5
印　　数 / 1-2200

ISBN 978-7-5496-0502-6
定　　价 / 36.00 元

【目录】

第一回

甄士隐梦幻识通灵　贾雨村风尘怀闺秀

此回破译出：大荒山即长白山　绛珠仙草即长白山上的名贵特产人参　神瑛侍者即天上神鹰　灵河即天池之畔的乘槎河　书中的疯和尚与跛道士，即是佛家的十八罗汉之一宾头卢和道家的紫阳真人山玄卿　曹雪芹何以起名为曹雪芹　《红楼梦》何以起名为《红楼梦》　《风月宝鉴》是曹雪芹自己写的一部戏曲，孔梅溪是他取的笔名，谐音“恐没戏”　脂砚斋等人的评语不全准确，有的对，有的不对

此开卷第一回也。作者自云曾历过一番梦幻之后，故将真事隐去，而借“通灵”说此《石头记》一书也，故曰“甄士隐”云云。但书中所记何事何人？自己又云：“今风尘碌碌，一事无成，忽念及当日所有之女子，一一细考校去，觉其行止见识皆出我之上；我堂堂须眉诚不若彼裙钗；我实愧则有余，悔又无益，大无可如何之日也！当此日，欲将已往所赖天恩祖德，锦衣纨绔之时，饫甘餍肥之日，背父兄教育之恩，负师友规训之德，以致今日一技无成、半生潦倒之罪，编述一集，以告天下：知我之负罪固多，然闺阁中历历有人，万不可因我之不肖，自护己短，一并使其泯灭也。所以蓬牖茅椽，绳床瓦灶，并不足妨我襟怀；况那晨风夕月，阶柳庭花，更觉得润人笔墨。我虽不学无文，又何妨用假语村言敷演出来？亦可使闺阁昭传，复可破一时之闷，醒同人之目，不亦宜乎？故曰‘贾雨村’云云。

更于篇中间用'梦''幻'等字，却是此书本旨，兼寓提醒阅者之意。"

看官，你道此书从何而起？说来虽近荒唐，细玩颇有趣味。却说那女娲氏炼石补天之时，于大荒山即长白山，详解请见回后所附之【破译一】，无稽崖谐音勿吉，详解见回后所附之【破译二】炼成高十二丈喻十二地支，一昼夜的十二个时辰，即地球自转一圈之数，见方二十四丈喻一年二十四个节气，即地球公转一圈之数大的顽石三万六千五百零一块。那女娲只用了三万六千五百块喻周天之数，详解请见回后所附之【破译三】，单单剩下一块未用，弃在青埂峰谐音清根，即清人的根。将这一语联起来读，即是长白山、勿吉崖、清人之根峰下。谁知此石自经锻炼之后，灵性已通，自去自来，可大可小；因见众石俱得补天，独自己无才，不得入选，遂自怨自愧，日夜悲哀。详解请见回后所附之【破译四】

一日正当嗟悼之际，俄见一僧一道远远而来，生得骨格不凡，丰神迥异，来到这青埂峰下，席地坐谈。见着这块鲜莹明洁的石头，且又缩成扇坠一般，甚属可爱。那僧托于掌上，笑道："形体倒也是个灵物了，只是没有实在的好处。须得再镌上几个字，使人人见了便知你是件奇物，然后携你到那昌明隆盛之邦、诗礼簪缨之族、花柳繁华地、温柔富贵乡那里去走一遭。"石头听了大喜，因问："不知可镌何字？携到何方？望乞明示。"那僧笑道："你且莫问，日后自然明白。"说毕，便袖了，同那道人飘然而去，竟不知投向何方。

又不知过了几世几劫，因有个空空道人喻此和尚腹内空空如也，这只要看他下面说的那些呆头呆脑的话，便知道了，详解请见回后所附之【破译五】访道求仙，从这大荒山无稽崖青埂峰下经过。忽见一块大石，上面字迹分明，编述历历。空空道人乃从头一看，原来是无才补天、幻形入世，被那茫茫大士、渺渺真人喻其来自渺渺茫茫之处，二仙后来幻化为疯和尚与跛道士携入红尘、引登彼岸的一块顽石。上面叙着堕落之乡、投胎之处，以及家庭琐事、闺阁闲情、诗词谜语，倒还全备。只是朝代年纪，失落无考。后面又有一偈云：

无才可去补苍天，枉入红尘若许年。

此系身前身后事，倩谁记去作奇传？

空空道人看了一回，晓得这石头有些来历，遂向石头说道："石兄，你这一段故事，据你自己说来，有些趣味，故镌写在此，意欲闻世传奇。据我看来，第一件，无朝代年纪可考；第二件，并无大贤大忠理朝廷、治风俗的善政，其中只不过几个异样女子，或情或痴，或小才微善，我纵然抄去，也算不得一种奇书。"石头果然答道："我师何必太痴！我想历来野史的朝代，无非假借汉、唐的名色，莫如我这石头所记不借此套，只按自己的事体情理，反倒新鲜别致。况且那野史中，或讪谤君相，或贬人妻女，奸淫凶恶，不可胜数；更有一种风月笔墨，其淫秽污臭最易坏人子弟。至于才子佳人等书，则又开口'文君'，满篇'子建'，千部一腔，千人一面，且终不能不涉淫滥。在作者，不过要写出自己的两首情诗艳赋来，故假捏出男女二人名姓，又必旁添一小人拨乱其间，如戏中的小丑一般指《玉娇梨》《平山冷燕》等书，详解请见回后所附之【破译六】。更可厌者，'之乎者也'，非理即文，大不近情，自相矛盾。竟不如我这半世亲见亲闻的几个女子，虽不敢说强似前代书中所有之人，但观其事迹原委，亦可消愁破闷；至于几首歪诗，也可以喷饭供酒。其间离合悲欢，兴衰际遇，俱是按迹循踪，不敢稍加穿凿，至失其真。只愿世人当那醉馀睡醒之时，或避事消愁之际，把此一玩，不但是洗旧翻新，却也省了些寿命筋力，不更去谋虚逐妄了。我师意为如何？"

空空道人听如此说，思忖半晌，将这《石头记》再检阅一遍。因见上面大旨不过谈情，亦只是实录其事，绝无伤时诲淫之病，方从头至尾抄写回来，闻世传奇。从此空空道人因空见色，由色生情，传情入色，自色悟空，遂改名情僧，改《石头记》为《情僧录》。至吴玉峰题曰《红楼梦》谐音无遇峰，详解见回后所附之【破译七】。东鲁孔梅溪谐音恐没戏，是作者借谐音化名以自谓，正像前边的吴玉峰即无遇峰的谐音一样，胡适先生早有类似见解，详解见回后所附之【破译八】题曰《风月宝鉴》。后因曹雪芹雪芹名霑，字芹圃，号梦阮，又号雪芹、芹溪居士，但有人认为非此，详解见回后所附之【破译九】于悼红轩中，披阅十载，增删五次，纂成目录，分出章回，又题曰《金陵十二钗》，并题一绝，即此便是《石头记》的缘起。诗云：

满纸荒唐言，一把辛酸泪。
都云作者痴，谁解其中味！

《石头记》缘起既明，正不知那石头上面记着何人何事？看官请听——

按那石上书云：当日地陷东南，这东南有个姑苏城脂评曰："是金陵"。看起来，脂说非也！所谓金陵十二钗，乃江南女子的泛指，非处处皆喻金陵（江宁、南京）一地。且看《红楼梦》中的金陵正、副十二钗，诸如林黛玉、史湘云、妙玉、香菱等人，不皆都出身于姑苏城吗？且其下句明明指出"城中阊门"，阊门实实在在是苏州的一座城门，那个写过"姑苏城外寒山寺，夜半钟声到客船"的唐代诗人张继，同时也写有《阊门即事》一诗，详解见回后所附之【破译十】，城中阊门，最是红尘中一二等富贵风流之地。这阊门外有个十里喻势利街，街内有个仁清喻人情巷，巷内有个古庙，因地方狭窄，人皆呼作"葫芦庙"喻糊里糊涂之意，俗语有："由葫芦到茄子"。庙旁住着一家乡宦，姓甄名费真名废去，字士隐真事隐避起来，嫡妻封氏谐音风俗，喻甄家颇重风俗人情，故而演出甄士隐赠贾雨村赴京盘缠等事，性情贤淑，深明礼义。家中虽不甚富贵，然本地也推他为望族了。因这甄士隐禀性恬淡，不以功名为念，每日只以观花种竹、酌酒吟诗为乐，倒是神仙一流人物。只是一件不足：年过半百，膝下无儿，只有一女，乳名英莲谐音应怜，年方三岁。

一日炎夏永昼，士隐于书房闲坐，手倦抛书，伏几盹睡，不觉朦胧中走至一处，不辨是何地方。忽见那厢来了一僧一道，且行且谈。只听道人问道："你携了此物，意欲何往？"那僧笑道："你放心，如今现有一段风流公案正该了结，这一干风流冤家尚未投胎入世。趁此机会，就将此物夹带于中，使他去经历经历。"那道人道："原来近日风流冤家又将造劫历世，但不知起于何处，落于何方？"那僧道："此事说来好笑。只因当年这个石头，娲皇未用，自己却也落得逍遥自在，各处去游玩。一日来到警幻仙子处，那仙子知他有些来历，因留他在赤霞宫中，名他为赤霞谐音痴瑕宫神瑛谐音神鹰侍者。他却常在西方灵河即乘槎河，详解见回后所附之【破译十一】岸上行走，看见那灵河岸上三生石三生，即前生、今生、来生。传说唐人李源与和尚圆观要好，一日，见几个妇女在江边汲水，圆观见之而泣下说："她们中间有个姓王的孕妇，即是我的投生之处。待十二年后，我们再到某山寺外之三生石畔相见吧！"归后，圆观即病逝，十二年后李源赴约，去到某山寺外的三生石畔，见一牧童口唱山歌，曰："三生石畔旧精魂，赏月吟花不要论。惭愧情人远相访，此身虽异性长存。"这个牧童就是王姓孕妇的儿子、圆观的后身畔有棵'绛珠仙草'即人参，详解见回后所附之【破译十二】十分娇娜可爱，遂日以甘露灌溉，这绛珠草始得久延岁月。后来既受天地精华，复得甘露滋养，遂脱了草木之胎，幻化人形，仅仅修成女体，终日游于离恨天古人认为天有三十三层，最高的一层是离恨天。《西游记》第五回中说，太上老君住的兜率宫，就在这层天上。孙大圣醉后曾自言自语地说："兜率宫是三十三天之上，乃离恨天太上老君之处，如何错到此间？"元人郑德辉的杂剧《倩女离魂》中也说："三十三天觑了，离恨天最高"。外，饥餐秘情果，渴饮灌愁水。只因尚未酬报灌溉之德，故其五内郁结着一段缠绵不尽之意。常说：'自己受了他雨露之惠，我并无此水可还。他若下世为人，我也同去走一遭，但把我一生所有的眼泪还他，也还得过了。'因此一事，就勾出多少风流冤家都要下凡，造历幻缘，那绛珠仙草也在其中。今日这石正该下世，我来特地将他仍带到警幻仙子案前，给他挂了号，同这些情鬼下凡，一了此案。"那道人道："果是好笑，从来不闻有'还泪'之说。趁此你我何不也下世度脱几个，岂不是一场功德？"那僧道："正合吾意。你且同我到警幻仙子宫中将这蠢物交割清楚，待这一干风流孽鬼下世，你我再去。如今有一半落尘，然犹未全集。"道人道："既如此，便随你去来。"

却说甄士隐俱听得明白，遂不禁上前施礼，笑问道："二位仙师请了。"那僧道也忙答礼相问。士隐因说道："适闻仙师所谈因果，实人世罕闻者，但弟子愚拙，不能洞悉明白。若蒙大开痴顽，备细一闻，弟子洗耳谛听，稍能警醒，亦可免沉沦之苦了。"二仙笑道："此乃玄机，不可预泄。到那时只不要忘了我二人，便可跳出火坑矣。"士隐听了不便再问，因笑道："玄机固不可泄露，但适云'蠢物'，不知为何，或可得见否？"那僧说："若问此物，倒有一面之缘。"说着取出递与士隐。

士隐接了看时，原来是块鲜明美玉，上面字迹分明，镌着"通灵宝玉"四字，后面还有几行小字。正欲细看时，那僧便说"已到幻境"，就强从手中夺了去，和那道人竟过了一座大石牌坊，上面大书四字，乃是"太虚幻境"。两边又有一副对联道：

假作真时真亦假，无为有处有还无这是全书的关目，书中所有的人和事，都在这真假、有无之间。

士隐意欲也跟着过去，方举步时，忽听一声霹雳若山崩地陷，士隐大叫一声，定睛看时，只见烈日炎炎，芭蕉冉冉，梦中之事便忘了一半。又见奶母抱了英莲走来。士隐见女儿越发生得粉装玉琢，乖觉可喜，便伸手接来抱在怀中斗他玩耍一回，又带至街前，看那过会的热闹。方欲进来时，只见从那边来了一僧一道。那僧癞头跣足，那道跛足蓬头，疯疯癫癫，挥霍谈笑而至详解见回后所附之【破译十三】。及到了他门前，看见士隐抱着英莲，那僧便大哭起来，又向士隐道："施主，你把这有命无运、累及爹娘之物抱在怀内作甚！"士隐听了，知是疯话，也不睬他。那僧还说："舍我罢！舍我罢！"士隐不耐烦，便抱着女儿转身。才要进去，那僧乃指着他大笑，口内念了四句言词，道是：

惯养娇生笑你痴，菱花空对雪澌澌。好防佳节元宵后，便是烟消火灭时这是有关英莲命运的一首偈子，说她元宵节日便将被拐子骗去。及长，又被薛蟠抢占，收纳房中作妾，取名香菱，常遭呆霸王薛蟠的打骂。

士隐听得明白，心下犹豫，意欲问他来历，只听道人说道："你我不必同行，就此分手，各干营生去罢。三劫佛家以世为劫，一劫三十年，三劫，就是九十年后我在北邙山邙山，在洛阳城北，历代帝王将相多葬于此。元曲中有句曰："黄尘万古长安路，折碑三尺邙山墓"等你，会齐了同往太虚幻境销号。"那僧道："最妙，最妙！"说毕，二人一去，再不见个踪影了。士隐心中此时自忖：这两个人必有来历，很该问他一问，如今后悔却已晚了。

这士隐正在痴想，忽见隔壁葫芦庙内寄居的一个穷儒，姓贾名化谐音假话，表字时飞谐音实为非有，别号雨村谐音为假语村言的走来一甄一贾会面，正喻全书皆是真真假假汇到一起的。喻意更为深厚的是，贾(假)住在葫芦庙内，甄(真)却住在葫芦庙外，真不知贾(假)在葫芦里卖的是什么药。这贾雨村原系湖州籍贯不明，故胡诌一个地名人氏，也是诗书仕宦之族。因他生于末世，父母祖宗根基已尽，人口衰丧，只剩得他一身一口。在家乡无益，因进京求取功名，再整基业。自前岁来此，又淹蹇住了，暂寄庙中安身，每日卖文作字为生，故士隐常与他交接。

当下雨村见了士隐，忙施礼陪笑道："老先生倚门伫望，敢街市上有甚新闻么？"士隐笑道："非也。适因小女啼哭，引他出来作耍，正是无聊的很。贾兄来得正好，请入小斋，彼此俱可消此永昼。"说着便令人送女儿进去，自携了雨村来至书房中，小童献茶。方谈得三五句话，忽家人飞报："严老爷严者，炎也，暗喻火神爷来了来拜。"士隐慌忙起身谢道："恕诓驾之罪，且请略坐，弟即来奉陪。"雨村起身也让道："老先生请便。晚生乃常造之客，稍候何妨。"说着士隐已出前厅去了。

这里雨村且翻弄诗籍解闷，忽听得窗外有女子嗽声。雨村遂起身往外一看，原来是一个丫鬟在那里掐花儿，生的仪容不俗，眉目清秀，虽无十分姿色，却也有动人之处。雨村不觉看得呆了。那甄家丫鬟掐了花儿方欲走时，猛抬头见窗内有人：敝巾旧服，虽是贫窘，然生得腰圆背厚，面阔口方，更兼剑眉星眼，直鼻方腮。这丫鬟忙转身回避，心下自想："这人生的这样雄壮，却又这样褴褛，我家并无这样贫窘亲友。想他定是主人常说的什么贾雨村了，怪道又说他'必非久困之人，每每有意帮助周济他，只是没什么机会。'"如此一想，不免又回头一两次。雨村见他回头，便以为这女子心中有意于他，遂狂喜不禁，自谓此女子必是个巨眼英豪、风尘中之知己。

一时小童进来，雨村打听得前面留饭，不可久待，遂从夹道中自便门出去了。士隐待客既散，知雨村已去，便也不去再邀。

一日到了中秋佳节，士隐家宴已毕，又另具一席于书房，自己步月至庙中来邀雨村。

原来雨村自那日见了甄家丫鬟曾回顾他两次，自谓是个知己，便时刻放在心上。今又正值中秋，不免对月有怀，因而口占五言一律云：

未卜三生愿，频添一段愁。闷来时敛额，行去几回眸。
自顾风前影，谁堪月下俦？蟾光如有意，先上玉人头。

雨村吟罢，因又思及平生抱负，苦未逢时，乃又搔首对天长叹，复高吟一联云：

玉在椟中求善价，钗于奁内待时飞详解见回后所附之【破译十四】。

恰值士隐走来听见，笑道："雨村兄真抱负不凡也！"雨村忙笑道："不敢，不过偶吟前人之句，何期过誉如此。"因问："老先生何兴至此？"士隐笑道："今夜中秋，俗谓团圆之节，想尊兄旅寄僧房，不无寂寥之感。故特具小酌邀兄到敝斋一饮，不知可纳芹意是对于馈赠之物的谦词。传说，古时有人自已喜爱芹菜,觉得芹菜好吃,便常馈赠与人,而别人并不觉得其好。《列子·杨朱》篇中,也说从前有人喜爱芹萍、戎菽等物,常在人前称赞,可是别人并不觉得好吃,暗中都常因此而嘲笑他否?”雨村听了,并不推辞,便笑道:“既蒙谬爱,何敢拂此盛情。”说着,便同士隐复过这边书院中来了。

须臾茶毕,早已设下杯盘,那美酒佳肴自不必说。二人归坐,先是款酌慢饮,渐次谈至兴浓,不觉飞觥献斝起来。当时街坊上家家箫管,户户笙歌,当头一轮明月,飞彩凝辉。二人愈添豪兴,酒到杯干。雨村此时已有七八分酒意,狂兴不禁,乃对月寓怀,口占一绝云:

时逢三五便团圆,满把清光护玉栏。天上一轮才捧出,人间万姓仰头看。宋太祖赵匡胤曾有《咏月》的诗,他趾高气扬、踌躇满志地说:“未离海底千山黑,方到中天万国明。”贾雨村似也有这踌躇满志之气势。

士隐听了大叫:“妙极!弟每谓兄必非久居人下者,今所吟之句,飞腾之兆已见,不日可接履于云霄之上了。可贺可贺!”乃亲酌一斗为贺。雨村饮干,忽叹道:“非晚生酒后狂言,若论时尚之学指八股制艺,晚生也或可去充数挂名。只是如今行李路费一概无措,神京路远,非赖卖字撰文即能到得!”士隐不待说完,便道:“兄何不早言!弟已久有此意,但每遇兄时并未谈及,故未敢唐突。今既如此,弟虽不才,‘义利’贾(假)谈“时尚”,甄(真)谈“义利”,真不知哪个是真话,哪个是假话二字却还识得;且喜明岁正当大比科举时代所进行的考试。明、清时候,每三年进行一次大考。第一年先在省城里考,考中者为举人,此为乡试;第二年,各省举人进京会试,考中者为进士,可以授官。乡试为八月,称之为秋试,京城会考为二月,称之为春闱,兄宜作速入都,春闱一捷,方不负兄之所学。其盘费余事弟自代为处置,亦不枉兄之谬识矣。”当下即命小童进去速封五十两白银并两套冬衣,又云:“十九日乃黄道之期,兄可即买舟西上。待雄飞高举,明冬再晤,岂非大快之事!”雨村收了银衣,不过略谢一语,并不介意,仍是吃酒谈笑。那天已交三鼓,二人方散。

士隐送雨村去后,回房一觉,直至红日三竿方醒。因思昨夜之事,意欲写荐书两封与雨村带至都中去,使雨村投谒个仕宦之家为寄身之地。因使人过去请时,那家人回来说:“和尚说,贾爷今日五鼓已进京去了,也曾留下话与和尚转达老爷,说:‘读书人不在黄道黑道,总以事理为要,不及面辞了。'"士隐听了,也只得罢了。

真是闲处光阴易过,倏忽又是元宵佳节。士隐令家人霍启谐音祸起抱了英莲去看社火花灯,半夜中,霍启因要小解,便将英莲放在一家门槛上坐着,待他小解完了来抱时,那有英莲的踪影?急的霍启直寻了半夜,至天明不见,那霍启也不敢回来见主人,便逃往他乡去了。

那士隐夫妇见女儿一夜不归,便知有些不好,再使几人去找寻,回来皆云影响全无。夫妻二人半世只生此女,一旦失去,何等烦恼,因此昼夜啼哭,几乎不顾性命。看看一月,士隐已先得病,夫人封氏也因思女构疾,日日请医问卦。

不想这日三月十五,葫芦庙中炸供,那和尚不小心,油锅火逸,便烧着窗纸。此方人家俱用竹篱木壁,也是劫数应当如此,于是接二连三,牵五挂四,将一条街烧得如"火焰山"一般。彼时,虽有军民来救,那火已成了势了,如何救得下,直烧了一夜方息,也不知烧了多少人家。只可怜甄家在隔壁,早成了一堆瓦砾场了,只有他夫妇并几个家人的性命不曾伤了,急的士隐惟跌足长叹而已。与妻子商议且到田庄上去住,偏值近年水旱不收,贼盗蜂起,官兵剿捕,田庄上又难以安身,只得将田地都折变了,携了妻子与两个丫鬟,投他岳丈家去。

他岳丈名唤封肃谐音肃杀风俗,本贯大如州喻世情大都如此之地人氏,虽是务农,家中却还殷实,今见女婿这等狼狈而来,心中便有些不乐,幸而士隐还有折变田产的银子在身边,拿出来托他随便置买些房地,以为后日衣食之计。那封肃便半用半赚的,略与他些薄田破屋。士隐乃读书之人,不惯生理稼穑等事,勉强支持了一二年,越发穷了。封肃见面时,便说些现成话儿,且人前人后,又怨他不会过,只一味好吃懒做。士隐知道了,心中未免悔恨,再兼上年惊唬,急忿怨痛,暮年之人,那禁得贫病交攻,竟渐渐的露出了那下世的光景来。可巧,这日拄了拐扎挣到街前散散心时,忽见那边来了一个跛足道人,疯狂落拓,麻鞋鹑衣这里只来了一道,不见一僧,可见他们正如在点化香菱时所说:"你我不必同行,就此分手,各干营生去罢!"后来也果然如此,几番度化黛玉、宝钗等人时,都是只出来一人,而不是二人同行,口内念着几句言词道:

世人都晓神仙好，惟有功名忘不了！古今将相在何方，荒冢一堆草没了。
世人都晓神仙好，只有金银忘不了！终朝只恨聚无多，及到多时眼闭了。
世人都晓神仙好，只有娇妻忘不了！君生日日说恩情，君死又随人去了。
世人都晓神仙好，只有儿孙忘不了！痴心父母古来多，孝顺子孙谁见了？

士隐听了，便迎上来道；“你满口说些什么？只听见些‘好了’‘好了’。”那道人笑道：“你若果听见‘好了’二字，还算你明白：可知世上万般，好便是了，了便是好；若不了，便不好；若要好，须是了。我这歌儿便叫《好了歌》。”士隐本是有夙慧的，一闻此言，心中早已悟彻，因笑道：“且住！待我将你这《好了歌》注解出来何如？”道人笑道：“你就请解。”士隐乃说道：

陋室空堂，当年笏满床；衰草枯杨，曾为歌舞场；蛛丝儿结满雕梁，绿纱今又在蓬窗上。说甚么脂正浓、粉正香，如何两鬓又成霜？昨日黄土陇头埋白骨，今宵红绡帐底卧鸳鸯。金满箱，银满箱，转眼乞丐人皆谤；正叹他人命不长，那知自己归来丧？训有方，保不定日后作强梁。择膏梁，谁承望流落在烟花巷！因嫌纱帽小，致使锁枷扛。昨怜破袄寒，今嫌紫蟒长。乱烘烘你方唱罢我登场，反认他乡是故乡。甚荒唐，到头来都是为他人作嫁衣裳。详解请见回后所附之【破译十五】

那疯跛道人听了，拍掌大笑道：“解得切！解得切！”士隐便说声“走罢”，将道人肩上的搭裢抢过来背上，竟不回家，同着疯道人飘飘而去。

当下哄动街坊，众人当作一件新闻传说。封氏闻知此信，哭个死去活来，只得与父亲商议，遣人各处访寻。那讨音信？无奈何，只得依靠着他父母度日；幸而身边还有两个旧日的丫鬟伏侍，主仆三人，日夜作些针线，帮着父亲用度。那封肃虽然每日抱怨，也无可奈何了。

这日，那甄家的大丫鬟在门前买线，忽听得街上喝道之声，众人都说：“新太爷到任了！”丫鬟隐在门内看时，只见军牢快手一对一对过去，俄而大轿内抬着一个乌帽猩袍的官府来了。那丫鬟倒发了个怔，自思：“这官儿好面善，倒像在那里见过的。”于是进入房中，也就丢过，不在心上。至晚间正待歇息之时，忽听一片声打的门响，许多人乱嚷，说：“本县太爷的差人来传人问话!”封肃听了,唬得目瞪口呆。不知有何祸事,且听下回分解。

破译详解

① 破译一: 我国第一部地理学著作《山海经·大荒北经》中记载:“大荒之中有山,名曰不咸,有肃慎氏之国。”肃慎(满洲人在西汉以前的称谓)国,位于我国东北的东北部,长白山正在其境内。不咸,是蒙语,即神仙的意思。吴士鉴的《晋书注》中明确地指出:“不咸山,即长白山。”后来的人们果然便把长白山称作为仙山、神仙山。南宋礼部尚书洪皓羁金时所写的《松漠纪闻》中就说:“长白山在冷山东南千余里,盖白衣观音所居”,等等。

到了东汉、魏晋之时,不咸山改称为盖马大山。《后汉书·东夷传》中记载:“东沃沮,在高句丽盖马大山之东,东滨大海。”《三国志·东夷传》亦曰:“东沃沮,在高句丽盖马大山之东,滨海而居。”清代所编的《吉林通志》中明确指出:“长白山为汉代盖马县境之山,则《魏志》之盖马大山为长白山无疑。”

到了南北朝时期,盖马大山又改称为徒太山。《北史·勿吉传》中记载:勿吉“国南有從(“徒”字的误写)太山者,华言太皇,俗甚敬畏之!人不得山上溲污,行径山者,以物盛去”。这说明人们对于长白山的敬畏,是自古皆然的,先秦时的不咸山(即神仙山)现虽改名为盖马大山和徒太山,但视之为神山的心情,却是不变的,人们上山时如有大小便,不敢随地便溺,惟恐玷污了圣地,便都用器物盛装起来,带到山下遗弃之。

到了隋、唐之后,此山又改称为太白山。《唐书·黑水靺鞨列传》中载:“靺鞨居肃慎地,粟末部居南,抵太白山,亦曰徒太山,与高丽接。”

一直到了辽、金时候,这大荒山才改为现代这个名称——长白山。当年,辽的势力已经相当强大,向东扩地直至日本海。辽道宗清宁二年(1056)巡猎至伏虎林时,随行的皇后萧观音作诗曰:“威风万里压南邦,东去能翻鸭绿江。灵怪大千俱破胆,那教猛虎不投降。”可见,它当时对于鸭绿江以西地区的开发已具相当的规模,对于长白山的认识也便更加清楚，朝中的人去到长白山者日益增多。由于长白山那样巍然壮丽的景象不同凡响，“山色纯白，终年积雪，远而望之若珠宫玉阙，近而视之如瑶林琪树”，因之，他们便开始将古之大荒山、不咸山、徒太山、太白山，改称为长白山。在《辽书》中记载，辽圣宗统和三十年(1012)时，便有“长白山三十部女真”和“长白山女真大王府”之说。

金代兴起后，更是把长白山视为神山，不仅仍然续用长白山这个名字，而且将长白山当作为自己民族(女真族)的发祥地，也编造了类似清之先人在长白山上吞吃仙人之果的神话。金代大诗人、官至礼部尚书的赵秉文亲自去到长白山，写出了无尚崇仰的诗文《长白山行》：“长白山雄天北极，白衣仙人常出没。玉龙垂爪落苍崖，四江飞下天绅白。”清人秉承金人的全部观念，开始时称自己的国号为“后金”，由此，长白山便一直巍然赫赫地矗立于国人心目之中了。

由辽至今，已经是往事越千年了，人们对于常年皆白的长白山则是越讲越神，越讲越奇，而对于千年之前的那些含含糊糊、道听途说得来的称呼，什么大荒山、不咸山、盖马大山、徒太山等等名称，早被鸟兽皆白的长白山名字给冲洗得无影无踪了。加上辽、金、元、清等北人入主中原后，特别是身居长白山一带的金、清两朝女真族的入主，更是把长白山渲染得神乎其神，人们，特别是身居中原内地的人们，哪得还记起古时那些含含糊糊的名字呢？不是专门研究古地舆志的人，有谁还会把荒古时候的大荒山与今日的长白山联系在一起呢？

不过，当地的老辈居民，却仍有人还把长白山叫大荒山、撂荒顶子(疑为辽皇顶子的土音)、土泰山(疑为徒太山的土音)、太白山、老白山、白头山、白山泊子的；此外，也还有水悬山、神仙山、白衣观音山等名字。清代著名塞外诗人吴兆骞的诗，也可以旁证，其诗曰：“长白雄东北，嵯峨俯塞州。迥临沧海曙，独峙大荒秋。”

就在这座神仙所居的山顶尖上，有一座世上罕见的高山湖泊——天池，山奇水胜，气象万千，常让人联想到神话中王母娘娘所居的瑶池。正如《天女浴池石影记》所云，“云光雪影，倒印池心，直同海上蓬瀛，飞来天外。”而就在这不是瑶池而胜似瑶池的天池四周，环堵着十六座奇峰，它们依肩而立，珠联璧合，犹如同青钢宝剑似的锋锷犀利，直刺云天，又

俨然如同十六个金盔银甲的天兵天将，守护着那一湾烟波浩渺、决不容世人沾染的碧清湖水。

这十六座山峰个个挺拔危峙，气势磅礴，而其中尤为神奇的是天池北侧的天豁峰，云崖绝峭，怪石崚嶒，山峰形状奇特，前人描绘其状曰："峰起双尖，中辟一线，有豁然开朗、令人不可思议之趣。"传说，山峰中间的这道山豁，是大禹治水时用神斧劈开的，此说，又与女娲炼石补天的神话相似。山峰上的石头多呈赤褐色，远处望去霞光瑞气，不同凡响。山石巨大，其中最大的一块，便名曰"补天石"。

关于这里的补天石，在当地民间，还流传着这样一段神奇的故事。说清代时候有一个名叫惠豆根的辽阳人，去到长白山打猎。一日，见到一只梅花鹿欢跳在他的眼前，他急忙引弓射箭，但一连几箭皆未射中，于是便紧跟在鹿的身后一路追赶下去。这鹿穿山跳涧，奔跑如飞，极力想把猎人甩掉。但惠豆根却也是练就了一身本领的人，特别是在奔跑方面，素来皆被人称之为惠长腿，所以那鹿跑得虽快，却也没有把惠长腿甩下来。看看天色已晚，这鹿忽然钻进一个山洞里。惠豆根当然不会放弃，也紧随其后一个箭步蹿进去。谁知刚刚入内，洞口突然掉下一个闸门，将山洞严严实实地封住。再看那洞内有几个大汉，正哼哼呼嘿地抡着大锤在干活呢。他想，这一下子可完了，一定是落在歹人手里，恐怕就要命丧旦夕了。谁知那些人并无歹意，只是问他家住哪里，因何到这里来？他如实以对。那些人见他人还老实，就把他留宿下来，并给予了吃食。他问这些人，在这洞里干什么活，为着何事要出这么大的力气？那些人告诉他，他们正在这里打造"补天石"呢。一再嘱咐他，出去后不得对外人讲。但他回到老家辽阳之后，还是对家里人讲了，家里人也就把此话传开了。曹雪芹的祖辈，当时都居住在辽阳，毫无疑问，他们肯定都听到了这个"补天石"的传说。

曹雪芹的祖父曹寅，曾经随着康熙圣驾东巡来到长白山下，当他遥祭神山圣岭，随同康熙检阅江上浩荡水师时，自然也联想到昔日所闻的补天石一说。从东北归来后他感慨万千，写下了抒情诗词《乌喇江看雨》等，其中，怀念这块"补天石"的诗也有两首，例如"娲皇采炼古所遗，廉角磨礲用不得"，"我有千里游，爱此一片石。徘徊不能去，川原俄向夕"，等等。

由此可见，大荒山与补天石一说，在曹家已是几代人家传的熟言俚语了。

② 破译二： 无稽，谐音勿吉。勿吉，是满洲人古代时的称谓。最早，称之为肃慎。史载："武王克商，遂通道于九夷八蛮，于是肃慎氏来贺。"到了汉魏期间，称之为挹娄，《后汉书·挹娄传》载："挹娄，古肃慎之国也。"到了南北朝时，肃慎改称之为勿吉。《魏书》中有专门的一篇《勿吉传》。勿吉人仍然生活在白山黑水之间。到了隋唐时候，又改称为靺鞨，辽之后称为女真。清太祖发起时的满洲部落，即称之为"建州女真"。

无稽，又谐音为吾籍，也就是吾之原籍的意思。在甄士隐所念的《好了歌》中有这样一句话："反认他乡是故乡"。请问，这他乡是何地，这故乡又是哪里？脂评本上有批注曰："太虚幻境、青埂峰一并结住。"很明显，作者的原意是把太虚幻境、温柔富贵之乡，认作为是他乡；而只有这大荒山（即长白山）无稽崖（勿吉崖）青埂峰（清人之根峰），才是他自己的故乡。

③ 破译三： 脂砚斋评曰："高经十二丈是'总应十二钗'，方经二十四丈是'照应副十二钗'"。此说非也！作者全无必要在全书篇尚未开，百年望族贾府门尚未启，仅只述及一段天外神话补天石之时，便照应起

十二钗和副十二钗来，这实在是牵强附会得太早了些。况且，这里说的是补天之石，它所应当照应的只应是一些天象数字，不然，何以脂砚斋自己也认为三万六千五百块是指"合周天之数"呢？请问，作者的一句话怎么会前边指十二钗、后边又指周天之数了呢？这样一来，岂不是变成了忽而指东、忽而指西的胡猜乱想了吗？岂不是完全乱了套数吗？

况且，《西游记》一开头也是讲的一块石头，说"其石有三丈六尺五寸高，有二丈四尺围圆。三丈六尺五寸高，按周天三百六十五度；二丈四尺围圆，按政历二十四气"。在那部书里，作者吴承恩自己也已经点明，高是周天数，围圆二丈四尺指的是二十四节气。难道，那蹦出个石猴的石头围圆二丈四尺，也是照应"副册"和"又副册"的十二钗不成？可见，脂砚斋的批评虽很重要，但并不是全对的，而是有对有错。

④ 破译四：那么，曹雪芹为什么要用这么个神话故事，要用长白山青埂峰下一块补天未用的石头牵引出这部悲金悼玉的《红楼梦》来呢？究其原因，完全是与曹雪芹的出身及其家族的兴衰遭际有着血肉相连的关系的。原来，曹雪芹虽然祖籍河北丰润，但早在明万历年间就迁居沈阳附近（有的说是铁岭，有的说是辽阳，可能两处都居住过），并加入旗军正白旗。其先人为清室开创基业，屡立卓越功勋。他将自己比作长白山上的一块石头，完全是与他那绵绵不绝的寻根怀旧的思恋感情，紧密联系着的。我们都知道，清人发迹于长白山一带地区，吉林乌拉和辉发河两岸皆是旗人老营盘的驻扎之处，而长白山顶天池之畔的一则仙女吞吃仙果的传说，更是道出了长白山乃是清人的发祥之地。后来，旗军随着世祖入关统一中国，好不威武赫赫，那是多么令人向往的岁月。但是，等到了"生于末世运偏消"的曹雪芹长大之后，他环顾当年随同清室一同进关的八旗子弟，个个都是腰金衣紫，官高位显，唯独他穷困潦倒，结庐在荒凉的西山黄叶村里，过着茅椽蓬牖、瓦灶绳床的生活，怎能不产生"娲皇只用了三万六千五百块，单单剩下一块未用"的感慨呢？

曹雪芹在另一首自题《画中诗》中也说："爱此一拳石，玲珑出自然。溯源应太古，堕世又何年？有志归完璞，无才去补天。不求邀众赏，潇洒做顽仙。"这里明明点出这块顽石的来历，它的根源本来是极其尊贵的，详溯其渊源当是出自太古的大荒山（即长白山）山巅。遥想当年是何等的荣耀，只是今日才蒙蔽尘埃，埋没于蓬蒿之中。现虽欲返璞归真，但又不能去攀结那些豪门权贵，俯首低眉于其左右，只能是“自怨自愧，日夜悲哀”而已！并于万般无奈之中，才求诸于笔墨文字，冀图得到诸如空空道人之类的人，能够为之去传述其一番历历可数的心迹罢了。

脂评本称大荒山为“荒唐也”，称无稽崖为“无稽也”，这是作者与批者有意在此处打下埋伏，以使读者皆处于奇幻迷蒙与扑朔迷离之中。

⑤ **破译五：** 色与空相生相辅，互相转化，这本是佛家的观念，但此僧却偏偏取了个道家的法号，名之曰“空空道人”。

此事说来奇怪，实际也不奇怪。原来自唐代起，朝野上下众多有识之士，为了促进国家超大的和谐社会之形成与巩固，便都大力提倡儒、道、释三教归一的思想，人们常常让释迦牟尼、老子、孔子坐在一起，共同谈道论法，来启明教化尘寰中的芸芸众生。至今，在少林寺里还有金代的《三教圣图》；锦州城外的海上笔架山中，有座三清宫，也供有释迦、老子、孔子的图像；其他地方，诸如此类的《三高游赏图》《三教图》等画，也还有很多。

在西方，各教派之间都是水火不能相容，很难行在一起互助协作的；而在中国，却由于文人士大夫等儒家观点的参化融合，使佛、道两教能够同行共事，相辅相依。在此书里，我们看那疯和尚与跛道士，不都总是形影相随，前后奔忙，共同了结那桩风流孽鬼下凡受难一案吗？这便是一个明证。这在西方，是绝对见不到的。在小说《西游记》里，也体现了这样一个思想，那美猴王先是拜了道家的须菩提祖师为师，学会了腾云驾雾和七十二变等本领，后来皈依佛门，拜唐僧为师，辅佐唐僧历经九九八十一难，最后终于从西方取得真经回来。所以人们也常说，保唐玄奘完成取经大业的，也是佛、道两家共同协作的结果。

⑥ **破译六：** 自从明中叶以来，由于受到《金瓶梅》在社会上取得巨大成功的影响，有些文人便开始注重男女两性言情说爱的小说的创作。开始时，还是沿袭《金瓶梅》的套路与格调，出现了《续金瓶梅》《肉蒲团》等作品。逐渐地，许多高雅文士厌弃了那些淫荡性滥之词，开始专写少男少女以才情品貌互相倾慕、以诗词书信来传情说爱的言情小说。他们只谈风花雪月，一字不沾床第之欢，使人物的行为规范，仅限于当时的社

会礼教范围之内。因此这一流派小说，被称之为“言情小说”，又称“艳情小说”、“社会小说”，鲁迅在《中国小说史略》中称其为“人情小说”、“世情小说”，再后来，便演化成什么“才子佳人派”、“鸳鸯蝴蝶派”等等。

最早出现的几部颇有成就的小说《玉娇梨》与《平山冷燕》，还在一定程度上受着《金瓶梅》的影响，这两部书名都效法《金瓶梅》，是以主人公的姓名各取一字组合而成的。越到后来，这类小说的艺术构建、文学造诣的程度越高，相继出现了像《好逑传》《两交欢》《花笺记》等名篇，连鲁迅也说《好逑传》“惟文辞较佳，人物之性格亦稍异”，“结构比较紧凑，特点有喜剧意味，有些反面人物写得比较生动。”其中，《花笺记》更是广泛流行中外，先后被译成为英、俄、法、德、丹麦、荷兰、印尼、越南、日本等十数种文字，成为我国当时在国外最为畅销的一部书。德国大诗人歌德在日记中也曾写道，他看过中国的《赵氏孤儿》《玉娇梨》《百美新吟》等书，并感慨地说：“中国的小说，都有礼教、德行与品貌方面的努力。正因为有这样严正的调教，所以中国才有数千年的悠久历史文明。”他读了《花笺记》之后深受感动，在该书场景诗文的影响下，写下了名为《中德四季与晨昏合咏》的十四首诗。

当然，我们也应当看到，这些书的写作由于受着历史时代和作者生活空间的限制，写出来的人物大多数是一个面孔，结构都是一个套路，被鲁迅讽之为“私订终身后花园，多情公子中状元，皇上赐婚大团圆”。更由于这些书的作者大多数都是些落第才子，他们本人对于上层社会、王公贵族的生活并不十分了解，因之书中人物不免空洞泛泛，只能是“开口‘文君’”，“满篇‘子建’”，而且，也确实是“旁添一小人拨乱其间”，以图借此使文章产生起伏跌宕，其结果难免不“如戏中小丑一般”。鲁迅在《中国小说史略》一书中，也曾用曹雪芹同样的语言评介《玉娇梨》《平山冷燕》等书。但是不管怎样，此派言情小说的产生，却也对于中国文学的发展，产生了重大的不容忽视的影响。脂砚斋说：“开卷一篇立意，真打破历来小说窠臼。”诸位请细思之，中国小说如果没有形成这样一个窠臼，曹雪芹又从哪里来打破之？一个历史发展阶段所形成的有着重大影响的思潮与流派，它们的兴起和演进，毋庸置疑，都对后来的发展起着一定的奠基与促进作用。美国作家爱默生说过：“在每一种天才的作品中，我们都能辨认出自己已经抛弃的思想，它们带着某种以前未曾具有的庄严回到我们心中。”

⑦ **破译七：** 曹雪芹对自己这部巨著取什么名字，一直是犹豫不决，迟迟定不下来。先是叫《石头记》，后来又改为《情僧录》和《金陵十二钗》，又因某种关联，欲定名为《风月宝鉴》。但是斟来酌去，最后还是定名为《红楼梦》。这种苦心孤诣，在该书开头的行文中隐隐约约地已经透露出来。因为，不论是《石头记》也好，或者是《金陵十二钗》《情僧录》也好，虽然从某个角度来说，对于该书内容都有一定的涵盖，但都不能将这部洋洋大观、百科全书式的巨著之内容完全包容进来。况且，在古典文学作品中，以什么“记”，什么“录”命名的，数不胜数，如果此书仍以什么“记”和什么“录”为名，难免不落入俗套之中。至于《风月宝鉴》，虽有“戒妄动风月之情”一层意思，曹雪芹也曾在第十二回“贾天祥正照风月鉴”中做了点睛，但是，在此以前已经有了这样一本书，曹雪芹在这里再用这一书名，岂不炒了冷饭？所以曹雪芹一再思忖，反复度量，最后才定下《红楼梦》这个书名来，用脂砚斋的话来说，“是总其全部之名也”，也就是说，总括起来，最后还是采用了这一涵盖力最强也最富有灵气的书名。

曹雪芹是怎样想起“红楼梦”这个书名来的呢？这固因全书是以说梦说幻的形式出现，是以破梦、警幻作其主题，在这里用一个梦字是最为贴切的，但是细究起来，前人已有的一部戏曲《梦中楼》，对他最终取定《红楼梦》这一书名，不能不是一个重要的启迪和机缘。

《梦中楼》（又名《巧团圆》），是明末清初大戏曲家李渔所著。除此剧外，他还有《蜃中楼》《合影楼》《夺锦楼》《拂云楼》《鹤归楼》《闻过楼》等著作，尽都收在《十种曲》和《十二楼》两个集子中。曹雪芹祖父曹寅就是个戏剧家，不仅与著名戏剧家洪昇（《长生殿》作者）等人广为结交，互有诗词赠答，而且自己就写了颇为流传的戏剧《续琵琶》《北红拂记》《太平乐事》和《表忠记》（又名《虎口余生》），在清人黄文旸所辑的《曲海总目提要》中都有记载。因此，作为家学渊博的曹雪芹来说，李渔的作品《梦中楼》，他是定然看过的了。而且不仅是看过，还会反复地把玩过，在写《石头记》的过程中，曾有许多地方受到了这部作品的启迪和影响，那已经是毫无异议的事了。补充一句题外的话，他的祖父曹寅写剧本《虎口余生》，后来又改名为《表忠记》，就是因为剧中所述的故事，在钱士升所著的《表忠记》，遗民外史所著的《虎口余生》，赵吉士所著的《续虎口余生》等书中皆有所载，因受这些书名的影响，最后还是将自己的剧本改名为《表忠记》。此事，对于曹雪芹不能不产生一定的影响。

现仅看看《梦中楼》开篇序言中的几句话，就可见其互相影响的痕迹。李氏开篇说："若仅依样沿袭，陈陈相因，作者乏呕心雕肾之功，读者也无惊心动魄之趣，覆瓿之外，安所用之？"我们再看看《石头记》开篇的那几句话："至于才子佳人等书，则又开口'文君'，满篇'子建'，千部一腔，千人一面"，请看这两书的导语，几乎是出于同一个旨意。

现在，再让我们来看看《梦中楼》一剧的内容。该剧说的是汉阳有一书生名姚继，幼失双亲，只记得父亲是个布商，曾留给他一个玉尺为记。姚继少年时候，每夜都于梦中登到一个楼上玩耍，只见楼中有一空床，床后贮一木箱，内藏泥人、木马、锣鼓、刀枪、旗帜等物，姚不时拿出来把玩。一日，梦中有一老人告诉他说："此楼是你的生身之处，玉尺是祖传之宝，也是你终身婚姻之所系，一定要妥善保管好。"及长，姚继果以玉尺作为定情之物，赠与邻家曹女。后来曹女被贼人掠去，装进麻袋之中在人市上出卖，姚继隔着麻袋摸到袖中有玉尺，认出是曹女在内，于是便出重金买出，二人遂结为夫妻，定下百年之好。

这个故事，多少又与贾宝玉衔玉而生，后以"衔玉"作关目，终与薛宝钗结成金玉良缘的故事情节，有着不少相似之处。由此不难想像，曹雪芹在为自己的书起名时，必然会想到"梦中楼"一词。

"梦中楼"，颠倒过来就是"楼中梦"，具体一点来说，即是"红楼中之梦"，也如同脂评本中的批示所云："不过红楼一梦耳。"大家看看，一个是"梦中的红楼"，一个是"红楼中的梦"，从这两者的颠倒关联之中，是很容易得出结论的：《红楼梦》即是《梦中楼》的颠倒重塑，至少可以说，《红楼梦》是从《梦中楼》这一书名中衍化出来的。

依我看，《红楼梦》幸得有了这个书名，它不仅使得这部巨著生色无比，增添了无限迷蒙奇幻的魅力，而且也给今天的"红学"起了个好听的名字。请大家仔细琢磨一下，如果没有《红楼梦》这个书名，今天"红学"

这门显学,必然是叫"石学"、"情学",或者是"金学"与"风学"无疑了。但是不论哪个名字,都没有"红学"叫起来响亮、动听、有力,给予了人们更多的想像空间。

⑧ 破译八: 有人说,孔梅溪即是孔子第六十九代(也有说是六十七代)孙孔继涵。他的根据是听到人说,曾在某处看到孔继涵为人题字的一幅画,下款落名为梅溪。且不说言者是否当真,即使是当真,借用名人题诗题画的赝品亦很多,难以为证。我们详查孔继涵编著的书甚多,有《微波榭丛书》《算经十书》《红榈书屋诗集》《东阁大学士兼吏部尚书熊文端公年谱》《日下旧闻》《戢氏遗书》等等,而竟无一处用过梅溪这个名号,大多数只见有"继涵编"等字样,偶尔,也见到有其别号"树木闲者"和"昌平山人"的署名。

更重要的是,孔继涵的生活空间与曹雪芹的创作年代相差太远,在时间上对不上号,无法与曹雪芹搭界。查孔继涵生卒年为1739至1783年,生年约晚于曹雪芹二十四岁,当甲戌本传抄出去时,孔继涵才十五岁。而说到《风月宝鉴》一书,脂砚斋曾有批语曰:"雪芹旧有《风月宝鉴》之书,乃其弟棠村序也。今棠村已逝,余睹新怀旧,故仍因之。"从而可知,此书定然早在甲戌本的若干年前即已写出。那时,孔继涵不过是个十一二岁乃至不足十岁的孩子,曹雪芹怎地会不远千里去到山东曲阜找那个小孩子来题写书名呢?

实际上,这部《风月宝鉴》就是曹雪芹本人写的一部戏曲。他的祖父曹寅就是个戏剧家,前边提过,他写的《续琵琶》和《表忠记》等戏,曾经广为流传于世,据有文字记载说,《北红拂记》是曹寅"游越三日,倚舟脱稿,归授家伶演之"的。有人说它比之于当时最红的剧目《燕子笺》,还要见好呢!清代著名诗人王季烈曾有诗云:"笑他江左夷吾辈,一卷阴符《燕子笺》",便是以《北红拂记》来鄙夷钱谦益的《燕子笺》的。这对于家学渊博的曹雪芹来说,焉有不深受其影响的呢?这从曹寅《续琵琶》剧中的一句话:"此琵琶不是那琵琶",后来曹雪芹在"寿怡红群芳开夜宴"一回书中,巧妙地改为"此鸭头不是那丫头,头上没抹桂花油",便可清楚地看出他们的承袭关系来了。在第五十四回书中,贾母看戏时也曾指着湘云说:"我像他这么大的时候儿,他爷爷有一班小戏,偏有一个弹琴的，凑了《西厢记》的《听琴》，《玉簪记》的《挑琴》，《续琵琶》的《胡笳十八拍》，竟成了真的了。”由此可见，编戏唱戏亦是曹家里的家常便饭了，曹雪芹想要写出自己的剧作，那也是顺理成章的事。但是《风月宝鉴》这个剧本甫成，他心中却立时地机灵一震。因为，一个剧作能否搬上舞台上演，除了剧本本身的质量之外，还要有许多的社会条件，像曹雪芹当时贫居西山之困，亲友也只有没落的世家子弟如敦敏、敦诚和教书先生张宜泉等人，他们是根本无力使这个剧本上演的。因之，他便立时感到此剧几乎是全无上演之可能，故而自己署名为孔梅溪，谐声为恐没戏。作者化名题记于自己书上，这在曹家也是司空见惯之事，曹寅所写的杂剧《太平乐事》，便自署名为柳山先生著，作序也署名为柳山聱叟。

不过，曹雪芹既以孔梅溪之名作了题记，从而，他便不能不约略地作一番修饰打扮，于是便在孔字前面加上“东鲁”二字。这是因为他经常受到孔尚任的影响，而孔尚任又总是自称为东鲁云亭山人或东鲁东塘居士。为什么曹雪芹忽地想起要与孔尚任联系起来呢？因为这时孔尚任的《桃花扇》正在热演之际，当时戏剧界的“南洪（昇）北孔”之声，如雷贯耳。且此二人，都与曹家有着交往，曹寅所作的《太平乐事》就有洪昇所作的序。洪昇与孔尚任是挚友，尚任去南京时也与曹寅有过间接的接触。曹雪芹依此弄了个似是而非的化名，让人既联想到孔尚任（尚任号东塘，此名梅溪，不正好是溪与塘相对么），又无法辨认得出，这也是他的一番巧妙构思的结果。

至于那部《风月宝鉴》呢？完全可以想像得到，最后也只能是束之高阁了，恐怕连剞劂付印都不可能，只好用手抄本形式留之在自己的书房之中。但曹雪芹本人对于这个剧作却是十分满意、十分珍惜的，特别是他巧妙地构思出能够正反两面照的一个风月宝镜来（古代传奇小说中只有“照妖镜”、“阴阳镜”等巧构，从没见有叙及到一个可以正反两照的魔镜）。我们现在猜测其全部剧情，应当大体上就是“贾天祥正照风月鉴”那一回子事。所以，后来他写《红楼梦》时，就将这段故事搬用过来，把它放在贾瑞与王熙凤的身上。仔细琢磨，这段故事与整个《红楼梦》的发展脉络并不融洽，总有点像《堂·吉诃德》书中大故事里边穿插些不相干的小故事似的。虽有“风月”二字似与全书主题相关联，但故事本身与《红楼梦》的脉络发展，却总是有些游离之感。

再说，将这等样的风流韵事放到王凤熙身上，也觉得有些不恰当。以王熙凤的身份地位来说，她完全没有必要向一个八竿子打不着的当家穷学生毒设此相思之计，本可以一语逐之即可以了，何必费那么大的心思，劳那么大的力气来摆布贾瑞，这大有伤于一个当家作主的二奶奶的身份了。而且，这档子事传出去，对她的名声也不好，在这满门珍贵女眷、一园子里连家人大气都不敢出（很怕气出大了，吹倒了林姑娘、吹化了薛姑娘）的地方，演出这等荒唐之事，让老太太和太太知道了那还了得！还能再像从前那样得到她们的看重吗？第七十四回，书中只因傻大姐拾到一个绣春囊，王夫人就气囔囔地找到王熙凤的房间里来兴师问罪，认定是她和贾琏的玩弄之物，因为满园子只有她和贾琏是一对少年夫妻。当时只吓得凤姐“登时紫涨了面皮，便依炕沿双膝跪下”。可见这档子事，在贾府里便是天大的事，凤姐再借她几个胆子，也不敢玩弄这个火球儿！再者说，对于像贾瑞那样下三滥的人，她根本犯不上吗！

我们说《风月宝鉴》是曹雪芹自己的著作，还有一个力证，那就是脂砚斋的批语，说：“雪芹旧有《风月宝鉴》之书，乃其弟棠村序也。”许多人都以为这“雪芹旧有《风月宝鉴》”，指的是他家书架上藏有这么一部书，上边有他弟弟曹棠村写的序呢。实际上，非也。其原因之一是，曹棠村没有那么大的文气和名气，能为外人之力著写序，他能够下笔写序的书，恐怕只能是他自家的哥哥曹雪芹了；二是，如果此书是他人所著，为雪芹所收藏，那必定是已刊刻出来之书，非手抄之本。即使是手抄之本，也必定是如同《红楼梦》一般的稀世之珍，如果是如此，为什么我们查遍古今图书也没见有这个书名呢？其三，如果此书是他人之所著，现在雪芹又把此书名冠之于自己的著作《石头记》上，脂砚斋见了，其感慨当不是“睹新怀旧”，而将是“何以套用他人书名”？不是“故仍因之”，而是“亟应废之，弃之”！由此可见，这部《风月宝鉴》必然是雪芹的旧日之作，我们只要将脂砚斋的批语改动一个字（即将“书”字改成为“作”字）就读通了，那即是：“雪芹旧有《风月宝鉴》之作，乃其弟棠村序也。今棠村已逝，余睹新怀旧，故仍因之。”

⑨ **破译九**：曹雪芹的名字是：名霑；字，芹圃。一般来说，这名与字应当是其父辈为他起的。考查这个"霑"字，包含沐浴雨露之意。按当时曹家境况来说，正是沐浴皇恩盛德、沾露祖宗荫庇之际，父辈们希望雪芹承袭先人之业，继续披蒙皇恩，因之用此霑字为名，其意义是非常明显的。而且按照曹家习惯，他们的名和字都是从经书上取下来的，正如同其祖父曹寅（字子清）的名与字是取自《书经》的"夙夜惟寅，直哉惟清"，叔祖曹宣（字子犹）是取自《诗经》的"秉心宣犹"一样，雪芹这个"霑"字，便是取自《诗经·小雅·信南山》上的，原诗为："信彼南山，维禹甸之。畇畇原隰，曾孙田之……上天同云，雨雪雰雰，益之以霡霂。既优既渥，既霑既足，生我百谷"，说的不也正是沐浴雨露这个意思吗？至于这个"芹"字，恐怕此菜是曹家珍惜之物，《红楼梦》中多处喜用"芹意"二字，人名之中也有贾芹之名。曹雪芹最后居于西山黄叶村时，下临小溪，故而又取了个"芹溪居士"为号。而且，这个芹字又与《诗经·鲁颂·泮水》的"思乐泮水，薄采其芹"相关联。"泮"字，含有读书入仕的意义。古代称学校为"泮宫"，考中秀才的人称之为"入泮"，可见这"思乐泮水"，便含有希冀他喜欢入学读书而考取上功名的意思。至于前边所说的那首《信南山》呢，那是得雨获丰的意思，合起来正寓含着古代人讲究耕读传家之义。

但是，现在许多红学著作中，却都说曹雪芹，字"梦阮"，此说恐怕有误。为什么这么说呢？因为，古时候取名与字，都是用相射相覆之字，关联得十分紧密。试看，三国时的周瑜，字公瑾；黄盖，字公覆；诸葛瑾，字子瑜；孙权，字仲谋，几乎都是出于同一词组的两个字。细察所有古人之名与字，都没有偏离太远的。雪芹父辈为其取名霑，是在其出生之时；而为其取字，则是在其弱冠之年。当时毫无疑问，父辈们所能考虑的都是与这沐浴雨露的意思相关相连的一些字，而"芹圃"二字，正是承受这番雨露的最恰当之所在。而那个"梦阮"呢，则是向往西晋时候那个放荡无羁的竹林七贤之一的阮籍的意思，不论是从字面上还是从含义上，都与那个"霑"字根本挨不上号。且其父辈，也必不愿雪芹成为阮籍一类的人，曹寅的《读洪昉思〈稗畦行卷〉感赠一首》诗中，便说："礼法谁尝轻阮籍，穷愁天欲厚虞卿。"从而可知，他们是决不会为雪芹取这样的一个字的。至于“梦阮”二字，恐怕是曹雪芹穷困潦倒之时，自取的号。我们有些人只见张宜泉的诗《题芹溪居士》后面有小注中说：“姓曹名霑，字梦阮，号芹溪居士”，便以此为证，认为雪芹真的取字“梦阮”，从而将雪芹的字与号混淆了。实际上，张的说法只是一个孤证，不能为据，我们只要看看敦敏、敦诚、永忠、明义等众多的人、众多的诗中，也包括张宜泉的另外四首诗在内，诗名都说是题、寄、怀、挽“雪芹”“芹圃”“芹溪”“芹溪居士”的，无一首提及到“梦阮”的，焉能有字如“梦阮”，而竟无一人提及的。且敦敏的《赠芹圃》诗后自注曰：“芹圃曹君霑，别来已一年矣。”明显得很，此处是名与字并提的。因此我们说：还是鲁迅先生说得对：“雪芹名霑，字芹溪，一字芹圃”（见《中国小说史略》）。

至于他为何偏爱“雪芹”这个别号，并将它冠之于《红楼梦》一书之上呢？这当有另一番原因。原来，喜爱芹菜的曹霑也喜爱雪，他在《红楼梦》中用“雪”字作扣子的地方很多，例如“金钗雪里埋”等等。他在自己的“芹”字之上加上一个“雪”字，既是他自己的喜爱，也受到古诗中“玉雪芹芽拔薤长”、“园父初挑雪底芹”的影响，而对他影响最大的，恐怕是苏轼的《东坡八首》之三的如下几句诗：“泥芹有宿根，一寸嗟独在；雪芽何时动，春鸠行可脍。”苏东坡是在什么境况下写此诗的呢？是在元丰三年（1080）贬谪黄州后亲自去东坡开荒垦种时即景所书的。元丰二年，他被诬以“诗文讥切时事”而抄家入狱，坐牢数月，几死者数。后经一些好心的人营救，方才得以免死出狱。谪居黄州后，生活十分窘困，这时又有好心人为他申请下来旧营房中的一块十亩官地让他耕种，聊以助食。他躬耕久荒之地，累得“筋力殆尽”，幸得天道酬勤，开春时获得发芽芹菜，用它燉春鸠，正是一道很好的美餐。曹霑从中拈取了“雪芹”二字为号，正表达了他自己此时此刻的心迹。

苏轼当时的这番危难，几乎与曹家的抄没相仿，而他劫后的艰辛苦度，又与雪芹的晚境相似，因此那两句诗，不能不对雪芹有一个深深的触动。况且，第一句“泥芹有宿根”，又与雪芹的理念化意境相通。你看他在《红楼梦》中常说，“女儿是水做的骨肉，男子是泥做的骨肉”，他又常常自称为“浊玉”。因而这个“泥芹”，正是他最好的自况！幸喜那块浊玉有些宿根，后来尚得以超化。而苏轼的“雪芽何时动，春鸠行可脍”，也正是他借以寻得自慰的转机。因此，他特别看中了苏诗中的那个"雪"字。雪可以让芹菜发芽重生，脱泥新绿。在他看来，雪是洁白的，既可以去泥，也是一个保温的覆盖，转机的保护层，所以他在诸多以芹为名的字与号中，独独地拈取了雪芹这个名字，贴到他耗尽一生心血的巨著《红楼梦》上，不是没有道理的。

而且，这也同他的名"霑"字相关联，因为《信南山》的诗中如前所引，就有"雨雪雰雰"，"既霑既足"的相应句子。

⑩ 破译十：在红学研究中，长期以来一直存有一种倾向，将脂砚斋的评语，句句皆当作金科玉律，字字都当作是曹雪芹的思想，当作是作者的创造意图，因而就根据那些夹在字缝里的只言片言，去抉幽探密，按图索骥，猜谜测字，西缀东连，借以找到大观园中诸芳群葩的真正命运结局，甚至于形成了红学研究上的一条重要途径，一个不可阻挡的时尚风潮。

不可否认，脂评本对于研究《红楼梦》艺术成就和作者的创作思路、意图、结构、方法、手段、技巧，乃至于其主导思想，都具有极其重要的价值，这是因为大家都知道，评者中多是熟知作者的一些亲友，有的甚至就是作者本人。但是，是不是就能因此而得出结论说，脂评本中的每一句话，都代表作者的思想和意图呢？我就以本回书中指出的那两个例子来说，其情况就远非如此。就说一开篇那块补天石头吧，原文说"练成高十二丈，见方二十四丈大的顽石三万六千五百零一块"，在这一句话、一块石头上面，脂评本就点出三个各不关联的寓意来："高十二丈"是"总应十二钗"，"见方二十四丈"是"照应副十二钗"，"三万六千五百块"是"合周天之数"，大家看看，作者能在写一块补天石的话语上，做出那么多各不相关联的照应吗？他所能照应的只能是脂砚斋说对的最后一条："合周天之数"。而前两个，所照应的理所当然也必定是与补天有关的天象之数，即十二个时辰和二十四个节气。

对姑苏城的批示"是金陵"，也是如此，都是过分的穿凿附会，与作者的原意根本不搭界。

可是有人却说，脂砚斋等是曹雪芹身旁的人，他(她)们怎么会猜错呢？其实，这有什么奇怪的？身旁的人，也未必对作者每句行文都能按照作者创作的思路来理解。就是同一件事吧,还有个仁者见仁、智者见智,仁者乐山、智者乐水的差异,何况,那种暗含与影射的事呢?所以我说,脂评本的话有些是对的,代表了作者的创作意图;有些地方猜摸得就不那么准确,他们的话不能句句都信。

进而又有的人,总想从脂评本上的话,从那话中所透露出的一点点作者原来的布局结构设想和人物命运结局的暗示,来批驳后四十回续文的败笔,诅咒续作的伪和劣,诅咒它是什么"夯货",甚至有人不断地用脂评本中透露的一点点线索来改续《红楼梦》。大家都可以看到,受到这种主导思想的影响,1987 年版电视剧《红楼梦》的后半场戏,便是依据脂评本中的几句话和依据有些人所作的"红楼梦真实故事"来导演的,结果弄得前后戏路与表现手法上大不谐调。前面故事丰富,细节翔实,人物对话活灵活现,又符合当时人物的口头语言;而后面就只剩下了一条筋,一个梗概,对话语言也走了腔调。他们不知道,小说和戏剧都是靠有精彩、生动的细节作支撑的。只有大开大合而没有细节的,那是活报剧,或者是图像解说,而不是文艺作品。所以著名作家王蒙不能不感叹地说:"脂砚斋这个似乎对文学知之甚少而对曹家知之甚多的刻舟求剑的自封的老大,偏偏插上一杠子,变成了事实上的'红学祖师爷'"(见其《红楼梦二十七讲》)。

我们必须承认,程、高二人续写的后四十回是相当不错的,否则,它也不会屏退数十部红楼续作,二百年来稳居曹氏原著之末,在大多数人看来,它已与前八十回融为一体。不然,在胡适提出的新证以前,一百年来竟无人看出它是出自曹雪芹与高鹗两人之手。可见,前后两部分还是挺匹配的。所以我们可以这么说,曹雪芹如果是小说创作第一高手的话,那么,程、高便是第二高手,都是他人难以望其项背的。所以,作家王蒙喊出了"伟大呀,高鹗"的口号。我们单以"林黛玉焚稿断痴情,薛宝钗出闺成大礼"一回来说,谁有如此灿若天锦般的巧妙构思,谁有如此不可改更一字的如椽大笔呢?

还有人说,脂评本中明明点出有宝玉入狱,得到茗烟与贾芸、小红等人穷途慰藉一节,而程、高歪曲作者原创意图,没有把贾家写得那么凄惨,并因此而大骂程、高是肆意篡改,有着意粉饰与美化时势之嫌。对于这个指责,大体上来说是对的,但也不完全对。为什么呢?因为文学创作,特别是小说与戏剧的创作,是有其自身的发展规律的。作者原先的构思布局,随着写作的逐步深入,情感的逐步丰满,事物发展逻辑的逐步捋顺,往往会打破原来的结构以及结局。大家都知道,法国大作家福禄培尔的《包法利夫人》,作者原来是没想让女主人公死去的,但写到后来却不能不让她去死,因为前半部剧情的发展,其结果必然是如此。据说,福禄倍尔为此趴到在地板上痛哭,高喊:"包法利夫人死了!包法利夫人死了!"这种情况,比比皆是。我国最严谨的作家茅盾,他在写作一篇小说之前,总是先做好提纲,安排好每一章的主要情节(见其《创作的准备》一书),而他所写的长篇小说中,却有的就与事先安排的结果不同。鲁迅所写的《药》,其结局的改变,又添上了华大妈上坟一节,那更是众所周知的事了。

所以说,拿曹雪芹原先的某些结局设想,来责难续作者"叵测居心"和"拙劣笔法",也是不尽其然的。没准儿,曹雪芹自己写来写去,到最后也许也要走上这条路子上的。像原书第十三回"秦可卿淫丧天香楼",曹雪芹原本是写成秦可卿与贾珍私通被发现,无地自容而上吊自杀的,但其身边的人觉得这样写会影响到其家族的声誉,建议将其删掉。这身旁人之所言,就是一种社会舆论,每个时代的文学创作无不受到其社会舆论的影响,《红楼梦》也难以例外。所以,曹雪芹不管愿意不愿意,最后还是将这段长达二千余字的描写删掉了。创作自有创作的规律。我们只要看他写成的小说前后是否合辙,便可以判定它是否符合创作的逻辑了。程、高之续作,大体上符合曹雪芹前八十回的铺展,因此可以说这部续作,基本上是符合创作规律与事物发展逻辑的。

至于用脂评本上只言片语所透露出的一点线索,来斥责续作之"伪"、之"劣",更是不应当。细想我国的四大名著,有哪一部没有经过后人的续补呢?《水浒传》不用说,历来都被认为是"施(耐庵)作罗(贯中)续",后来又补上了一个金圣叹以施耐庵之名所作的序,明显的是"三家村",是三人的合作。《三国演义》是罗贯中作的,但原来的本子根本不是现在这个模样。它是经过毛纶、毛宗岗父子的删改增订,才将二百四十回的本子改成为现今的一百二十回,并在开篇之处增加了"话说天下大势,分久必合,合久必分"一大段议论。原本一开头便是"建宁二年四月望日，帝御温德殿”，见一条大青蛇飞到殿上之事，自然是显得突兀得很。现有这么一大段“分久必合”的议论，不知为原著增色了多少，竟成为几百年来人们都愿意引用的几句话。此外，原著中还有许多不妥当之处，诸如关公斩貂婵、孙夫人回东吴之后再无音信等等，都被毛氏父子做了增改。例如，他们为孙夫人增加了闻刘备败死而祭江一节，又将关公斩貂婵一节干脆地删去。至于有数回之多的关索寻父的离奇故事，到了毛氏父子那里，只剩下了一句话：“丞相将前来寻父的关索收在帐下。”《西游记》的成书，也经历了类似的过程，就不一一赘述了。

对于那些删改和续作，几百年来，我们何曾听到有人斥责其“伪”、其“劣”？何以到了《红楼梦》这里，就要大兴问罪之师呢？

⑪ **破译十一：**灵河，何以就是乘槎河？原来，在长白山天池的东北角上有一缺口，那满池清亮亮的湖水，便从这缺口之处流淌出去，形成了一条藏在深山峡谷之间哗哗流淌的、其色白如乳浆的小河。因它自天池而出，古人以为可以上通天宇，故而名之曰“乘槎河”，取古代神话乘木筏可以上天之意。据《博物志》载：“天河与海通，近世有人居海清者，……乘槎而仙去。”唐人李商隐的诗中也说：“海客乘槎上紫气，星娥罢织一相闻。”元代著名诗人、官居到中书左丞相的王结，专门有诗写长白天池的这种灵气，曰：“天东长白近蓬瀛，缥缈仙人玉雪清。凤去紫箫声已绝，青鸾独跨上瑶京。”曹雪芹正是取乘槎河的这股仙气，换了一个说法，改名叫作灵河。此河只有二里多地，便被一座刀削一般的断崖挡住了去路，于是那乘槎河便从高高的断崖上跌落下去，形成了一个气势磅礴、蔚为壮观的长白瀑布。水从瀑布下面再流淌下去，便不叫乘槎河，而称之为二道白河了。这一段短短的、几乎是常年为云封雾裹着的灵河，因为地势极高、极险，人迹罕至，故而岸畔上所生的人参，年头最长，有的竟高达几百年乃至于上千年的。按照当地挖参人的话来说：“七两为参，八两为宝。”此地，便生有八两以上足可称之为宝的老人参，这是当地许多老人都知道的。后来，攀登到灵河岸

畔采参的人逐渐地多了,可以称作为宝的人参多被挖去。到康熙朝时便下了禁令,将灵河岸畔与濛江的五金顶子、那尔轰、棒槌沟、两江口、头道江,抚松县的汤河口子、新安等地皆圈禁起来,严禁军民人等入内采挖,此参只供皇家药用,故称此地所产之参为"皇封参"。

就在这块皇封禁地里,1981 年抚松县人真的就挖出一棵重 285 克的人参来,号称"人参之王",现如今陈列在人民大会堂的吉林厅内。285 克折合为五两七钱;而按古时十六两为一斤计算,285 克当折合为九两一钱二分,远在"八两为宝"之上,当是一宗大宝了!1989 年又在封禁地里,挖出一棵重达 305 克的"山参大王",当是稀世的奇珍异宝了。

⑫ **破译十二:**这个绛珠仙草是什么呢?有人泛解其意,就以绛珠暗含红、玉二字作解,作了许多的推想,这实在是太肤浅了!也有人具体化了,说它是南国红豆,也有人说它是灵芝。实际上,灵芝,并不结红果子,像张衡《西京赋》上所说:"神木灵芝,朱实离离",只不过是一种想像而已。再者说了,那红豆也好,灵芝也好,都是树,而不是草,《西京赋》上说得明明白白:"神木灵芝",显而易见,灵芝是木不是草。而在草本植物当中,能够真正结绛红颜色、其状如珍珠般果子的,只有长白山上的名贵特产人参。当年,同康熙皇帝一同去长白山祭祖的翰林院侍讲高士奇在其所著《扈从东巡日录》中,写其亲眼所见曰:"人参,生椴树下,翠蕤绛实,烂然灌莽。"而康熙年间的杨宾(人称杨孝子,其父流放宁古塔,他曾多次去到东边道探父),在其所写的《柳边纪略》中状写得更加清楚:"辽东人参四月发芽,五月花。花白色,如韭花,丛大者若碗,小者若钟。六月结子,若小豆而连环,色正红,久之则而扁。"

人参,在满语中叫"奥尔厚达"。奥尔厚,是草类的总称;达,是首领和头人的意思。二者合起来,即百草之王之意,所以,人们常称人参为神草或仙草。人参,长着对生的绿叶,绿叶中间挺立着一株长长的花柱,柱头上结着一串串红宝石似的珠果,颜色绛红绚丽,形状如同南国红豆,珠光宝气,晶莹剔透。因之毫无疑问,绛珠草即是长白山人参;而这个"绛珠仙草",便是灵河(即乘槎河)岸畔上八两以上的可以称作为宝的人参了。而更何况人参转化为人形,诸如人参娃娃、人参仙姑之类的故事,在长白山一带的民间传说中,更是比比皆是。

那么,这个"神瑛侍者"又是什么呢?实际上,神瑛就是"神鹰"的谐音。原来,很早很早之前,就在满人中间流传着一个神话:说有三个仙女在长白山天池里洗澡,有一只神鸟(也有称说是神鹊和神鹰的)噙来一棵绛红的仙果放到最小的仙女佛古伦的衣服上,仙女吞下这个红果后生个男孩,便是清室祖先爱新觉罗·布库里雍顺。乾隆所写的《祭告长白山文》中就写道:"奥我清初,肇长白山,扶舆所钟,不显不灵。……帝女天妹,朱果是吞,爰生圣子,帝用锡以姓曰觉罗,而徽其称曰爱新。"道光皇帝也在《赐吉林将军瑚松额》一诗中说:"发祥长白始,根本启皇清。"因此,神鸟(或神鹰)与绛红仙果的兰因絮果,恩恩怨怨,早就缔结在三生石畔了,曹雪芹只不过是将其巧妙地改造了一番,才成为现在这个样子,且完全不露一点痕迹。当然,这也是出于他匠心独运的才华。

⑬ **破译十三:** 读《红楼梦》最让人感到扑朔迷离的地方,莫过于那座太虚幻境了。此外,还有那两个天上地下,不断把人们引进神话世界里的牵线人——疯和尚和跛道士。在元、明戏曲中他们被称为"关目"人物,显而易见,他们给这部长篇巨著增添了无穷的迷离色彩和遥感情趣。那么,这两个关目人物是谁,或者换句话说,这疯和尚与跛道士到底

是哪路神仙呢？作者没有指出。与之相关的一个问题是，作者在写这一虚幻境界和神奇的关目人物时，是否有所依据和借鉴呢？这在众多红学论著中，也可以说是至今皆没有人涉及到的。

我们说，完全是有所依，也有所本的。原来，在明万历年间，有一位奇士姓屠名隆，字伟真，又取号长卿，自诩可以与汉代大文豪司马相如（字长卿）相比。有一次，他与友人们聚会，席上有人出题让他当场作诗，为酒宴助兴，他毫不推辞，当即令十个人准备好笔砚，为他分别作笔录。那十人刚刚握管，他便于顷刻之间将十首诗吟毕，满座皆为之倾倒，齐呼异才。这位异才屠隆，不仅写了许多诗词文章，还写了一部杂剧，名曰《昙花记》，广为流传，甚至远播到欧美各地演出。该剧写唐代一位贵人姓木名清泰，不仅代代显贵，而且自身又屡立战功，赐封为定边王。他有一妻二妾，皆美貌贤惠，可以说是一个享尽了人间荣华富贵的人。一日，他正携妻妾郊游，途中忽遇一疯和尚和一跛道士。他们又是拍手唱歌，又是击掌点化，说出许多了悟尘凡、弃俗出世的疯癫话来。原来，此二人都是佛、道两教的神仙，一个是十八罗汉之一的宾头卢，一个是蓬莱仙客紫阳真人山玄卿。他俩奉释迦牟尼和太上老君之命，出来点化木清泰让他及早醒悟，勿在温柔富贵之乡的朝欢晚宴之中沉湎沦陷。木清泰宿根夙缘本来就很深，又看出这疯僧、痴道有些来历，于是他便毅然割断尘缘，抛下娇妻美妾，随和尚、道士飘然而去。

现在，我们且看《红楼梦》中对僧、道的描写是怎样的："那僧则癞头跣足，那道则跛足蓬头"，"忽见那边来了一个跛足道人，疯癫落脱（即邋遢），麻屣鹑衣"。而现今在历史博物馆里所藏的明崇祯年间制作的"净水碗"，碗上所绘之图即是《昙花记》第五场《郊游点化》，图上所绘的僧、道，"二人皆跣足躬身，装束邋遢，僧人光头阔脸，寸发短髭，袒衣赤膊，两眼多白里透黄；道人蓄山羊胡，癞疯得连手中拂尘也拿不住，掉在地上。"此碗上所画之图与美国图书馆中所藏《昙花记》第五出《郊游点化》的插图一致。试看，他们的形态与《红楼梦》中的疯和尚与跛道士，是不是几乎为同一模样？

再看《昙花记》中的点化之词，更是与《红楼梦》极其相似。开始时，木清泰很是傲物的，说："我荡寇立功，取黄金之印如大斗，悬之肘后，好不威风也!”那僧道:“只道是富贵黄金铸得牢,又谁知一旦抛,须臾少壮成衰老。身子裹紫绶黄虽堪贵,头上白发不曾饶,今古价有谁逃?”

大家看看,这与《红楼梦》中的那首《好了歌》,是不是如出一辙?木清泰听了僧、道的偈语之后,当即抛妻舍妾离家出走,而甄士隐不也是听了《好了歌》,便同跛道人飘然而去的吗?

那么,这宾头卢罗汉又是怎样一位仙家呢?原来,他是十八罗汉中的第一位尊者,据佛经上说,他本是拘舍城优填王的一位大臣,爵位很高。优填王见他精明能干,勤恳诚实,就让他出家修行。经过了多年的修炼,终于修成了正果,释迦牟尼嘱咐他:“不入涅槃,常住人间,同常凡众,护持正法,饶益有情。”也就是说,让他永远留在人间,为众生广植福田。他在佛门之中,已经是地位很高的一个人了,可他爱在人前显弄本领的老毛病却没有改掉。有一天,有一个远方道人名唤树提伽的长者,把一个旃檀钵子放到一个网兜里挂到高处,说有谁不用梯子和竿子能将钵子取下来,就将钵子送给他。宾头卢听了,就鼓动其他几位罗汉去摘。但那些师弟们皆不为所动,他就自己施动法术,“逐身飞空,得钵已还去。”佛祖听到了此事很生气,呵斥他说:“作为一个僧人,怎么可以为了一钵子,在未受过戒的人面前,显弄佛家法力呢?”

传说在南北朝时,后秦国的一位高僧道安和尚在注释佛经时,很担心自己的所注有悖于佛家教义的原理,心中常常惴惴不安。一天夜里,他梦见有一个胡僧前来相告说:“你的注解,基本上符合佛经原理,你只要‘时时设食而待’,我还会来帮助你的。”道安是很有慧根的一个人,知道这个胡僧就是十八罗汉中的第一尊者宾头卢,大为震惊,“于是立座饭之。”这个故事一传说开来,于是各庙宇之中皆都塑起一位白头发长眉毛的尊者像来,供奉在各个庙宇的斋堂中,以至于“寺寺成则”。

宾头卢的类似诙谐有趣的故事,还有很多。

下面,再说说这个化作跛道士的山玄卿,他是怎么样的一个人?据《太平广记》所载,在郑还古所著的《蔡少霞传》中有这样述说:蔡少霞陈留人,性情恬和,自幼信奉黄老之说。做兖州泗水县丞时,一日沿溪独行,来到一个林木茂密、风景如画的地方,赏玩一番之后不觉困顿睡去。梦中见有一褐衣鹿帻人将他引至一座城郭,只见“碧天空旷,瑞日曈昽,

人俗洁净，卉木鲜茂，经历门堂，深邃没测，遥见玉人，当轩独立”，玉人对蔡少霞说：“愍子虔心，今宜领事。”于是，就让鹿帻人引蔡到东廊里，来到一座空白石碑之前，对蔡说：“请君此来，想求君赐以墨宝，在碑的正面题写‘苍龙溪新宫铭’几个大字，碑的背面书写紫阳真人山玄卿所撰的《新宫铭》一文。”蔡少霞推辞说：“仆素不工书，恐难奉命。”但不得应允，很快便有二童自北而来，一捧牙箱，内有两幅紫绢文书；一童捧来笔砚。他展开来看，此铭写得果然不同凡响。于是，只好依命照稿抄写，而更待详视周围环境时，鹿帻人便催促他赶快写出，写完后立即匆匆将他带回。

此情此景，又同贾宝玉神游太虚幻境几乎一模一样。所不同的是，召领宝玉走进太虚幻境的是秦可卿，而这里是个褐衣鹿帻人；所见的当轩而立的玉人和警幻仙子则又是相同。这里的玉人告诉少霞：“愍子虔心，今宜领事。”那里是仙子告诉宝玉，“适从宁府经过，偶遇宁荣二公之灵，嘱吾曰：‘吾家自国朝定鼎以来，功名奕世，富贵流传，已历百年。奈运终数尽，不可挽回。我等子孙虽多，竟无可以继业者。惟嫡孙宝玉一人，禀性乖张，用情怪谲，虽聪明灵慧，略可望成，无奈吾家运数合终，恐无人规引入正。幸仙姑偶来，望先以情欲声色等事警其痴顽，或能使他跳出迷人圈子，入于正路”。接下来，所见所闻，二者又都是一些崇轩峻阁，奇词妙句。《红楼梦》里用了一篇《方离柳坞》的赋体，这里也是用山玄卿所撰的一篇赋体。值得一提的是，整部《红楼梦》里诗词虽多，但纯用赋体则只此一处，因此脂砚斋评《红楼梦》时也说：“此赋则不见长，然亦不可无者也。”可见二者承袭的紧密。最后，两个人回来时的情节也大略相同，一是鹿帻人催促其速返，一是警幻仙子赶过来呼叫：“快休前进，作速回头要紧！”

关于那疯和尚和跛道人，在明末清初时所撰的杂剧《大椿楼》中，也有与其极为类似的情节。

至于《昙花记》和《蔡少霞传》中所提到的山玄卿，史书中有关此人的记载不多，只知他是隋、唐之际的一位高士，号紫阳真人，唐初时有其《梦铭》传世，其文辞即蔡少霞梦中所书之辞。苏轼在《游罗浮山一首示子过》的诗中有句，云："负书从我盍归去，群仙正草《新宫铭》。汝应奴隶蔡少霞，我亦季孟山玄卿。"

⑭ 破译十四：这个对子的上句，使用了《论语·子罕》的一段话。子贡问孔子说："有美玉于斯，韫椟而藏诸？求善而沽诸？"子曰："沽之哉，沽之哉！我待贾者也！"表达了孔子对于做官执政的强烈向往。下句使用了郭宪《洞冥记》中的一段故事，说汉武帝时有个神女留下玉钗，放到匣子里。到了昭帝时有人偷着打开匣子去看，不见玉钗，只见有一只白燕飞出去。

这副对子从字面上来看，是亟写贾雨村对于自己前程的踌躇满志、洋洋自得之心态的，可以说是活灵活现，几乎跃然于纸上。前句是说他对于获取功名猎取高官，认为唾手可得；后句似有暗中含意，让丫环娇杏待其考中归来。但是，对联中衔上玉、钗二字，这便不能不破解为暗喻十二钗中的一些人和事了。有人破解是指宝玉、宝钗日后之事；我则认为，是说黛玉与宝钗当下里的情况。因为当下里，贾府的大门尚未打开，一干风流冤鬼皆未出头露面，作者须先在这里铺垫一下两个最主要人物当下里的居处，好为日后她们的出场提出一个引子，就像戏剧中主要角色一出场，先念两句诗词一般。

对联的前句，是说黛玉此时正守玉豪门、待字闺中；后句是说宝钗正胸怀高远，准备选秀进宫，成为像元春那样显贵的人。

第二回

贾夫人仙逝扬州城　冷子兴演说荣国府

此回破译出：何以书中常用“兰台寺大夫”、“体仁院总裁”等当时本来无有的官名　贾琏本是行二，何以诸本中却写成“长子”或“一子”　贾宝玉与甄宝玉二者之间的关系　四大名著的写作各有自己的独到绝活儿，《红楼梦》采用的是由远至近、由外至内、由表及里的“青笋剥皮”法；《西游记》则是……

却说封肃听见公差传唤，忙出来陪笑启问，那些人只嚷：“快请出甄爷来。”封肃忙陪笑道：“小人姓封，并不姓甄。只有当日小婿姓甄，今已出家一二年了，不知可是问他？”那些公人道：“我们也不知什么‘真’‘假’一部书总是真假并提，有甄士隐，便有贾雨村；谈过贾府便接甄府；谈贾宝玉便引出甄宝玉来，这便是全书总的提契，总的章法，总的照应。写甄宝玉正是在正写贾宝玉；写甄士隐正是在反写贾雨村，这即所谓一笔双写、一声二调。但是具体地写起来，又总是真真假假，变化莫测，是形是影，扑朔迷离，让人捉摸不定，真如前面一副对联所说：“假作真时真亦假”。，既是你的女婿，就带了你去面禀太爷便了。”大家把封肃推拥而去，封家各各惊慌，不知何事。

至二更时分，封肃方回来，众人忙问端的。“原来新任太爷姓贾名化，本湖州人氏，曾与女婿旧交，因在我家门首看见娇杏谐音儌倖，详解请见回后所附之【破译一】丫头买线由她出来牵线，只说女婿移住此间，所以来传。我将缘故回明，那太爷感伤叹息了一回；又问外孙女儿，我说看灯丢了。太爷说：‘不妨，待我差人去，务必找寻回来。’说了一回话，临走又送我二两银子。”甄家娘子听了，不觉感伤。一夜无话。

次日，早有雨村遣人送了两封银子、四匹锦缎，答谢甄家娘子；又一封密书与封肃，托他向甄家娘子要那娇杏作二房。封肃喜得眉开眼笑，巴不得去奉承太爷，便在女儿前一力撺掇。当夜用一乘小轿，便把娇杏送进衙内去了。雨村欢喜自不必言，又封百金赠与封肃，又送甄家娘子许多礼物，令其且自过活，以待访寻女儿下落。

却说娇杏那丫头便是当年回顾雨村的，因偶然一看便弄出这段奇缘，也是意想不到之事。谁知他命运两济不仅命好，时运也好，故曰两济。前回书中说到英莲时，疯和尚曾大哭地说她是“有命无运、累及爹娘之物”。我们常说命运好坏如何如何，把它当作一个词、一个意思，实则是两个相关的词语联在一起的。命，指的是性命，指的是投胎于哪个娘肚子里，生于哪个家庭的境况之中。所谓命好不好，说的是这个。运，是走进人世间的时运。后来，人们常将这二者混起来用。命好，不等于运就好，像英莲那样，生在当地首富的甄家，应当说命是很好的，可后来被人拐走，受尽了折磨，运就一直不济，不承望自到雨村身边，只一年便生一子，又半载雨村嫡配忽染疾下世此处，作者于有意无意之间，出现了个漏洞，第一回书中原说贾雨村“人口衰丧，只剩得他一身一口”，怎地此处却突然冒出个“嫡配忽染病下世”，岂不前后矛盾，雨村便将他扶作正室夫人。正是：

偶因一回顾，便为人上人。

原来雨村因那年士隐赠银之后，他于十六日便起身赴京。大比之期，十分得意，中了进士，选入外班考中进士后，其中最优秀者留在京里任职翰林院和各部，其余则发往各地。去外地者，皆称外班，今已升了本县太爷。虽才干优长，未免贪酷，且恃才侮上，那同寅皆侧目而视。不上一年，便被上司参了一本，说他貌似有才，性实狡猾，又题了一两件徇庇蠹役、交结乡绅之事，龙颜大怒，即命革职。部文一到，本府各官无不喜悦。那雨村虽十分惭恨，面上却全无一点怨色，仍是嬉笑自若；交代过了公事，将历年所积的宦囊，并家属人等，送至原籍安顿妥当了，却自己担风袖月这四个字用得极好，酷似宋人朱敦儒的一首词：“先生筇杖是生涯，挑月更担花。把住都无憎爱，放行总是烟霞。”它既说明雨村此时只是意在山水间，同时又因“风月”二字并提，说明他也是个性情中人，游览天下胜迹。那日偶又游至维扬即扬州地方，闻得今年盐政点的是林如海。

这林如海姓林名海，表字如海喻其文如林，学如海，故能高中探花；也寓黛玉家学渊博，出身于高贵的书香门第，故而能够在大观园里独压群芳，一举而词夺菊花魁，乃是前科的探花，今已升兰台寺大夫作者虚拟之官名，详解请见回后所附之【破译二】，本贯姑苏人氏，今钦点为巡盐御史，到任未久。原来这林如海之祖也曾袭过列侯的，今到如海，业经五世。起初只袭三世，因当今隆恩盛德，额外加恩，至如海之父又袭了一代，到了如海便从科第出身。虽系世禄之家，却是书香之族。只可惜这林家支庶不盛，人丁有限，虽有几门，却与如海俱是堂族，没甚亲支嫡派的。今如海年已五十，只有一个三岁之子，又于去岁亡了，虽有几房姬妾，奈命中无子，亦无可如何之事。只嫡妻贾氏生得一女，乳名黛玉，年方五岁，夫妻爱之如掌上明珠。见他生得聪明俊秀，也欲使他识几个字，不过假充养子，聊解膝下荒凉之叹。

且说贾雨村在旅店偶感风寒，愈后又因盘费不继，正欲得一个居停之所以为息肩之地。偶遇两个旧友认得新盐政，知他正要请一西席教训女儿，遂将雨村荐进衙门去。这女学生年纪幼小，身体又弱，工课不限多寡，其馀不过两个伴读丫鬟，故雨村十分省力，正好养病。

看看又是一载有馀黛玉当是六岁，不料女学生之母贾氏夫人一病而亡。女学生奉侍汤药，守丧尽礼，过于哀痛，素本怯弱，因此旧病复发，有好些时不曾上学。雨村闲居无聊，每当风日晴和，饭后便出来闲步。这一日偶至郊外，意欲赏鉴那村野风光。信步至一山环水漩、茂林修竹之处，隐隐有座庙宇，门巷倾颓，墙垣剥落，有额题曰："智通寺"必须是处在颓废败落的境地，方才有此贯通古今的智慧。门旁又有一副旧破的对联云：

> 身后有馀忘缩手，眼前无路想回头。详解请见回后所附之【破译三】

雨村看了，因想道："这两句文虽甚浅，其意则深。也曾游过些名山大刹，倒不曾见过这话头，其中想必有个翻过筋斗来的也未可知，何不进去一访。"走入看时，只有一个龙钟老僧在那里煮粥胡适先生认为，此老僧即是日后贾宝玉的影子。我意并非如此，因为，作者没有必要在贾府大门尚未打开、宝玉尚未登场亮相之前，就先揭示出其晚年景象来。料想，此僧必是与跛道士同行的疯和尚所化，不然，何人能够作出如此警幻醒迷、大彻大悟的对子来。他时而疯，时而痴，正是大觉罗汉宾头卢的幻化法身。雨村见了，却不在意；及至问他两句话，那老僧既聋且昏，又齿落舌钝，所答非所问。雨村不耐烦，仍退出来，意欲到那村肆中沽饮三杯，以助野趣，于是移步行来。刚入肆门，只见座上吃酒之客有一人起身大笑，接了出来，口内说："奇遇，奇遇！"雨村忙看时，此人是都中古董行中贸易姓冷号子兴的，旧日在都相识。雨村最赞这冷子兴喻冷眼观人之兴衰的意思是个有作为大本领的人；这子兴又借雨村斯文之名，故二人最相投契。雨村忙亦笑问："老兄何日到此？弟竟不知。今日偶遇，真奇缘也。"子兴道："去年岁底到家，今因还要入都，从此顺路找个敝友说一句话。承他的情，留我多住两日。我也无甚紧事，且盘桓两日，待月半时也就起身了必曰"月半"方才起身，一部书都是在月半收场的，英莲是在上元月半被人拐走，贾府也是在中秋月半闻得衰败悲声的。今日敝友有事，我因闲走到此，不期这样巧遇！"一面说一面让雨村同席坐了，另整上酒肴来。二人闲谈慢饮，叙些别后之事。

雨村因问："近日都中可有新闻没有？"子兴道："倒没有什么新闻，倒是老先生的贵同宗家出了一件小小的异事。"雨村笑道："弟族中无人在都，何谈及此？"子兴笑道："你们同姓，岂非一族？"雨村问："是谁家？"子兴笑道："荣国贾府中，可也不玷辱老先生的门楣了！"雨村道："原来是他家。若论起来，寒族人丁却自不少，东汉贾复以来，支派繁盛，各省皆有，谁能逐细考查？若论荣国一支，却是同谱。但他那等荣耀，我们不便去认他，故越发生疏了。"子兴叹道："老先生休这样说，如今的这荣、宁两府，也都萧索了，不比先时的光景！"雨村道："当日宁荣两宅人口也极多，如何便萧索了呢？"子兴道："正是，说来也话长。"雨村道："去岁我到金陵时，因欲游览六朝遗迹，那日进了石头城，从他宅门前经过那是贾家在金陵的旧宅，由此可见，这贾家也确实是依照江宁织造曹家的事编写的，街东是宁国府，街西是荣国府，二宅相连，竟将大半条街占了。大门外虽冷落无人，隔着围墙一望，里面厅殿楼阁也还都峥嵘轩峻，就是后边一带花园里，树木山石，也都还有葱蔚洇润之气，那里像个衰败之家？"子兴笑道："亏你是进士出身，原来不通。古人有言：'百足之虫，死而不僵。'《红楼梦》中多次引用这句话。此语出自《昭明文选》中曹冏的《六代论》："夫泉竭则流涸，根朽而叶枯；枝繁者荫根，条落者本孤。故语曰'百足之虫，至死不僵。'"如今虽说不似先年那样兴盛，较之平常仕宦之家，到底气象不同。如今人口日多，事务日盛，主仆上下都是安富尊荣，运筹谋画的竟无一个，那日用排场，又不能将就省俭。如今外面的架子虽没很倒，内囊却也尽上来了。这也是小事。更有一件大事，谁知这样钟鸣鼎食的人家儿，如今养的儿孙，竟一代不如一代了！”雨村听说，也道：“这样诗礼之家，岂有不善教育之理？别门不知，只说这宁荣两宅，是最教子有方的，何至如此？”

子兴叹道：“正说的是这两门呢。等我告诉你：当日宁国公是一母同胞弟兄两个。宁公居长，生了两个儿子。宁公死后，长子贾代化袭了官，也养了两个儿子：长子名贾敷实为乌有，假用此名，来敷衍一下，八九岁上死了，只剩了一个次子贾敬假孝敬，袭了官，如今一味好道，只爱烧丹炼汞，别事一概不管。幸而早年留下一个儿子，名唤贾珍假自珍重，只知一味高乐不了，因他父亲一心想作神仙，把官倒让他袭了。他父亲又不肯住在家里，只在都中城外和那些道士们胡羼。这位珍爷也生了一个儿子，今年才十六岁，名叫贾蓉假自安富尊荣。如今敬老爷不管事了，这珍爷那里干正事？只一味高乐不了，把那宁国府竟翻过来了也没有敢来管他的人。再说荣府你听：方才所说异事就出在这里。自荣公死后，长子贾代善袭了官，娶的是金陵世家史侯的小姐为妻。生了两个儿子，长名贾赦假得赦免，实未赦免，后来果然因罪被囚监；也有人说，赦，即是色，实乃是色中一厉鬼，次名贾政假自正经，实亦世俗得很。如今代善早已去世，太夫人尚在。长子贾赦袭了官，为人却也中平，也不管理家事；惟有次子贾政，自幼酷喜读书，为人端方正直。祖父钟爱，原要他从科甲出身，不料代善临终遗本一上，皇上怜念先臣，即叫长子袭了官；又问还有几个儿子，立刻引见，又将这政老爷赐了个额外主事职衔，叫他入部习学，如今现已升了员外郎。这政老爷的夫人王氏，头胎生的公子名叫贾珠是一根假株，很早枯死，十四岁进学，后来娶了妻、生了子，不到二十岁，一病就死了。第二胎生了一位小姐，生在大年初一，就奇了。不想隔了十几年，又生了一位公子，说来更奇：一落胞胎，嘴里便衔下一块五彩晶莹的玉来与那一僧一道从青埂峰上提携过来的石头，衔接得很紧，还有许多字迹。你道是新闻不是？”

雨村笑道：“果然奇异，只怕这人的来历不小。”子兴冷笑道：“万人都这样说，因而他祖母爱如珍宝。那周岁时，政老爷试他将来的志向，便将世上所有的东西摆了无数叫他抓。谁知他一概不取，伸手只把些脂粉钗环抓来玩弄，那政老爷便不喜欢，说将来不过酒色之徒，因此不甚爱惜，独那太君还是命根子一般。说来又奇：如今长了十来岁在庚辰、己卯本与戚蓼生作序的本子上，此处都写“七八岁”，那样，才能与我们在下面将依黛玉进京时的准确年龄所推算出的七岁比较相近。高鹗因还没有摸透曹雪芹经常使用的移时换位的写作方法，心想一个七八岁的孩子怎会有此妆貌，故而改为十来岁。后来王蒙就是上了高鹗的当，在《红楼梦二十七讲》中说，宝玉、黛玉他们初见面的时候，林黛玉周岁不过才十一岁。可见，他是根据人物的行为举止和言谈状貌，推想出来的，而不是根据书中所言的准确年龄据实推算的。不过，王蒙也自己解嘲地说：“当然《红楼梦》里不是很注意年份”的。，虽然淘气异常，但聪明乖觉，百个不及他一个；说起孩子话来也奇，他说：‘女儿是水做的骨肉，男子是泥做的骨肉。我见了女儿便清爽，见了男子便觉浊臭逼人。’你道好笑不好笑？将来色鬼无疑了！”雨村罕然厉色道：“非也！可惜你们不知道这人的来历，大约政老前辈也错以淫魔色鬼看待了。若非多读书识事，加以致知格物之功、悟道参玄之力者，不能知也。”子兴见他说得这样重大，忙请教其故。雨村道：“天地生人，除大仁大恶，馀者皆无大异。若大仁者则应运而生，大恶者则应劫而生，运生世治，劫生世危。尧、舜、禹、汤、文、武、周、召、孔、孟、董汉代大儒董仲舒、韩文起八代之衰的韩愈、周宋代大儒周敦颐、程宋代理学奠基者程颢、程颐弟兄、朱系统完善儒家经典著作的理学大师朱熹、张张载，北宋大哲学家，皆应运而生者；蚩尤、共工、桀、纣、始皇、王莽、曹操、桓温、安禄山、秦桧等，皆应劫而生者。大仁者修治天下，大恶者扰乱天下。清明灵秀，天地之正气，仁者之所秉也；残忍乖僻，天地之邪气，恶者之所秉也。今当祚永运隆之日，太平无为之世，清明灵秀之气所秉者，上自朝廷，下至草野，比比皆是。所馀之秀气漫无所归，遂为甘露，为和风，洽然溉及四海。彼残忍乖邪之气，不能荡溢于光天化日之下，遂凝结充塞于深沟大壑之中。偶因风荡，或被云摧，略有摇动感发之意，一丝半缕误而逸出者，值灵秀之气适过，正不容邪，邪复妒正，两不相下；如风水雷电地中既遇，既不能消，又不能让，必致搏击掀发这与《水浒传》中洪太尉打开洞穴石碣，放出里面一道黑气，“直冲到半天里，空中散作百十道金光，望四面八方去了”，何其相似。既然发泄，那邪气亦必赋之于人。假使或男或女偶秉此气而生者，上则不能为仁人为君子，下亦不能为大凶大恶。置之千万人之中,其聪俊灵秀之气,则在千万人之上;其乖僻邪谬不近人情之态,又在千万人之下。若生于公侯富贵之家,则为情痴情种;若生于诗书清贫之族,则为逸士高人。纵然生于薄祚寒门,甚至为奇优,为名娼,亦断不至为走卒健仆,甘遭庸夫驱制。如前之许由、陶潜、阮籍、嵇康、刘伶、王谢二族东晋之王导、谢安两大家族、顾虎头东晋著名画家顾恺之、陈后主南朝陈国最末一个皇帝陈叔宝、唐明皇、宋徽宗、刘庭芝初唐著名诗人刘希夷,他的诗《代白头吟》中有句“年年岁岁花相似,岁岁年年人不同”,同黛玉《葬花词》语句相似、温飞卿晚唐诗人温庭筠、米南宫北宋著名书画家米芾、石曼卿北宋时与欧阳修齐名的文人石延年、柳耆卿北宋著名词人柳永,为婉约派首领、秦少游北宋诗人秦观,近日倪云林元代著名画家倪瓒、唐伯虎明代著名画家唐寅、祝枝山明代著名书法家、文学家祝允明,再如李龟年唐玄宗的宫廷乐师、黄幡绰唐玄宗时艺人,擅演“参军戏”、敬新磨又名镜新磨,五代时唐庄宗的宫廷艺人、卓文君西汉司马相如之妻,二人有过私奔艳史、红拂隋末越国公杨素之妓,因见李靖英雄才略,与之私奔,曹寅著有戏曲《北红拂记》、薛涛唐代著名女诗人,创制深红色小笺纸,人称“薛涛笺”、崔莺即《西厢记》中的崔莺莺、朝云宋代钱塘之名妓,苏东坡纳为妾,随苏轼贬落惠州时病逝于彼之流,此皆易地则同之人也。”

子兴道:“依你说,‘成则公侯败则贼’了?”雨村道:“正是这意。你还不知,我自革职以来,这两年遍游各省,也曾遇见两个异样孩子,所以方才你一说这宝玉,我就猜着了八九也是这一派人物。不用远说,只这金陵城内,钦差金陵省体仁院总裁作者虚拟的官名,详解见回后所附之【破译四】甄家,你可知道?”子兴道:“谁人不知!这甄府就是贾府老亲,他们两家来往极亲热的,就是我也和他家往来非止一日了。”

雨村笑道:“去岁我在金陵,也曾有人荐我到甄府处馆,我进去看其光景,谁知他家那等荣贵,却是个‘富而好礼’之家,倒是个难得之馆。但是这个学生虽是启蒙,却比一个举业的还劳神。说起来更可笑:他说:‘必得两个女儿陪着我读书,我方能认得字,心上也明白,不然,我心里自己糊涂。’又常对着跟他的小厮们说:这‘女儿’两个字极尊贵极清净的,比那瑞兽珍禽、奇花异草更觉希罕尊贵呢!我们这种浊口臭舌,万万不可唐突了这两个字,要紧!要紧!但凡要说的时节,必用净水香茶漱了口方可;设若失错,便要凿牙穿眼的。’其暴虐顽劣,种种异常。只放了学进去，见了那些女儿们，其温厚和平，聪敏文雅，竟变了一个样子。因此他令尊也曾下死笞楚过几次，竟不能改，每打的吃疼不过时，他便‘姐姐’‘妹妹’的乱叫起来。后来听得里面女儿们拿他取笑：‘因何打急了只管叫姐妹作什么？莫不叫姐妹们去讨情讨饶？你岂不愧些！’他回答的最妙，他说：‘急痛之时，只叫姐姐妹妹字样，或可解疼也未可知，因叫了一声，果觉疼得好些。遂得了秘法，每疼痛之极，便连叫姐妹起来了。’你说可笑不可笑详解见回后所附之【破译五】？为他祖母溺爱不明，每因孙辱师责子，我所以辞了馆出来的。这等子弟必不能守祖父基业、从师友规劝的。只可惜他家几个好姊妹都是少有的顺便的一句话，又把贾府的女子引出来！”

子兴道：“便是贾府中现在三个也不错。政老爷的长女名元春，因贤孝才德，选入宫作女史去了。二小姐乃是赦老爷姨娘所出庶出，名迎春。三小姐政老爷庶出，名探春。四小姐乃宁府珍爷的胞妹，名惜春。因史老夫人极爱孙女，都跟在祖母这边，一处读书，听得个个不错。”雨村道：“更妙在甄家风俗，女儿之名亦皆从男子之名，不似别人家里另外用这些‘春’‘红’‘香’‘玉’等艳字。何得贾府亦落此俗套又用甄府的事，做一反诘，以便为三春的起名作一回护。若不如此，这些女孩如果皆从玉字旁起名，哪得有那么多好的名字？”子兴道：“不然。只因现今大小姐是正月初一所生，故名‘元春’，馀者都从了‘春’字；上一排的却也是从弟兄而来的。现有对证：目今你贵东家林公的夫人，即荣府中赦、政二公的胞妹，在家时名字唤贾敏。不信时你回去细访可知。”雨村拍手笑道：“是极。我这女学生名叫黛玉，他读书凡‘敏’字他皆念作‘密’字，写字遇着‘敏’字亦减一二笔。我心中每每疑惑，今听你说，是为此无疑矣。怪道我这女学生言语举止另是一样，不与凡女子相同。度其母不凡，故生此女，今知为荣府之外孙，又不足罕矣！可惜上月其母竟亡故了。”子兴叹道：“老姊妹三个，这是极小的，又没了！长一辈的姊妹一个也没了。只看这小一辈的，将来的东床何如呢。”

雨村道：“正是。方才说政公已有一个衔玉之子，又有长子所遗弱孙，这赦老竟无一个不成？”子兴道：“政公既有玉儿之后，其妾又生了一个，倒不知其好歹。只眼前现有二子一孙，却不知将来何如。若问那赦老爷，也有一子，名叫贾琏各种版本在这个地方，都乱了套。最早的版本甲戌本说："若问那赦公，也有二子，长子名贾琏"，这里就埋下了纰漏，后文书中一直都在说"琏二爷、琏二奶奶"，那么该从何处算起？有人说，这是荣府中的大排行：贾珠老大，贾琏老二，故称二爷。实际非也。如果若是如此地大排行，那宝玉当是宝三爷，贾环是环四爷了。可是，宝二爷却一直叫得上口。也有人说，是从贾珍那里排起，即荣、宁两府大排行。如果是这样，那宝玉当是宝四爷或者宝五爷了。所以，后来己卯、庚辰等诸本，皆改为"也有二子，次名贾琏"，这样就与后文合龙了。而到了程、高手里，觉得长子无名又无文，虚设这个人碍事，为了行文洁净，干脆改为"也有一子，名叫贾琏"。但是他们忘记了，这样一改，便与琏二爷的称呼又有了矛盾。那么，到底是怎么回事呢？详解请见回后所附之【破译六】，今已二十多岁了，亲上做亲，娶的是政老爷夫人王氏内侄女，今已娶了四五年按当时的正常婚嫁，王熙凤过门时最低来说，也应当是及笄之年十五岁，过门四年，便是十九岁。黛玉这时是"年方五岁"又过了一年，即从雨村先生求学"一载有馀"，当是六岁。二人相较，熙凤大黛玉十三岁，比宝玉大十二岁。这位琏爷身上现捐了个同知，也是不喜正务的，于世路上好机变，言谈去得，所以目今现在乃叔政老爷家住，帮着料理家务。谁知自娶了这位奶奶之后，倒上下无人不称颂他的夫人，琏爷倒退了一舍之地。模样又极标致，言谈又爽利，心机又极深细，竟是个男人万不及一的。"

雨村听了笑道："可知我言不谬了。你我方才所说的这几个人，只怕都是那正邪两赋而来一路之人不但甄、贾宝玉是如此，十二钗是如此，就是贾雨村也是如此。你看他既是个性情中人，而为官又却是那样的贪酷，未可知也。"子兴道："正也罢，邪也罢，只顾算别人家的账，你也吃杯酒才好。"雨村道："只顾说话，就多吃了几杯。"子兴笑道："说着别人家的闲话，正好下酒详解见回后所附之【破译七】，即多吃几杯何妨。"雨村向窗外看道："天也晚了，仔细关了城，我们慢慢进城再谈，未为不可。"于是二人起身，算还酒钱。方欲走时，忽听得后面有人叫道："雨村兄恭喜了！特来报个喜信的。"雨村忙回头看时，——要知是谁，且听下回分解。

破译详解

① **破译一：**丫环几次出场，直到这时才点出娇杏这个名字来。可

见，作者的原意，便是要突出娇杏即“徼倖”二字。娇杏只因园中几次回顾，便由一个下人平步青云升至为官太太。同时，这也实现了贾雨村赶考之前，要娇杏在甄府等待他贾时飞荣耀归来的心中许诺。这样看起来，贾雨村也还是个钟情的人，没有一当上官就把从前的海誓山盟全都丢在脑后。贾雨村虽然在官场上钻营贪枉，政绩窳败，但在情场上却是个专一守信的人。你看他衣锦还乡的第一步，就是不顾身份门阀首先俯下身子到一个破落户门里去娶一个丫环，他若不是一个重视感情的人，哪里能够做得到。

曹雪芹让贾雨村和甄士隐来引领这部情书《红楼梦》，也不是随意地将这副重任托付给任何一个懵懵懂懂、浑浑噩噩的人的。你看他们两人，一个是先于世上所有的人识得通灵宝玉，一个是将林黛玉引领到贾府中来。这两个人若不是性情中人，焉能够做得到？大作家笔下的人物，都是各有其人物性格和为性格所决定的各自不同的命运安排的。在他们的作品中，不论是写了多少人，没有一个是道具式的和类似戏台上专作穿插和起拨弄作用的小丑似的人物。在洋洋百十余回的《红楼梦》中，贾雨村虽然只是个引领人物，起一个挂勾搭纤、穿针引线的作用，但作者对他依然是写得性格突出，有血有肉，方方面面皆都叙述到了，自成一部戏。早年，我还曾想效仿欧阳予倩先生独走偏锋炮制《宝蟾送酒》的手法，专门编写一出《贾雨村》的戏来，已与严凤英的丈夫、安徽省黄梅戏剧院编导王冠亚先生商谈过此事，后来，只因资金措筹不到位而作罢。

② 破译二：详查明、清两代，并无兰台寺大夫这一官名。早在汉代，曾经设有兰台寺，作为朝廷的机要处。寺内设御史大夫，亦称兰台令，共十五人，由御史大夫中丞统领，内掌朝廷的图籍文书，接受公卿奏折，与弹劾按章等事；对外督察诸州刺史，纠察百官群僚。待到了汉成帝时，便将兰台御史大夫改名为大司空。东汉末年又改回来，仍称兰台寺御史大夫，一直到晋。因此，后来凡是专管纠察弹劾之事的御史台，皆泛称之为兰台，兰台寺里之官员皆统称为兰台令，东汉著名历史学家班固，便曾任过兰台令。隋、唐之后，便无此官署，其事由秘书省和都察院分管。

《红楼梦》作者故意用这半真半假、半古半今、似是而非的官名，乃是蓄意制造一种半虚半实、亦真亦幻的境界，让你感觉到书中所述之事，虽是理所必然的，但在现实中却都是虚幻无有的。明末清初著名文学批评家毛纶，在评点《琵琶记》时，便曾指出作者高则诚故意以许多“必不然之事”，如蔡邕中了状元多年，他家陈留离京城洛阳不远，而却全乡竟无一人知道其事等等，以此来暗示书中所写的蔡邕弃妻再娶，并非实有之事；他是“以事之必不然者而写之，总以明其寓言之非真耳。然事之虚幻，因为不必有之事，而文之真至，竟成必有之文，使人读其文之真，而忘其事之幻，则才子之文，诚不可以意量而计测也”。脂砚斋在批《红楼梦》时，亦采取了毛纶的文学评论语言说：“余最喜此等半有半无、半古半今，事之所无、理之必有，极玄极幻、荒唐不经之处。”

③ 破译三：“身后有馀忘缩手，眼前无路想回头”这一副对联，与前一副“假作真时真亦假，无为有处有还无”一样，都是全书的总纲领、总提挈。它总的旨义无非是在说，书中的事都是半真半假、亦实亦虚的，都是想借此以警迷醒痴、超凡脱俗，让人在急流津、迷魂渡口之处，赶紧回头。这句醒迷唤痴的警语，不仅是对于此回书中专门为他立传、由他眼里看出此一对联的贾雨村来说，是个提示，是个棒喝，对于贾赦、贾珍等肆意妄为、“一味高乐不了”的人，是个棒喝，对于弄权贪酷的王熙凤是个棒喝，对于拨弄是非、歪心眼子专门损人利己的赵姨妈、夏金桂，乃至于王善保家等人是一个棒喝，而且，对于痴迷于一个“情”字之中的宝玉、黛玉等人，也未尝不是一个棒喝。只是人们听到了、看到了，并不能立时醒悟过来；醒悟了，也并不能立即抽身止步、缩手回头而已。看样子，贾雨村当时似乎是醒悟了，一看到对联便说：“这两句文虽甚浅，其意则深。……其中想必有个翻过筋斗来的”人，而他自己，也是刚刚翻过筋斗，被罢了官，免了职，浪迹江湖的人，但他未必能够做到“大撒手”和“想回头”，因为他的心还是执迷于功名富贵之中，一旦眼前有路，是决不回头的。什么贪酷之弊、钻营投靠之劣，他都能做得出来，直到“因嫌纱帽小，致使锁枷扛”为止。书中其他的人，包括宝玉在内，不都是到了痴情彻底破火之时，方才能够大撒手吗？

④ 破译四：考历朝历代，皆无“体仁院总裁”这一官名。在明代洪武年间，定亲王府城的东门，称作为“体仁门”，始有“体仁”二字。清乾

隆十三年(1748)下诏改中和殿为体仁阁,这时才开始有“体仁阁大学士”的称谓,但从来没有设金陵省体仁院总裁这一官职。全书都是用此虚虚实实、真真假假的笔法,以显示其奇其妙,显示其虚幻迷离的。

⑤ **破译五:**此正是《红楼梦》的一人二影,一声二调的奇妙构思之独到之处,亦即戚蓼生为此书所写的序文中所说的“一声也而两歌,一手也而二牍”的独到之处。贾宝玉和甄宝玉实为一人,虽然是一个在都城,一个在金陵,实际上却是合二而一的。写甄宝玉,就是写贾宝玉,这是亘古以来从没有过如此巧妙的换笔手法。如果文中不造出一个甄宝玉来,那么,贾宝玉那诸多珍重女儿、呼唤姐妹可以止疼的痴情心理,必然由冷子兴一个人喋喋不休地叙述到贾宝玉身上。这样一来,文章不是要出了个大肚子吗?在滔滔不绝地平铺直叙荣、宁二府的人和事中,惟独在宝玉身上累赘了那么一大篇文字,从通篇看来,必然显得极不谐调。而且,只由冷子兴一个人说,另一个人贾雨村只在听,自然就是显得呆板疲塌,没有变化。现在,改由甄宝玉的插入,由冷、贾二人对说,你一句我一句,你一段我一段,无形之中就起了变化,有了波澜,文章生动活泼,有声有色,这也符合现实生活中二人饮酒闲谈时的真实状况。

人人都道《红楼梦》好,百看不厌,只是未必人人都能看出好在什么地方来!而仅就其构思的巧妙,行文的排荡拢合,波澜迭起,情趣横生,

这里便是最好的一场戏。历观古今中外的长篇小说,可有一部用过这种,或者类似这种手法的吗?固然,在《西游记》中有孙悟空的七十二变,在《封神演义》中有老子一气化三清的手法,但那种变化,那种挪腾,却都是有限的,因为,不管他们变化成多少个形象来,读者还是认定那个变化成美女和妖魔的人,就是孙悟空。那个变化成太清、上清和玉清的人,就是老子。而在这里则不同,甄宝玉和贾宝

玉，分明是两个人，只是在影子里才合为一个人。这是任何古小说中皆无的，它让你扑朔迷离，难以分辨得很清楚的！

⑥ **破译六：**为什么诸种版本之中，会出现这种互相抵牾的矛盾之事呢？我们细究其实，贾琏这个人的原型很可能就是个次子，故而在现实生活中人们呼唤琏二爷和琏二奶奶都已成了习惯，作者在以后的行文中也便习惯成自然地呼唤出来。但是，因为长子在书中既无名，又全然无一句叙及之文，不叙长子，兀突地叙起次子贾琏来，自然显得文气不顺，故而，在最早的手抄本中便改写成了“也有二子，长子名贾琏”。后来，抄至己卯本、庚辰本时，批者脂砚斋等人已发现了此处有了破绽，与琏二爷、琏二奶奶的称呼发生了矛盾，于是便改为“也有二子，次名贾琏”。这样一改，与后文的“琏二爷”称呼就扣上了。但是，到高鹗续写《红楼梦》时，觉得“也有二子”而只提次子不提长子，是个重大缺欠，为了行文干净起见，他便直截了当地写成“也有一子，名叫贾琏”了。这样一来，文章在情理上是理顺了，但与后面人们惯称的“琏二爷、琏二奶奶”，就又发生了冲突。这是高鹗的疏忽之处，也是诸种版本皆都犯难之处。总之，他们改来改去，这个疙瘩却一直没有解好，所以留给今日的读者，便有了各种各样的猜疑。

那么，作者为什么对长子隐而不书呢？弄得贾赦好像没有亲生儿子似的。一个次子送过去给其乃叔管理家务，就如同过继出去一般，叫他去讨石呆子的扇子，他推三挡四不肯认真去办。另一个儿子，则又不知去向。以至于在七十五回“开夜宴异兆发悲音”时，赦老爷竟然说出日后要将荣国公的爵位让给贾环的无可奈何的话。

那么，这个长子为什么要隐而不书，连个名字都不肯说出来呢？细究其实，无非有以下几种可能：一是出外做官或远戍边关。如果真是这样，满可以像对王夫人之兄王子腾一样，只说在外居何官一句话就可以了，也不需多费笔墨。另一种可能，就是像其伯父贾敬那样，出家当了和尚或道士。若果真如此，也可以像写贾敬一般，一笔带过。再有一种可能，就像薛蟠一样，是个无所不干的浪荡公子，豪门恶少。如是这样，书中正可热热闹闹地大写一番，让他与薛蟠等人日夜厮混在一起，薛蟠也不必另外结交一帮只略提一提名字的无赖子弟像金荣等人。这许多可能皆都不是，则只有最后一个可能，那便是夭折了。

夭折了，还有什么难书的呢？不是也可一笔带过就行了吗？这在一般人的手里是可以的，但到了文章大家曹雪芹等高手那里，可就难了！因为行文之法，最讲究善避不犯。前边在讲政老爷时，已经详述其长子贾珠已经进学，娶妻生子之后不幸夭逝，如果现今再写赦老爷两个儿子，也是长子夭逝，惟剩次子，这不跟贾政那里一模一样了吗？在现实中，这是可能的；但在作品中，却是绝对要避免的。不避，这就叫作“犯”。人们会觉得这是败笔，会认为这是不符合事实，不符合逻辑的事。琼瑶有一次曾经对我说过，现实生活中的真实，不一定就能成为小说中的真实。她说，一次有一个朋友对她说，他结过六次婚，每一次都是在婚礼上和新婚之夜发生婚变。琼瑶说，我就不能按照他说的那个样子去写，如果那样写了，人家会说，你琼瑶连编故事都编不圆全，竟在那里胡诌八扯，一个人怎么会遇上这样许多的怪事呢？曹雪芹为了避开这种“犯”，不出现小说中不符合逻辑的真实感，故而省去长子而不书。

⑦ **破译七：**《红楼梦》的创作，采取了一种由远至近、由外及内、由表及里，犹如竹笋层层剥皮的写作方法，这确实是稀奇绝妙、难能可贵的独到手法。书中，先是由一则神话引出一块通灵宝玉，然后又由甄士隐的连缀将它接引到人世间的温柔富贵之乡里来，接着再由冷子兴的叙说介绍，说出这诗礼簪缨之族、温柔富贵之乡的贾府是个什么样子。如果不是这样，开头便由书中主要人物出场，随着故事情节的展开，逐步涉及到各个人物之间的支系、辈分、嫡庶、尊卑、亲疏的关系上来，像贾府这样的百年望族，世袭绵延如此之长、之广，人员如此纷纭庞杂，据统计，书中有名有姓的男人 232 个、女人 189 人，而且头绪又如此之多、之乱，怎么能够理得清楚，说得明白？那只好像科学与理论著作，画一个图表插在行文里边，或者附在书后。这样一来，哪里还有一点艺术性呢？

曹雪芹这种匠心独运的创作方法，我们可用四个字来概括，那就是“青笋剥皮”法，应当说这是当今中外小说史上很少见到的一朵奇花异葩。

由此而联系到我国四大文学名著，各有自己独特的、奇妙的写作方法，各有其妍过群芳之特色和巧夺天工的独到。这《红楼梦》是“青笋剥皮”,《西游记》则是“异峰突起”,《水浒传》则是“襟连带出”,《三国演义》则是“一人贯通”。因此我们说,四大名著,各有自己的盖世绝活儿。

先说《西游记》吧,它不是从东土为何要派人去西天取经的缘由说起,却劈头就讲石头缝里蹦出个猴子来,接下来,就一连将近十回地描写下去,把一个齐天大圣掀天揭地的本领及其性格特征,全都有声有色地塑造出来,就是没有后来随唐僧取经那么一大段,也完全可以独立成章地成为一部很为出色的神话小说。

《西游记》一直写到将近十回,才不得不想法子将这头压住(创设出压在五行山下五百年的扣子),开始叙及到唐王李世民为何要派人去西天取经的缘由来。如果不是作者做这番巧妙安排,按照一般的写作路数,小说便当是由寻得高僧玄奘法师派他去西天取经开始。那样,就将是一个接连一个的倒叙,唐僧收到悟空倒叙悟空,收到八戒倒叙八戒,收到沙僧倒叙沙僧。这样一连串的倒叙,不仅呆板单调,而且必然会影响到孙悟空这一惊天动地的人物形象之形成。他们师徒四人,另外还要外加一匹白龙马,翻来覆去都是倒叙,倒叙的容积与分量又极不统一,有的长到将近十回,有的只一回、只一段、只一节。通篇看来,必定极不谐调。这样烦琐的创作,必然不是上等的创作。现在,作者异峰突起地先设计出一个齐天大圣来,从而便打破了那许多呆板重复、烦琐杂乱的倒叙,在小说创作中来了一个惊人的、想像不到的、众人皆始料不及的突破。

至于《水浒传》的“襟连带出”,则是作者开创的另一种不同寻常的表现手法。它是将梁山泊中一些主要英雄人物,皆都独立成篇、肌肤丰满地塑造出来,然后通过甲连带起乙、乙连带起丙、丙连带起丁的形式,将整部书有机地串联起来。你看他,先由东京八十万禁军教头王进出走延安府说起,以后襟连带出九纹龙史进来,又由史进去到关西,连带起鲁智深来,又由鲁智深来到东京大相国寺,连带起林冲等人。设若不如此,而是一般地从故事的始末原由入笔,先从白衣秀士王伦如何开创梁山泊水陆两寨说起,然后讲到晁盖、吴用等人智取生辰纲后走上梁山之后,如何逐渐地一步步发展壮大起来等等,那样,便无法生动鲜活地展现出林冲、鲁智深、武松等几位大英雄的独立完整形象来。大家看看,独立成篇的《武十回》《宋十回》和林冲的《逼上梁山》等戏和评书,说得多么热闹,多么吸引人！如果不是现在这样个写法，这中间也势必有十几个甚至是几十个倒叙，其结果也必定使全书呆板单调，也将影响到这些英雄人物的如此丰满突出，那将纯粹像一部叙事的史书一般，哪还有一点艺术性和生动性呢？

正因为有此大手法，《水浒传》才写得如同明末清初文学大评论家金圣叹所说的那样："叙一百八人，人有其性情，人有其气质，人有其形状，人有其声口"，故而"某尝道，《水浒》胜似《史记》"，"《水浒传》有许多文法，非他书所能有。"

《三国演义》因为基本上是根据《三国志》这部史书进行通俗化演义的，虽然也写出来许多惊风雨、泣鬼神，让人荡气回肠的情节，但也依然是如同古希腊荷马所写的《伊里亚特》那样，是一部按照"历史时序"写下来的史诗。而且这里的人物又实在太多了，头绪极为繁杂（特别是开头的群雄割据部分），时间跨度又极其长（从桓、灵二帝祸乱兴起，直到晋武帝统一全国止），远远超出于荷马的《伊里亚特》，而要在此情况下写得生动鲜明，逻辑严整，殊非易事！记得我在苏联读书时，一位文化功底很深的俄国老太太曾对我说："《三国演义》写得确实好，只是人物的名字太多，我都记不住，只记得一个曹操（因为"曹"与"操"二字音译过去，都是一个字）。"作者为什么能把人物如此众多、头绪如此纷杂的《三国演义》写得这么好呢？正如同文学大家李渔所说："演三国者，又古今为小说之一大奇手也。"

其妙诀之处，在于善用一个人一以贯之的"贯穿法"，如果依然用四个字来概括的话，那就是"一人贯通"法。这一个人是谁呢？他就是刘备。全书就是由刘备与关羽、张飞三人结拜开始，然后由于他们的参与，而写到了破黄巾、讨董卓；而在群雄割据之时，则因有刘备忽依吕布、又联袁术，忽依曹操、又投袁绍这一线索引领，便把头绪乱如麻的一个历史过程，写得前后连贯，像有一条绳子在牵着读者行走。因有这一中心人物前后勾连，左右伏线，所以头绪纷杂而有条理，人物繁多而又所归依。不管是什么人、什么事出现，只要对刘备有利，人们就高兴，就像《东坡述林》中所说，"连小儿皆都欢喜唱快"；凡是对刘备不利，人们就厌恶，"连小儿皆颦戚出涕者"。相形之下，秦汉以上的诸多历史演义，隋唐以下的诸多历史演义，写得虽然也很不错，但都没有像《三国演义》那么成功，其原因，就在于没有运用"贯穿法"。善批《三国》的毛纶、毛宗岗父子在《读三国志法》中便说："后人合《左传》《国语》而为《列国志》（指《东周列国志》），因国多事烦，其段落处，到底不能贯串。"

所有的那些历史演义小说，因为不能贯穿，自然也就不能成为奇书、绝书，不能成为旷世之巨著。

所以我们说，四大名著便是四大奇书，四大创作绝活儿，由于具有各自独到的写作方法，因而才能历经数百年而不衰，始终生动鲜活地活跃在我们的生活中。在人们的思维里，无论是在什么样的时代，无论是在什么境况下，有什么样的观众，其言谈话语中，至今还会时不时地出现四大名著中的人和事，这就是因为他们各有自己独到的写作手法所致。但是平心静气地说，纵观这四大名著，虽然因其题材不同而采取这四种不同的写作手法，虽然各有千秋，皆能极尽巧夺天工之妙，但是细较起来，《红楼梦》的青笋剥皮法，还是略高一筹的，终于成为了古今中外长篇巨制中绝无仅有的第一高招和最为绝妙的构思布局。所以，晚清著名诗人黄遵宪称赞《红楼梦》，"乃开天辟地、从古到今第一部好小说，当与日月争光，万古不磨者。"国学大师王国维也说："而《红楼梦》自足为我国美术史上之唯一大著述"，"吾人于是得一绝大著作。"（见其所著《红楼梦评论》）

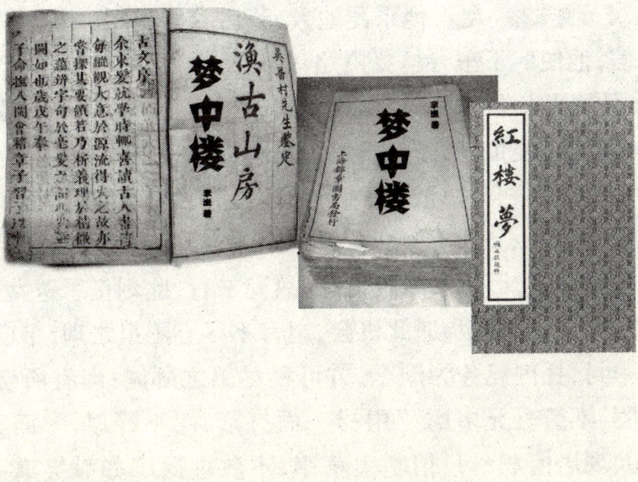

第三回

托内兄如海荐西宾　接外孙贾母惜孤女

此回破译出：黛玉进京时，周岁只有五岁，迎春、探春、惜春等姐妹与其挨肩，也都是四五六七岁的样子，何以书中都写成“长挑身材”、“顾盼神飞”的美人胚子　何以袭了一等将军爵位的贾赦，住到后花园里的小院，而让只任了个主事、入部习学的贾政，住进了荣国府的正堂“荣禧堂”里　再次剖析《红楼梦》写作的独到绝活儿“青笋剥皮”法

却说雨村忙回头看时，不是别人，乃是当日同僚一案参革的张如圭喻其人张狂得如同鬼怪一般。他系此地人，革后家居，今打听得都中奏准起复旧员之信，他便四下里寻情找门路，忽遇见雨村，故忙道喜。二人见了礼，张如圭便将此信告知雨村，雨村欢喜，忙忙叙了两句，各自别去回家。冷子兴听得此言，便忙献计，令雨村央求林如海，转向都中去央烦贾政。

雨村领其意而别。回至馆中，忙寻邸报看真确了，次日面谋之如海。如海道：“天缘凑巧；因贱荆去世，都中家岳母念及小女无人依傍，前已遣了男女船只来接，因小女未曾大痊，故尚未行，此刻正思送女进京。因向蒙教训之恩，未经酬报，遇此机会，岂有不尽心图报之理，弟已预筹之，修下荐书一封，托内兄务为周全，方可稍尽弟之鄙诚；即有所费，弟于内兄信中写明，不劳吾兄多虑。”雨村一面打恭，谢不释口，一面又问：“不知令亲大人现居何职？只怕晚生草率，不敢进谒。”如海笑道：“若论舍

亲，与尊兄犹系一家，乃荣公之孙：大内兄现袭一等将军之职，名赦，字恩侯寓意深感皇恩而得封侯。二内兄名政，字存周寓意存周公之礼教，现任工部员外郎。其为人谦恭厚道，大有祖父遗风，非膏粱轻薄之流，故弟致书烦托。否则不但有污尊兄清操，即弟亦不屑为矣。”雨村听了，心下方信了昨日子兴之言，于是又谢了林如海。如海又说：“择了出月初二日看来行之甚急，下月初二即行小女入都，吾兄即同路而往，岂不两便？”雨村唯唯听命，心中十分得意。如海遂打点礼物并饯行之事，雨村一一领了。

那女学生原不忍离亲而去，无奈他外祖母必欲其往，且兼如海说：“汝父年已半百，再无续室之意，且汝多病，年又极小，上无亲母教养，下无姊妹扶持。今去依傍外祖母及舅氏姊妹，正好减我内顾之忧，如何不去？”黛玉听了，方洒泪拜别，随了奶娘及荣府中几个老妇登舟而去。雨村另有船只，带了两个小童，依附黛玉而行。

一日到了京都，雨村先整了衣冠，带着童仆，拿了宗侄的名帖至荣府门上投了。彼时贾政已看了妹丈之书，即忙请入相会不去会见林如海的大内兄、现已袭承一等将军爵位的贾赦，而只见二内兄、现仅担任一个员外郎的贾政，显然是不合情理的，然而作者却偏作这样安排，其中定有隐情。隐情如何，我们将在【破译三】中详加论述，见雨村像貌魁伟，言谈不俗，且这贾政最喜的是读书人，礼贤下士，拯溺救危，大有祖风，况又系妹丈致意，因此优待雨村，更又不同，便极力帮助。题奏之日，谋了一个复职；不上两月，便选了金陵应天府前罢之官，乃是苏州府下的一个县太爷，起复之后不到两月，便破格选升为金陵的应天府尹，可想而知，荣府为其上下打点与“极力帮助”所起到的重大作用了，辞了贾政，择日到任去了，不在话下。

且说黛玉自那日弃舟登岸时，便有荣府打发轿子并拉行李车辆伺候小说直到这里，才算通过层层剥皮，由外及内，由表及里，真正地向读者打开了贾府的大门。文章至此，也开始转换了笔法，由叙述改为描写。因为从这里开始，《红楼梦》才开始进入正文，前两回都是外部场景，幕前的戏，远远地道来，故而只能用叙述方法，古人早有所云：“远山无皴，远水无波，远人无目，无树无梢。”毛宗岗在《读三国志法》中也指出：“近山浓抹，远树轻描”，故而前面都是采用淡淡的叙述方法，而从此处起，《红楼梦》开始进入正文，故而必须换笔，使用近山浓抹的方法，这也就是章回小说中常常说的那句话：“听我细细地道来。”有的文章（也包括小说、戏曲在内），由于不懂得这种换笔方法，写起来便没浓没淡，没近没远，没亲没疏，没深没浅,难免不平铺沓沓的。金圣叹在批《西厢》时便指出:“不换笔,便道其不透脱;不换笔,便道其不雅驯也。”“盖停而不换笔,便有似于雅训,而实非雅训;走而不换笔,便有似于透脱,而实非透脱也。”。这黛玉尝听得母亲说,他外祖母家与别人家不同。他近日所见的这几个三等的仆妇,吃穿用度已是不凡,何况今至其家,都要步步留心,时时在意,不要多说一句话,不可多行一步路,恐被人耻笑了去。自上了轿,进了城,从纱窗中瞧了一瞧,其街市之繁华,人烟之阜盛,自非别处可比。又行了半日,忽见街北蹲着两个大石狮子,三间兽头大门,门前列坐着十来个华冠丽服之人,正门不开,只东西两角门有人出入。正门之上有一匾,匾上大书“敕造宁国府”五个大字。

黛玉想道:“这是外祖的长房了。”又往西不远,照样也是三间大门,方是“荣国府”。却不进正门,只由西角门而进。轿子抬着走了一箭之远,将转弯时便歇了轿,后面的婆子也都下来了,另换了四个眉目秀洁的十七八岁的小厮上来,抬着轿子,众婆子步下跟随。至一垂花门前落下,那小厮俱肃然退出,众婆子上前打起轿帘,扶黛玉下了轿。

黛玉扶着婆子的手进了垂花门,两边是超手游廊指的是大的四合院内,从两侧向正堂环抱过来的廊子。因为采用拱手状拥向正堂的,故名曰“超手”。在北京恭王府院内现仍保留着这种建筑,正中是穿堂两层院落之间可以穿行的建筑物,当地放着一个紫檀架子大理石屏风。转过屏风,小小三间厅房,厅后便是正房大院。正面五间上房,皆是雕梁画栋,两边穿山游廊指穿过山墙的画廊。一般的大宅子都在正房与厢房之间和厢房之侧建立山墙,使厢房犹如从山墙中间穿过厢房,挂着各色鹦鹉画眉等雀鸟。台阶上坐着几个穿红着绿的丫头,一见他们来了,都笑迎上来道:“刚才老太太还念诵呢!可巧就来了。”于是三四人争着打帘子,一面听得人说:“林姑娘来了。”

黛玉方进房,只见两个人扶着一位鬓发如银的老母迎上来。黛玉知是外祖母了,正欲下拜,早被外祖母抱住,搂入怀中,“心肝儿肉”叫着大哭起来。当下侍立之人无不下泪,黛玉也哭个不休。众人慢慢解劝,那黛玉方拜见了外祖母。贾母方一一指与黛玉道:“这是你大舅母。这是二舅母。这是你先前珠大哥的媳妇珠大嫂子。”黛玉一一拜见。贾母又叫:“请姑娘们!今日远客来了,可以不必上学去。”众人答应了一声,便去了两个。

不一时，只见三个奶妈并五六个丫鬟，拥着三位姑娘来了。第一个肌肤微丰，身材合中，腮凝新荔，鼻腻鹅脂，温柔沉默，观之可亲。第二个削肩细腰，长挑身材，鸭蛋脸儿，俊眼修眉，顾盼神飞，文彩精华，见之忘俗。第三个身量未足，形容尚小。其钗环裙袄，三人皆是一样的妆束详解见回后所附之【破译一】。黛玉忙起身迎上来见礼，互相厮认，归了坐位。丫鬟送上茶来。不过叙些黛玉之母如何得病，如何请医服药，如何送死发丧。不免贾母又伤感起来，因说："我这些女孩儿，所疼的独有你母亲。今一旦先我而亡，不得见面，怎不伤心！"说着携了黛玉的手又哭起来。众人都忙相劝慰，方略略止住。

众人见黛玉年纪虽小，其举止言谈不俗，身体面貌虽弱不胜衣，却有一段风流态度，便知他有不足之症，因问："常服何药？为何不治好了？"黛玉道："我自来如此，从会吃饭时便吃药，到如今了，经过多少名医，总未见效。那一年我才三岁，记得来了一个癞头和尚定是那宾头卢罗汉，已说好了他要与紫阳真人分手，各自单独活动，说要化我去出家。我父母自是不从，他又说：'既舍不得他，但只怕他的病一生也不能好的！若要好时，除非从此以后总不许见哭声，除父母之外，凡有外亲一概不见，方可平安了此一生。'必是这疯和尚出来点化，因为，黛玉等皆是他由警幻仙子那里引渡出来的风流孽鬼。但是，每次点化的话却都是不同的，有是正说的，有是反说的，有是戒防于后的，有是立醒当时的，这就叫"以善犯为能避"。毛宗岗批《三国》曰："惟犯之而后避之，乃见善能避也。"这和尚疯疯癫癫说了这些不经之谈，也没人理他。如今还是吃人参养荣丸黛玉是绛珠仙草转化，自当吃人参才能滋补自身的内虚，补偿流淌出去的泪水。可见，脂评本中的那句批语说得好："人参，原当自养荣卫"。也有人说，这"人参养荣"，是谐音黛玉的人身自此寄养于荣府。"贾母道："这正好，我这里正配丸药呢，叫他们多配一料就是了。"详解见回后所附之【破译二】

一语未完，只听后院中有笑语声，说："我来迟了，没得迎接远客！"未见其人，先闻其声，使王熙凤的形象立时跃然纸上。作者如此地善于绘声绘色，实在是文章高手。金圣叹称赞鲁智深在瓦官寺里听和尚说："师兄请坐，听小僧……"智深睁着眼道："你说，你说！"认为这"四字气忿如见"，"章法奇绝，从古未有！"比照起来，王熙凤的这一句未见其人、先闻其声的话，更是奇绝，更是为亘古之所未有黛玉思忖道："这些人个个皆敛声屏气如此，这来者是谁，这样放诞无礼？"

心下想时，只见一群媳妇丫鬟拥着一个丽人从后房进来。这个人打扮与姑娘们不同，彩绣辉煌，恍若神妃仙子。头上戴着金丝八宝攒珠髻，绾着朝阳五凤挂珠钗，项上戴着赤金盘螭缨络圈，身上穿着缕金百蝶穿花大红云缎窄褃袄，外罩五彩刻丝石青银鼠褂，下着翡翠撒花洋绉裙在我国古典小说中，还从来没有对人物的着装服饰描写得如此细腻周致的。而且，对于服装的面料、色彩、款式、花纹、图案、镶衔、配挂，都这样的详熟和考究，深刻与细腻，若非出自江宁织造之家的人，你让他怎样地冥思苦索，也是想像不出来的。一双丹凤三角眼，两弯柳叶掉梢眉，身量苗条，体格风骚，粉面含春威不露，丹唇未启笑先闻。

黛玉连忙起身接见。贾母笑道："你不认得他。他是我们这里有名的一个泼辣货，南京所谓'辣子'，你只叫他'凤辣子'就是了。"黛玉正不知以何称呼，众姊妹都忙告诉黛玉道："这是琏二嫂子。"黛玉虽不曾识面，听见他母亲说过，大舅贾赦之子贾琏，娶的就是二舅母王氏的内侄女，自幼假充男儿教养，学名叫做王熙凤。黛玉忙陪笑见礼，以"嫂"呼之。

这熙凤携着黛玉的手，上下细细打量一回，便仍送至贾母身边坐下，因笑道："天下真有这样标致人儿！我今日才算看见了！况且这通身的气派竟不像老祖宗的外孙女儿，竟是嫡亲的孙女儿似的，怨不得老祖宗天天嘴里心里放不下。只可怜我这妹妹这么命苦，怎么姑妈偏就去世了呢！"说着便用帕拭泪。贾母笑道："我才好了，你又来招我。你妹妹远路才来，身子又弱，也才劝住了，快别再提了。"熙凤听了，忙转悲为喜道："正是呢！我一见了妹妹，一心都在他身上，又是喜欢，又是伤心，竟忘了老祖宗了，该打，该打！"又忙拉着黛玉的手问道："妹妹几岁了？可也上过学？现吃什么药？在这里别想家，要什么吃的、什么玩的，只管告诉我。丫头老婆们不好，也只管告诉我。"黛玉一一答应。一面熙凤又问人："林姑娘的东西可搬进来了？带了几个人来？你们赶早打扫两间屋子，叫他们歇歇儿去。"你看她，又是哭，又是笑；又是喜，又是悲；又是夸赞，又是自责；又是立即打听日常所需，又是立即吩咐下去，玲珑机变，左右逢迎，既见其绝顶的聪明，又见其行动的麻利。真是十分的人才，满身的解数。

说话时已摆了果茶上来，熙凤亲自布让。又见二舅母问他是从黛玉眼中看到的："月钱放完了没有？"熙凤道："放完了。刚才带了人到后楼上找缎子，找了半日也没见昨儿太太说的那个。想必太太记错了。"王夫人道："有没有，什么要紧。"因又说道："该随手拿出两个来给你这妹妹裁衣裳啊。等晚上想着再叫人去拿罢。"熙凤道："我倒先料着了。知道妹妹这两日必到，我已经预备下了，等太太回去过了目，好送来。"王夫人一笑，点头不语。

当下茶果已撤，贾母命两个老嬷嬷带黛玉去见两个舅舅去。维时贾赦之妻邢氏忙起身笑回道："我带了外甥女儿过去，到底便宜些。"贾母笑道："正是呢。你也去罢，不必过来了。"那邢夫人答应了，遂带着黛玉和王夫人作辞，大家送至穿堂。垂花门前早有众小厮拉过一辆翠幄清油车来，邢夫人携了黛玉坐上，众老婆们放下车帘，方命小厮们抬起。拉至宽处，驾上驯骡，出了西角门往东，过荣府正门，入一黑油漆大门内，至仪门前方下了车。邢夫人挽着黛玉的手进入院中，黛玉度其处必是荣府中之花园隔断过来的。进入三层仪门，果见正房、厢房、游廊，悉皆小巧别致，不似那边的轩峻壮丽可见不是荣国府的正院，且院中随处之树木山石皆好。及进入正室，早有许多艳妆丽服之姬妾丫鬟迎着。

邢夫人让黛玉坐了，一面令人到外书房中请贾赦。一时回来说："老爷说了：'连日身上不好，见了姑娘彼此伤心，暂且不忍相见。劝姑娘不必伤怀想家，跟着老太太和舅母，是和家里一样的。姐妹们虽拙，大家一处作伴，也可以解些烦闷。或有委屈之处，只管说，别外道了才是。'"

黛玉忙站起身来，一一答应了。再坐一刻便告辞，邢夫人苦留吃过饭去。黛玉笑回道："舅母爱惜赐饭，原不应辞，只是还要过去拜见二舅舅，恐去迟了不恭，异日再领，望舅母容谅。"邢夫人道："这也罢了。"遂命两个嬷嬷用方才坐来的车送过去。于是黛玉告辞，邢夫人送至仪门前，又嘱咐了众人几句，眼看着车去了方回来。

一时黛玉进入荣府，下了车，只见一条大甬路直接出大门来。众嬷嬷引着便往东转弯，走过一座东西穿堂，向南大厅之后，仪门内大院落，上面五间大正房，两边厢房鹿顶其正字应当写为"盝顶"，是中间平、四边坡形的屋顶，耳房钻山耳房，即套房，套间。一般在正房的东西两侧各设一套房。大的建筑院落,厢房皆设套房。钻山,指穿过山墙而言,四通八达,轩昂壮丽,比各处不同。黛玉便知这方是正内室详解见回末所附之【破译三】。进入堂屋,抬头迎面先见一个赤金九龙青地大匾,匾上写着斗大三个字,是“荣禧堂”;后有一行小字,“某年月日书赐荣国公贾源”,又有“万几宸翰”之宝万几,即日理万机之意;宸翰,即皇帝之笔迹;宝,指帝王的印章。全句意为:“荣禧堂”与后面的小字,都是日理万机的皇上之笔迹,又盖有他的印章。大紫檀雕螭案上设着三尺多高青绿古铜鼎,悬着待漏随朝墨龙大画,一边是錾金彝用黄金嵌错图案的古代宗庙祭器,与鼎同位,皆为极尊贵之物,一边是玻璃盒清初,玻璃还是西洋船来之品,更为珍贵。雍正登基之后,不好意思住在他父亲康熙所居的乾清宫内,乃移居到养心殿,因嫌其所居之宫内光线太暗,才开始使用玻璃窗户。地下两溜十六张楠木圈椅。又有一副对联,乃是乌木联牌镶着錾金字迹,道是:

座上珠玑昭日月,堂前黼黻焕烟霞详解见所附之【破译四】。

下面一行小字是:“世教弟勋袭东安郡王穆莳拜手书”。

原来,王夫人时常居坐宴息也不在这正室中,只在东边的三间耳房内。于是嬷嬷们引黛玉进东房门来。临窗大炕上铺着猩红洋毯,正面设着大红金钱蟒引枕,秋香色金钱蟒大条褥,两边设一对梅花式洋漆小几,左边几上摆着文王鼎,鼎旁匙箸香盒,右边几上摆着汝窑美人觚,里面插着时鲜花草。地下面西一溜四张大椅,都搭着银红撒花椅搭,底下四副脚踏;两边又有一对高几,几上茗碗瓶花俱备。其馀陈设,不必细说。

老嬷嬷让黛玉上炕坐。炕沿上却也有两个锦褥对设。黛玉度其位次,便不上炕,只就东边椅上坐了。本房的丫鬟尽快捧上茶来,黛玉一面吃了,打量这些丫鬟们妆饰衣裙、举止行动,果与别家不同。

茶未吃了,只见一个穿红绫袄青绸掐牙背心的一个丫鬟你看,只丫环身上的一件背心,就写得这么细致周到,将色彩、面料、款式、镶饰,样样都点到了,无怪荣禧堂正房中那副对联说的:“堂前黼黻焕烟霞”呢!细看起来,那副对联确实就是专门为江宁织造署所作的写照,走来笑道:“太太说:请林姑娘到那边坐罢。”老嬷嬷听了,于是又引黛玉出来,到了东廊三间小正房内,正面炕上横设一张炕桌,上面堆着书籍茶具,靠东壁面西设着半旧的青缎靠背引枕,王夫人却坐在西边下首,亦是半旧青缎靠背坐褥;见黛玉来了,便往东让。黛玉心中料定这是贾政之位，因见挨炕一溜三张椅子上也搭着半旧的弹花椅袱，黛玉便向椅上坐了。王夫人再三让他上炕，他方挨王夫人坐下。王夫人因说："你舅舅今日斋戒去了，再见罢详解见回末所附之【破译五】。只是有句话嘱咐你：你三个姐妹倒都极好，以后一处念书认字，学针线，或偶一玩笑，却都有个尽让的。我就只一件不放心：我有一个孽根祸胎，是家里的'混世魔王'，今日因往庙里还愿去，尚未回来，晚上你看见就知道了。你以后总不用理会他，你这些姐姐妹妹都不敢沾惹他的。"

黛玉素闻母亲说过，有个内侄乃衔玉而生，顽劣异常，不喜读书，最喜在内帏厮混；外祖母又溺爱，无人敢管。今见王夫人所说，便知是这位表兄，一面陪笑道："舅母所说，可是衔玉而生的？在家时记得母亲常说，这位哥哥比我大一岁，小名就叫宝玉，性虽憨顽，说待姊妹们却是极好的。况我来了，自然和姊妹们一处，弟兄们是另院别房，岂有沾惹之理？"王夫人笑道："你不知道原故：他和别人不同。自幼因老太太疼爱，原系和姐妹们一处娇养惯了的。若姐妹们不理他，他倒还安静些；若一日姐妹们和他多说了一句话，他心上一喜，便生出许多事来。所以嘱咐你别理会他，他嘴里一时甜言蜜语，一时有天没日，疯疯傻傻，只休信他。"

黛玉一一的都答应着。忽见一个丫鬟来说："老太太那里传晚饭了。"王夫人忙携了黛玉出后房门，由后廊往西。出了角门，是一条南北甬路。南边是倒座三间小小抱厦厅，北边立着一个粉油大影壁，后有一个半大门，小小一所房屋。王夫人笑指向黛玉道："这是你凤姐姐的屋子。回来你好往这里找他去，少什么东西只管和他说就是了。"这院门上也有几个才总角谓其年纪皆幼。古时，小儿头发刚刚长到一定长度，可以梳理成髻，便称这个年龄为"总角"的小厮，都垂手侍立。

王夫人遂携黛玉穿过一个东西穿堂，便是贾母的后院了。于是进入后房门，已有许多人在此伺候，见王夫人来，方安设桌椅。贾珠之妻李氏捧杯，熙凤安箸，王夫人进羹。贾母正面榻上独坐，两旁四张空椅，熙凤忙拉黛玉在左边第一张椅子上坐下，黛玉十分推让。贾母笑道："你舅母和嫂子们是不在这里吃饭的。你是客，原该这么坐。"黛玉方告了坐，就坐了。贾母命王夫人也坐了。迎春姊妹三个告了坐方上来，迎春坐右手第一，探春左第二，惜春右第二。旁边丫鬟执着拂尘、漱盂、巾帕，李纨凤姐立于案边布让；外间伺候的媳妇丫鬟虽多，却连一声咳嗽不闻。饭毕，各各有丫鬟用小茶盘捧上茶来。当日林家教女以惜福养身，每饭后必过片时方吃茶，不伤脾胃；今黛玉见了这里许多规矩，不似家中，也只得随和些，接了茶。又有人捧过漱盂来，黛玉也漱了口，又盥手毕。然后，又捧上茶来，这方是吃的茶有没见过世面的人，竟将漱口的茶当作茶喝了。

贾母便说："你们去罢，让我们自在说说话儿。"王夫人遂起身，又说了两句闲话儿，方引李、凤二人去了。贾母因问黛玉念何书，黛玉道："刚念了《四书》。"黛玉又问姊妹们读何书，贾母道："读什么书，不过认几个字罢了！"

一语未了，只听外面一阵脚步响，丫鬟进来报道："宝玉来了。"黛玉心想，这个宝玉不知是怎样个惫懒人呢作者有意在此处反挑一句，以增强书中最主要人物的色彩。及至进来一看，却是位青年公子：头上戴着束发嵌宝紫金冠冠是束发工具，罩在头顶。多用金累丝打造的，垂角之处，镶嵌宝石，齐眉勒着二龙戏珠金抹额覆于前额的头饰，与束发冠配套使用，一件二色金百蝶穿花大红箭袖也叫箭衣，是古时骑马射箭时穿的。袖端的下半部裁掉，仅留上半部可以护住手背，束着五彩丝攒花结长穗宫绦，外罩石青起花八团倭缎排穗褂，登着青缎粉底小朝靴。面若中秋之月，色如春晓之花，鬓若刀裁，眉如墨画，鼻如悬胆，睛若秋波，虽怒时而似笑，即瞋视而有情《红楼梦》对于人物面貌的描写，也开中国古典小说的先河，它除了"面若中秋之月，色如春晓之花"等一般状形的话之外，开始有了表情上的描写，如宝玉的"虽怒时而似笑，即瞋视而有情"，熙凤的"粉面含春威不露，丹唇未启笑先闻"等等，这都是从前小说中所未有过的。项上金螭缨络，又有一根五色丝绦，系着一块美玉。

黛玉一见便吃一大惊，心中想道："好生奇怪，倒像在那里见过的，何等眼熟因有灵河岸畔的宿缘……"只见这宝玉向贾母请了安，贾母便命："去见你娘来。"即转身去了。一回再来时，已换了冠带，头上周围一转的短发都结成小辫，红丝结束，共攒至顶中胎发，总编一根大辫，黑亮如漆，从顶至梢，一串四颗大珠，用金八宝坠脚。身上穿着银红撒花半旧大袄，仍旧带着项圈、宝玉、寄名锁、护身符等物像这样光华耀眼的衣着服饰，只能于织造府里见到，下面半露松绿撒花绫裤，锦边弹墨袜，厚底大红鞋。越显得面如傅粉，唇若施脂，转盼多情，语言若笑。天然一段风韵，全在眉梢；平生万种情思，悉堆眼角。看其外貌最是极好，却难知其底细，后人有《西江月》二词，批的极确。词曰：

无故寻愁觅恨，有时似傻如狂。纵然生得好皮囊，腹内原来草莽。潦倒不通庶务，愚顽怕读文章；行为偏僻性乖张，那管世人诽谤！

又曰：

富贵不知乐业，贫穷难耐凄凉；可怜辜负好时光，于国于家无望。　　天下无能第一，古今不肖无双；寄言纨袴与膏粱：莫效此儿形状！两首词都是明贬实褒，详解见回末所附之【破译六】

却说贾母见他进来，笑道："外客没见就脱了衣裳了，还不去见你妹妹呢！"宝玉早已看见了一个袅袅婷婷的女儿，便料定是林姑妈之女，忙来见礼；归了坐细看时，真是与众各别。只见：

两弯似蹙非蹙笼烟眉，一双似喜非喜含情目。态生两靥之愁，娇袭一身之病。泪光点点还未以泪还情呢，哪有泪光点点？总是生平概貌的总写照，也如前边一样，采用了"移时换位法"，娇喘微微。闲静似娇花照水，行动如弱柳扶风。心较比干多一窍古人认为，心窍越多，人越聪明。比干是殷纣王的叔父，因为强谏，惹恼殷纣王，纣王大怒，曰："吾闻圣人心有七窍，剖比干，观其心！"，病如西子即西施，因患心病，常手捧心口，紧颦双眉，越是这样，其形态越是可爱。邻女见状，也装作捧心之状，人们讥笑她为"东施效颦"胜三分。

宝玉看罢，笑道："这个妹妹我曾见过的痴谈灵河岸畔之事。"贾母笑道："又胡说了！你何曾见过？"宝玉笑道："虽没见过，却看着面善，心里倒像是远别重逢的一般更说着了！是远别于天上，重会于人间。"贾母笑道："好！好！这么更相和睦了。"

宝玉便走向黛玉身边坐下，又细细打量一番，因问："妹妹可曾读书？"黛玉道："不曾读书，只上了一年学，些须认得几个字。"宝玉又道："妹妹尊名？"黛玉便说了名，宝玉又道："表字？"黛玉道："无字。"宝玉笑道:“我送妹妹一字:莫若‘颦颦’二字极妙。”探春便道:“何处出典?”宝玉道:“《古今人物通考》上说:‘西方有石名黛,可代画眉之墨。’况这妹妹眉尖若蹙,取这个字岂不美?”探春笑道:“只怕又是杜撰。”宝玉笑道:“除了《四书》,杜撰的也太多呢详解见回末所附之【破译七】。”因又问黛玉:“可有玉没有?”众人都不解。黛玉便忖度着:“因他有玉,所以才问我的。”便答道:“我没有玉。你那玉也是件稀罕物儿,岂能人人皆有?”

宝玉听了,登时发作起狂病来,摘下那玉就狠命摔去,骂道:“什么罕物!人的高下不识,还说灵不灵呢!我也不要这劳什子!”吓的地下众人一拥争去拾玉。贾母急的搂了宝玉道:“孽障!你生气要打骂人容易,何苦摔那命根子!”宝玉满面泪痕哭道:“家里姐姐妹妹都没有,单我有,我说没趣儿;如今来了这个神仙似的妹妹“神仙妹妹”一句,又叫宝玉说着了!她本来就是绛珠仙子嘛也没有,可知这不是个好东西。”贾母忙哄他道:“你这妹妹原有玉来着。因你姑妈去世时,舍不得你妹妹,无法可处,遂将他的玉带了去,一则全殉葬之礼,尽你妹妹的孝心;二则你姑妈的阴灵儿也可权作见了你妹妹了。因此他说没有,也是不便自己夸张的意思啊。你还不好生带上,仔细你娘知道!”说着便向丫鬟手中接来,亲与他带上。宝玉听如此说,想了一想,也就不生别论。

当下奶娘来问黛玉房舍,贾母便说:“将宝玉挪出来,同我在套间暖阁里;把你林姑娘暂且安置在碧纱厨里,等过了残冬,春天再给他们收拾房屋,另作一番安置罢。”宝玉道:“好祖宗!我就在碧纱厨外的床上很妥当,又何必出来,闹的老祖宗不得安静呢?”贾母想一想,说:“也罢了。”每人一个奶娘并一个丫头照管,余者在外间上夜听唤。一面早有熙凤命人送了一顶藕合色花帐并锦被缎褥之类。

黛玉只带了两个人来:一个是自己的奶娘王嬷嬷,一个是十岁的小丫头,名唤雪雁。贾母见雪雁甚小,一团孩气,王嬷嬷又极老,料黛玉皆不遂心,将自己身边一个二等小丫头名唤鹦哥的与了黛玉;亦如迎春等一般,每人除自幼乳母外,另有四个教引嬷嬷,除贴身掌管钗钏盥沐两个丫头外,另有四五个洒扫房屋来往使役的小丫头。当下王嬷嬷与鹦哥陪侍黛玉在碧纱厨内,宝玉乳母李嬷嬷并大丫头名唤袭人的,陪侍在外面大床上。

原来这袭人亦是贾母之婢,本名蕊珠甲戌本上为“珍珠”,与贾母身边的丫环琥珀等是联名的，后来的本子给改乱了，实为欠妥，贾母因溺爱宝玉，恐宝玉之婢不中使，素喜蕊珠心地纯良，遂与宝玉。宝玉因知他本姓花，又曾见旧人诗句有“花气袭人”之句出自宋代诗人陆游《村居书喜》中的一句诗：“花气袭人知骤暖”，遂回明贾母，即把蕊珠更名袭人贾母将自己身边一个得意丫环放在宝玉身边，将另一个丫环放到黛玉身边，实在是要将宝、黛永远放在自己膝下，放在自己卵翼之中。

却说袭人倒有些痴处：伏侍贾母时，心中只有贾母；如今跟了宝玉，心中又只有宝玉了。只因宝玉性情乖僻，每每规谏，见宝玉不听，心中着实忧郁急忙之中，还要在一大堆急于登场露面的人物中间，将又副钗中的袭人先叙述一番，真是一丝不漏，这即是毛宗岗批《三国》时所说的“箫笙夹鼓，琴瑟间钟”的笔法。是晚，宝玉李嬷嬷已睡了，他见里面黛玉、鹦哥犹未安歇，他自卸了妆，悄悄的进来，笑问：“姑娘怎么还不安歇？”黛玉忙笑让：“姐姐请坐。”袭人在床沿上坐了。鹦哥笑道：“林姑娘在这里伤心，自己淌眼抹泪的，说：‘今儿才来了，就惹出你们哥儿的病来；倘或摔坏了那玉，岂不是因我之过！’所以伤心，我好容易劝好了。”袭人道：“姑娘快别这么着！将来只怕比这更奇怪的笑话儿还有呢。若为他这种行状你多心伤感，只怕你还伤感不了呢，快别多心！”黛玉道：“姐姐们说的，我记着就是了。”又叙了一回，方才安歇。

次早起来省过贾母，因往王夫人处来。正值王夫人与熙凤在一处拆金陵来的书信，又有王夫人的兄嫂处遣来的两个媳妇儿来说话。黛玉虽不知原委，探春等却晓得是议论金陵城中居住的薛家姨母之子——表兄薛蟠，倚财仗势，打死人命，现在应天府案下审理。如今舅舅王子腾得了信，遣人来告诉这边，意欲唤取进京之意请读者务必注意，黛玉是在来到贾府的第二天，即刚刚宝玉摔了那玉并哭骂的“次早起来”去王夫人处，就听到薛姨妈要进京来的消息。由此可见，薛宝钗是与林黛玉同一年进到贾府的。谨记住这一点，对于推算宝钗、薛蟠当时的年龄很为重要。毕竟怎的，下回分解。

破 译 详 解

① 破译一： 黛玉进京时，是周岁五岁，你相信吗？

这话说起来人们都不敢想像,然而事实上,还确是如此。你看啊,书上说她从贾雨村先生读书时,"年方五岁",后来"只上了一年学",便随雨村先生进到贾府,那也只是六岁。从她跟雨村先生读书到她随同先生一起进京来,前前后后也只经过一年多的光景,这是一点没错的。你看啊,第二回书中说道贾雨村进到林家当西席,便道是"看看又是一载有余";二是宝玉与黛玉初见面时,宝玉问她可曾读书,她又说"只上了一年学"。上了一年学,母亲病故,她生了病不能上课,雨村先生无事可做,才出外游山逛景,便路遇冷子兴与张如圭,得知起复之事,回去后央求林如海帮助在京都里打点,林如海说:"择了出月初二日小女入都",那也就是说,没过几天到了下月初二,他们就启程了。他们是从扬州起身的,沿着京杭大运河,只走了苏北与山东、直隶一段路程,少则十天、多则半月就到了,可不就是这一年里的事嘛!

从前有人(太平闲人张新之)批注黛玉离家是在四月初二,因见书中说雨村郊游正值"风日晴和"之时。此说不当!如是四月初二,怎么到了初冬才进京呢?书中贾母明明地说,"等过了残冬,春天再给他们收拾房屋",难道,这段短短路程要走上半年不成?说此话者,不知道那"风日晴和",乃是阳秋之景。这样算起来,黛玉来到贾府确确实实只有六岁。而按当时的计岁方法,算的都是虚岁,那也就是说,黛玉当时只有周岁五岁。众姐妹也应当是与她不相上下的,探春与她同年,也是六岁。迎春大她二岁,是八岁,惜春小她一岁,是五岁。我们何以知道得这么准确呢?因为,书中也有过交代。在四十九回书中说,迎春、探春、惜春、宝钗、黛玉、湘云等十三人,"叙起年庚,除李纨年纪最长,这十二个皆不过是十五六七岁",那也就是说,他们都是比肩挨班的。而这回书中又说,宝玉"哥哥比我大一岁",那就是说,宝玉是七岁,周岁六岁。宝玉管迎春叫"二姐姐",也只能是比他大一岁。而惜春年纪最幼,但既曰他们都比肩挨班,也只能是比三姐探春小一岁,是五岁,周岁是四岁。

然而,既是这等小的年龄,何以书中却个个都写成了美人胚子,什么"腮凝新荔,鼻腻鹅脂"呀,什么"削肩细腰,长挑身材"呀,什么"俊眼修眉,顾盼神飞"呀,这哪里是五六岁孩子的形象?至于四岁的惜春,当不是由几个奶妈和丫环拥着过来,怕是要有人领着过来才是。就说大观园里的女子个个都是神童早慧吧，见识自与一般人家的孩子不同，但知识早熟，并不能代之以生理上的早熟和容貌上的早熟。五岁的孩子哪里会早熟到“削肩细腰，长挑身材”？四个人（包括黛玉在内）应当个个都是一张娃娃脸，用现在的话来说，都是少先队员，或者是学龄前儿童模样。可是作者为什么要这样写，而读者又没有觉出其中的矛盾呢？因为，在艺术上有个“移时换位”法的问题。

因为书中早已铺垫好，说黛玉是位绛珠仙子，探春等也是警幻仙子宫中的一干风流冤家下凡，现在他们初次出场亮相，自然就应当把他们在尘世间的俊俏影子亮出来，给人一个鲜明的、完整的印象。人们都知道，舞台上的第一个印象是最重要的，以至人们对于后来的扮演者，都用第一个印象来要求和衡量。如果这时个个都写成一张娃娃脸，而将俊影留在后面的几十回书中再逐个地描绘出来，不仅文章杂乱，而且也必不能给人以深刻的印象。像《三国演义》中的张飞，第一回书中一亮相，就是那副豹头环眼，络腮的扎撒胡子，一直到老，他在读者心目中，都是那个形象。

可惜，近来新版电视剧《红楼梦》受到红学家们据实考证的思想所左右，咬定大观园里的女孩都是十一二岁，于是，便将演员都选得极幼，顶多也只能够上“大篷车”的节目。其结果，必然是让小孩子说大人话，办大人事，年龄与她们所行所做之事极不相称。就说探春吧，一个十一二岁的小姑娘就可以代管贾府家政，干出连大人们都办不到，甚至连想也想不到的管理承包制来？

人们常常忘掉了，生活的真实与艺术的真实是有差距的。生活上，黛玉进京时也有可能是五六岁，但作者

为使人物尽快进入角色，使文章紧凑简练，便不能不采用移时换位法，将时空浓缩，将他们在后面方可说出的话和所能办到的事，都提前到人物登场亮相之时，借以展现出其性格和形象的主要方面来。

② **破译二：**脂评本在此处有批语曰："为后菖，菱伏脉"。菖、菱皆为贾蓉、贾芸等同辈。此处取名，是取其谐音假菖蒲、假菱角之意。按辞书上说，菖蒲有淡红色地下根茎，可做香料，亦可入药。菱角不用解释，也是人人尽知的上等品位之物。他们二人在荣国府里，是专司药材采购和配置等事务的。这里所说的伏脉，隐示日后贾府败落，王熙凤之兄王仁（谐音忘仁）趁抄查没籍混乱之际，串通菖、菱二人配制了迷魂药给巧姐服下，然后偷着领出去私卖给了妓院。此事，在第五回《红楼梦曲·留余庆》中便有所兆示："休似俺那爱银钱忘骨肉的狠舅奸兄。"狠舅，自然是指她的亲娘舅王仁而言，而这个奸兄是谁，在续作的后四十回中，被写成了贾环、贾芸。贾环是叔，而不是兄。而贾芸在前八十回中所写，乃是个有情有义好心肠的人，后与伶牙俐齿的小红结婚，在脂评本二十四回中有批曰，在贾府抄没后有"芸哥仗义探庵"等事。还说："此人后来荣府事败，必有一番作为。"因此断言，这是高鹗续书时给弄颠倒了，好像他也没有注意到脂评本于此处的这句批语，只根据《红楼梦曲·留余庆》的那句话，便把事情给张冠李戴地安到贾芸头上，而且还拉上了个贾环作陪衬。

③ **破译三：**何以荣国公贾代善的长子贾赦袭了一等将军的爵位，次子贾政只因圣上的怜恤而给了他一个主事的官职，让他入部习学；而在荣国府中，却将一座皇上赐建的荣禧堂让他居住，反让袭了爵位的贾赦住在只是"荣府中之花园隔断过来的"一个小院子里去呢？而且书中还明明写着，"正房、厢房、游廊，悉皆小巧别致，不似那边的轩峻壮丽"？这是引起众多《红楼梦》爱好者最多猜疑之处，也是红学专家种种破解之说的纷纭杂出之处。

自从胡适提出《红楼梦》是自叙体小说以来，在将近百年的时间里，几乎没有见人对于此说提出过异议。因此，不少红学考据家便从曹雪芹家谱中找出依据，说贾政是史太君过继过来的儿子，贾赦则是过继儿子的家兄，是跟从过来的，故而当家做主的是政老爷，住进荣禧堂的也必然是他。跟从过来的家兄,也只能是另居别院,从后花园中隔断出一块地方建起新居,衣食住行当然也都是单起炉灶,自营家务。正因为此,这才有贾琏过来帮助乃叔管理家务之说。看《红楼梦》书中以后所写的许多细节,好像也确实如此。而人们根据现已收集到的资料,细考曹雪芹的父辈实际情况,也确实是如此。

原来,曹雪芹的祖父曹寅,弟兄二人,有弟名宣字子猷。因为宣字与康熙之名玄烨音近,后来便改名为荃。曹寅幼年时便为康熙的伴读,深受康熙宠信。在他二十六岁时,父亲曹玺于江宁织造任上病故,康熙便立即特别晋升曹寅为内务府慎刑司郎中,很快便以郎中衔出任苏州织造,后又改任江宁织造,赐衔通政使。曹寅是个大有作为的人,诗词、戏曲、书画皆名重一时,广交天下文人名士,享誉大江南北。康熙六次南巡,有四次便住在他的织造署里。可以说是赫赫一时,倾动朝野的。曹寅生有一子二女。二女皆由康熙赐婚,嫁给权威势重的王公贵族:长女嫁给多罗平郡王纳尔苏,其府遗址至今尚存,在北京石驸马大街(今改为新文化街);次女嫁给一位年轻的御前侍卫。儿子曹颙,刚及弱冠之年,便被引进内务府当差,后来康熙念他年幼,而且曹寅又只此一子,于是便又派他返回江宁。曹寅病故之讯传到京中时,康熙立即下令补放曹颙为郎中,继其父位接任江宁织造,一切皆在皇恩浩荡之中。只可惜,他接任两年之后,在赴京述职的途中因染疾而病故。曹颙死时没有留下子女,只留下一个遗腹子,有人认定,此子即是后来的曹雪芹。

曹寅的弟弟、曹颙的叔父曹宣,在京城里也受到康熙重用,先是做皇廷侍卫,后"跻三阶",让他担任内务府广储司的司库,掌管皇家的书籍典册等物,"班领十二员,掌文书政令诸事",在康熙南巡时他还做过圣驾南巡图的监画。他死后遗下四个儿子年纪都还不大,曹寅因弟兄情谊深厚,故而皆都收到他的府中来抚养,曹寅对他们个个皆视如亲生。长子曹顺年纪稍长,曾随父亲在内务府任上行走,也曾协助伯父采办过制造制钱的铜觔。次子曹頫,乳名骥,曹寅甚喜爱之,在他周岁时,曹寅还专门作诗吟咏:"骥儿新戴虎头盔"。三子曹颀,乳名桑额,曹寅也专门为他写了一首诗:《喜三侄颀能画长干,为题四绝句》;长后,入内务府任二等侍卫,后放内务府茶房总管。曹寅去世时,曹颀还曾奉命陪同太监梁总管到江宁宣布皇帝旨意,命曹頫接任父亲的江宁织造职位,命李煦代管盐差一年。四子曹頫,年龄较曹寅之子曹颙略小,故而曹颙病故后,康熙皇帝下令:"将曹頫给曹寅之妻为嗣,并补放曹颙江宁织造之缺,亦给主事职衔。"从这些事迹一一对照看来,书中所说的那个"赐了个额外主事职衔,叫他入部习学"的贾政,也就依稀地与过继过来的曹頫对上了号。而那个住在后"花园中隔断过来的"院子里的贾赦,相形之下,与曹寅诗中所说的"骥儿新戴虎头盔"的曹頎对上了号。因为曹宣的另外两个儿子曹顺、曹颀,都在内务府里做官,也就没有可能,也没有必要住进伯父的江宁织造署里来了。

可是,书中为什么又写的不完全是这样呢?不是贾政袭了爵位,而是贾赦袭了爵位,当了一等将军?这里边,就有个生活的真实与艺术的真实之间的差距问题。胡适说《红楼梦》是自叙体小说,大家也是这样认同的,可从来没有人说它是曹雪芹的自传。自叙体小说,也是小说,不是自传,它所遵循的,是艺术创作的真实,而不是现实生活的原样照拍。如果原样照拍,还要小说的创作干什么?这正如人们常说的那句话:艺术是源于生活,而高于生活的。

仅就曹雪芹的创作过程而言,早在他的心底中存有另一个笃定的意念,就是要将曹家的这个家谱和门第,重新改造一番。这是什么原因呢?原来,这曹家虽是百年望族,四世袭居江宁织造要职,但其出身却系很卑贱的包衣(皇室家奴)。据《八旗通志》记载,曹雪芹的叔曾祖曹尔正曾任过正白旗包衣第五参领所属的第三旗鼓佐领。后来,许多居官显赫的包衣及其后代们,皆都不愿再提包衣出身这件事,尽量设法进行掩盖。曹雪芹自然也是受这种思想支配的。按照清制,包衣可以升官任职,甚至可以任极高、极显赫的职位,例如雍正年间的年羹尧,便曾任过征西大将军要职。但是,包衣出身的人却不能封侯袭爵,曹家当然也是如此。曹雪芹为了掩盖包衣出身这一事实,便将贾家设计成为封爵的公侯家门,让宁国公居长,荣国公居少,让两位国公代代承袭公爵爵位,到了贾赦之时已经传了三世,到贾珍时已传了四世。这也与曹雪芹曾祖曹尔玉、叔曾祖曹尔正皆是立过战功的内廷卫士相近,只是他们因系包衣出身,而皆没得封侯。如今这样一改,便使影射曹府的贾府,改换了门庭。

此贾府,并非是百年望族四任江南织造的曹府,而是成为了世袭公侯的门第。为了应这个景,曹雪芹在小说中便让跟其父亲一起过来的二伯父曹頔袭了爵位,当上了有名无实的一等将军之职。

但一等将军怎么不进荣禧堂正房,而偏居后花园的别院呢?考其原因,可能有两个解释:一是,曹雪芹写作时是按照其亲身阅历的所闻所见写出来的,其父曹頫果然是以主事官衔接任江宁织造,住进织造署衙门,堂上的那些装潢摆设皆是曹雪芹的亲眼目睹,他每日都出来进去于其间,习惯地依照生活的实景写下来,觉得这样写才能有真情实感,可以得心应手;第二,可以解释为史太君贾母的权威作用。按照当时的封建制度,她是荣公贾代善的一品夫人,夫死,她居荣禧堂正房是应该应分的。她愿意让哪个儿子住进来,完全有这个权利。就是爵位的继承,老太君也有着最后表决的权利。宋太祖死后,太后愿意让她的二儿子赵光义当皇帝,赵光义就当了皇帝,而本应该接班的赵德方眼睁睁地看着就是没法儿。所以,在七十五回"开夜宴异兆发悲音"中,贾赦借讲故事的机会,讽喻了一个偏心的母亲,贾母一听便知道他这是借机在嘲讽自己,当面就给他点了出来。

还有一点要特别地点明出来的是,这个史太君是以苏州织造李煦的妹妹为原型而塑造出来的。李煦任苏州织造三十年,与妹夫曹寅交替兼任两淮盐课监察御史,还承办过龙江、淮安等地的铸钱铜觔的采购,奉命查访江南一带的吏治民情,随时向康熙专折呈报。曹寅去世时,是他呈报康熙推举曹颙接任江宁织造的;曹颙去世,又是他呈报皇上,让曹頫给曹寅之妻即其妹妹李氏为嗣,并补任江宁织造。李煦对曹家是两次推立,又几乎是全权决定其家政的。事实上也正是如此,完全是按照李煦向皇上秉奏的折子,才由圣上下令将曹頫过继给其妹妹李氏的。从这样一个历史发展过程来看,史太君贾母(即李煦之妹李氏),在曹家不能不处于绝对权威的地位。她说的话,不能不是金口玉牙,说啥算啥的。她愿意将哪个房子交给哪个儿子去住,就交给哪个儿子去住,谁也不敢说啥的。

曹雪芹对于贾府中的这位绝对权威人物,刻画得也着实不错。这位老太君,比起通过各种演义小说、戏曲和口头文学所渲染出来的佘太君与慈禧太后,决不逊色,而且别具风格。表面上看起来她是诸事推托不管,尽情地与孙男外女们做着典雅不俗的天伦享乐,实际上,许多事情还是由她定盘子做主的,特别是关系到维系这个家庭的道统,关系到这个家族的世袭继承和婚姻嫁娶等事,更是如此。这只要看看书中常说的"已经回禀过老太太了",就可以知道了。而且她那慈祥的面容,特别能与年轻人合群,处处为这些在家中无权无势的孙男外女们着想,与史书中其他那些权威女性又是完全不同的。所以,老作家李国文作书说她是"天下第一老太","恐怕是古今中外的文学作品中,刻画得最为成功的一个老太太的人物形象了。"这话说得很是到位,应当承认,曹雪芹确实是很为成功地塑造出了这样一个老太君的形象来的,较之佘太君等形象更为鲜活、丰满、生动。

④ **破译四:** 这一副对联,是对江宁识造署曹家的荣华富贵、文明昌盛的真实写照。织造署里的黼黻之盛和丝锦之华,确实可以说是遮天蔽日,灿若云霞,绿云扰扰,星月蒙蒙。当年东阁大学士兼吏部尚书、帝师熊赐履曾在《曹公崇祀名宦序》中叙其事曰:"然则黼黻绛绣之事,所关亦綦钜矣。"诗人、戏剧家顾彩《题曹寅楝亭图》中盛赞他家是"绣黼名臣,看继美,司空芳誉"。著名词人纳兰成德(康熙朝宰相明珠长子)在《曹司空手植楝树记》中也说:"于时尚方资黼黻之华,闾阎鲜杼轴之叹。"

由于这织造署不仅是为朝廷织造与采购江南所盛的锦绣绸缎,也通商海外,做进出口贸易,这从苏州织造李煦于康熙四十年的奏折中便已明了:"去年十一月内奉旨三处织造会议,一人往东洋去",康熙马上做出朱批曰:"千万不可露出行迹方好。"李煦接旨三个月后又启奏曰:"恐从宁波出海,商船颇多,似有招摇,议从上海出去,隐僻为便。"可见,他们为皇家私下里从海外采购,已经多起,业已引起朝野物议纷纷。同时,正是因他们多做海外经营,所得海外的奇珍异宝也必然是很多的,这才有庭宇生辉、几座闪光之盛。你看书上说的"一边是錾金彝,一边是玻璃盆",便可见一般了。所以,对联上说:"座上珠玑昭日月,堂前黼黻焕烟霞",只这两句,便从多个方面绘声绘色、淋漓尽致地描写出曹家的锦绣荣华来了。

当然,这副对联也从极豪华极兴盛之中,隐隐约约地透露出由盛至衰、由兴至败的预兆来:且看上联的"昭日月",不是暗示着日月的光华是有升有昃,有盈有亏的吗;至于下联的"焕烟霞"更是如此,烟霞也是有焕有暗,有灿有散的。这也是作者能够"一声也而两歌,一手也而二牍"的过人机智的表现。

⑤ **破译五:** 脂评本中于此处有批语曰:"赦老不见,又写政老。政老又不能见,是重不见重,犯不见犯。"这句话看来像是有点道理,实际上确也难以成立。因为,只是说赦、政二人不见的理由不同,就说是"重而不犯",未免太简单化了。所谓重而不犯,必须是重而不见其重,必须是犯而不见其犯,正如金圣叹在《读第五才子书法》中所说:"故意把题目犯了,却有本事出落得一点一画不相借,以为快乐是也。"这里,是重了犯了,而却未见文章有何变化与生色,不使读者有何快感,怎么能说是重而不见其重,犯而不见其犯呢?

实际上,作者在这里没有使荣国府里两位男主人出面接见黛玉,不是因能善犯而又能避之的缘故,而完全是由于篇章结构的需要必须如此安排。试想,在这一回书中,已经使荣国府里那么多的人物都出场亮相了,仅王熙凤一人就用了多半篇子的文字,如果再使两位男主人出来,岂不更加冗长烦琐,头绪繁多,让人一下子难以接受吗!而且,赦、政二老又是府中的主要人物,文中又不能一笔带过,因此,让他们一出场,其势必然会使作品出现大肚子现象。为了篇章结构需要,才有意不使男主人皆都露面(只宝玉除外,因他是一贯只在女儿堆里长大的),不仅赦、政二老不出场,其他如贾琏、贾环等也都避开,只让女眷们出场露面,这也是有其情理的,因为来客是个女子,全由女眷出来接待不为违礼。如果前边已写贾赦推故不见,现在贾政倒是出面接见了,反倒不好说了。故而,一律都借故不出面,是既省笔而又合乎情理的,此处没有什么善犯与不善犯之事。

⑥ **破译六:**《红楼梦》的创作绝技是由外及内、由表及里、由远至近的"青笋剥皮"法,写出来的结果,确实是天衣无缝、巧妙奇合地层层次次地展现出来,令人于不知不觉之间走进他所铺展的画图中来,领略了其中的无限风光,真有如陶渊明所叙述的捕鱼人进入桃源时的景况:

"山有小口,仿佛若有光,便舍船从口入。初极狭,才通人,复行数十步,豁然开朗。土地平旷……"曹雪芹亦如此,他在没有描绘荣、宁二府之前,先由一个局外人、作冷眼观的冷子兴来演说了一番,通过他的口头讲述,把府中人物的身份地位、品格妆貌及其相互关系,都一一地介绍出来。但这还不够,他再找一个完全陌生的,对于荣府全无所知、全无所见的人——林黛玉,让她一层层、一步步地走进府里来,通过她的眼睛,通过她的"步步留心,时时在意",细细地打量众人的妆饰衣裙,举止行动,一一地展现出贾母、王夫人、李纨、三春姐妹等人的身份地位和音容笑貌来,而至于凤姐的出场和宝玉的出场,更是活灵活现,跃然纸上。他们的衣着打扮,行为举止,乃至于其天生性格,都已清清楚楚地展现出来。若在一般小说里,必定是等到某人出现之时,平铺直叙地描写一大篇,哪里有《红楼梦》中这样紧凑、活泼、生动、逼真。后来,作者又通过另一个局外人刘姥姥三进荣国府的引导,再用刘姥姥的眼睛、耳朵,来观听一下荣国府各个人物身份地位、衣食住行、举止行动、音容笑貌,借以描绘出书中各人物的外貌与内心。用这种"青笋剥皮"的方法层层着色、层层递进,用王蒙的话来说,这种创作方法,"在文艺学上叫'陌生化的人物与情节'"。而作者的一层层的"陌生化的人物与情节"的递进,又确是小说写作上的绝妙构思,为古今中外所未有。清代一位红学家太平闲人说得好:"今日小说,闲人止取其二:一《聊斋志异》,一《石头记》。《聊斋》以短见长,《石头记》以烦见长。《聊斋》是散段,百学之或可为其一,《石头记》是整段,则无从学步。""千百年后,或有能学之者,然已为千百年后人之书,非今日的《石头记》矣!"

《红楼梦》作为一部长篇巨制,其构思布局之巧妙,结构层次之奇特,作者确实是胸藏万叠丘壑,笔有鬼斧神工,绝非是仅有一般才能的人,所能够望其项背的,所能够步其后尘的;仅靠勤学所能模拟得到的,只能是其皮毛,事实上真真就如同太平闲人之所言,"无从学步"。我们只要看看那些多如繁星的《红楼》续作,有哪个不是乘兴而来,败兴而归的,一个个皆落得个狗尾续貂之名声。

⑦ 破译七:甲戌本在这句话下边有批注曰:"如此等语,焉得怪彼世人谓之怪?只瞒不过批书人。"难道这里面还有什么避讳之处,让批

书人欲言犹止，对外难言其详吗？不错，这里确实是有所避讳之处的。因为，那几句话所批评的，正是儒家的正统观念，正统的学术思想。

原来，传世数千年来的儒家经典著作，共有十三部，统称为十三经，即“五经”(《易经》《诗经》《礼记》《尚书》《春秋》)、“四书”(《论语》《孟子》《大学》《中庸》)、“三传”(《左传》《公羊传》《谷梁传》)与《孝经》，每个入得学校门里来的人，所要学的课程就是这十三经。这十三经中，惟《论语》与《孟子》是“群弟子，记善言”所记下来的语录，是当时、当事的人所整理出来的书，应当说是凿实可信的。《大学》《中庸》，原是《礼记》一书中的两篇文章，它与《礼记》中其他一些文章一样，皆是孔门弟子于孔子去世之后所写的心得体会文章，故而也都是凿实可信的。而且它又经过南宋理学大师朱熹的辑校批注，最后作为官修国定、不可更移的必读教科书，这就更加确立了它的权威性，成为不可丝毫怀疑的东西。

至于“五经”，孔子在编辑整理这些著作时，因为古代文史资料残缺不全，年代久远，许多地方难免没有编补润色，乃至于杜撰之处。《尚书》中那许多的诏、诰，特别夏、殷两代的那些朝廷公文，哪里能够完整无缺地保存到孔子在世之时呢？即使还有，也都保存在周王室的府库中。孔子虽然也去过洛阳，借得老子这位掌管朝廷文史藏书官员的帮助，看到了这些书，但是他在短短的时期内，哪能都看得到呢？即使都看到了，又哪能都抄录下来呢？所以，后来的人便写有《古文尚书辨伪》之类的著作，郭沫若甚至不无讽喻地说：“尚书，不过是儒家编造的历史故事”；他还把《易经》说成是“神圣殿堂中的‘神秘的砖头’”。(见其所著的《青铜器时代》)

至于说到作为解释经书《春秋》的“三传”，那三位作者离开孔子时代或远或近，所处的身份地位或高或低，或亲或疏，各不相同，各从各的角度来阐明《春秋》的微言大义，他们之所言离开历史事实本身有多近多远，那就更不好说了！其中，出于杜撰或收入他人杜撰的故事肯定不少，那是可想而知，不言自明的事了。所以，晋代范宁评价“三传”的特色说：“《左氏》艳而富，其失也巫；《谷梁》清而婉，其失也短；《公羊》辩而裁，其失也俗。”

但是，自从汉武帝“罢黜百家，独尊儒术”以来，历代统治阶级都把这十三经看成为不可动摇、不庸怀疑的圣经、圣旨，一言一词都是无可厚非的经典著作，你若把哪个部分、哪部书说成是杜撰，岂非是违背圣人之言、圣人之意？那个离经叛道的帽子，还不给你扣到头顶上来吗？所以脂砚斋等人见了书上有这句明显的叛逆者的话，焉有不为之惊悸咋舌的？他们素常也知道曹雪芹好发此议论，故而说他正是因为这个原因，便也难怪人们都说他是个怪人，"焉得怪彼世人谓之怪？"

历史上，明中叶的李卓吾、明末清初的金圣叹，也都是因为说出了类似的怪语，被人咒之为怪人、怪妖，是儒家的叛徒，先后被朝廷用各种名义予以囚禁监牢或砍头于市朝。

第四回

薄命女偏逢薄命郎　葫芦僧判断葫芦案

此回破译出：护官符中的四大家族，在现实生活中影射哪家　他们几家的银子何以花得都像淌水似的　英莲的准确年龄应是九岁，而不是十一二岁　贾雨村至此何以转变成为完全另外一个人　薛姨母到底是年方四十上下，还是五十上下

却说黛玉同姐妹们至王夫人处，见王夫人正和兄嫂处的来使计议家务，又说姨母家遭人命官司等语。因见王夫人事情冗杂，姐妹们遂出来，至寡嫂李氏房中来了。

原来这李氏即贾珠之妻人物的登场亮相，皆错落有致。前回黛玉进贾府时，李纨虽然登场，却未亮相，只被简单地介绍一句"这是你先前珠大哥的媳妇珠大嫂子"。因为那一回中，要突出主要人物凤姐，文中便不能像八扇屏似的一一摆开，那样必然平板疲沓，文字臃肿。但李纨是金陵十二钗正册中人物，不能不作详细交待，故而设计了这一回中的一个专场。珠虽夭亡，幸存一子，取名贾兰，今方五岁只小黛玉一岁，已入学攻书。这李氏亦系金陵名宦之女，父名李守中能够恪守儒家的中庸之道，几乎与贾政的字"存周"一致，曾为国子祭酒；族中男女无不读诗书者，至李守中继续以来，便谓"女子无才便是德"，故生了此女不曾叫他十分认真读书，只不过将些《女四书》即东汉班昭写的《女诫》、唐代宋若莘写的《女论语》、明成祖的皇后徐氏写的《女训》、明代王相之母刘氏写的《女范捷录》的合刊、《列女传》西汉刘向所编录的记载古代贞节烈女与志行

卓异杰出女性的书读读，认得几个字，记得前朝这几个贤女便了；却以纺绩女红为要，因取名为李纨，字宫裁十二钗中的女子皆无字，甚至连情榜头名的林黛玉都没有，惹得宝玉半开玩笑地给她胡诌一个。偏偏李纨有，可见，这里作者着意要突出她与其他女子的命运与遭际的不同。所以这李纨虽青春丧偶，且居处于膏粱锦乡之中，竟如"槁木死灰"一般，一概不问不闻，惟知侍亲养子，闲时陪侍小姑等针黹诵读而已有了这一段交待，方可知道王夫人何以将管家大权破格地交给自己的内侄女王熙凤。在李纨来说，固然无争夺权利之心，但也不能不让人想到王夫人有偏私娘家之意。看她后来对薛姨妈、薛蟠、宝钗等人之所做所为，这种心迹便昭然地显现出来了。所以，熟知生活原型内幕的脂砚斋在此处心有不平地下批语说：李纨"此时处此境，最能越理生事，彼竟不然，实罕见者"。今黛玉虽客居于此，已有这几个姑嫂相伴，除老父之外，余者也就无用虑了。

如今且说贾雨村授了应天府，一到任就有件人命官司详至案下，却是两家争买一婢，各不相让，以致殴伤人命。彼时雨村即拘原告来审，那原告道："被打死的乃是小人的主人。因那日买了个丫头，不想系拐子拐来卖的。这拐子先已得了我家的银子，我家小主人原说第三日方是好日，再接入门；这拐子又悄悄的卖与了薛家。被我们知道了，去找拿卖主，夺取丫头。无奈薛家原系金陵一霸，倚财仗势，众豪奴将我小主人竟打死了。凶身主仆已皆逃走，无有踪迹，只剩了几个局外的人。小人告了一年的状，竟无人作主。求太老爷拘拿凶犯，以扶善良，存殁感激大恩不尽！"

雨村听了，大怒道："那有这等事！打死人竟白白的走了拿不来的？"便发签差公人立刻将凶犯家属拿来拷问。只见案旁站着一个门子，使眼色不叫他发签。雨村心下狐疑，只得停了手。退堂至密室，令从人退去，只留这门子一人伏侍。门子忙上前请安，笑问："老爷一向加官进禄，八九年来应当是"六七年来"比较准确，理由详见后面的破译，就忘了我了？"雨村道："我看你十分眼熟，但一时总想不起来。"门子笑道："老爷怎么把出身之地竟忘了！老爷不记得当年葫芦庙里的事么？"

雨村大惊，方想起往事。原来这门子本是葫芦庙里一个小沙弥，因被火之后无处安身，想这件生意倒还轻省，耐不得寺院凄凉，遂趁年纪轻，蓄了发，充当门子。雨村那里想得是他？便忙携手笑道：“原来还是故人。”因赏他坐了说话。这门子不敢坐，雨村笑道：“你也算贫贱之交了，此系私室，但坐不妨。”门子才斜签着坐下。

雨村道：“方才何故不令发签？”门子道：“老爷荣任到此，难道就没抄一张本省的‘护官符’“护官符”一词，纯系作者在《红楼梦》一书中首创。它是由“护身符”一词蜕化出来的，可以说是精辟得很！可是，后来竟然有人把它当作为本书的总纲领、总提要，认为它是“阶级斗争的一条主线”贯穿于全书之中，事实上却也未必尽然。统观全书，作者似也无此打算，仍然是以婚姻爱情作为此书的主题来不成？”雨村忙问：“何为护官符？”门子道：“如今凡做地方官的，都有一个私单，上面写的是本省最有权势极富贵的大乡绅名姓，各省皆然。倘若不知，一时触犯了这样的人家，不但官爵，只怕连性命也难保呢，所以叫做护官符。方才所说的这薛家，老爷如何惹得他！他这件官司并无难断之处，从前的官府都因碍着情分脸面，所以如此。”一面说，一面从顺袋中取出一张抄的护官符来，递与雨村。看时，上面皆是本地大族名宦之家的俗谚口碑，云：

贾不假贾不假，是对应甄不真说的。写贾家是真，写甄家是假。因为，甄家只能是贾家的一个影子，**白玉为堂金作马**“白玉为堂”，语出汉乐府《相逢行》：“黄金为君门，白玉为君堂”，古人多用白玉堂为名，如《七侠五义》中的锦毛鼠白玉堂等。“金作马”出自《三辅黄图》：“金马门，宦者署。武帝时，得大宛马，以铜铸像，立于署门，因以为名。”

阿房宫，三百里用覆压三百余里的阿房宫来形容史家，总是喻其日后难免倾塌片刻，毁之于一炬，**住不下金陵一个史**而且就此一句话，就足以告诫人们要以史为鉴，要谨记《阿房宫赋》中最后面的一句话：“灭六国者，六国也，非秦也；族秦者，秦也，非天下也。”

东海缺少白玉床说东海龙王家里丢了珍宝，岂不暗含地说王家有贪污内库财物之意，**龙王来请金陵王**当时的刑部尚书徐乾学与其亲家高士奇一起，依仗入阁拜相之弟徐元文的势力，到处招摇纳贿，世人有“五方宝物归东海，万国金珠贡澹人”的对联。

丰年好大“雪”有丰年，必有歉年，**珍珠如土金如铁**丰年，是珍珠如土金如铁；歉年，则将是土如珠珍铁如金了。

雨村尚未看完看来，护官符的名单还很长，豪门望族在金陵城里还有很多，近人所谓“四大家族”（比照蒋宋孔陈）一说，实在是牵强附会。如以权贵来说，贾、史四家，在金陵城里也只能说是个“四小家族”，就是其影射的曹、李等四家来说，也只能说是皇帝的亲臣近宦，而非比之于那些入阁拜相和封疆大吏之人忽闻传点，报“王老爷来拜”有意支插开，使雨村不再继续读那些与本书无关的贵族名宦之俗谚口碑。雨村忙具衣冠接迎。有顿饭工夫方回来，问这门子，门子道：“四家皆连络有亲，一损俱损，一荣俱荣详解见回末所附之【破译一】。今告打死人之薛，就是‘丰年大雪’之薛。不单靠这三家，他的世交亲友在都、在外的本也不少，老爷如今拿谁去？”雨村听说，便笑问门子道：“这样说来，却怎么了结此案？你大约也深知这凶犯躲的方向了？”

门子笑道：“不瞒老爷说，不但这凶犯躲的方向，并这拐的人我也知道，死鬼买主也深知道，待我细说与老爷听。这个被打死的是一个小乡宦之子，名唤冯渊谐音逢冤，逢到了冤家，父母俱亡，又无兄弟，守着些薄产度日，年纪十八九岁，酷爱男风，不好女色。这也是前生冤孽，可巧遇见这丫头，他便一眼看上了，立意买来作妾，设誓不近男色可见，当时同性恋已不罕见，只是我国的文学作品中对此反映得极少而已，也不再娶第二个了。所以郑重其事，必得三日后方进门。谁知这拐子又偷卖与薛家，他意欲卷了两家的银子逃去。谁知又走不脱，两家拿住，打了个半死，都不肯收银，各要领人。那薛公子便喝令下人动手，将冯公子打了个稀烂，抬回去三日竟死了。这薛公子原择下日子要上京的，既打了人夺了丫头，他便没事人一般，只管带了家眷走他的路，并非为此而逃，这人命些些小事，自有他弟兄奴仆在此料理。这且别说，老爷可知这被卖的丫头是谁？”雨村道：“我如何晓得？”门子冷笑道：“这人还是老爷的大恩人呢！他就是葫芦庙旁住的甄老爷的女儿，小名英莲的。”雨村骇然道：“原来是他！听见他自五岁不是五岁，而是四岁。你看呀，甄士隐抱她出来倚门伫望遇见疯和尚、跛道士说她有命无运时，书上讲是“年方三岁”，贾雨村被邀到她家做客，正是八月十五，第二天贾雨村就进京赶考去了。送走雨村后“倏忽又是元宵佳节”，这便是说过了春节，孩子又增了一岁。英莲正是虚岁四岁、周岁三岁之时，被拐走的。这与文中所说的情景相符合，一般地来说，正是这么大的孩子才抱着去观灯，再大了些，当是领着观灯而不是抱着去观灯了。被人拐去，怎么如今才卖呢？”

门子道:“这种拐子单拐幼女,养至十二三岁甲戌本写作成十一二岁。如照程、高本计算,香菱要比黛玉大六七岁了。看后文所写情景,她在大观园里与迎春、探春等众姐妹的年龄也都相仿,没有那么大的差距,详解请见【破译二】带至他乡转卖。当日这英莲,我们天天哄他玩耍,极相熟的,所以隔了七八年不是七八年,顶多只能说是六七年,虽模样儿出脱的齐整,然大段未改,所以认得,且他眉心中原有米粒大的一点胭脂痣,从胎里带来的。偏这拐子又租了我的房子居住。那日拐子不在家,我也曾问他,他说是打怕了的,万不敢说,只说拐子是他的亲爹,因无钱还债才卖的。再四哄他,他又哭了,只说:‘我原不记得小时的事!’这无可疑了。那日冯公子相见了,兑了银子,因拐子醉了,英莲自叹说:‘我今日罪孽可满了!’后又听见三日后才过门,他又转有忧愁之态。我又不忍,等拐子出去,又叫内人去解劝他:‘这冯公子必待好日期来接,可知必不以丫鬟相看。况他是个绝风流人品,家里颇过得,素性又最厌恶堂客,今竟破价买你,后事不言可知。只耐得三两日,何必忧闷?’他听如此说方略解些,自谓从此得所。谁料天下竟有不如意事,第二日,他偏又卖与了薛家!若卖与第二家还好,这薛公子的混名,人称他‘呆霸王’,最是天下第一个弄性尚气的人,而且使钱如土。只打了个落花流水,生拖死拽可知,日后香菱也必为薛蟠生拖死拽而死,把个英莲拖去,如今也不知死活。这冯公子空喜一场,一念未遂,反花了钱,送了命,岂不可叹!”

雨村听了,也叹道:“这也是他们的孽障遭遇,亦非偶然又归结到离恨天的风流孽债上去了,不然这冯渊如何偏只看上了这英莲逢冤偏只看上了这应怜?这英莲受了拐子这几年折磨,才得了个路头,且又是个多情的只因“是个多情的”,才背负着如此沉重的孽债,若果聚合了倒是件美事,偏又生出这段事来。这薛家纵比冯家富贵,想其为人,自然姬妾众多,淫佚无度,未必及冯渊定情于一人。这正是梦幻情缘又归结到红楼痴梦与警幻仙界处来,恰遇见一对薄命儿女!且不要议论他人这一句话说得何等狠毒,贾雨村太无情无义了!那英莲怎么成了他人?明明知道她是自己恩人甄士隐之女,原已说过:“不妨,待我差人去,务必找寻回来。”怎么只隔了两三年的功夫,竟成了他人了呢?不用差人去寻,现已送到眼前,却连顾盼一眼都不肯,就轻轻松松地推之于门外。难怪脂砚斋在第一二回中,不断地评价贾雨村“真是个英雄”,“豁达气象不俗”；而到了此处，竟接连地批注曰“奸雄”，“全是假”；也难怪鲁迅先生在杂文中说：“人一阔，脸就变”，只目今这官司如何剖断才好？”门子笑道：“老爷当年何其明决，今日何反成个没主意的人了？小的听见老爷补升此任，系贾府王府之力；此薛蟠即贾府之亲：老爷何不顺水行舟做个人情，将此案了结，日后也好去见贾王二公？”好去见贾、王二公，但怎好去见封氏？就是对自己的太太娇杏，也不好说呀！贾雨村可真成了“贾雨村”（假话连篇的一个人）了！雨村道：“你说的何尝不是。但事关人命，蒙皇上隆恩起复委用，正竭力图报之时，岂可因私枉法他正是要因私枉法，是实不忍为的正是要忍心而为的。”门子听了冷笑道：“老爷说的自是正理，但如今世上是行不去的。岂不闻古人说的：‘大丈夫相时而动。’又说：‘趋吉避凶者为君子。’依老爷这话，不但不能报效朝廷，亦且自身不保。还要三思为妥！”

雨村低了头，半日说道：“依你怎么着？”门子道：“小人已想了个很好的主意在此：老爷明日坐堂，只管虚张声势，动文书发签拿人。凶犯自然是拿不来的。原告固是不依，只用将薛家族人及奴仆人等拿几个来拷问，小的在暗中调停，令他们报个‘暴病身亡’，合族中及地方上共递一张保呈。老爷只说善能扶鸾请仙，堂上设了乩坛，令军民人等只管来看。老爷便说：‘乩仙批了，死者冯渊与薛蟠原系夙孽，今狭路相遇，原因了结。今薛蟠已得了无名自然不好说出病名来之病，被冯渊的魂魄追索而死。其祸皆由拐子而起，除将拐子按法处治外，馀不累及……’等语。小人暗中嘱咐拐子，令其实招，众人见乩仙批语与拐子相符，自然不疑了。薛家有的是钱，老爷断一千也可，五百也可，与冯家作烧埋之费；那冯家也无甚要紧的人，不过为的是钱，有了银子也就无话了。老爷细想此计如何？”雨村笑道：“不妥，不妥。等我再斟酌斟酌，压服得口声才好。”二人计议已定。

至次日坐堂，勾取一干有名人犯。雨村详加审问，果见冯家人口稀少，不过赖此欲得些烧埋之银；薛家仗势倚情，偏不相让，故致颠倒未决。雨村便徇情枉法，胡乱正点到题目“葫芦僧判断葫芦案”上来了。早在宋、元之时，民间便有“葫芦提”一语，喻其胡里糊涂地办事与判断。关汉卿的《窦娥冤》中便有语曰：“念窦娥葫芦提当罪愆，念窦娥身首不完全”，这贾雨村到了今日，真就成了那个葫芦提的官了。甲戌本上有脂砚斋批语说得好：“起用葫芦字样，收用葫芦字样，盖云一部书皆系葫芦提之意也。”判断了此案，冯家得了许多烧埋银子，也就无甚话说了。雨村便疾忙修书二封与贾政并京营节度使王子腾，不过说“令甥之事已完，不必过虑”之言寄去。此事皆由葫芦庙内沙弥新门子所为，雨村又恐他对人说出当日贫贱时事来，因此心中大不乐意。后来到底寻了他一个不是，远远的充发了才罢。详解见回末所附之【破译三】

当下言不着雨村。且说那买了英莲、打死冯渊的那薛公子，亦系金陵人氏，本是书香继世之家。只是如今这薛公子幼年丧父，寡母又怜他是个独根孤种，未免溺爱纵容些，遂致老大无成；且家中有百万之富，现领着内帑钱粮，采办杂料看其样样事体，皆是杭州织造署上之事。这薛公子学名薛蟠《红楼梦》的人名，不是从“文”字旁，便是从“玉”字、“草”字，即使不是贾府的人，像冯紫英、柳湘莲、琪官蒋玉菡等也是从“玉”、从“草”，惟独到薛蟠这里从了“虫”字。可见，他定然是个混虫、糊涂虫，表字文起字叫“文起”正是对他的挖苦讽刺，看他后来在冯紫英的宴席中大念白字，将“唐寅”念成“庚黄”，便是一例，性情奢侈，言语傲慢；虽也上过学，不过略识几个字，终日惟有斗鸡走马、游山玩景而已。虽是皇商，一应经纪世事全然不知，不过赖祖父旧日的情分，户部挂个虚名支领钱粮详解见回末所附之【破译四】，其余事体，自有伙计老家人等措办。寡母王氏乃现任京营节度王子腾之妹，与荣国府贾政的夫人王氏是一母所生的姊妹，今年方五十上下在甲戌本中，明明写着“四十上下”。那么，高鹗为什么给她改成五十呢？后面破译中将有详述，只有薛蟠一子。还有一女，比薛蟠小两岁如依黛玉年龄计算，此时黛玉六岁，宝玉“比她大一岁”，当是七岁，宝钗比宝玉大一岁，是八岁，薛蟠又比宝钗大两岁，是十岁。看他“终日惟有斗鸡走马、游山玩景而已”，现又强娶英莲，应当不是一个十岁孩子之所做所为。所以当知，《红楼梦》作者的写作，全系移时换位法，乳名宝钗，生得肌骨莹润，举止娴雅。当时他父亲在日极爱此女，令其读书识字，较之乃兄竟高十倍。自父亲死后，见哥哥不能安慰母心，他便不以书字为念，只留心针黹家计等事，好为母亲分忧代劳。近因今上崇尚诗礼，征采才能，降不世之隆恩，除聘选妃嫔外，在世宦名家之女，皆得亲名达部，以备选择，为宫主、郡主入学陪侍，充为才人、赞善二者皆为宫中女官，自汉魏以来皆有此设置，作为公主、郡主的侍从、侍讲，从事传令、记注、纂修等吏事。按唐宋之制，才人可视同五品官员之职。这是宝钗初次登场，便已叙及到她此时正有“钗在奁内待时飞”的远志。但这段文字,却都只是由远至近、平平淡淡地叙述出来的;而不像黛玉出场那样,事事皆是躬身亲历,事事皆是亲自的耳闻目睹。可见钗、黛比较起来,黛玉在书中的地位更要主角一些。自薛蟠父亲死后,各省中所有的卖买承局、总管、伙计人等,见薛蟠年轻不谙世事,便趁时拐骗起来,京都几处生意渐亦销耗。薛蟠素闻得都中乃第一繁华之地,正思一游,便趁此机会,一来送妹待选,二来望亲,三来亲自入部销算旧账,再计新支,其实只为游览上国风光之意。因此早已检点下行装细软以及馈送亲友各色土物人情等类,正择日起身,不想偏遇着那拐子,买了英莲。薛蟠见英莲生的不俗,立意买了作妾,又遇冯家来夺,因恃强喝令豪奴将冯渊打死,便将家中事务,一一嘱托了族中人并几个老家人,自己同着母亲妹子竟自起身长行去了。人命官司他却视为儿戏,自谓花上几个钱,没有不了的。

在路不记其日与林黛玉进京时的“一日到了京都”的写法,是重而不犯,没有一字相同。足见作者文笔之不凡。那日已将入都,又听见母舅王子腾升了九省统制,奉旨出都查边,薛蟠心中暗喜道:“我正愁进京去有舅舅管辖,不能任意挥霍,如今升出去,可知天从人愿!”因和母亲商议道:“咱们京中虽有几处房舍,只是这十来年没人居住,那看守的人,未免偷着租赁给人住,须得先着人去打扫收拾才好。”他母亲道:“何必如此招摇!咱们这进京去,原是先拜望亲友,或是在你舅舅处,或是你姨父家,他两家的房舍极是宽敞的,咱们且住下再慢慢儿的着人去收拾,岂不消停些?”薛蟠道:“如今舅舅正升了外省去,家里自然忙乱起身,咱们这会子反一窝一拖的奔了去,岂不没眼色呢?”他母亲道:“你舅舅虽升了去,还有你姨父家。况这几年来,你舅舅姨娘两处每每带信捎书接咱们来。如今既来了,你舅舅虽忙着起身,你贾家的姨娘未必不苦留我们。咱们且忙忙的收拾房子,岂不使人见怪?你的意思我早知道了:守着舅舅姨母住着,未免拘紧了,不如各自住着,好任意施为。你既如此,你自去挑所宅子去住,我和你姨娘姊妹们别了这几年,却要住几日,我带了你妹子去投你姨娘家去,你道好不好?”薛蟠见母亲如此说,情知扭不过,只得吩咐人夫,一路奔荣国府而来。

那时王夫人已知薛蟠官司一事亏贾雨村就中维持了,才放了心,又见哥哥升了边缺,正愁少了娘家的亲戚来往,略加寂寞可见,王夫人偏向娘家之心，十分显著；过了几日，忽家人报："姨太太带了哥儿姐儿合家进京在门外下车了。"喜的王夫人忙带了人接到大厅上，将薛姨妈等接进去了，姊妹们一朝相见，悲喜交集，自不必说；叙了一番契阔，又引着拜见贾母，将人情土物各种酬献了，合家俱厮见过，又治席接风。

薛蟠拜见过贾政贾琏，又引着见了贾赦贾珍等。贾政便使人进来对王夫人说："姨太太已有了年纪可见，高鹗改为"五十上下"为宜，四十上下如何能够谈得上上了年纪，外甥年轻，不知庶务，在外住着，恐又要生事：咱们东南角上梨香院，那一所房十来间，白空闲着，叫人请了姨太太和姐儿哥儿住了甚好。"王夫人原要留住，贾母也就遣人来说："请姨太太就在这里住下，大家亲密些。"薛姨妈正欲同居一处，方可拘紧些儿她们姐妹都是一个心思，若另在外边，又恐纵性惹祸，遂忙应允。又私与王夫人说明："一应日费供给，一概都免，方是处常之法。"王夫人知他家不难于此，遂亦从其自便。从此后，薛家母女就在梨香院住了。

原来这梨香院，乃当日荣公暮年养静之所攀比乾隆晚年所居的养心斋，小小巧巧，约有十馀间房舍，前厅后舍俱全。另有一门通街，薛蟠的家人就走此门出入。西南上又有一个角门必是西南门，乃知它位于东边的宁府与西边的荣府之间，如此，薛蟠与贾珍父子等人终朝玩乐也就更方便些，通着夹道子出了夹道，便是王夫人正房的东院了。每日或饭后或晚间，薛姨妈便过来，或与贾母闲谈，或与王夫人相叙。宝钗日与黛玉、迎春姊妹等一处，或看书下棋，或做针黹，倒也十分相安。只是薛蟠，起初原不欲在贾府中居住，生恐姨父管束不得自在；无奈母亲执意在此，且贾宅中又十分殷勤苦留，只得暂且住下，一面使人打扫出自家的房屋再移居过去。谁知自此间住了不上一月，贾宅族中凡有的子侄俱已认熟了一半，都是那些纨袴气习，莫不喜与他来往。今日会酒，明日观花，甚至聚赌嫖娼，无所不至，引诱的薛蟠比当日更坏了十倍可见，贾珍父子乃至于贾琏等人，平日里所作所为，原比只知斗鸡走马、游山玩景的薛蟠，还要坏上十倍。虽说贾政训子有方，治家有法这正是对贾政这位假正经的写照，说是"训子有方"，实是无方；说是"治家有法"，实是无法，一则族大人多，照管不到；二则现在房长乃是贾珍，彼乃宁府长孙，又现袭职，凡族中事都是他掌管；三则公私冗杂，且素性潇洒，不以俗事为要，每公暇之时，不过看书着棋而已。况这梨香院相隔两层房舍，又有街门别开，任意可以出入，这些子弟们所以只管放意畅怀的。因此薛蟠遂将移居之念，渐渐打灭了。日后如何，下回分解。

破译详解

①破译一：从护官符的四句词语中我们可以看出，这四家的门庭虽然都很豪华显要，富甲天下，但也只是皇帝的宠臣与亲宦，绝非那些旌旗华盖、权威显赫、头戴几眼花翎的朝中重臣和藩镇一方的封疆大吏。现在，人们差不多皆已认定，贾家即是江宁织造曹家，史家即是苏州织造李煦家，他们都是以郎中衔而外授专差的，即都只是一个正三品的官儿。后来，因为二人捐银修建康熙南巡时的宝塔湾行宫，才给曹寅授衔通政使，给李煦授衔大理寺卿，但“仅予加级，实为不授”，即只给个虚名，并无实权实职。但是，他们级别虽然不高，却因肩负着皇帝特派的专使，委以考察与密奏当地的吏治民情、年成税赋等情况，因而，连各省的总督巡抚等大员，也要优礼相待，几乎是平起平坐，有的时候，皇上甚至有意让他们去向那些大员们传达圣上旨意。例如康熙四十二年，康熙在李煦的奏报年成看好的折子上朱批曰：“巡抚宋荦，朕南巡二次谨慎小心，特赐御笔书扇二柄，赐李煦扇一柄。尔即传于宋荦，不用写本谢恩”，“以后有奏之事，密折交与尔奏。”可见在皇上看来，他比地方大员还得力。

这是讲的贾、史（实际上即是曹、李）两家的；而对于薛、王两家则很少有人考证。而根据靖藏本《石头记》中所写：“这四家皆联络有亲，一损皆损，一荣皆荣，扶持遮饬，皆有照应的”，从而不难看出，薛、王两家也必定是与曹、李两家一样，有着姻亲上的绊葛；在事业上，则是襟连相护的关系户。据考，这织造署最是受到皇家看重的外派官署，在明朝时，都是由皇帝的亲信太监去监管的。这种织造署，只有江宁、苏州、杭州三处设立，因此，那薛、王两家之一，必定是杭州织造无疑。根据有关资料考证，薛家，就是杭州织造署的孙文成。

考查这个孙文成，原是满洲正黄旗人，曾任正黄旗包衣第一参领所属的一佐领三管领下之第四管领，其姑妈即是曹寅之母、曾经做过康熙皇帝保姆的孙氏。十分明显，他是与曹家有着密切姻亲关系的。而且他与曹寅,自幼年起便交往极其深厚,所以曹寅屡次向康熙皇帝奏请起用孙文成:"孙文成系臣在库上时(即担任内务府广储司郎中时),曾经保举,实知其人自然精白乃心,共襄公事。"奏折禀上去后,第二年孙就被任命为杭州织造。在孙文成赴任之前,康熙还亲口告诫三处的织造,要他们"三处织造,视同一体,须要和气!若有一人行事不端,两个人说他改过便罢,若不悛改,就会参他,不可学敖福合(即前任的杭州织造)妄为"。他们三人,后来又共同承担过代皇家销售人参和采购铜觔等事,也一同参与迎接圣驾南巡之事。康熙死后,新登基的皇帝雍正因对先帝宠幸之臣皆有芥蒂,又加上查出他们几家与他的政敌已废太子允礽以及皇八子允禩、皇九子允禟等人关系密切,因而便假借查出这几家在轮流担任两淮巡盐御史任上和在代销人参一事中出了巨额亏空,皆被罢官免职。这不就明明是书中所说的"皆联络有亲,一损俱损,一荣俱荣","扶持遮饬,皆有照应的"吗?况且,孙与薛两字,在南方口音中,发声又极其相似,而这几家又经营代皇家销售人参和采购铸钱用的铜觔等买卖,这不是书中所说的皇商还能是什么呢?所以我们可以肯定地说,这孙家就是丰年好大雪的薛家,将是无可怀疑的了。

至于京营节度使王子腾,则极可能是影射曹寅的妹夫富察·傅鼐家。富察,又称敷槎,世居长白山,其祖随皇太极用兵有功;傅鼐很早就被选为侍卫,后被授官,任命为盛京户部侍郎,主管关东各省的财政,最后,又被任命为内务府总管,也就是皇室的大管家,统管大内的财务收支和各项货物采购与营销等大权,与各路皇商的交往亲切紧密,那已是其分内之事了。书中通过王熙凤的回忆,也道出了王家当年的这一气派。在第十六回她同赵嬷嬷闲话时说:"那时,我爷爷专管各国进贡朝贺的事,凡有外国人来,都是我们家养活。粤、闽、滇、浙所有的洋船货物,都是我们家的。"在第二十五回中,她给园中各姑娘送茶叶时,当着众人品论说:"那是暹罗国进贡的。我尝了不觉怎么好,还不及我们常喝的呢。"连国外进贡的茶,她都喝得觉着没有味道,足可见她们王家经手的国外朝贡物品是如何的多了!

这傅鼐在任盛京户部侍郎时,曾因渎职和库帑亏空等事而被革职,发配到黑龙江北部某军营之中去效力。这与曹寅代皇家销售人参有巨额亏空而受到朝廷谴责之事，必有一定的关联。后来，康熙对此案的有关人员一并宽容，又升任他为兵部尚书和满洲正蓝旗都统，这又与《红楼梦》中所写“王子腾升了九省统制”，极其相似。百年后，有人在琉璃厂买到善本藏书数十部，每部书上都有“楝亭曹印”，其上又有“长白敷槎氏堇斋昌龄图书记”字样。昌龄是傅鼐的儿子，名昌龄，字堇斋，他最后落到将其舅父曹寅的赠书都出卖了，可见其家境也有与曹家相似的没落境况。由此可以认定，这“东海丢了白玉床，龙王去找金陵王”的王家，便是世居长白山的富察家无疑了。这四家一荣俱荣，一损俱损，这一点，在康熙五十一年(1712)皇上于李煦的奏折上所作的批语中，就已经明显地看得出来：“曹寅与尔，事同一体”。

康熙对于此四人都极其信任宠爱，百般地照应与呵护，在他们上奏的折子中，常用“千万小心，千万小心”的字样加以关切。有一次，康熙竟然接连地使用了四个“千万小心”！这是皇上给他人的批折批语中从来未有的事。康熙为什么对他们都这样的好呢？细考究起来，原来他们都是当年活捉鳌拜、帮助康熙夺回政权的那些哈哈珠子(也有称为哈哈驹子的，意即是旗人少年)，所以，后来他们都留到内务府里任职，充任侍卫，然后再派往外省任差。

② 破译二：各个版本，都把英莲(后改名香菱)的年龄搞混乱了，前后对不上口径，与周围之人的年龄距差也变化不定，这不能不是诸本编改者的一大疏漏。实际上考察英莲的准确年龄也并不难，只要把第一回甄士隐梦遇一僧一道的话，琢磨一下就考定了。那僧明言：“今日这石正该下世”，甄士隐从僧人手中看过这石(通灵宝玉)正要与僧、道同进太虚幻境时，忽听一声霹雳，从梦中惊醒，于是他便从奶母手中接过“年方三岁”的女儿英莲，到门口去伫望。那也就是说，宝玉投胎下世时，英莲年方虚岁三岁，二人相较，英莲比宝玉大两岁，相当于迎春的年龄。此时此刻，宝玉是七岁，英莲当是九岁才对。

如果再从贾雨村的活动轨迹上来看，英莲此时也当是九岁。前边说过，英莲被拐时是四岁，那年贾雨村进京会试，考中进士，当年外派为苏州府的一个县太爷。书中说“不上一年”就被革了职，也就是说，英莲五岁末或六岁初时，贾雨村被罢了官。罢官后，他“这两年遍游各省”，两年后去扬州林如海家里任西席，那也就是说，贾雨村教“年方五岁”的林黛玉读书时，英莲是六岁再加两年，为八岁。一年后，贾雨村听到复职消息火速进京，靠贾家势力立时讨得个应天府尹杀回金陵，一升堂就逢上英莲这一命案，这时的英莲，不正是九岁（八岁加一年）吗？而书中却处处说是十一二岁，那是不恰当的，也与后文书中所叙的事挨不上边儿。

③ 破译三：这一回，再次为贾雨村立传，但他已经完全变成了另外一副模样，完全找不到当年的影子了。你看他在葫芦庙内，“每日卖文作字为生”时，是何等的闲雅？接受进京盘缠馈赠“并不介意”，是何等坦荡！不管“黄道黑道，总是事理为要”，不辞而别即刻进京赶考，又是何等磊落大方！看他一做了官，便去迎娶丫环娇杏，又是何等钟情，守信！看他一听到友人女儿看灯丢了，便立即要差人务必找寻回来，是何等地念旧！罢官之后面上全无一点怨色，“担风袖月，游览天下胜迹”，又是何等的潇洒透脱！就是写到他的劣迹，亦不过是“未免贪酷，且恃才侮上”；就是闻到起复之讯，寻找门路，投靠到贾府来，又做了些钻营之事，那也是官场上常有之事，未见其人品就坠落到何等地步。

可是一到了英莲这一案子，便立即揭示出他的丑恶灵魂和肮脏嘴脸来，彻底地暴露出一副贪利忘义、完全抛弃昔日心中蕴积的一切温情、善念和人间的一切美好感情，展现出来的完全是另外一副嘴脸，一副势利小人嘴脸。这与前几回所描写的那个贾雨村，大不一样。如果依照小说的一般创作规律来说，人物的性格应当是守常的，如果有了重大变化，文中也应当有所交待。而《红楼梦》里惟有这个贾雨村，则是有些前后矛盾重重，贯联不起来的缝隙。让人难以理解，此人何以如此的高山深谷，转化与跌落得如此之大？书中对此，没见有只语片言的交待。

整部《红楼梦》中人物的性格，基本上都是贯穿到底的，林黛玉的多愁善

感，薛宝钗的宽容大度，探春的争强好胜，李纨的随遇而安，都是一登场亮相就表现出来了。至于王熙凤更是活龙活现，纤毫毕露的，人未上场、先闻其声，说的句句都是讨好老太太的话，都是只有凤姐这样性格的人，才能想得出来，说得出来的。而且为使其淋漓尽致，又在正叙之间，旁插王夫人私下里一句问话，让她找出缎子给黛玉裁衣裳，引得她随机应变又编着瞎话说出来一番讨好的话来："我倒先料着了。知道妹妹这两日必到，我已经预备下了，等太太回去过了目，好送来。"脂砚斋倒是批得十分清楚："余知此缎，阿凤并未拿出。此借王夫人之语，机变欺人处耳！"

仔细地品味起来，在整个书中，惟独此贾雨村的性格是如此的前高后低、前缩后张、前好后坏，前前后后有着如此的不谐调，不统一，确实是有点让人不大好理解的！

④ 破译四： 对于作为薛家影子的杭州织造署，该是怎样从户部支领钱粮，我们还没有找到详细资料，所幸的是，从与其性质完全相同的江宁织造那里，却找到了许多份《江宁织造支过俸饷文册》。这些文册，都是安徽巡抚向皇帝做的禀报。在康熙十七年(1678)那份文册上写道："织造官壹员曹玺，每年应支俸银壹伯参拾两。除奉捐银陆拾伍两不支外，实支俸银陆拾伍两。又，全年红心纸张银壹佰捌两，俱经议裁不支，理合登明。月支白米五斗。"在康熙三十七年(1698)的那份《江宁织造支过俸饷文册》中写道："织造壹员曹寅，每年应支俸银壹百伍两外，全年红心纸张银壹伯捌两，奉裁不支，理合登明。月支白米五斗。"

这份由安徽省衙门里发放的俸禄，自然也就是由户部拨下来的款项，或者是由省里上缴国库的钱粮中坐支下来的。

关于织造署怎样"领着内帑钱粮，采办杂料"之事，在苏州与江宁织造档案史料中也都寻找到了记载。康熙年间，国家铸造制钱每年需用铜料二千余吨，其中，大约有三分之一以上的铜觔是由江宁与苏州织造采购的，他们承办了龙江、淮安、临清、赣关、南新等五个关的采购，每年从中可得十几万两的盈余。油水之大，是人们所不可想像的。难怪在第四十五回书中讲到请凤姐作诗社"监社御史"时，凤姐脱口说了一句："分明是叫我作个进钱的铜商！"可见，他们这些做皇家铜觔采办的，进钱是何等的容易！为了采购这些铜觔和其他官廷所需物品，苏州织造李煦还曾向朝廷低息借贷过垫支资本。康熙三十九年(1700)，他便呈折给康熙，要求借十万两银子“营动资生，以图报效”，条件是“利息从轻，俾足以仰事俯育”，而且是每年只偿还本利一万一千两，分十年还清。这样的低息长贷，在民间是没有的。此钱如果转贷出去，也将是一本万利的。不难想像，他们完全是借皇帝的宠幸，不断揩内库的油水的。

这三家织造署不仅代皇帝采购，而且也为皇家代销垄断性物产——人参、貂皮等物。而人参一向被称之为关东三宝。清室在未入关之前，曾经依靠人参作为支柱产业，用以支付其庞大的军费开支和官廷费用。据载，清太祖努尔哈赤年轻的时候，便曾亲自上山挖采人参，还创造了蒸熟晒干法来保鲜。仅在明万历三十七年(1609)，建州女真族人便采挖人参十万余斤。努尔哈赤亲自率人携带人参入关，与明朝进行官私贸易，以人参、貂皮，换取盐、铁、粮、布等物资。后来为了垄断这一产业，下令不准明朝人入山挖采，并划分地段由八旗分管，不久，又改由吉林将军统管。在历史上，曾经因为争夺人参市场，清室曾发兵征伐高丽。到了康熙一朝，更进一步地下了禁令，将盛产人参之地的乘槎河两岸，濛江的那尔轰、两江口、五金顶子、棒槌沟，抚松的汤河口子、新安等地皆圈禁起来，只准皇家派人开采，并称其地的人参为“皇封参”，从而使采参变成为皇室独家经营的产业。

由皇家垄断的这些人参，除供官廷药用之外，全部交由皇商拿到各地代售。其中，江宁、苏州、杭州三个织造署，便是最大的代销户。在康熙四十八年初内务府奏折上就有朱批曰：“再将库存人参，除留二百斤外，其余著发交曹寅变卖。所得价银，俟伊冬季回京时带来可也。钦此。”曹寅死后，康熙在五十六年(1717)还曾专门向新任的江宁织造曹頫打听江南市场行情，曹頫奏本禀告说，现今貂皮在南方已无太多市场，但是人参“购买者多，确是有利”。于是康熙再次决定，将库存中“连同芦须之人参一千零二十四斤十两五钱”，全部分发往江南，让江南三家织造署代售。

这一次发售的人参多达一千余斤，所得的货款除二万九千余两银子上交内务府外，这三家织造自己从中得到了多少油水，那就无法估量了。

而且他们又得到皇帝的恩准，所得的价银可以不用运至京城解交，只交给当地布政司衙门的“藩库”即可，由藩库向户部报去总数用以抵消朝廷拨给地方的经费支出。这样，他们又从中赚取了若干的运输费用。三年之后，即在康熙驾崩的前一年，康熙又把库存中的人参几乎是罄其所有都发往江南三织造，这次共有二千三百六十余斤，较前次多出一倍多。所得的价款，三家织造除了杭州孙文成之外，其余的人皆趁皇帝病体沉重之机，或是只上缴一小部分，或干脆借口没有售完而“分厘未交”。

当然，更为来钱的是，从康熙四十三年至五十六年，曹寅与李煦轮番兼任巡视两淮盐课监察御史。康熙几次南巡的行宫修建与接待费用，还有太子胤礽与诸皇子不时地索要，动辄几万两，那庞大的开支也都是从这些肥缺上透支过来的。不过，杭州织造孙文成并未担任过盐政要职，故而他在财富上要比曹、李两家略差一些。

这就是这三家织造署所花的银子，何以如同流水一般滚滚地流淌出来。

第五回

贾宝玉神游太虚境　警幻仙曲演红楼梦

此回破译出：作者通过不同的运笔用墨方法，表达出黛玉、宝钗二人谁更居书中主角地位　作者创作出太虚幻境与警幻仙子的所依所本　全面破译出金陵十二钗以及香菱、晴雯、袭人等人的命运结局　晴雯的名字是宝玉给改的，在贾母处时原叫“喜鹊”　揭示出困惑着读者百年的“意淫”之真谛　破译出其中灵与肉、情与性、爱与欲的关联　贾宝玉和秦可卿是否真有云雨之事

第四回中既将薛家母子在荣府中寄居等事略已表明，此回暂可不写了。如今且说林黛玉自在荣府，一来贾母万般怜爱，寝食起居一如宝玉，把那迎春、探春、惜春三个孙女儿倒且靠后了；就是宝玉黛玉二人的亲密友爱，也较别人不同，日则同行同坐，夜则同止同息，真是言和意顺，似漆如胶。不想如今忽然来了一个薛宝钗，年纪虽大不多，然品格端方，容貌美丽，人人都说黛玉不及忽地来了一个第三者插足于其间！古今中外，一切爱情的传奇故事，不论是小说，还是戏剧，都必定有个第三者插足于其间。如是女的，必定是才貌双全，足可与女主角匹敌的佳人；如是男的，必定是狡猾刁钻，拨弄是非，犹如戏中的小丑一般，以便使故事发生波澜起伏与悲欢离合。《红楼梦》是部大书，但既是以男女情爱为主线的，也就不能离丌这个套路。那宝钗却又行为豁达，随分从时，不比黛玉孤高自许，目无下尘，故深得下人之心，就是小丫头们亦多和宝钗亲近。因此黛玉心中便有些不忿，宝钗却是浑然不觉详解

见回末所附之【破译一】。

那宝玉也在孩提既曰孩提，看起来宝玉的年龄正如我们前边考证的那样，正在七八岁之时，而不是像前人考证出的十一二岁之间，况他天性所禀，一片愚拙偏僻，视姊妹兄弟皆如一体，并无亲疏远近之别。如今与黛玉同处贾母房中，故略比别的姊妹熟惯些。既熟惯便更觉亲密，既亲密便不免有些不虞之隙、求全之毁几个递进句中，很娓娓旖旎，而且又很自然流畅地写出宝玉、黛玉之间的不同一般的、更为情深意浓的感情根源。这日不知为何，二人言语有些不和起来，黛玉又在房中独自垂泪。宝玉也自悔言语冒撞，前去俯就，那黛玉方渐渐的回转过来。

因东边宁府花园内梅花盛开这是书中之时间暗暗过渡的一个方法，不细心者看不出来。它意味着此时已是春去秋来地过了一年，到了又见冬梅绽放之际。这就意味着，黛玉到贾府已经一年多了。按虚岁说，她已七岁了，贾珍之妻尤氏乃治酒具，请贾母、邢夫人、王夫人等赏花，是日先带了贾蓉夫妻二人来面请。贾母等于早饭后过来，就在会芳园这是随意取的名字。因是赏花，故名会芳园游玩，先茶后酒。不过是宁荣二府眷属家宴，并无别样新文趣事可记如果这里再记新文趣事，便冲淡了神游太虚的主题。

一时宝玉倦怠，欲睡中觉必令宝玉快快入睡，才能展现出那个神仙世界来。贾母命人："好生哄着，歇息一回再来。"贾蓉媳妇秦氏便忙笑道："我们这里有给宝二叔收拾下的屋子，老祖宗放心，只管交给我就是了。"因向宝玉的奶娘丫鬟等道："嬷嬷、姐姐们，请宝二叔跟我这里来。"贾母素知秦氏是极妥当的人，因他生得袅娜纤巧，行事又温柔和平，乃重孙媳中第一个得意之人。见他去安置宝玉，自然是放心的了又有一个金陵十二钗出场。虽然出得匆忙，只为宝玉要睡觉她才登场。但是，她一登场亮相便不同于一般，几句简单的素描与铺垫，便将这个十二钗中极为特殊的人物秦可卿之形象勾勒出来。应当说，这是作为一部长篇小说作者的曹雪芹在运笔上的独到之处，非一般人所能攀摹的。

当下秦氏引一簇人来至上房内间，宝玉抬头看见是一幅画挂在上面，人物固好，其故事乃是"燃藜图"这是根据《刘向别传》中的故事所绘制的画图。那故事说，汉代大文人、统纂历代文章典籍的刘向，夜里读书时来了一个黄衣老人，手持青藜杖，吹燃藜杖头上的火种冒出来火苗，照着亮授给刘向许多古书，使他后来成为差不多像清代纪晓岚那样替朝廷纂修了《四库全书》的名人也，心中便

有些不快。又有一幅对联,写的是:

世事洞明皆学问,人情练达即文章此图此联,正与宝玉不爱读书、厌弃仕途的性情相左,故而极力回避。

及看了这两句,纵然室宇精美,铺陈华丽,亦断断不肯在这里了,忙说:"快出去,快出去!"秦氏听了笑道:"这里还不好,往那里去呢?要不,就往我屋里去吧。"宝玉点头微笑。一个嬷嬷说道:"那里有个叔叔往侄儿媳妇房里睡觉的礼呢?"秦氏笑道:"不怕他恼,他能多大了,就忌讳这些个?上月你没有看见我那个兄弟来了,虽然和宝二叔同年,两个人要站在一处,只怕那一个还高些呢。"宝玉道:"我怎么没有见过他?你带他来我瞧瞧。"众人笑道:"隔着二三十里,那里带去?见的日子有呢。"

说着大家来至秦氏卧房。刚至房中,便有一股细细的甜香。宝玉此时便觉眼饧骨软,连说:"好香!"入房向壁上看时,有唐伯虎画的《海棠春睡图》据查,唐伯虎虽是以善绘仕女美人图而著称的画家(明末清初刻劂的《西厢记》中的崔莺莺像,即是出自他手),但他并没有画过此画,作者在这里无非是想用此题目,来渲染秦氏卧房中风流蕴藉的氛围。不过,这一故事倒有出处,在《明皇杂录》中记载:唐明皇召杨贵妃赴宴,侍女扶持强至,而神态恍惚,昨夜酒醉,犹然未醒,帝笑曰:"岂是妃子醉耶,海棠睡未足耳!",两边有宋学士秦太虚写的一幅对联云:

嫩寒锁梦因春冷,芳气袭人是酒香实际上,秦观(字太虚)也并没有写过这副对联,此处也如唐伯虎的画一般,是借题渲染氛围。而且,秦观一向多署名"少游",此处却故意用"秦太虚"三字,目的是让人联想到秦可卿与太虚幻境。

案上设着武则天当日镜室中设的宝镜传说,武则天的妆奁是极其奢华的,她曾在宫中建了一座镜殿,殿内四壁都悬铜镜。人入殿中,四面都可照鉴,一边摆着赵飞燕立着舞的金盘汉成帝皇后赵飞燕,身轻善舞,传说成帝曾造一个水晶盘,让宫人用手托着,飞燕可以舞在盘中,盘内盛着安禄山掷过伤了太真乳的木瓜安史之乱前,杨贵妃曾与安禄山私通,安禄山性起时用指甲抓伤杨贵妃的胸乳。宋代高承写作《事物纪原》时,因手爪的"爪"字与"瓜"字近似,便改写其事为"掷木瓜伤乳"。上面设着寿昌公主于含章殿下卧的宝榻寿昌公主,即南朝宋武帝之女寿阳公主,据《太平御览》中记载,一日,公主卧于含章殿檐下,有梅花落在额上,有人上前用手拂之不去。宫女们喜谈此事,此后,有人故意在睡时撒梅花于额上,人们称之为“梅花妆”,悬的是同昌公主制的连珠帐同昌公主是唐懿宗的女儿,据苏鹗《杜阳杂编》说,她在自己堂中设立一个用珍珠串联起来的帐子,以挡寒气,人们称之为连珠帐。宝玉含笑道:“这里好,这里好!”秦氏笑道:“我这屋子,大约神仙也可以住得了。”说着,亲自展开了西施浣过的纱衾,移了红娘抱过的鸳枕这些都是形容词、修词语,并非真有此物。于是众奶姆伏侍宝玉卧好了,款款散去,只留下袭人、晴雯晴雯这个名字,亦如袭人的名字一样,都是宝玉给改换的,理由可详见【破译四】、麝月、秋纹四个丫鬟为伴。秦氏便叫小丫鬟们好生在檐下看着猫儿打架。

那宝玉才合上眼,便恍恍惚惚的睡去,犹似秦氏在前,悠悠荡荡,跟着秦氏到了一处。但见朱栏玉砌,绿树清溪,真是人迹不逢,飞尘罕到详解见回末所附之【破译二】。宝玉在梦中欢喜,想道:“这个地方儿有趣!我若能在这里过一生,强如天天被父母师傅管束呢。”正在胡思乱想,听见山后有人作歌曰:

春梦随云散,飞花逐水流。寄言众儿女,何必觅闲愁。

宝玉听了,是个女孩儿的声气。歌音未息,早见那边走出一个美人来,蹁跹袅娜,与凡人大不相同。有赋为证:

方离柳坞,乍出花房。但行处鸟惊庭树,将到时影度回廊。仙袂乍飘兮,闻麝兰之馥郁;荷衣欲动兮,听环佩之铿锵。靥笑春桃兮,云髻堆翠;唇绽樱颗兮,榴齿含香。盼纤腰之楚楚兮,风回雪舞;耀珠翠之的的兮,鸭绿鹅黄。出没花间兮,宜嗔宜喜;徘徊池上兮,若飞若扬。蛾眉欲颦兮,将言而未语;莲步乍移兮,欲止而仍行。羡美人之良质兮,冰清玉润;慕美人之华服兮,闪烁文章。爱美人之容貌兮,香培玉篆;比美人之态度兮,凤翥龙翔。其素若何,春梅绽雪;其洁若何,秋蕙披霜。其静若何,松生空谷;其艳若何,霞映澄塘。其文若何,龙游曲沼;其神若何,月射寒江。远惭西子,近愧王嫱。生于孰地?降自何方?若非宴罢归来,瑶池不二;定应吹箫引去,紫府无双者也详解见回末所附之【破译三】。

宝玉见是一个仙姑，喜的忙来作揖，笑问道："神仙姐姐，不知从那里来，如今要往那里去？我也不知这里是何处，望乞携带携带。"那仙姑道："吾居离恨天俗称："三十三天，离恨天最高；四百四病，相思病最苦。"之上灌愁海之中，乃放春山遣香洞太虚幻境警幻仙姑是也。司人间之风情月债，掌尘世之女怨男痴。因近来风流冤孽缠绵于此，是以前来访察机会，布散相思。今日与尔相逢，亦非偶然。此离吾境不远，别无他物，仅有自采仙茗一盏，亲酿美酒几瓮，素练魔舞歌姬数人，新填《红楼梦》仙曲十二支，可试随我一游否？"

宝玉听了，喜跃非常，便忘了秦氏在何处了，竟随着这仙姑到了一个所在。忽见前面有一座石牌横建，上书"太虚幻境"四大字，两边一副对联，乃是：

假作真时真亦假，无为有处有还无再次提到这副对联。它不仅提醒读者们，这里即是甄士隐到过之处，是由他在此处将天上与人间连接在一起的，而且，在此处也将宣告，十二支曲子中所揭示的人物命运的判词，也是亦真亦假，真即是假，假即是真的。人们将它当作实有其事来看也可，当作子虚乌有来看也可。

转过牌坊便是一座宫门，上面横书着四个大字，道是"孽海情天"。也有一副对联，大书云：

厚地高天，堪叹古今情不尽；痴男怨女，可怜风月债难酬。

宝玉看了，心下自思道："原来如此。但不知何为'古今之情'，又何为'风月之债'？从今倒要领略领略作者创设出这一太虚幻境来，立意就是要引领宝玉来"领略领略"风月之情的。"宝玉只顾如此一想，不料早把些邪魔招入膏肓了。当下随了仙姑进入二层门内，只见两边配殿皆有匾额对联，一时看不尽许多，惟见几处写着的是"痴情司"、"结怨司"、"朝啼司"、"暮哭司"、"春感司"、

“秋悲司”。看了，因向仙姑道：“敢烦仙姑引我到那各司中游玩游玩，不知可使得么?”仙姑道：“此中各司存的是普天下所有的女子过去未来的簿册，尔乃凡眼尘躯，未便先知的。”宝玉听了，那里肯舍，又再四的恳求。那警幻便说：“也罢，就在此司内略随喜随喜罢。”宝玉喜不自胜，抬头看这司的匾上，乃是“薄命司”所谓“痴情司”、“结怨司”“朝啼司”、“暮哭司”等，无非皆是天下痴情女子的各种情绪，归结其终，多是落得个红颜薄命的下场，所以宝玉只看“薄命司”中的册子就足够了三字，两边写着对联道：

春恨秋悲皆自惹，花容月貌为谁妍。

宝玉看了，便知感叹。进入门中，只见有十数个大橱，皆用封条封着，看那封条上皆有各省字样。宝玉一心只拣自己家乡的封条看，只见那边橱上封条大书“金陵十二钗正册”，宝玉因问：“何为‘金陵十二钗正册’?”警幻道：“即尔省中十二冠首女子之册，故为正册。”宝道：“常听人说，金陵极大，怎么只十二个女子？如今单我们家里，上上下下就有几百个女孩儿。”警幻微笑道：“一省女子固多，不过择其紧要者录之，两边二橱则又次之。余者庸常之辈，便无册可录了。”

宝玉再看下首一橱，上写着“金陵十二钗副册”，又一橱上写着“金陵十二钗又副册”。宝玉便伸手先将“又副册”橱门开了，拿出一本册来也是采用由远及近、由外及内的手法叙述的，不是打开正册，而是先打开又副册，揭开看时，只见这首页上画的，既非人物，亦非山水，不过是水墨滃染，满纸乌云浊雾而已。后有几行字迹，写道是：

霁月难逢，彩云易散。心比天高，身为下贱。风流灵巧招人怨。寿夭多因诽谤生，多情公子空牵念。详解见回末所附之【破译四】

宝玉看了不甚明白。又见后面画着一簇鲜花，一床破席，也有几句言词，写道是：

枉自温柔和顺，空云似桂如兰。堪羡优伶有福，谁知公子无缘。详解见回末所附之【破译五】

宝玉看了，益发解说不出是何意思，遂将这一本册子搁起来，又去开了“副册”由远渐近一步橱门。拿起一本册来打开看时，只见首页也是画，却画着一枝桂花，下面有一方池沼，其中水涸泥干，莲枯藕败。后面书云：

根并荷花一茎香，平生遭际实堪伤。自从两地生孤木，致使香魂返故乡。详解见回末所附之【破译六】

宝玉看了又不解。又去取那“正册”这才走进正册看时，只见头一页上画着是两株枯木，木上悬着一围玉带；地下又有一堆雪，雪中一股金簪。也有四句诗道：

可叹停机德，堪怜咏絮才。玉带林中挂，金簪雪里埋。详解见回末所附之【破译七】

宝玉看了仍不解，待要问时，知他必不肯泄露天机，待要丢下又不舍。遂往后看，只见画着一张弓，弓上挂着一个香橼。也有一首歌词云：

二十年来辨是非，榴花开处照宫闱。三春争及初春景，虎兔相逢大梦归。详解见回末所附之【破译八】

后面又画着两个人放风筝，一片大海，一只大船，舡中有一女子掩面泣涕之状。画后也有四句写着道：

才自清明志自高，生于末世运偏消。清明涕泣江边望，千里东风一梦遥。详解见回末所附之【破译九】

后面又画着几缕飞云，一湾逝水。其词曰：

富贵又何为？襁褓之间父母违。展眼吊斜辉，湘江水逝楚云飞。详解见回末所附之【破译十】

后面又画着一块美玉落在泥污之中。其断语云：

欲洁何曾洁？云空未必空。可怜金玉质，终陷淖泥中。详解见回末所附之【破译十一】

后面忽画一恶狼，追扑一美女，欲啖之意。其下书云：

子系中山狼，得志便猖狂。金闺花柳质，一载赴黄粱。详解见回末所附之【破译十二】

后面便是一所古庙，里面有一美人在内看经独坐。其判云：

勘破三春景不长，缁衣顿改昔年妆。可怜绣户侯门女，独卧青灯古佛旁。详解见回末所附之【破译十三】

后面便是一片冰山，上有一只雌凤。其判云：

凡鸟偏从末世来，都知爱慕此生才。一从二令三人木，哭向金陵事更哀。详解见回末所附之【破译十四】

后面又是一座荒村野店，有一美人在那里纺绩。其判曰：

势败休云贵，家亡莫论亲。偶因济村妇，巧得遇恩人。详解见回末所附之【破译十五】

诗后又画一盆茂兰，旁有一位凤冠霞帔的美人。也有判云：

桃李春风结子完，到头谁似一盆兰。如冰水好空相妒，枉与他人作笑谈。详解见回末所附之【破译十六】

诗后又画一座高楼，上有一美人悬梁自尽。其判云：

情天情海幻情深，情既相逢必主淫。漫言不肖皆荣出，造衅开端实在宁。金陵十二钗，本是十二人，但正册中却只有十一幅画；元春之后，依序本应叙及迎春，但却将探春提到前面，中间又插上湘云、妙玉，接下来才讲到迎春、惜春，这正是文章的不呆板处，变化波澜处。详解见回末所附之【破译十七】

宝玉还欲看时，那仙姑知他天分高明，性情颖慧，恐泄露天机，便掩了卷册笑向宝玉道："且随我去游玩奇景，何必在此打这闷葫芦？"

宝玉恍恍惚惚，不觉弃了卷册，又随警幻来至后面。但见画栋雕檐，珠帘绣幕，仙花馥郁，异草芬芳，真好所在也。正是：

光摇朱户金铺地，雪照琼窗玉作宫。

又听警幻笑道："你们快出来迎接贵客。"一言未了，只见房中走出几个仙子来，荷袂蹁跹，羽衣飘舞，娇若春花，媚如秋月。见了宝玉，都怨谤警幻道："我们不知系何贵客，忙的接出来！姐姐曾说今日今时必有绛珠妹子的生魂前来游玩，故我等久待，何故反引这浊物来污染清净女儿之境？"

宝玉听如此说，便吓的欲退不能，果觉自形污秽不堪。警幻忙携住宝玉的手警幻仙子也是个风流人物，多情种子，你看她生得如同洛神一般的美貌，说着话就上前携住多情公子的手，可想其温柔狎昵，自然也非同一般了向众仙姬笑道："你等不知原委。今日原欲往荣府去接绛珠，适从宁府经过，偶遇宁荣二公之灵，嘱吾云：'吾家自国朝定鼎以来，功名奕世，富贵流传，已历百年。奈运终数尽，不可挽回，我等之子孙虽多，竟无可以继业者。惟嫡孙宝玉一人详解见回末所附之【破译十八】，禀性乖张，用情怪谲，虽聪明灵慧，略可望成，无奈吾家运数合终，恐无人规引入正。幸仙姑偶来，望先以情欲声色等事警其痴顽，或能使他跳出迷人圈子，入于正路，便是吾兄弟之幸了。'如此嘱吾，故发慈心，引彼至此。先以他家上中下三等女子的终身册籍令其熟玩，尚未觉悟；故引了再到此处，遍历那饮馔声色之幻，或冀将来一悟，未可知也。"

说毕，携了宝玉入室。但闻一缕幽香，不知所闻何物。宝玉不禁相问，警幻冷笑道："此香乃尘世所无，尔如何能知！此系诸名山胜境初生异卉之精，合各种宝林珠树之油所制，名为'群芳髓'。"宝玉听了，自是羡慕。于是大家入座，小鬟仙界也有丫环婢女，看来那里也非平等世界捧上茶来，宝玉觉得香清味美，迥非常品，因又问何名。警幻道："此茶出在放春山纵放春情之山遣香洞遗放香艳之洞天福地，又以仙花灵叶上所带的宿露烹了，名曰'千红一窟'。即千红一哭，喻红颜大都薄命。刘鹗在他的《老残游记》中说："曹雪芹寄哭泣于《红楼梦》……名其茶曰：'千芳一窟'、名其酒曰'万艳同杯'者，千芳一哭，万艳同悲也。吾人生今之时，有身世之感情，有家国之感情，有社会之感情，有种教之感情。其感情愈深者，其哭泣愈痛。""宝玉听了，点头称赏。因看房内瑶琴、宝鼎、古画、新诗，无所不有；更喜窗下亦有唾绒从前女子做针线活时，常用嘴咬断线头，随口吐出，那些线头，便谓之唾线。南唐·李煜的《一斛珠》中有句曰："烂嚼红茸，笑向檀郎唾。"明·杨孟载的《春绣绝句》曰："含情正在停针处，笑嚼红绒唾碧窗"，奁间时渍粉污梳妆盒上还留有脂粉痕迹，脂评本于此处有批语曰："是宝玉心事"，言宝玉的兴趣全在脂粉钗环之间，故而见到唾绒与粉渍便心中欢喜。壁上也挂着一副对联，书云：

幽微灵秀地，无可奈何天。

宝玉看毕，因又请问众仙姑姓名：一名痴梦仙姑，一名钟情大士，一名引愁金女，一名度恨菩提，各各道号不一。少刻，有小鬟来调桌安椅，摆设酒馔。正是：

琼浆满泛玻璃盏，玉液浓斟琥珀杯。

宝玉因此酒香冽异常，又不禁相问。警幻道："此酒乃以百花之蕤，万木之汁，加以麟髓凤乳酿成，因名为'万艳同杯'即万艳同悲，喻群芳皆都是苦命。"宝玉称赏不迭。

饮酒间，又有十二个舞女上来，请问演何调曲。警幻道："就将新制《红楼梦》十二支演上来。"舞女们答应了，便轻敲檀板，款按银筝，听他歌道是：

开辟鸿蒙……

方歌了一句，警幻道："此曲不比尘世中所填传奇之曲，必有生旦净末之则，又有南北九宫之调。此或咏叹一人，或感怀一事，偶成一曲，即可谱入管弦。若非个中人，不知其中之妙。料尔亦未必深明此调，若不先阅其稿，后听其曲，反成嚼蜡矣。"说毕，回头命小鬟取了《红楼梦》原稿来，递与宝玉。宝玉接过来，一面目视其文，耳聆其歌曰：

〔**红楼梦引子**〕详解见回末所附之【破译十九】

开辟鸿蒙，谁为情种金、元时期诗词大家元好问的《迈陂塘》中有句曰："问世间，情是何物？直教生死相许。"该词是吟咏一对双飞雁的，雌被捕杀，雄即自投于地而坠死？**都只为风月情浓。奈何天，伤怀日，寂寥时，试遣愚衷。因此上演出这悲金悼玉的"红楼梦"。**

〔**终身误**〕

都道是金玉良缘，俺只念木石前盟此曲系用宝玉的口气写出的。言其不相信与宝钗的金玉良缘之说，一心只想证明三生石畔神瑛侍者浇灌绛珠仙草时的盟约。再往下边，则皆是钗、黛对比的话。**空对着山中高士晶莹雪**宋人林和靖的《咏梅》中有句曰："雪满山中高士卧，月明林下美人来"，**终不忘世外仙姝寂寞林。叹人间美中不足今方信。纵然是齐眉举案，到底意难平。**

〔枉凝眉〕

一个是阆苑仙葩，一个是美玉无瑕此曲系咏叹宝玉、黛玉两世痴怨情缘的，用的是第三者口吻。若说没奇缘，今生偏又遇着他；若说有奇缘，如何心事终虚话？一个枉自嗟呀，一个空劳牵挂。一个是水中月，一个是镜中花。想眼中能有多少泪珠儿，怎禁得秋流到冬，春流到夏！

却说宝玉听了此曲，散漫无稽，未见得好处；但其声韵凄婉，竟能销魂醉魄。因此也不问其原委，也不究其来历，就暂以此释闷而已。因又看下面道：

〔恨无常〕

喜荣华正好，恨无常又到，眼睁睁把万事全抛，荡悠悠芳魂销耗。望家乡路远山高。故向爹娘梦里相寻告这是用元春病危之时的口气所写的：儿命已入黄泉，天伦呵，须要退步抽身早！

〔分骨肉〕

一帆风雨路三千，把骨肉家园，齐来抛闪。恐哭损残年，爹娘休把儿悬念。自古穷通皆有定，离合岂无缘？从今分两地，各自保平安。奴去也，莫牵连这是用探春临上船远嫁之时的口气写的。

〔乐中悲〕

襁褓中，父母叹双亡。纵居那绮罗丛，谁知娇养？幸生来英豪阔大宽宏量，从未将儿女私情，略萦心上，好一似霁月光风耀玉堂。厮配得才貌仙郎，博得个地久天长，准折得幼年时坎坷形状。终久是云散高唐，水涸湘江。这是尘寰中消长数应当，何必枉悲伤这是用第三人称来咏叹史湘云一生的悲惨遭遇的？

〔世难容〕

气质美如兰，才华馥比仙，天生成孤癖人皆罕。你道是啖肉食腥膻，视绮罗俗厌；却不知好高人愈妒，过洁世同嫌。可叹这青灯古殿人将老，孤负了红粉朱楼春色阑，到头来依旧是风尘肮脏违心愿。好一似无瑕白玉遭泥陷，又何须王孙公子叹无缘这也是用第三人称口气来咏叹妙玉的悲怆一生的。

〔喜冤家〕

中山狼，无情兽，全不念当日根由。一味的骄奢淫荡贪欢媾，觑着那侯门艳质同蒲柳，作践的公府千金似下流。叹芳魂艳魄，一载荡悠悠这是用第三人称咏叹迎春的。

〔虚花悟〕

将那三春勘破，桃红柳绿待如何？把这韶华打灭，觅那清淡天和。说什么天上夭桃盛，云中杏蕊多，到头来谁见把秋捱过？则看那白杨村里人呜咽，青枫林下鬼吟哦，更兼着连天衰草遮坟墓。这的是昨贫今富人劳碌，春荣秋谢花折磨，似这般生关死劫谁能躲？闻说道西方宝树唤婆娑，上结着长生果此曲是用惜春口气，抒写她看破红尘之后的醒悟与理念。因为是自述，故而感念的颇多，所以此曲便较长了一些。

〔聪明累〕

机关算尽太聪明，反算了卿卿性命。生前心已碎，死后性空灵。家富人宁，终有个家亡人散各奔腾。枉费了意悬悬半世心，好一似荡悠悠三更梦。忽喇喇似大厦倾，昏惨惨似灯将尽。呀！一场欢喜忽悲辛，叹人世终难定！它是众多曲子中写得最为生动的一首，寓意极深，哲理性极强，故而许多句子常为人们所引用。曲子是咏叹凤姐的，而所指的，在贾府中又岂止是凤姐一人呢？

〔留余庆〕

留余庆，留余庆，忽遇恩人；幸娘亲，幸娘亲，积得阴功。劝人生济困扶穷，休似俺那爱银钱忘骨肉的狠舅奸兄。正是乘除加减，上有苍穹这是用巧姐口气写成的一首感悟人生的曲子。

〔晚韶华〕

镜里恩情，更那堪梦里功名！那美韶华去之何迅，再休提绣帐鸳衾。只这戴珠冠披凤袄，也抵不了无常性命。虽说是人生莫受老来贫，也须要阴骘积儿孙。气昂昂头戴簪缨，光灿灿胸悬金印，威赫赫爵禄高登，昏惨惨黄泉路近！问古来将相可还存，也只是虚名儿后人钦敬这是李纨发自心底里的一支咏叹调。每一句都是对照着夫早死与儿早逝而写的。"镜里恩情"，是夫死旧恨，"梦里功名，那美韶华去之何迅"，是儿逝新悲，都是叫人难以提起，难以吞咽。

〔好事终〕

画梁春尽落香尘。擅风情，秉月貌，便是败家的根本。箕裘颓堕皆从敬箕裘颓堕，指不能教子治家修业。《礼记·学记》中有言："良冶之子，必学为裘；良弓之子，必学为箕。"其意是，好的冶炼之家的儿子，必须先学会缝补皮袍，因为冶炼时火星常溅到身上烧破皮袍；而好的制弓人家的儿子，必须先学会做簸箕，因为制弓时，削竹削木和皮绳的碎屑，都要用簸箕来收拾。贾敬不能教子修治祖业，以致使家道日益颓败，究其根源，罪过还都在于贾敬的身上，家事消亡首罪宁，宿孽总因情这是用第三人称写秦可卿的，同时也是兼写宁国府的一支曲子！

〔飞鸟各投林〕

为官的家业雕零，富贵的金银散尽。有恩的死里逃生，无情的分明报应。欠命的命已还，欠泪的泪已尽：冤冤相报自非轻，分离聚合皆前定。欲知命短问前生，老来富贵也真侥幸。看破的遁入空门，痴迷的枉送了性命。好一似食尽鸟投林，落了片白茫茫大地真干净！明明说是《红楼梦》十二支曲子，但却演出十四支曲子来；各曲子本是为着演说十二钗的，但开头几首却从宝玉口中说出，这亦正是本书的不呆板处，变化波澜处。

歌毕，还又歌副歌。警幻见宝玉甚无趣味，因叹："痴儿竟尚未悟！"那宝玉忙止歌姬不必再唱，自觉朦胧恍惚，告醉求卧。警幻便命撤去残席，送宝玉至一香闺绣阁中。其间铺陈之盛，乃素所未见之物。更可骇者，早有一位仙姬在内，其鲜艳妩媚，大似宝钗；袅娜风流，又如黛玉指秦可卿兼有宝钗与黛玉之美。正不知是何意，忽见警幻说道："尘世中多少富贵之家，那些绿窗风月，绣阁烟霞，皆被那些淫污纨绔与流荡女子玷辱了；更可恨者，自古来，多少轻薄浪子，皆以'好色不淫'为解，又以'情而不淫'作案，此皆饰非掩丑之语耳详解见回末所附之【破译二十】：好色即淫，知情更淫。是以巫山之会，云雨之欢，皆由既悦其色、复恋其情所致。

吾所爱汝者，乃天下古今第一淫人也。”

宝玉听了，唬的慌忙答道：“仙姑差了！我因懒于读书，家父母尚每垂训饬，岂敢再冒‘淫’字？况且年纪尚幼，不知‘淫’为何事。”警幻道：“非也。淫虽一理，意则有别巧解一个“淫”字，确也为天下之书所无。如世之好淫者，不过悦容貌，喜歌舞，调笑无厌，云雨无时，恨不能天下之美女供我片时之趣兴：此皆皮肤滥淫之蠢物耳。如尔则天分中生成一段痴情，吾辈推之为‘意淫’。详解见回末所附之【破译二十一】惟‘意淫’二字，可心会而不可口传，可神通而不能语达。汝今独得此二字，在闺阁中虽可为良友，却于世道中未免迂阔怪诡，百口嘲谤，万目睚眦。今既遇尔祖宁荣二公剖腹深嘱，吾不忍子独为我闺阁增光而见弃于世道。故引子前来，醉以美酒，沁以仙茗，警以妙曲。再将吾妹一人，乳名兼美表字可卿者详解见回末所附之【破译二十二】许配与汝，今夕良时即可成姻。不过令汝领略此仙闺幻境之风光尚然如此，何况尘世之情景呢。从今后万万解释，改悟前情，留意于孔孟之间，委身于经济古人所说的“经济”二字，乃经邦济世的简化语，非今日所言的财经之类的含意。故而有对联曰：“西汉文章两司马，南阳经济一卧龙”，其意是说，西汉时候有两位文章大家，司马迁与司马相如；南阳地区有一位经邦济世的人才，是号称卧龙的诸葛亮，可见那经济二字，绝不是说诸葛亮是位经济学家之道。”说毕，便秘授以云雨之事，推宝玉入房中，将门掩上自去。

那宝玉恍恍惚惚，依着警幻所嘱，未免作起儿女的事来，也难以尽述。至次日，便柔情缱绻，软语温存，与可卿难解难分。因二人携手出去游玩之时，忽然至一个所在，但见荆榛遍地，狼虎同行，迎面一道黑溪阻路，并无桥梁可通。正在犹豫之间，忽见警幻从后追来，说道：“快休前进，作速回头要紧！”宝玉忙止步问道：“此系何处？”警幻道：“此乃迷津，深有万丈，遥亘千里。中无舟楫可通，只有一个木筏，乃木居士掌柁，灰侍者撑篙，不受金银之谢，但遇有缘者渡之。尔今偶游至此，设如坠落其中，便深负我从前谆谆警戒之语了。”话犹未了，只听迷津内响如雷声，有许多夜叉海鬼将宝玉拖将下去。吓得宝玉汗下如雨，一面失声喊叫：“可卿救我！”吓得袭人辈众丫鬟忙上来搂住，叫：“宝玉不怕，我们在这里呢！”

却说秦氏正在房外嘱咐小丫头们好生看着猫儿狗儿打架，忽闻宝玉在梦中唤他的小名儿，因纳闷道："我的小名儿这里从无人知道，他如何得知，在梦中叫出来？"此即金圣叹批《水浒》时所指出的"草蛇灰线法"。写秦可卿勾引宝玉，却写成警幻仙子授他云雨之法，然后将他推入仙子妹妹可卿房里，她自己犹如《西厢记》中的红娘一般，推莺莺进张生房中后，自己"将门掩上自去"。明明是"宝玉恍恍惚惚，依着警幻所嘱，未免作起女儿的事来"，直到次日，还与仙子妹妹柔情缱绻，但却在醒后呼出可卿的名字来。作者还生怕读者至此尚不解悟，故意点出"可卿"这个小名儿别人都不知道。而宝玉如何得知？这不是自己做谜团，自己破解吗？若不是她在柔情缱绻之中告诉宝玉，宝玉怎知她的小名儿？这亦即书中开篇时两次提到的那副对联："假作真时真亦假，无为有处有还无。"未知何因，下回分解。

破译详解

① 破译一：这是宝钗的第二次出场。前一次，是只出场而未亮相；这一次，则是既出场，又亮了相，详细地描写到了她的品格容貌，言谈举止，行为禀性，以及处世理念和她在众人眼目中的形象和地位。

不过，这两次出场都是在正文论及他事时夹叙出来的。从这样的安排中便可以看出，这是作者有意突出林黛玉是书中之胆，是第一角色，用现在流行的话来说，是"女一号"。宝钗虽亦重要，但总是个配角。这在本书的各首诗词、对联中也可以看出，总是黛玉在前、宝钗在后，从而也可以看出作者的这一总体倾向和意图了。过去，俞平伯等人曾提出宝、黛是"两峰并峙，双水分流"之说，看起来并不那么准确。

不过，为什么曹雪芹能使读者产生两峰并峙这样一个印象呢？那倒是因他具有非凡的写作能力与不同一般的奇巧构思与布局的结果。此书不像一般的通俗传奇小说那样，都把对立面的角色写得愚蠢低能，面目可憎。曹雪芹的这种不同凡响的独到，在其他几部经典名著中亦可看到。例如罗贯中的《三国演义》，他写的几个对抗性人物，都是在智能相当、不见高下的冲突中，甚至在重彩浓墨地渲染配角的活动中，来展现出主角的地位和作用，例如诸葛亮和周瑜、刘备和曹操，等等。作者本意要写出主角诸葛亮，而却偏用许多生动的细节和精彩的笔墨来突出陪角周瑜。你看他写周瑜将兵将将犹如韩信，施谋用计酷似张良，玩弄曹营的高级参谋蒋干如同儿戏，而诸葛亮只在一旁看着，有时揭揭底、帮着支个招什么的，可是在一般的读者心目中，却还是着眼于诸葛亮，倾心于诸葛亮，感情思路总是顺着诸葛亮的行动轨迹走，这就足以证明哪个是主、哪个是陪了。刘备与曹操在青梅煮酒论英雄那段书里，其情景也大都如此。你看那曹操洞鉴天下大势，纵论割据一方的英豪，是何等的雄才大略，高瞻远瞩，而刘备倒只是唯唯诺诺，装聋卖傻，可是就在那装聋卖傻中间，特别是惊雷失箸一瞬间，却突出地显现出了这位更为主角的刘备的地位和作用来。此事，在慧眼人毛宗岗和他的老师——被人称之为“读书种子”的金圣叹那里，都曾明确地指出过，这是作者善于使用“以宾衬主之妙”的手法所致。

② 破译二：此处的描写，几乎完全套用了郑还古所著的《蔡少霞传》。郑文中说，蔡少霞在任泗水县丞时，于县之东南二十余里处买山筑室，清静独处。一日沿溪独行，来到了一个林木茂密、风景如画的地方，不觉困顿睡去，梦中见一褐衣鹿帻人，将他引至一座城郭，但见“碧天空旷，瑞日曈昽，人俗洁净，卉木鲜茂，经历门堂，深邃没测，遥见玉人，当轩独立”。大家看看，这是不是与宝玉走进太虚幻境的情景相似呢？不过，《蔡少霞传》所宣扬的是道家理念，他的那个梦境是他道家修炼入境后的理想境界，而《红楼梦》所创设的太虚幻境，则是情天恨海，是劝诫人们勿妄动风月之情的境界，而实际上却是引诱人们进入风月之境的迷宫。《蔡少霞传》为了让人们信其真，信其有，在文章结尾处还有意作了补叙，说蔡少霞是举人出身，一身文人气质，非江湖术士之流，而且又是在老年岁月里，他一向诚实笃信，由这样一个老年人来讲述他历历在目的梦境，岂有虚妄狂诈之谈。《红楼梦》则又借用身边实有其人的秦可卿为证，而且清清楚楚地呼唤出她从来未对外人讲过的小名儿“可卿”来，让人对于此一梦境，怎么能够不宁肯信其有，信其真，而不愿意信其假，信其无呢！

③ 破译三：这一首赋，显而易见是从曹植的《洛神赋》那里套用过来的。不仅取意相同，就是遣词造句也多有相似之处：例如文中的“云

堆翠髻"，即曹植的"云髻峨峨"；"风回雪舞"，即曹植的"若流风之回雪"；"若飞若扬"，即曹植的"若将飞而未翔"；"将言而未语"，即曹植的"含辞未吐"；"欲止而仍行"，即曹植的"动无常则，若危若安；进止难期，若往若还"。

《红楼梦》中诗词甚多，但不像《三国》与《西游》那样处处见赋，它只在此处用一赋体。这是为什么呢？因为赋体夸张铺陈较多，对于状写真情实感的人物及其心情，并不贴切。用此体，常常会把真的写成了假的，把实的写成了虚的。那么，为什么在这里又用了这么一首呢？脂砚斋批曰："盖此二人（指宝玉与警幻仙子）乃通部大纲，不得不用此套。前词却是作者别有深意，故见其妙；此则不见长，然亦不可无者也。"

但是，此说却难以令人信服。因为，"盖此二人乃通部大纲"，如说宝玉尚可，他是全部小说的核心人物，而警幻仙子在小说中不过是个引领人物，就如同甄士隐和贾雨村一般，所不同的，只是一个在天上，一个在人间；一个是仙子，一个是凡人而已，她，怎能成为"通部大纲"呢？

实际上，作者独于此处用赋，一是受到《蔡少霞传》中赋体《新宫铭》的影响。山玄卿的那一首赋，常被古人称颂说是"唐三百年间，无如此铭者"。才华横溢的曹雪芹见此，岂肯落在他人之后，于是也赋了一首。另一原因，则是受到曹植《洛神赋》的影响，曹植是在夜梦与宓妃幽会之后写成此赋的，他将宓妃想像成洛水女神；而曹雪芹想像中的警幻仙子，也是极富感情之神的，其情其景，正与曹植的梦境相通，故而取意于《洛神赋》之体裁，以抒发其颇为相似的思想感情。

④ 破译四： 这是一首揭示晴雯人生命运的判词。按《说文解字》云：雨雪初晴，曰霁。而霁月呢，则常用以表示人的光明磊落品格的，如"光风霁月"等等。此处的"霁月难逢"，显然是在寓一"晴"字于其内。至于"彩云易散"，则是寓一"雯"字在内。因为，按《解字》之书解释："云呈彩，曰雯"。

至于“易散”一词，又是套用白居易的《简简吟》中的一句话：“大都好物不坚牢，彩云易散琉璃脆。”很明显，这里是在暗喻才情品貌皆都出众的晴雯，其结局，必然是古人常说的“哓哓者易缺，皎皎者易污”。因为，“木秀于林，风必摧之；堆出于岸，流必湍之。”至于下面那两句“风流灵巧招人怨”，“寿夭多因诽谤生”，那是揭示晴雯的一生遭际的，后来书中写到她的那些悲惨故事，便清楚地显示出了这种结局：晴纹因为风流灵巧，就遭到袭人等人的嫉妬，闲言碎语传到王夫人那里去，使晴雯招致被赶出大观园的下场，并因此事而染病夭折，让多情的宝玉空自牵念。

我们前面提出，晴雯这个名字，也是宝玉给改的。何以知之呢？我们知道，她与袭人一样，从前都是老太太身边的人，因为老太太看中了她，才把她与袭人一起，送归了宝玉，正如书中贾母说的：“这些丫头的模样、爽利言谈和针线，多不及她，将来只她还可以给宝玉使唤得。”她在贾母处，定然不叫晴雯，因为老太太那里哪有这样“刁钻”的名字？她那里的丫环，都叫些吉祥喜庆的字，像鸳鸯、琥珀、玛瑙什么的，脂评本第三回回末总评中就说：“此等名号方是贾母的文章。”后来，珍珠给了宝玉，被宝玉给改名为袭人，鹦哥给了黛玉，黛玉给改名为紫鹃。而晴雯在贾母处叫什么呢？书中没有提及，也从来没有人破解过，而我则敢断定，她在贾母处，必然是叫“喜鹊”。何以知之这么准确无误呢？

道理也很简单，贾母处的丫环不管有多少，都只是两类名字：一类是珍珠、琥珀、玛瑙之类；一类便是鸟雀之名，诸如鸳鸯、鹦鹉等等，别无其他。前面说过，珍珠本是贾母房中的大丫环，后赠给宝玉（程、高本写成蕊珠），宝玉给改名为袭人。鹦哥原来也是贾母身边的丫环，黛玉来了贾母赠给黛玉，黛玉给改名为紫鹃。可是在二十九回书中写贾母去清虚观打醮时，随行的丫环又列举了鸳鸯、鹦鹉、琥珀、珍珠之名。可见这个珍珠，定然不是袭人；那个鹦鹉，当然也不是紫鹃，而是贾母另外买来的新丫环。这也证明，贾母就是喜欢这类名字的。而在伶俐喜人且又吉祥可爱的鸟雀中，喜鹊当属头名了。所以晴雯当日在贾母处，排在鸳鸯、鹦哥之后的名字，必是喜鹊无疑。

那么，宝玉为何给改为晴雯呢？理由也很简单，宝玉给袭人改名时，是因为袭人本来姓花，一时间就想起宋代大文豪陆游的那首《村中书喜》的诗来,其中有句曰:“花气袭人知昼暖”(原文是“知骤暖”,雪芹一时含糊,记成了“知昼暖”),因姓及名,因诗成趣,就改为袭人。当晴雯再拨过来时,他自然而然也要换掉那个有点俗气的“喜鹊”的名字。该换个什么比较文雅一点的名字呢?他想了又想,同时,也是自然而然地联想到给袭人起名字时的那后半句诗来。那诗的全句是“花气袭人知聚暖,鹊声穿树喜新晴”。现在,新来的丫环既然名叫喜鹊,她又是随着袭人之后拨过来的,宝玉自然也就用后半句的诗而将喜鹊改名为“晴雯”了。

至于那个“雯”字,是怎么来的呢?前面讲过:“云呈彩,曰雯”,用现在的话来说,就是彩云。陆游诗上说,因为鹊声穿过树林而来,而使诗人感觉到了新晴。而雨后初晴的天空又是什么样子呢?必有彩虹与晚霞之类的彩云。我们完全可以想像得到,爽利言谈而又长得俊俏的“喜鹊”,是一路有说有笑,唧唧喳喳地由贾母那里来到宝玉院子里来的。老远的还未见其人,便已先闻见其声,给人的感觉,特别是给宝玉的感觉,确实就如同听见一阵穿树的鹊声而感到一片瓦蓝锃亮的新晴天空一般。正是由她带来的这一片喜人的鹊声,让宝玉感觉到他所住的院子里亮起来一片雨后的晴空。所以,宝玉便不由自主地联想起陆游的那一句诗“鹊声穿树喜新晴”来,这也完全是触景生情的事儿。等到晴雯来到他的面前,那模样,那风流俊美的形体,能不叫他想到雨后天空中的彩云吗?

有人对此提出质疑,说贾母处的丫环既是多以吉祥可爱的鸟儿命名的,焉知晴雯在贾母处不叫画眉、八哥、杜鹃等名,而偏叫喜鹊呢?回答这个问题也很简单,画眉、杜鹃等鸟名都与雨晴无关,有关的只有这个“鹊声穿树喜新晴”了。

又有的人对晴雯判词的画面“既非人物,亦非山水,不过是水墨滃染,满纸乌云浊雾而已”不大理解,写文章说,如仅指“那些乌烟瘴气的环境而言”的话,那么金钏、司棋、鸳鸯、芳官、茜雪、四儿、尤氏姐妹的生存环境似乎并不比晴雯好,如果她们也有册子的话,其画页是否也只能是“满纸乌云浊雾而已呢”?有人怀疑,说这“似乎难以自圆其说”。那么,这个画面指的是什么呢?毫无疑问,它当然不是指晴雯所处的黑暗环境而言的，而完全是指她的名字是怎样由来的。它是怎样由来的呢？还不是来自于陆游的那两句诗嘛！上一句是“花气袭人知骤暖”，宝玉从中感悟的是袭人之花气来得骤然；同样，而由穿树鹊声所感到的新晴，也会去之甚速的。由晴至不晴（谐音情、不情），亦正是天道之常，古人亦曾无可奈何地说，“人有悲欢离合，月有阴晴圆缺，此事古难全”嘛。所以宝玉在陆诗的“晴”字后面加上一个“雯”，正是在说明“彩云易散”之义，即白居易之诗中所言：“大都好物不坚牢，彩云易散琉璃脆。”请大家仔细思之，新晴的彩云一散，可不就是一片“乌云浊雾”了吗？

霁月，是难逢的；而彩云呢，又是很容易飘散的，到得头来，还不都是蒙混一片的乌云浊雾吗？

⑤ **破译五：**这是揭示袭人命运的一首判词。袭人一向是以温柔和顺而为人称道，也因此深得贾母、王夫人的喜欢。词中的“似桂如兰”，是指她的名字之由来。宝玉因为她姓花，便从陆游的诗句“花气袭人知骤暖”，为她改名袭人。后来写宝玉在可卿房中睡觉时，见到墙上挂有秦太虚写的一副对联：“嫩寒锁梦因春冷，芳气袭人是酒香”，也提到了“袭人”。这副对联实际上并非秦太虚所写，而是作者自拟的，可见，曹雪芹甚是喜欢“袭人”二字，从而也便将此二字赋予给他所喜爱之人的身上了。说到桂花和兰花，则都是花中香气最浓的，特别是在强烈阳光的日晒之下，所以将花袭人比作似桂如兰，自然更为贴切。但是一个“枉自”和一个“空云”，却把她的这些好处都推翻了，因为，她后来改嫁给艺名“琪官”的戏子蒋玉菡，便同宝玉的缘分中断了。而画面上又说是：“一簇鲜花，一床破席”，鲜花指她的姓，席是指她的名袭人；而曰“破”者，则是讽喻她不能从一而终，尽管改嫁后的袭人依然对于宝玉一心朴实地关怀与眷恋，而琪官又是宝玉情义相投的知己好友，但不管怎么说，在宝玉的心中总是有块抹擦不掉的阴影。

在这“又副册”中，是晴雯打头，袭人排在其次，这就如同写黛玉与宝钗的笔墨一样，在相对应的一对人物中，宝玉的心中还是更有所偏爱的，又所侧重与突出的，他所偏爱的是晴雯，而不是袭人。

⑥ **破译六：**这是揭示香菱命运的一首判词。香菱的名原为英莲。莲与荷，都生于池塘之中，根连茎并，所以说“根并荷花一茎香”。“平生

遭际实堪伤”一句，比较容易理解。而对于“自从两地生孤木”一句，因脂评本上有明确的提示，说是“拆字法”。什么叫拆字法呢？拆字法就是将一个字的组成部分拆解开，或者是将已拆解开的组成部分再组合起来，再按新组装成的字义来理解。单就这句“两地生孤木”来说，它一边是两个“土”字垒到一起，成为一个“圭”字；另一边是个孤独的“木”字。两边合到一起，便是一个“桂”字，暗喻薛蟠之妻夏金桂。她对香菱百般虐待，使得香菱如同八十回正文中所说，“内外折挫不堪，竟酿成干血之症，日渐羸瘦，饮食懒进，请医诊视服药亦不效验”。因此，在戚序本的八十回回目中就标题曰：“娇怯香菱病入膏肓”，可知香菱因此而病逝，只落得个香魂返归故乡了。高鹗不愿意用此凄惨的结局，改写成夏金桂在汤里下药，要毒死香菱，结果倒是作茧自缚，自己误食而丧了命。事后，薛蟠将香菱扶了正，还生了一个儿子。这是续作者有意更改原著之本来立意的最明显之处。在这里，高鹗是套用了古典传奇小说中的“天理昭彰，自害其身”的路数，迎合了一般读者皆喜欢大团圆结局的心理。

⑦ **破译七：**这是揭示金陵十二钗中两个最重要人物黛玉和宝钗命运结局的一首偈子。“可叹停机德”，是说薛宝钗的才德。文中借用了乐羊子妻的典故。据《后汉书·列女传》所载，乐羊子远去他乡拜师求学，不及一年就返回家来，妻跪问其故，他不以为然地说，也没什么大的原因，只是因为想家就回来了。妻子立即拿刀割断了织机上的绢，羊乐子大惊，忙问何以至此。妻曰：“此织生自蚕茧，成于机杼。一丝而累，以至于寸，累寸不已，遂成丈匹。今者断斯织也，则捐失成功，稽废时月。夫子积学，当日知其所亡，以就懿德。若中道而归，何异断斯织乎?”乐羊子听了大悟，立悔其过，翻然归去，就学七年不返。书中，薛宝钗也经常用善言柔语，劝导宝玉攻读学业，考取功名，似有羊乐子之妻的懿德。

“堪怜咏絮才”，是说林黛玉的才华，这里也借用了历史上的一个典故。东晋时，宰相谢安在家中聚宴，天适大雪，谢安一时兴起，出口吟诗道：“白雪纷纷何所似”，他的侄子谢朗立即对曰：“撒盐空中差可拟。”谢朗的妹妹谢道韫接过来说：“未若柳絮因风起。”谢安听了大加赏识，座中之人也都交口称赞。后来人们都用“咏絮才”来形容才女。《红楼梦》中，林黛玉每次在诗社中行吟，都是争魁夺冠的，其才，当然不下于谢道韫。

但是这两句判词的前边，都加上了"可叹""堪怜"的哀叹之语，这便预示着她俩空有才德而无有命运，最终都落得个悲金悼玉的可悲可叹下场：林黛玉是在树上悬梁自尽的，薛宝钗是在家败之后，病故葬身于雪野荒丘的。

对于这一判断，广大《红楼》爱好者乃至一些红学专家，都是万万不能接受的。因为，如此美好的、天上难找地上难寻的一对才貌双全女子，怎么会落到这样凄而且惨的境地呢？于是许多人便从书中后面的诗词、对联、灯谜、酒令，乃至于人物对话之中的只言片语去寻找埋伏、线索，千方百计、千辛万苦、千折百回地去寻找端倪，借以证明林黛玉绝不是这么死的。最后，竟有人从七十六回"凹晶馆联诗悲寂寞"中的黛玉与湘云联句里找到一句"冷月葬诗魂"来，想以此来证明林黛玉是死于水中的，而且不是投湖而死，而是一步步走到深水之中淹没的。这位好心的人让才女林黛玉如此这般地死去，固然是十分凄美，足慰痴迷读者的一片深情。但是，想像却代表不了残酷的现实，一句联句的诗，怎能就预兆黛玉是如此凄美地死去呢？应当说，书中的那些诗词都是作者抒发对于当时当地、此情此景的感受而写的，就是如此，你要求作者所写出来的诗句句都十分美好尚且不能，你还能够要求他在每首诗中都埋伏下那么多的潜词和谶语吗？如是那样的诗词，就断然不是什么美好的诗词，而是星占家和《推背图》作者的模棱两可、似是而非的辞令而已。试看那一类著作中的谶语和偈词中，有哪一首是像样的、意境非凡、朗朗上口的好诗呢？其中，当然也包括《红楼梦》中的这些作为偈子写的判词在内，从严格意义上来说，他们都是不能叫作诗的。

至于仅仅根据联句中的一句"冷月葬诗魂"（也有的本子是写作为"冷月葬花魂"的，但其意境都是一样），便为黛玉设想出那样一幅凄美动人的受难图来，就更是以美好的想像来代替冰冷的现实了。

原来，黛玉的那句诗是接湘云的"寒塘渡鹤影"而作的，她在吟沉了良久之后才想出来这样一个好对子。湘云的那句诗，是套用杜甫《和裴迪登新津寺寄王侍郎》一诗中的两句话："蝉声集古寺，鸟影渡寒塘。"此外，还借用了苏轼《后赤壁赋》中"适有孤鹤，横江东来"的境界。前人的这一诗一文，已是世人尽知的脍炙人口之佳作，湘云巧妙地搬用到她们恰好似在东坡文章意境的再现场景中来，自然是十分贴切的，而且意味隽永，所以黛玉称赞："何等自然，何等现成，何等有景且又新鲜"！这一下子，也把素有才华的林黛玉给难住了，她必须从也有古意、古趣的诗词中去遣词炼句才能对上。所以她想了好久，才从元代散曲大家乔吉（这位散曲大家恰巧又号笙鹤翁）的作品《红绣鞋·书所见》"凉风醒醉眼，明月破诗魂"中套用过来一句。应当说，这是最优美、最贴切、也最为相关联的一副对联了。难怪湘云拍手赞道："果然好极，非此不能对。好个'葬诗魂'！"后来，连在栏外山石后面偷听的妙玉，也赶快走出来说："好诗，好诗，果然太悲凉了，不必再往下做。"

试想，作者在这长达三十五韵的中秋即景联句诗中，能作出如此绝好的诗句来，已属相当的不容易了，你还叫他在每一句诗中都衔上伏线，埋下谶语，设计好黛玉日后的悲凉凄美的死法，那不是痴人说梦吗？

至于作为揭示金陵十二钗命运的判词，可就不同了。它本就是采用佛教中唱词偈子的形式写出来的，虽然也有平仄和韵脚的诗词格律，但那只是为了唱颂方便，便于记忆，它是以揭示和预兆方式进行说理和叙事为主的，无及于诗的意境等方面的要求。作者用偈子的形式写出金陵十二钗的判词，而且放到太虚幻境这样一座天上宫阙里展示出来，不就正是为着揭示这些人物的命运吗？作者不在这里揭示，还能埋伏在后面的诗词、酒令中去吗？

还应当提示一下的是，这个偈子又与稍后的那十二支《红楼梦曲》不一样。那些曲子，虽然也是在揭示人物的命运，但它大都叙述这一劫数的苦难历程和对这一苦难历程的咏叹与评论；而前边的这十二首偈子，则是直及人物命运结局及其最终结果的。因为偈子用的都是四句话，不容其旋转回折，所以只能直接揭示其最终结局。因此，"玉带林中挂，金簪雪里埋"，只能是揭示宝、黛的最终命运：黛玉悬挂树上，宝钗葬身冰雪之中。除此之外，别无他意。大家还可以看看脂砚斋在这两句话后面的批语："寓意深远，皆生非其地之意。"林中挂与雪里埋，"皆生非其地"，反过来说，也就是她们必"死于其地"了。

⑧ 破译八：这是一首揭示元春死于寅卯二年相交时刻的偈子，所以

前边我说，用偈子写成的金陵十二钗判词，都是直接揭示出命运结局的。

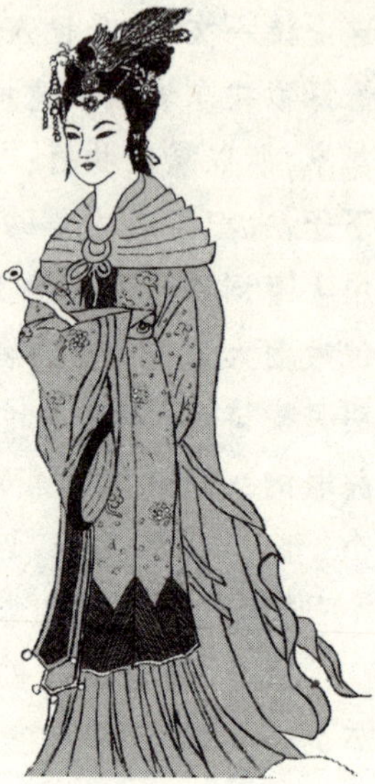

画面上一张弓与弓上的香橼，是曹雪芹用语的一惯手法，即采用谐音形式。弓，代表宫、宫廷的意思；橼，代表缘和元。那意思是说，元春有宫廷中的缘分。她因贤孝才德，被选进宫中作女史，后晋封为凤藻宫尚书，加封贤德妃。判词中说"二十年来辨是非"，是指元春二十岁进宫，死年四十三岁，生活在宫中的二十多年，而非像有些人解释的那样，是指她进宫前二十多年的岁月而言的。这二十多年来，她在那权力争夺得最激烈的地方，阅尽了天上、人间的各种是与非，所以才有此句。第二句"榴花开处照宫闱"，是说她的才德如同石榴一般火红，光照皇家后廷宫闱。"榴花"是借用《北齐书·魏收传》中一段故事：北齐安德王高延宗称帝，把赵郡李祖收的女儿纳为妃子。一日，延宗皇帝到李家赴宴，祖收的妻子宋氏献上一对石榴祝贺，诸人都不解其意，祖收对皇帝说："石榴房中多子，王新婚，妃母欲子孙众多。"帝大喜，重赏李家。

"三春争及初春景"，是说迎春、探春、惜春三姐妹，都不如元春（初春之意）的命运好，享受到那么高的荣华富贵。"虎兔相逢大梦归"，表明她在寅虎年与卯兔年相交之时魂归故里。高鹗在续写后四十回时，倒是抓住了原作的意思，具体地写道："是年，甲寅年十二月十八日立春。元妃薨日，是十二月十九日，已交卯年寅月，存年四十三岁。"但他只说对了一半。按照中国的农历计算，从立春之日起，即算一年结束过渡到下一年里，不必等除夕之夜来个"一夜连双岁，五更分二年"了。十二月十八日以前是甲寅年，亦即是虎年，而到了十八日立春那一时刻，便过渡到了乙卯年，亦即是兔年了。设若当年的立春是十八日亥时三刻，那么，在这时刻之前都算虎年，而一旦过了这个时辰，就已算是兔年了。设若元春是在十九日凌晨前后逝去的，正好就是虎年与兔年相交的时刻。这是高鹗说对了的地方；但他紧接着又补上了一句"已交卯年寅月"，则是背离了作者原意。用兔年与虎月相交,来说明"虎兔相逢",不仅是颠倒了顺序,将虎兔相交变成了兔虎相交,而且,用年、月相交来解释也太宽泛了。一年之中,虎兔年月和年日、月日相交的机率太多,不能作为扣子放在偈子里。

还有人根据己卯本和梦稿本(请注意,不是最早传抄下来的甲戌本),那上面写的不是"虎兔相逢",而是"虎兕相逢",便认定此语是兆示着两股凶恶势力的争斗(《论语》中有句:"虎兕出于柙,龟玉毁于椟中,是谁之过与?")危及于深宫中的元春,以至于她死于非命(其目的,在于演义出《红楼梦》乃是一部政治斗争小说,为续写后四十回书中宫廷政变大打出手制造根据)。遗憾的是,此说未免过于牵强!一是诸本,特别是注有甲戌年脂砚斋批评的本子上,都写的是"虎兔",而不是"虎兕",兕与兔字形相近,以后抄错了自是难免的事,所以到了庚辰本时又恢复了"虎兔"字样。第二,《红楼梦》自一开篇起,就宣称此书决不谈政治(实际上也谈政治,只是仅从正面谈皇恩是如何之浩荡),绝无"讪谤君相,或贬人妻女,奸淫凶恶"之事,他怎么会在此最为玄关紧要之处,埋伏下朝廷或后宫中两股凶恶势力争斗致死之事呢?怎敢借此以影射雍正称帝前后诸王之间乃及于后妃之间的争权夺势之事呢!若如此,在乾隆初年那样严酷的文字狱中,曹雪芹便会因有此书再一次地被抄家、下狱,甚至于砍头伤命之事也会有的。而且,乾隆从其八皇子永璇之处搜到《红楼梦》一书,携回后宫后详观,判定是"宰相明珠家事",那就是说,书中没有一处是影射朝廷之事的。

⑨ **破译九:** 这是预兆探春嫁给海外藩属一去不回的判词。因为,画面上有人放风筝于海面上,风筝一旦断线,就将一去不回。而且,探春在第二十二回"制灯谜贾政悲谶语"中,也把自己所制的"风筝"谜面,说成是:"游丝一断浑无力,莫向东风怨别离。"致于画面上那两个放风筝的人是谁,没准儿就是赵姨娘和贾环。他们痛恨她一心想攀高枝、一头栽在王夫人怀里,连自己生身母亲与亲娘舅都不认的绝情。而对于贾环,她更是绷着脸硬性地给扣去学杂费,对此不尽人情之事,他们是耿耿于怀,难以下咽的。后来趁着贾府势力日渐消减、亟需与海外势力绊结姻亲关系以增强经济实力之时(作为贾府原型的江宁织造署,一向是将海

外丝绸与珍贝等物的贸易，视作最为紧要之事的)，他们二人便极力在王夫人等权势人物前后，怂恿嫁出才貌双全的探春以缓解贾家的颓势。高鹗在后四十回续作中，不愿将贾家颓败写得过于凄惨，便将一去不回的探春改写成为光彩荣耀地回家探视，这也是违背了作者原意的。

⑩ **破译十**：这里揭示了史湘云婚后不久就丧夫守寡的悲剧命运。画面上的“几缕飞云，一湾逝水”，正是后面《红楼梦曲·乐中悲》中所说的“云散高唐，水涸湘江”。史载，舜在湖南逝去后，他的两个妃子娥皇与女英赶奔过去，在湘江上痛哭，以泪染青竹成斑。另据宋玉《高唐赋》上说，楚怀王游高唐时，有女子自荐枕席于左右，怀王幸之之后问她，来自何处，将去何方？女子回答说：“妾在巫山之阳，高丘之阴，旦为朝云，暮为行雨，朝朝暮暮，阳台之下。”作者借用这两个典故，全是为着预兆湘云婚后夫妻不能长久之意。至于怎么个不能长久？有人说是离异，有人说是病逝。而从“湘江水逝”这一典故来看，那是讲二妃哭夫的，故而预兆夫丧的含意更为准确。

而且，“展眼吊斜晖”的含意也很明显，就是说湘云婚后一展眼的工夫，就面对着坠落下去的夕阳。按《易经》上来说，日为阳、为君、为夫。斜晖，正是象征其作为丈夫的太阳落下山去了，这不是说她很快就死去了丈夫，还能是什么呢？

⑪ **破译十一**：这是预兆妙玉最终陷落于污淖烂泥之中的悲惨结局的判词。因为，“美”与“妙”，是一个对应的词组，美玉相应的就是妙玉。画面上那“一块美玉”，正是洁净成癖的妙玉的写照。佛家视梵境为“伽蓝净土，理绝嚣尘”；妙玉带发修行，本是为着走进净土的。佛家又认为，“色不离空，空不离色，色即是空，空即是色。”只有空，才是天地万物的本体，而色相之类的事物，不过是万物本体——空的瞬息生灭的表象。妙玉皈依佛门，即是走进空门。但她的“欲洁”也好，“云空”也好，最终都未能得愿，而且正好相反，偏偏落

入到最不干净的淖泥之中。

⑫ **破译十二**：此词揭示了迎春嫁与有着中山狼一般狼心狗肺的丈夫孙绍祖后倍受欺凌、不堪忍受折磨而致死的悲惨结局。

在大观园中，数这迎春最为命苦的了。她因为不是邢夫人生的，得不到母爱，而父亲贾赦又是个没心没肺的人，只知自己"高乐不了"，贪恋美女，玩弄古董，根本没将女儿放在心上。后来，可能就是因为欠了孙绍祖的赌债，或是因为倒腾古玩栽在那个孙绍祖的手里，欠了人家五千两银子，才糊里糊涂地将女儿嫁给了这个流氓。正像第八十回书中孙绍祖说的，"你老子使了我五千银子，把你准折卖给我的。"贾母因为不疼贾赦，因而也不甚疼爱这个孙女，她的地位不仅低于探春，甚至连外姓的那些亲戚，像黛玉、湘云等都不如。与宝钗就更是没法比了，宝钗有豪富的母亲为其充分供应，虽然是居住在大观园里，但那只不过是客情而已，何况还有当权的姨妈王夫人的照应，因之宝钗的优越地位，是众姊妹中谁也比不上的。在贾府中，谁不是看着贾母眼色行事的，众人见到贾母那样冷淡迎春，上上下下的人谁还能够对她格外地亲热呢？因此上，这不能不养成她的孤僻冷落、怯懦木讷的性格，连仆人都在人前人后地叫她"二木头"。这样一个木头人，在贾府里还能有什么作为？她的日常起居，无非是随帮唱影地随着众姐妹到贾母那里请个安，余下来的时间则只有闭缩在自己的小天地里而已。

及至嫁出去受了孙绍祖的百般虐待，回家后哭得泪人似的，竟无一人出头露面帮她想法儿出主意脱离那个苦海。只有宝玉两夜没睡想出了个主意："咱们索性回明了老太太，把二姐姐接回来，还叫他紫菱洲住着……等他来接，咱们硬不叫他去。由他接一百回，咱们留一百回，只说是老太太的主意。"王夫人不单不采纳，还千方百计压制宝玉不准说出去，说若是让老太太知道了此事，定然拿你问罪。结果是大家都眼睁睁地看着迎春跳进火坑，见死不救。实际上迎春这条命，还不都是死于王夫人等人的袖手旁观吗？按理说，以荣、宁两府的威威赫赫，上有皇亲国戚的气派，又有贾母那样权威人物出面做主，留住迎春在家里住上三年五载，孙绍祖是不敢怎样造次的。宝玉出的本是个好主意，却被王夫人以你"混说的是什么"给压住，这从某种意义上来说，王夫人倒是害死迎春的真正帮凶。

相同的情况下，同时代人袁枚(《随园诗话》作者，曾经自称大观园是以他家的随园为原型而写成的)之三妹妹袁素文的遭际，也同迎春的情况差不多。她自幼许配给江苏如皋的富豪高家，丈夫对她百般虐待，鞭挞凌辱，让人不堪忍受，后来袁家知道了情况，设法帮助她摆脱苦难，去官府起诉，获得了离婚判决。大归后，她就长期住在娘家，帮助兄嫂料理家务。死时，大才子袁枚还专门为她写了一篇感人的《祭妹文》(事见《小仓山房文集》)。由此可见，迎春的悲剧不是不可挽回的，而是贾府的权势人物见死不救。他们是有意不为的，而不是不能为的！

⑬ 破译十三：这是预兆惜春看破三个姐姐到头来都是一场悲凉结局而断然削发为尼的偈子。

所谓"缁衣"，一般是指僧、尼们所穿的紫而浅黑的布衣而言。仅仅是出家为尼，身着缁衣，还看不出惜春后来有什么悲惨结局。但在二十二回"制灯谜贾政悲谶语"中，脂评本中有批语说："公府千金至缁衣乞食，宁不悲夫！"依据此语，想是贾府被抄家后，惜春原在大观园栊翠庵里修行的住处，也被官府抄没了，她只能流落街头，过着化缘乞食的"苦行僧"生活。晚年的悲凉境况，亦同被她勘破三春的三个姐姐相似，甚至比他们更惨。续作者高鹗不愿写得这样凄惨，故而说栊翠庵并没有被抄没，还叫她住那里修行，还有一个带发修行的丫环紫鹃侍候着她。

⑭ 破译十四：这是揭示王熙凤最后被贾琏休弃哭回金陵娘家里去的一首判词。王熙凤是贾府中非同小可的一个重要人物，她的命运结局更是人们关注的焦点，但是由于第三句"一从二令三人木"是采用了一个拆字法，人们一时难以解透，便出现了多达二十余种的分歧。

按说，香菱的偈子中也有拆字法，可是人们几乎没有任何歧议，一下子都认同那个"自从两地生孤木"是个"桂"字，因为曹雪芹在七十九回"薛文起悔娶河东吼"中就已写到夏金桂过门后对香菱的种种虐待，而王熙凤悲惨结局在前八十回中还一句未提，也未见任何端倪影子，仍在一片热气腾腾的红火之中。有些人因为轻薄高鹗的续作，故而皆都不愿意、也不能同意他对王熙凤所安排的命运结局，于是，便千方百计地要在这"一从二令三人木"的一句话中，找出她归宿的另外论证来。有些人甚至将顺序词“一二三”也当作笔划，加到他们煞费苦心所拼凑的文字中。将“一從”（“从”的繁体字）拆解为五个“人”、一个“卜”、一个“一”字，将“二令”解释为“冷”（二，变成了两点水），将“三人木”解释为“秦”字。这样的劳心费力，苦思冥索，拼凑起来的字还是差强人意，或者不客气地说，还是牵强附会。道理很简单，那个“二”，本来是两个横，怎么会变成两个点呢？“三人木”合起来，只能是个“秦”字，同“秦”字比，还欠一撇呢。将心比心，如果你是作者，你能够作这样啰里巴唆而又牵强附会的扣子吗？你能作这样上不着天、下不着地、费力不讨好的拆字法吗？

实际上，这从判词前边的那幅画上，即可得到破解。画上是“一片冰山，上有一只雌凤”，想那凤凰（虽然是个雌凤）立在高高的冰山上（虽然是座冰山，正如《资治通鉴·唐玄宗天宝十一年》书上，有人将宰相杨国忠比作一座冰山时所说：“若皎日既出，君辈得无失所恃乎?”），但在冰山尚未融化之前，她自然是高高在上，发号施令的。因此，这“一从二令三人木”，只能破解为王熙凤的命运三部曲：第一阶段是跟从王夫人，奉承贾母，讨得上下人等的欢心，接过来管家的大权；第二阶段是发号施令，作威作福；第三阶段是种种劣迹败露，无地自容，被贾家给休弃了，哭着回到金陵娘家去，犹如万丈冰山溶解，颓然倒下。这也正如她的《红楼梦曲·聪明累》中所说：“枉费了意悬悬半世心，好一似荡悠悠三更梦。忽喇喇似大厦倾，昏惨惨似灯将尽。”待到冰山倒了，她的三更梦也就醒了！

⑮ 破译十五：这是揭示巧姐未来命运的一首判词。联系到《红楼梦曲·留余庆》一段，便十分明了易懂，也很容易破译。

贾家被抄后，不仅权势败落，而且有些忘恩负义的亲戚朋友也来趁势投井下石，趁火打劫。贾雨村便是这样一个人，贾家势在之时，他借重贾家势力向上攀爬钻营；贾家被抄，他为了洗清自己，又暗中狠踢了贾家两脚。巧姐的舅舅王仁也是这样的一个人。他趁着贾府抄没时候全部家眷羁留在寒窑破庙之内的慌乱之际，伙同贾菖、贾菱二人，用蒙汗药迷住了巧姐，然后偷着将她拐出去，私卖到烟花巷里。正巧为刘姥姥所遇见，将她赎买出来带回家中，后来嫁给了刘姥姥的外孙子板儿，成为男耕女织的一对农村夫妇。这从判词前面那幅“一座荒村野店，有一美人在那纺绩”的画中就可以看出。另外，在“刘老老一进荣国府”那一回书中，写巧姐要板儿手中的柚子时，脂评曰：“小儿常情，遂成千里伏线。”“柚子又香又圆”，圆与缘通，都暗示着巧姐与板儿的千里姻缘一线牵的缘分。实际上，这也是她母亲当年济困扶贫赠给刘姥姥二十两银子所积得的一点阴功的报应，所以她那首曲子的名字就叫《留余庆》。但是续作者觉得这样安排结局还有些不够味儿，总觉得让一个侯门之女做个村妇寒伧了一些，所以便改写成将她嫁到“家资万贯的周姓财主家里做了儿媳妇”，当然这也莫要全怪他高鹗，一个人的思想总带有一份时代的偏见嘛！

⑯ **破译十六：**这是一首揭示李纨一生遭遇不幸、一直沉浸在青春丧偶、晚年丧子的悲惨命运之中的偈子。

第一句“桃李春风结子完”，是直接点出她的名姓李纨来；第二句“到头谁似一盆兰”，是说到得头来，荣、宁二府之中谁似贾兰那样“头戴簪缨”、“胸悬金印”、“威风赫赫”犹如一盆盛开的兰花一般？可是儿子却禄高命短、“黄泉路近”，不久便夭逝了。这些词儿都是在《红楼梦曲·晚韶华》中说得明明白白的。李纨虽然由于儿子当了大官，得以诰命加身，成为画中所描绘的“一位凤冠霞帔的美人”，但是，荣华与凄冷转化得很快，犹如地上的冰与水随时转化一般，冰转眼就消融成水，水亦会转眼结成冰。人们对于那豪华荣耀也不要那么眼热，休要看人家荣耀时妒嫉，看人家冷落时恶语相讥。最后一句“枉与他人作笑谈”，就是说李纨忽地荣耀，忽地失落，也成了人们笑谈的话把儿，讥笑她是命中克夫克子的丧门星。

⑰ **破译十七：**这是一首揭示秦可卿悬梁自尽的偈子。第一句“情天情海幻情深”，是说秦可卿所处的环境是一片情天情海，亦即太虚幻境宫门匾额上所书的“孽海情天”。“幻情深”，在甲戌本中是“幻情身”，意即她是太虚幻境中的风流冤家幻化人身降落于人世的。警幻仙子将她的妹妹乳名可卿者许配给宝玉，那也就是秦可卿的幻影。仙子“授以云雨之事”，正是秦可卿引诱宝玉，将一位宝叔叔领进自己满是风流韵

事的绣房里去睡觉,这不是用云雨之事来垂钩引诱,还能是什么?后两句“漫言不肖皆荣出,造衅开端实在宁”,这里多少有些是为宝玉自身开脱之意。在第三回两首《西江月》的赞咏宝玉之词中,有两句“有时似傻如狂。纵然生得好皮囊”、“于国于家无望”的话,那是他自谴自责,是说自己因迷醉风月而误国误家。而在这里,他又进一步揭根刨底,清楚明了地指出:不是一切不肖之事都是出在荣国府,出自于他的身上;而始肇此事者的祸根,则是出于宁府。这就难怪宁府家人焦大趁酒撒疯时大骂宁府:“每日偷狗戏鸡,爬灰的爬灰,养小叔子的养小叔子”!这两件事指的都是秦可卿。养小叔子,一般的人都认为指的是宝玉,我不能同意此说。一则宝玉此时年纪还小,只有八岁;二则他是叔辈,而不是小叔子。那么,这个小叔子是谁呢?我认为是贾蔷。请看第九回群儿闹学一段书中所言:贾蔷“从小儿跟着贾珍过活,如今长了十六岁,比贾蓉生得还风流俊俏。”“宁府中人多口杂,那些不得志的奴仆,专能造言诽谤主人,因此不知又有什么小人诟谇谣诼之辞。贾珍想亦风闻得些口声不好,自己也要避些嫌疑,如今竟分与房舍,命贾蔷搬出宁府,自去立门户过活去了。”这不明显地说贾蔷住在宁国府里时,与内眷有些不干净的事风言风语传出去,才被撵出去的吗?而那次学房中大打出手,也是他见秦可卿弟弟受了委屈,为了护着秦钟,才设计将茗烟等人煽动起来的。至于那个爬灰的人,无疑指的便是贾珍了。

根据脂评本书中的评语说,原来《红楼梦》第十三回的回目叫作“秦可聊淫丧天香楼”,书中描写了贾珍与儿媳妇秦可卿私通之事,内中还有“遗簪”与“更衣”等细节(其实,这些细节在《西厢记》中皆有),后来事情败露,秦可卿无地自容,悬梁自尽。作者本来是这么写的,但在脂评本上却透露说,有人向曹雪芹进言:“老朽(批者)因(秦)有魂托凤姐贾家后事二件……其言其意则令人悲切感服,姑赦之,因命芹溪删去。”又有人说,曹雪芹接受这位批者的意见,为秦氏隐讳,删去天香楼一节,大约有四五页,二千余字的篇幅。这样一来,就使全书出现了一块天大的漏洞,一是短了四五页,二是书中所书的因病而死与判词的悬梁自尽完全不同。但这漏洞是怎么产生的呢?根据我的判断,它必不是出自整体上构思得如同仙女织锦一般、遣词造句字字如同珠玑一般的大手笔曹雪芹之手。他是决不会糊里糊涂地听人一句话，就将几近半回的文字，囫囵吞枣地给齐刷刷砍掉，而对判词与曲子却丝毫不加改动，弄得满目刀痕斧迹，漏洞百出，变成了今日这个模样的。曹雪芹做了这样的埋伏，自有他自己的道理，绝不是受人一句话就办了这糊里糊涂的事。具体的原因如何，我们将在秦可卿命丧的第十三回书中，做进一步的详细剖析。

⑱ **破译十八：**此句再一次申明，贾宝玉是荣国府中"惟嫡孙宝玉一人"的。那么，其余的人呢？贾琏、贾环等人都不是嫡孙吗？还有那日后光宗耀祖的贾兰、贾菌等人呢？所有这些地方，不能不叫人想到，曹雪芹实是曹颙的遗腹子，是曹寅与其妻李氏的嫡孙子；而其余的人，诸如曹頫和同他一起进到织造署里来的曹颀，以及他们所生下的孩子们，都不能算作为贾母（影射李氏）的嫡系。虽然，曹頫过继给李氏，照名义上来说也是李氏的儿子，他生的儿子也是李氏的孙子，但在感情上，李氏并不能接受。为此，书中特写贾母对宝玉是如何如何的偏爱，从小就让他住在自己身边，而不是住在其母、贾政之妻王夫人的身边，这其中必有着一层不可言喻的理由。书中写贾政对于宝玉一直看不上眼，甚至因为宝玉收留戏子琪官一事，对他大加鞭笞，并且扬言要用绳子勒死，这也不是毫无感情上的依据的。正因为有此种种，吓得宝玉以后见到贾政就如同耗子见到猫一般；也因为如此，才闹得贾母要与贾政断绝关系，声言要携带宝玉回南去。这一招是很厉害的，吓得贾政连忙赔不是，从此以后，确实也就不再对宝玉那么严苛了。这是李氏保护遗孤，让他日后稳稳当当接过织造署继承权的明智之举，清皇室里的孝庄皇后，也就是这样保护顺治和康熙守住皇位不被旁人篡夺的。更详细的破解，将在后几回的书中再言。

⑲ **破译十九：**《红楼梦曲》是与前边的判词互相印证、互相补充的，从而可以更全面地揭示出金陵十二钗不同的悲惨命运结局。如果将太虚幻境中的这一场梦幻，比作为一场歌剧的话，那么，前面的判词就是整部戏剧的尾声，而《红楼梦曲》则是其中最重要场次里的咏叹调，是在叙述着这个悲剧发生的兰因絮果，咏叹那些让人伤心落泪、荡气回肠的过程，从而使这场悲剧更加感人。同时，它也在揭示着其中所含蕴的人生哲理：例如王熙凤的"机关算尽太聪明，反算了卿卿性命"；巧姐的"幸娘

亲，积得阴功。劝人生济困扶穷”，等等。

全部《红楼梦曲》，共为十四支：前面一支引子，是作者用第一人称写的，概述了这场悲剧的总的缘由和对金陵十二钗乃至于副钗、又副钗等众多悲剧性女儿的咏怀和悼念。作为尾声的最后一支曲子《飞鸟各投林》，是对这场歌剧悲惨结局的总的咏叹，是对金陵十二钗等众多女子，乃至于整个贾府（也包括贾宝玉本人）的衰亡败落的总的咏叹。它的最终场面，就是“好一似食尽鸟投林，落了片白茫茫大地真干净”。这不仅是让人无限感伤，而更多的是给人以对于人生如梦这一哲理的无垠遐思。

中间的那十二支曲子，是分别叙述金陵十二钗的，但也不是平均分配于每人一支曲子。如同前边的判词那样，它有时是几人一曲，有时是几事一曲，是互相关联着使用，对照式咏叹的。这样，不仅使行文不板，有所变化，读起来音韵铿锵，而且因有互相印证，互为因果的粘连，其哲理性也就更强。例如，“一个是阆苑仙葩，一个是美玉无瑕。若说没奇缘，今生偏又遇见他；若说有奇缘，如何心事终虚话”等等，则是将宝玉与黛玉的姻缘婚恋的悲剧对应比照式地述说的；在其他曲子中也有这种互联互动的排列。所以整个《红楼梦曲》，正如脂评本中所说：“题则十二钗，却无人不有，无事不备。”当然，后边的几支曲子，则又大多是每人一曲、每事一曲的，这也是行文的出奇变化，不拘一格的结果，如此结构完全出自于文章高手的造诣功夫。

这十四支（书中说，“警幻道：‘就将新制《红楼梦》十二支演上来’”，看来那只是个大数，并不准确）曲牌名字，除了前后两支（引子、收场）在元人杂剧中有所使用之外，其余十二支的名字《枉凝眉》《乐中悲》等等，在元人杂剧与散曲中皆无所见，是作者自己拟定的，非同大家惯用的那些《山坡羊》《折桂令》等曲牌，这正如脂评本所言：“语句泼撒，不负自创北曲。”作者认为这样取名，更能点明主题，令猜谜似的判词与曲子更能为一般的读者所理解和感悟。

⑳ 破译二十：在《十大才子书》中，乃至于在以后面世的众多言情小说里，确实如同《红楼梦》中所云，“皆以好色不淫为解，又以情而不淫作案。”那些才子佳人们都是以容貌相吸，以诗文相引、相知、相许，他们

只谈风花雪月，绝对不言床笫之欢，下决心坚禁一个淫字。尽管才子佳人们皆都柔情似水，缱绻缠绵，形影相随，如胶似漆，但决不跨越雷池一步，一切行事皆在礼教范围之中。其中，最为突出的典型，是第二才子书《好逑传》。书中的男女主角铁中玉与水冰心，不仅都是才貌双全，而且贞洁自律都超越于柳下惠之上。有一次，铁中玉因为援助水冰心而受害患病，在无人照看的情况下，女方将男方接到自己双亲皆都不在的家中。两个人虽然互相倾慕相爱已久，但在共处一起时只是隔帘对饮，无一字言及私情。县官不信他们干柴就近烈火时不发生越礼之事，专门雇了个梁上君子夜夜蹲守监视，结果数十天来都是相敬如宾。即使是这样，后来他们迫于父母之命定下了亲事，但是总觉得在患难时已经居住在一起，违背了"男女授受不亲"的古训，所以一直不肯完婚合卺，直到有人将此事奏到皇上那里，皇帝命皇后亲自检验水冰心实为处女时，这才奉旨真正结为夫妻，连皇帝都称赞铁、水二人的婚姻是"真好逑中出类拔萃者"。

这种恋爱观、婚姻观，可以说是在传统观念樊笼中的一种初步的思想解放，很容易为各阶层的人，上自士大夫下至市井平民所普遍接受，因此，几百年来一直到二十世纪，各种类型的言情小说，包括张恨水、张爱玲和琼瑶的小说在内，都是在这种模式中演化的。所以我们说，明末清初所形成的这一创作流派，带着他们特定的创作套路，对于我国后来文学艺术的创作，起着不可忽视的承前启后作用。

当然，《红楼梦》在此基础上又能创新出奇，攀踞高峰走到制高点上，犹如金圣叹批注《西厢记》时所说的那样，是必能"新奇别致"，"能自放异样手眼"的，是真正的奇书妙文，因而，自然又非一般流行的传奇小说和言情小说可比。

㉑ **破译二十一：**意淫，是曹雪芹独创的前所未有的一个全新概念，是古今小说史中，特别是言情小说史中，最为动人的一笔，它为人们在婚姻与恋爱观上铺设出一片无限美好的空间。而且，又敷以扑朔迷离的粉底，特别是借用警幻仙子之口来阐释其中的入微入妙，采用欲言犹止、将语又停的方法，把它说成是只可心会而不可言传，只可神通而不能语达，这就更加使得这一意境变得云苫雾罩，若暗若明，让人想像空翻，思通万

里，对于纯情之真善美的理念境界，产生无垠的向往与追求。故而数百年来，这一淳美的婚恋概念，一直成为困惑读者的一个命题，让人们做了许许多多似通非通、似解非解的猜测与遐想。

不揣冒昧，我也想极尽自己一点微如蝉羽一般轻薄的才智，对于“意淫”一词，做一番差强人意的破解，请各位聪明的读者，多多提出宝贵意见。

我所理解的意淫，是对于美好女性的倾情与依恋。由于有了这种天性中或理念中的感念，当其面对美好的女性时，便在感情上产生出一种强烈的冲动和欲望，想要接近那些女性，想要与她们钟情地相依相处，愿意真心实意、一片痴情地投入和无私、无欲、完全忘我地奉献，藉以得到彼此间情感上的沟通，心灵上的共鸣。所以，贾宝玉愿意终朝终日地在大观园众姐妹面前，甚至在俊俏的丫环婢女面前俯首帖耳，作小服低，赔身下气，献尽殷情，陪尽小心，给女孩子家画眉描鬓，舔吃人家脸上的胭脂，为打湿了裙子的香菱疾奔回到怡红院里让袭人给送去替换的衣服。对于这种心情和举动，人们不理解，可以说是许多人都不理解，故而将甄宝玉和贾宝玉这类性情的人，称之为畸形的人，或如冷子兴所说“色鬼无疑”。美国有个精神病学专家，曾经通过他的研究结果证明，此种情感（用《红楼梦》中的话，叫作“情种”），便是精神病现象。

但是，不管叫“意淫”也好，叫“色鬼”也好，或如那位美国学者所说的精神病现象也好，当其面对美好女性所产生的这种强烈的冲动和欲望，他所期冀的相爱相依的认同感，应当说，主要的是在情感方面，而不是在肉体方面，更为准确一点地说，主要是在情感方面。虽然，宝玉有时也说些打情骂俏的话，例如对于金钏在王夫人假睡时说的那些话，但那也只是作为寻求相爱相依的一种沟通方式，此外绝没有别的什么寻求。因为，情感上的依恋和相通，是自由奔放的，无拘无束的，是心灵感应的直接表达，可以全心身地投入和无私地奉献，无求任何回报，也无忌于诸种难以预料的后果。从灵性上来说，它是纯理念化的，是他那种对女性美的倾心与依恋的潜意识的外化。对于这种“色恋”（或者用书中所取的名字“意淫”）的行为，一般的人是不大好理解的，不是有一定的文化素质和高贵的情商，是难以理解其中的意味，也做不出来这不同于一般世俗的那种风流韵事的，所以才有脂砚斋在四十四回的回后总评中所说的："富贵少年多好色，那如宝玉会风流。"因为人们对于这种不同于一般世俗的风流不理解，因此才有各种猜疑，连那么有见识和阅历的贾母，一时间都困惑没解，她在庚辰本的七十八回书中是这样说的："我也解不过来，也从没有见过这样孩子。别的淘气都是应该的，只他这种和丫头们好却是难懂。我为此也耽心，每每的冷眼察看他，和丫头们闹，必是人大心大，知道男女的事了，所以爱亲近他们。既细细察试，究竟不是为此。岂不奇怪？想必原是个丫头，错投了胎不成？"贾母是何等地疼爱宝玉，几乎是把他看成是自己生活的唯一支柱，他想什么，要什么，老太太都会变着法儿地去满足他的。因此，细细地观察宝玉的日常生活习性和喜好，那已是她终朝极乐意从事的事。对于宝玉那么喜欢亲近女孩子们，她更是查之更细的。甚至还给他创设了许多机会，故而说"查试"，而不说"查看"，就很清楚了。细查屡试的结果，却不是通常人们所理解的那样的恋情、恋色，完全不见有丝毫的皮肤滥淫之事，所以她也就奇怪了，因为不好解释，她才做了那具有神话性质的破解。

连贾母都不能理解，或者说是不能十分透彻地理解，其他的人就更是莫名其妙了，连深知作者写作的真实细节和创作意图的脂砚斋也歪解其意，说什么"宝玉品高性雅，其终日花围翠绕，用力维持其间，淫荡之至，而能使旁人不觉，被人不厌。贾蓉不分长幼微贱，纵意驰骋于中，恶习可恨，二人之形景天渊而终归于邪，其滥一也，所谓五十步之间耳。持家有意于子弟者，揣此以照察之可也！"（见六十三回的回后总评）为什么人们对于宝玉的这种"色恋"或"意淫"，皆多困惑没解呢！主要是我们的思想和行为，长期地囿于旧礼教的规范之内，都认为男女之间授受不亲，自应有个回避，不到嫂溺于河之时，是不能援之以手的。故而对于宝玉在凤姐身边像扭股糖似的猴在身上，是绝对看不惯，一定猜想两人必有两性关系，即使她比他大十多岁。那时候，男女之间接触很少，两性的相爱、相恋，一触便激发到性交上来，纯粹感情上的相交、相恋，哪怕是文字交也好，忘年交也好，都是既没有这个客观环境，也没有这种心理意识的。因而，人们常把梁祝同窗三年仍然是玉洁冰清，认为是古今未有的奇迹；把在逃难中有一女子误投到柳下惠的怀中，而柳仍能"坐怀不乱”，当作是圣人的行为。

而像宝玉的这种“色恋”或“意淫”意识，在社交公开的西方世界却是早已不新鲜的事了，有许多情商与智商极高的人，一生倾心的、癖好的、全身心投入的，就是这种爱恋意识。柏拉图早在公元前三世纪就提出了“精神恋爱”一说，而在小说、戏剧等文学作品中，描写一个很成功的男人爱恋上一个女人，即使那个女人出嫁了多少年，又爱恋上了一个什么人，他都终生守候着她不再婚娶。高尔基的《单恋》中就描写了许多这样男人。科切托夫的《州委书记》书中的著名演员古良也夫，更是这样的一个典型男子。而在我国早年留学欧美的众多学子中，像这种精神恋爱的例子，也是很多的。人们都在传说，当年留美的两个学子共恋一个女子，后来一人获得“金钥匙”奖后抢先回国，同那女子结婚，而另外一人则始终钟情于所爱，终身不娶，依然同已婚的那家人友好相处，此事，很长时间里一直成为人人尽知、人人皆爱称道的人间佳话。

当然，意淫也不是绝对地排除肉体上的。但是在他的潜意识中，要进入到灵与肉的结合阶段，则是在感情投入到极高、极成熟的阶段上的结果。越是感情投入得深，越是要更为慎重地进入到那一灵与肉美妙结合的升华阶段。所以，宝玉与黛玉虽然从小就在一室之内同居共处，朝夕相守，耳鬓厮磨，两人相依相爱已经到了刻骨至髓的地步，但一直到了黛玉临死的时候，还一再表白自己的身子是干净的，清白的，一直坚守着“质本洁来还洁去”的信念。当然，这里边也有着一个伦理道德观的问题，宝玉对美好女性的倾情与依恋，企求相亲相爱的认同感的欲望，也还谨守于一般的伦理道德的规范之内。即如古人所说的，发乎于情，止乎于理。同样情况，宝玉也很爱袭人，两人相依相恋的认同感早已成熟到如花盛开、如蜜胶合的程度，所以便有了“初试云雨情”的那次灵与肉的结合。但他们都知道那是礼法所允许的，就如书中所说，“袭人自知贾母曾将他给了宝玉，也无可推托的”，用我们现在的话来说，她早已是宝玉的人了，所以，试一试云雨情，也自当是无妨的。在第六十五回书中，荣府里的小厮兴儿对尤氏姐妹也曾说过：“我们家的规矩，凡爷们大了，未娶亲之先都先放两个人伏侍的。”可见，这已是贾府里的老规矩了。

在整部《红楼梦》中，贾宝玉的灵与肉结合，也仅此一次而已，没再见有他像贾琏那样忽而多姑娘、忽而鲍二家的放任举动。不妨做退一步的推想，宝玉就是跟舔过脸上胭脂的鸳鸯发生了那种小儿女的事儿，贾母也不会责怪他和鸳鸯的，也会高高兴兴、顺顺当当地将鸳鸯送到怡红院里来。但宝玉绝不是那种人，决不会干出那种事，所以他只能是个情种，只能是个懂得“意淫”的人，绝不是那些只知“皮肤滥淫的蠢物”。我非常同意王蒙说的那句话：“他见一个‘情’一个，是不是？都是为了性吗？我想不能那么理解”（见其所著《红楼梦二十七讲》）。

正由于贾宝玉有这种美好的感情和理念，他才能在众多美好女性中赢得了那么多的爱（真心的爱、厚深的爱，发自肺腑的爱），那是书中所有的男性，贾珍、贾琏、贾环、贾蓉、金荣，甚至包括柳湘莲和琪官在内，都是无法得到的。所以有人说，“他体验了那多爱爱慕慕，享受了那么多女孩子对他的情谊，就是只活十几岁二十几岁也是值得的。”不过那人忘记了说，宝玉之所以能够享受到了那么多女孩子对他的情谊，正是因为他懂得“意淫”，知道在美好女性面前做真心实意、全身心的投入，做毫无保留的无私奉献。

如果再做进一步的剖析，我们便可知道，他的这种对于女性美的倾情与依恋，其基因还是产生于对美的崇拜，这是西方民主启蒙思想中的那种尊重女子权利和人性解放的朦胧意识，是对于我国几千年来男尊女卑的传统观念的一种逆向和反动，所以书中才说：“女儿是水做的骨肉，男子是泥做的骨肉。我见了女儿便清爽，见了男子便觉浊臭逼人”，“这‘女儿’两个字极尊贵极清净的，比那瑞兽珍禽、奇花异草更觉稀罕尊贵呢！”曹雪芹生于十八世纪的中国，由于出生于江宁织造之家，尚能稍闻到一点点西方文化，略能得到一点这种启蒙思潮影响。他在当时封闭式的中国，能够说出这样的话，有这样的意识和观念，也应当说是凤毛麟角，无比的稀奇珍贵的了。而在西方，经过了十七、十八世纪的文艺复兴，这些观念，这些意识，类似这样的话，早已为许多的人、用不同的语言和方式表达出来了。巴尔扎克早就说过：“一个温柔的女人，足足能够唤醒一座麻木不仁的官殿。”“女人投出她最生动的光辉，宇宙便是她的热情的脚镫。女人是热情，男人是行动，她的最美丽的梳妆台，就是专制政权的社会”（见《巴尔扎克论文选》）。再看看高尔基在短篇小说《单恋》中的一段话:“女人能够懂得男人永远无法懂得的某些事物,女人能够感觉到新的生命在她体内的诞生,她是宇宙间更生力量的永不枯竭的源泉。假如没有女人,你们只会想到吃喝,像野鲁般的生活。”“女人便是爱神,她能够夺去一切想靠近她,甚至不想靠近她的人的魂魄,成为她的奴隶,甘心情愿地为她去做一切的事,献出他的所有。”而车尔尼雪夫斯基的《做什么》,更是一部尊重女权的新生活运动的教科书。

贾宝玉便是那种对于美好的女性“甘心情愿地为她们去做一切的事,献出他的所有”的人。只不过,生在十八世纪中国的曹雪芹,对于人性解放,尊重女子权利等民主启蒙思想仅有一点点黎明前的独自解悟,一点点朦胧的理念,因为当时还没有现成的名词和术语可用,从而才创造出“意淫”这一似是而非的概念来。这就如同十九世纪的严复一样,他在将亚当·斯密的《国富论》介绍到中国来时,因为中国没有现成的词语可以翻译“经济学”一语,他便挖空了心思,又征求了梁启超等许多文章大家的意见,才勉强地翻译成“计学”。幸亏后来的人及时地给予更正(但也经过了三四十年的时间,直到蔡元培当北京大学校长时还是下文任命马寅初为计学系主任),才译成了“经济学”;不然,那个“计学”恐怕就如“意淫”一样,至今仍然让人望而不知其项背。

㉒ **破译二十二:** 作者决心在秦可卿的身上创造出一个完美无缺的美女形象来,故而将其放置到天上最风流标致的仙子——警幻仙姑之乳妹的位子上,正如同曹植要将宓妃推置到洛水河神的位子上一样,而且还为她起了个绝顶妩媚的乳名叫作“兼美”,意即兼黛玉的娇花照水、弱柳扶风与宝钗的端庄俊美、雍容华贵。如再加上书中形容警幻仙子的那些话,举止飘逸神韵,言语湿柔婍娓,风情万种,楚楚动人等等,都赋予到了她的身上,她便是继我国四大美人——西施、王嫱、赵飞燕、杨贵妃之后的第五大美人了。故而荣、宁两府上上下下没有人不喜欢她的,贾府中最有权威的贾母,也称道她“乃重孙媳中第一个得意之人”。如将这一切连贯起来看,她较之中国古代的西施、王嫱、赵飞燕、杨玉环等人,更为完美。因为相形之下,那四大美人都各有自己的缺欠:西施有捧心之病,王嫱有孤傲之癖,至于“燕瘦环肥”,那更是尽人皆知的事了。而对于秦可卿,确确实实可以说是“才子百年不遇,佳人千载难逢”的绝顶佳

人，是情感女子的领军，是超级的美人，是情天情海中的标帆与旗舰。作者让她把宝玉带领到情场上来，赏识到男女之间的风情万种，可以说是最为难得的引路人了。作者创作出太虚幻境那样优美的环境，伴之以那样精绝的音乐和美酒，就是为着让秦可卿能够施展出全部勾引的才能来，引领宝玉到了那情感上的最为温柔甜蜜、缱绻缠绵的云海里来。

不过，这并不意味着就像某些人所想像的那样，贾宝玉真的与秦可卿发生了两性关系，虽然书中在幻境中设计得让他们双双被推入房中，未免作起儿女的事来，还呼叫出外人从不知道的“可卿”这个乳名来，但这仅仅是幻境中的事，梦境中的事，决不能把它当作为真有其事。且不说宝玉当时只是去到秦可卿房中临时睡个午觉，里里外外都是荣、宁两府的人，而且身边就有袭人、晴雯等四个丫环守候着，如何下得了手做出那事儿来？而更主要的是，他们两个人的年龄相差太大。

根据我们前面推算，宝玉此时年方八岁，即使书中还有什么“时光暗渡法”我们没有算计出来，再增加一两岁，也才只有九或十岁，亦如书中说的，正是孩提时候。而秦可卿这时有多大年龄呢？在黛玉进京时，贾蓉是十六岁，秦可卿与他结婚时即使年龄再小，也得是不低于及笄之年十五岁。再小，就是童养媳了，而不是那样隆重过门、宁荣两府中都看中的第一个得意的重孙媳妇了。按照同样的时间过渡，现在的她至少是十六七岁了。一个八九岁的孩子，能不能爱上那样大年龄的成熟女性呢？能，能！许多人，特别是那些感情丰富的人，都有这种爱慕的心理。他倾情于她，依恋于她，把全部感情投放于她，甚至还会产生一种莫名其妙的嫉妒感觉。这在许多外国名著上都可以看到。最突出的是卢梭的《忏悔录》，书中详细地描写了他对被他称之为“妈妈”的华伦夫人的爱慕与倾心依恋的感情。当她把一些有风度有气质的男人接到家中，作为情人有着两性关系时，他明明知道这些都是他无法带给华伦妈妈的快乐，但他还是在心底里产生种种妒意。

在高尔基的童年三部曲《在人间》里，也有好多处关于这方面的描写。那时，他还是一个年方十一二岁的孩子，但也倾心地爱上了一个娇小的裁缝妻子，每次上她那儿去的时候，“总是穿上一件干净的衬衫，把头发梳一梳，尽可能打扮得整齐一点。”后来，她随丈夫搬走了，这时，他的心理是很复杂的:“我心里难过极了,我想再见一见那个娇小的裁缝妻子,我要告诉她,我是多么感激她……”后来,原来裁缝住的房间又搬来“一个眼睛乌黑的年轻夫人”,他从打开的窗子里一望到她那打扮得出奇艳丽的形象和轻盈的举止时,便在心里默默地称赞她是“玛戈尔王后”。但是,每当见到围在玛尔戈王后身边的一大堆风度潇洒的男子时,“我虽然还是个小孩子,总不禁感到嫉妒。”她甚至也抱住了他,可那还只是把他当作一个大孩子,笑眯眯地问:“你喜欢我吗?”“喜欢,很喜欢!”“怎么喜欢呢?”“我不知道。”“谢谢,你真是个好孩子!我顶爱人家喜欢我……”嫣然一笑,紧紧地抱住了他,只是叹了口气,好久好久没有作声——

我大段地复述这位大作家的作品,只是想说,这才是一个孩子,准确一点说,是一个大男孩对于美好的成熟女子的爱,以及他们互相之间的性心理与性行为的准确写照。比较之下,风情万种的秦可卿那天将宝玉领到自己绣房之中,至多是将他紧紧地搂抱在怀中,缱绻缠绵地说了许多感情上的话,诸如“玛戈尔王后”对高尔基说的那一类的话,甚至也悄悄地告诉了他一些云雨上的事情。但他们的两性之爱,却只能是仅限于此,年龄的差异不会让他们走到那一步,不论是她还是他,不管是怎么地互相爱慕、依恋,却都无法突破那性心理的界限,她也许会像“玛戈尔王后”那样,在紧紧地搂抱着那个大男孩时,不自觉地叹了口气。

这是一般正常人的,特别是那些感情丰富、文化素养较高的人的极为正常的性心理活动。超出这个界限,便是非正常的,所以书中只说,“至次日,便柔情缱绻,软语温存,与可卿难解难分”,而云雨之事和儿女的事,则都是在梦中。也就是说,那不过是他在梦中的所想,在梦中的所见,并非真有其事。

第六回

贾宝玉初试云雨情　刘老老一进荣国府

此回破译出：贾宝玉与袭人的云雨是初试还是复试　《红楼梦》是不是淫书，它与《金瓶梅》何以是否定之否定的关系　书中的第一人称与第三人称何以经常互换　薛姨妈和王夫人谁是姐姐、谁是妹妹　刘姥姥这一小人物在演说荣国府中的特殊地位和作用

却说秦氏因听见宝玉梦中唤他的乳名，心中纳闷，又不好细问。彼时宝玉迷迷惑惑，若有所失，遂起身解怀整衣。袭人过来给他系裤带时，刚伸手至大腿处，只觉冰冷粘湿的一片，吓得忙退回手来，问："是怎么了？"宝玉红了脸，把他的手一捻。袭人本是个聪明女子，年纪又比宝玉大两岁按照黛玉进贾府的时间表来推算，宝玉此时是虚岁八岁，袭人大两岁，当是十岁，近来也渐省人事。今见宝玉如此光景，心中便觉察了一半，不觉把个粉脸羞的飞红，遂不好再问。仍旧理好衣裳，随至贾母处来，胡乱吃过晚饭，过这边来，趁众奶娘丫鬟不在旁时，另取出一件中衣与宝玉换上。

宝玉含羞央告道："好姐姐，千万别告诉人。"袭人也含着羞悄悄的笑问道："你为什么——"说到这里，把眼又往四下里瞧了瞧，才又问道："那是那里流出来的？"对于发育要早些的女孩来说，比宝玉大两岁的袭人定然会理会此事，此处却还要问"那是哪里流出来的"，显而易见是明知故问，内中也含有挑逗的意思。宝玉只管红着脸不言语，袭人却只瞅着他笑。迟了一会，

宝玉才把梦中之事细说与袭人听。说到云雨私情，羞的袭人掩面伏身而笑写袭人的意态活灵活现。王安石的《明妃曲》诗中说："意态由来画不成，当时枉杀毛延寿"，而曹雪芹却偏有本领如此惟妙惟肖地画出袭人当时的意态来，当是绝世的文才，无与伦比的笔墨。宝玉亦素喜袭人柔媚姣俏，遂强拉袭人同领警幻所训之事。袭人自知贾母曾将他给了宝玉，也无可推托的，扭捏了半日，无奈何甲戌本上写的是"今便如此，亦不为越礼，遂和宝玉偷试一番"，现改为如此，特别是加上"扭捏了半日，无奈何"，从而更加显现了袭人的"意态"。脂评本上亦说此是："一段小儿女之态"，只得和宝玉温存了一番。自此宝玉视袭人更自不同，袭人待宝玉也越发尽职了。这话暂且不提许多红学家都说此回贾宝玉不是初试，而是复试，理由是，在秦可卿的房中已与兼美云雨过了，是否如此，请看回末所附之【破译一】。

且说荣府中合算起来，从上至下，也有三百馀口人，一天也有一二十件事，竟如乱麻一般，没个头绪可作纲领。正思从那一件事、那一个人写起方妙谁在思，谁在想？这里又如开篇一样，忽地又变成了第一人称写法。第一人称与第三人称经常互变的笔法，也是其他小说所未见，却好忽从千里之外明明是京郊，怎么说千里之外呢、芥豆之微、小小一个人家，因与荣府略有些瓜葛，这日正往荣府中来，因此便就这一家说起，倒还是个头绪。详解见回末所附之【破译二】

原来这小小之家，姓王，乃本地人氏，祖上也做过一个小小京官，昔年曾与凤姐之祖王夫人之父认识。因贪王家的势利，便连了宗，认作侄儿。那时，只有王夫人之大兄、凤姐之父与王夫人随在京的，知有此一门远族，馀者也皆不知。目今其祖早故，只有一个儿子，名唤王成，因家业萧条，仍搬出城外乡村中住了。王成亦相继身故，有子小名狗儿，娶妻刘氏，生子小名板儿；又生一女，名唤青儿，一家四口，以务农为业。因狗儿白日间自作些生计，刘氏又操井臼等事，青、板姊弟两个无人照管，狗儿遂将岳母刘老老接来，一处过活。

这刘老老乃是个久经世代的老寡妇，膝下又无子息，只靠两亩薄田度日。如今女婿接了养活，岂不愿意呢，遂一心一计，帮着女儿女婿过活。因这年秋尽冬初，天气冷将上来读者注意，这又是一次时光暗渡法，因为，天气又将冷将上来。至此，林黛玉进贾府已是两年，已交八岁了，宝玉比她大一岁，当是九岁，家中冬事未办，狗儿未免心中烦躁，吃了几杯闷酒，在家里闲寻气恼，刘氏不敢顶撞。因此刘老老看不过，便劝道："姑爷，你别嗔着我多嘴：咱们村庄人家儿，那一个不是老老实实，守着多大碗儿吃多大的饭呢！你皆因年小时候，托着老子娘的福，吃喝惯了，如今所以有了钱就顾头不顾尾，没了钱就瞎生气，成了什么男子汉大丈夫了！如今咱们虽离城住着不是远在千里，而是离城不远住着，也就是今日的通州、大兴、丰台等地吧，终是天子脚下。这长安古人文中，凡是京城皆称长安城中遍地皆是钱，只可惜没人会去拿罢了。在家跳蹋也没用！"狗儿听了道："你老只会在炕头上坐着混说，难道叫我打劫去不成？"刘老老说道："谁叫你去打劫呢？也到底大家想个方法儿才好。不然那银子钱会自己跑到咱们家里来不成？"狗儿冷笑道："有法儿还等到这会子呢！我又没有收税的亲戚这正影射曹家与李家连续十三年兼任两淮盐课监察御史那样的收税官儿，做官的朋友，有什么法子可想的？就有，也只怕他们未必来理我们呢。"

刘老老有人批注说，刘老老为何偏偏姓刘，而不姓张姓王？盖刘者，留也，暗含留余庆的意思，也有些道理道："这倒也不然。'谋事在人，成事在天'，咱们谋到了，靠菩萨的保佑，有些机会，也未可知。我倒替你们想出一个机会来。当日你们原是和金陵王家连过宗的。二十年前，他们看承你们还好，如今是你们拉硬屎，不肯去就和他，才疏远起来。想当初我和女儿还去过一遭，他家的二小姐直到这里，才点明王夫人是妹妹，薛姨妈是姐姐。第四回书中说薛妈年方四十上下，续作者高鹗觉得作为姐姐的薛姨妈四十上下太年轻，于是给改为五十上下，这样便贴谱了。不然，作为妹妹的王夫人，书中一再地说"如今上了年纪"，而作为姐姐的薛姨妈才年方四十上下，总有些说不过去。改了，情理上虽然理顺了，但却留下了刀痕斧迹，让人一看就知道是经过人改过的。因为，通常地说人年方四十上下还可以，若说年方五十上下，未免有些"挑水的回头，过了井（景）了"，难以再用"年方"二字了，着实爽快会待人的，倒不拿大，如今现是荣国府贾二老爷的夫人。听见他们说，如今上了年纪，越发怜贫恤老的了，又爱斋僧布施。如今王府虽升了官儿，只怕二姑太太还认的咱们，你为什么不走动走动？或者他还念旧，有些好处也未可知。只要他发点好心，拔根寒毛，比咱们的腰还壮呢。"刘氏接口道："你老说的好，你我这样嘴脸，怎么好到他门上去？只怕他那门上人也不肯进去告诉，没的白打嘴现世的!”

谁知狗儿利名心重,听如此说,心下便有些活动;又听他妻子这番话,便笑道:“老老既这么说,况且当日你又见过这姑太太一次,为什么不你老人家明日就去走一遭,先试试风头儿去?”刘老老道:“哎哟!可是说的了:‘侯门似海。’我是个什么东西儿!他家人又不认得我,去了也是白跑。”狗儿道:“不妨,我教给你个法儿。你竟带了小板儿为什么不带青儿去?按说带个小姑娘去到富贵人家,总比带个秃头小子愣儿巴怔的,要妥当些。此行偏带了板儿去,正是为着后来与巧姐千里姻缘埋下了伏笔先去找陪房周大爷,要见了他,就有些意思了。这周大爷先时和我父亲交过一桩事,我们本极好的。”刘老老道:“我也知道。只是许多时不走动,知道他如今是怎样?这也说不得了!你又是个男人,这么个嘴脸,自然去不得;我们姑娘年轻的媳妇儿,也难卖头卖脚的。倒还是舍着我这副老脸去碰碰,果然有好处,大家也有益。”当晚计议已定。

次日天未明时,刘老老便起来梳洗了。又将板儿教了几句话。五六岁的孩子,听见带了他进城逛去,喜欢的无不应承。于是刘老老带了板儿,进城至宁荣街来。到了荣府大门前石狮子旁边,只见满门口的轿马。刘老老不敢过去,掸掸衣服,又教了板儿几句话,然后溜到角门前,只见几个挺胸叠肚、指手画脚的人坐在大门上,说东谈西的。刘老老只得蹭上来问:“太爷们纳福。”众人打量了一会,便问:“是那里来的?”刘老老陪笑道:“我找太太的陪房周大爷的。烦那位太爷替我请他出来。”那些人听了,都不理他,半日方说道:“你远远的那墙畸角儿等着,一会子他们家里就有人出来。”内中有个年老的说道:“何苦误他的事呢?”因向刘老老道:“周大爷往南边去了。他在后一带住着,他们奶奶儿倒在家呢。你打这边绕到后街门上找就是了。”

刘老老谢了,遂领着板儿绕至后门上,只见门上歇着些生意担子,也有卖吃的,也有卖玩耍的,闹吵吵三二十个孩子在那里。刘老老便拉住一个道:“我问哥儿一声:有个周大娘在家么?”那孩子翻眼瞅着道:“那个周大娘?我们这里周大娘有几个呢,不知那一个行当儿上的?”刘老老道:“他是太太的陪房。”那孩子道:“这个容易,你跟了我来。”引着刘老老进了后院,到一个院子墙边,指道:“这就是他家。”又叫道:“周大妈,有个老奶奶子找你呢。"

周瑞家的在内忙迎出来,问:"是那位?"刘老老迎上来笑问道:"好啊?周嫂子。"周瑞家的认了半日,方笑道:"刘老老,你好?你说么,这几年不见,我就忘了。请家里坐。"刘老老一面走,一面笑说道:"你老是'贵人多忘事'了,那里还记得我们?"说着,来至房中,周瑞家的命雇的小丫头倒上茶来吃着。周瑞家的又问道:"板儿长了这么大了么!"又问些别后闲话,又问刘老老:"今天还是路过,还是特来的?"刘老老便说:"原是特来瞧瞧嫂子;二则也请请姑太太的安。若可以领我见一见更好,若不能,就借重嫂子转致意罢了。"

周瑞家的听了,便已猜着几分来意。只因他丈夫昔年争买田地一事,多得狗儿他父亲之力,今见刘老老如此,心中难却其意;二则也要显弄自己的体面看来,周瑞家的在贾府里是个很有体面的人,怪不得她丈夫与人去争买田地,她女婿冷子兴是京城里大有本领的古董商。便笑说:"老老你放心。大远的诚心诚意来了,岂有个不叫你见个真佛儿去的呢。论理,人来客至,却都不与我相干。我们这里都是各一样儿:我们男的只管春秋两季地租子,闲了时带着小爷们出门就完了;我只管跟太太奶奶们出门的事。皆因你是太太的亲戚,又拿我当个人,投奔了我来,我竟破个例给你通个信儿去。但只一件,你还不知道呢:我们这里不比五年前了。如今太太不理事,都是琏二奶奶当家。你打量琏二奶奶是谁?就是太太的内侄女儿,大舅老爷的女孩儿,小名儿叫凤哥的。"

刘老老听了,忙问道:"原来是他?怪道呢,我当日就说他不错。这么说起来,我今儿还得见他了?"周瑞家的道:"这个自然。如今有客来,都是凤姑娘周旋接待。今儿宁可不见太太,倒得见他一面,才不枉走这一遭儿。"刘老老道:"阿弥陀佛!这全仗嫂子方便了。"周瑞家的说:"老老说那里话。俗语说的好:'与人方便,自己方便。'不过用我一句话,又费不着我什么事。"说着,便唤小丫头:"到倒厅儿大厅一般都是门窗向南的,如向北开,便称作为倒厅儿。另外,凡是向南开门的大厅之后面设有一个附厅的,那个附厅也称作为倒厅儿。鲁迅在其北京阜成门内的那所故居内,便自行设计修建了一座倒厅儿,附在正厅的后面,形状像个刀把子上,悄悄的打听老太太屋里摆了饭了没有。"小丫头去了。

这里二人又说了些闲话。刘老老因说："这位凤姑娘，今年不过十八九岁罢了在第二回"冷子兴演说荣国府"时，我们计算出凤姐比黛玉大十三岁，比宝玉大十二岁。如今，宝玉已经九岁了，凤姐应当是二十一。刘老老说是十八九岁，是为了奉承，有意把岁数说小一点，俗话说，"逢人便减岁"嘛！而在甲戌本中则写为"大不过二十岁罢了"。这是更为贴实的一种说法，就这等有本事，当这样的家，可是难得的！"周瑞家的听了道："嗐！我的老老，告诉不得你了！这凤姑娘年纪儿虽小，行事儿比是人都大呢。如今出挑的美人儿似的，少说着只怕有一万心眼子；再要赌口齿，十个会说的男人也说不过他呢。回来你见了就知道了。就只一件，待下人未免太严些儿这里，再次对王熙凤做了全方位的描述，又是心眼儿多，又是口齿伶俐，又是出挑个美人似的，又把小名"凤哥"亮了出来。可见，王熙凤在作者的眼里，是多么的重要。"说着，小丫头回来说："老太太屋里摆完了饭了，二奶奶在太太屋里呢。"

周瑞家的听了连忙起身，催着刘老老："快走，这一下来就只吃饭是个空儿，咱们先等着去。若迟了一步，回事的人多了，就难说了。再歇了中觉，越发没时候了。"说着，一齐下了炕，整顿衣服，又教了板儿几句话，跟着周瑞家的，逶迤往贾琏的住宅来。先至倒厅，周瑞家的将刘老老安插住等着，自己却先过影壁，走进了院门，知凤姐尚未出来，先找着凤姐的一个心腹通房大丫头名唤平儿平，是屏的谐音；凤姐还有一个丫头叫丰儿，是风的谐音。两个人连起来，意为此二人是熙凤的一座屏风，为她遮挡住了许多难缠与棘手的事儿的。周瑞家的先将刘老老起初来历说明，又说："今日大远的来请安，当日太太是常会的，所以我带了他过来。等着奶奶下来，我细细儿的回明了，想来奶奶也不至嗔着我莽撞的。"

平儿听了这是《红楼梦》中又一重要人物，她虽然不在金陵十二钗中，但必定是在"副册"或"又副册"之中，而且还居于前几位之列，故而在初次出场亮相时，作了这样一番绘声绘色的描述，便作了个主意："叫他们进来，先在这里坐着就是了。"周瑞家的才出去领了他们进来。上了正房台阶，小丫头打起猩红毡帘，才入堂屋，只闻一阵香扑了脸来，竟不知是何气味，身子就像在云端里一般。满屋里的东西都是耀眼争光，使人头晕目眩，刘老老此时只有点头咂嘴念佛而已。于是走到东边这间屋里，乃是贾琏的女儿睡觉之所刘老老带领板儿一到贾府，第一个走进的房间就是巧姐之屋，可见，那是作者有意铺设下巧姐与板儿百年姻缘的伏线。平儿站在炕沿边，打量了刘老老两眼，只得问个好，让了坐。刘老老见平儿遍身绫罗，插金戴银，花容月貌，便当是凤姐儿了，才要称"姑奶奶"，只见周瑞家的说："他是平姑娘。"又见平儿赶着周瑞家的叫他"周大娘"，方知不过是个有体面的丫头。于是让刘老老和板儿上了炕，平儿和周瑞家的对面坐在炕沿上，小丫头们倒了茶来吃了。

刘老老只听见咯当咯当的响声，很似打罗筛面的一般，不免东瞧西望的。忽见堂屋中柱子上挂着一个匣子，底下又坠着一个秤铊似的，却不住的乱晃。刘老老心中想着："这是什么东西？有煞用处呢？"正发呆时，陡听得当的一声又若金钟铜磬一般，倒吓得不住的展眼儿。接着一连又是八九下这是自鸣钟，现今都称作为座钟和挂钟。此钟是在中柱上挂着的，当是挂钟。当时，此物还很少见，宫廷里也不甚多。贾府影射的是江宁织造署，多与洋商打交道，因此上才偏有此物。这里借刘姥姥的不识，着意地渲染了一番贾府不同于一般官宦人家的阔绰，欲待问时，只见小丫头们一齐乱跑，说："奶奶下来了。"平儿和周瑞家的忙起身说："老老只管坐着，等是时候儿我们来请你。"说着迎出去了。

刘老老只屏声侧耳默候。只听远远有人笑声，约有一二十个妇人，衣裙窸窣，渐入堂屋，往那边屋内去了。又见三两个妇人，都捧着大红油漆盒进这边来等候。听得那边说道"摆饭"，渐渐的人才散出去，只有伺候端菜的几个人。半日鸦雀不闻。忽见两个人抬了一张炕桌来，放在这边炕上，桌上碗盘摆列，仍是满满的鱼肉，不过略动了几样。板儿一见就吵着要肉吃，刘老老打了他一巴掌。忽见周瑞家的笑嘻嘻走过来，点手儿叫他。刘老老会意，于是带着板儿下炕。至堂屋中间，周瑞家的又和他咕唧了一会子，方蹭到这边屋内。

只见门外铜钩上悬着大红洒花软帘，南窗下是炕，炕上大红条毡，靠东边板壁立着一个锁子锦的靠背和一个引枕，铺着金线闪的大坐褥，傍边有银唾盒。那凤姐家常带着紫貂昭君套，围着那攒珠勒子勒子，即束发冠，也称脑箍；攒珠，即吊聚上许多珍珠宝石，穿着桃红洒花袄，石青刻丝灰鼠披风，大红洋绉银鼠皮裙，粉光脂艳，端端正正坐在那里，手内拿着小铜火箸儿拨手炉内的灰。平儿站在炕沿边，捧着小小的一个填漆茶盘，盘内一个小盖钟儿。凤姐也不接茶,也不抬头,只管拨那灰,慢慢的道:“怎么还不请进来?”一面说,一面抬身要茶时,只见周瑞家的已带了两个人立在面前了,这才忙欲起身、犹未起身,满面春风的问好,又嗔着周瑞家的:“怎么不早说!”刘老老已在地下拜了几拜,问姑奶奶安。凤姐忙说:“周姐姐,搀着不拜罢。我年轻,不大认得,可也不知是什么辈数儿,不敢称呼。”周瑞家的忙回道:“这就是我才回的那个老老了。”凤姐点头,刘老老已在炕沿上坐下了。板儿便躲在他背后,百般的哄他出来作揖,他死也不肯。

凤姐笑道:“亲戚们不大走动,都疏远了。知道的呢说你们弃嫌我们,不肯常来。不知道的那起小人,还只当我们眼里没人似的。”刘老老忙念佛道:“我们家道艰难,走不起。来到这里,没的给姑奶奶打嘴,就是管家爷们瞧着也不像。”凤姐笑道:“这话没的叫人恶心。不过托赖着祖父的虚名,作个穷官儿罢咧,谁家有什么?不过也是个空架子。俗语儿说的好,‘朝廷还有三门子穷亲’呢,何况你我。”说着,又问周瑞家的:“回了太太了没有?”周瑞家的道:“等奶奶的示下。”凤姐儿道:“你去瞧瞧,要是有人就罢;要得闲呢,就回了,看怎么说。”周瑞家的答应去了。

这里凤姐叫人抓了些果子给板儿吃,刚问了几句闲话时,就有家下许多媳妇儿管事的来回话作者惯用这种横云断山法。甄士隐正与贾雨村闲话,突然插进严老爷来访;贾雨村正想往下看护官符,忽报说有“王老爷来拜”。这里也是,如果等周瑞家到王夫人那里去求得指示,凤姐必然是尴尬地坐着,或者是没话找话同刘老老唠几句闲嗒儿,这样写下来必然没劲。现在插进许多媳妇管事的过来回话,既显出凤姐日理万机的忙碌,又填补了坐着干等周瑞家回来之前的这段空当儿。平儿回了,凤姐道:“我这里陪客呢,晚上再来回。要有紧事,你就带进来现办。”平儿出去,一会进来说:“我问了,没什么要紧的。我叫他们散了。”凤姐点头。只见周瑞家的回来,向凤姐道:“太太说:‘今日不得闲儿,二奶奶陪着也是一样,多谢费心想着。要是白来逛逛呢便罢;有什么说的,只管告诉二奶奶。’”刘老老道:“也没甚的说,不过来瞧瞧姑太太姑奶奶,也是亲戚们的情分。”周瑞家的道:“没有什么说的便罢;要有话,只管回二奶奶,和太太是一样儿的。”一面说一面递了个眼色儿。

刘老老会意,未语先红了脸。待要不说,今日所为何来?只得勉强说道："论今日初次见，原不该说的，只是大远的奔了你老这里来，少不得说了……"刚说到这里，只听二门上小厮们回说："东府里小大爷进来了。"凤姐忙和刘老老摆手道："不必说了。"一面便问："你蓉大爷在那里呢？"只听一路靴子响，进来了一个十七八岁的少年第二回书中说贾蓉"今年才十六岁"；如今过了二年，当是十八岁，面目清秀，身段苗条，美服华冠，轻裘宝带。刘老老此时坐不是站不是，藏没处藏，躲没处躲。凤姐笑道："你只管坐着罢，这是我侄儿。"刘老老才扭扭捏捏的在炕沿儿上侧身坐下。

那贾蓉请了安，笑回道："我父亲打发来求婶子，上回老舅太太给婶子的那架玻璃炕屏，明儿请个要紧的客，略摆一摆就送来。"凤姐道："你来迟了，昨儿已经给了人了。"贾蓉听说，便笑嘻嘻的在炕沿上下个半跪道："婶子要不借，我父亲又说我不会说话了，又要挨一顿好打。好婶子，只当可怜我罢！"凤姐笑道："也没见我们王家的东西都是好的以内务府总管富察家为原型的王家，自然是什么东西都是好的。"东海缺少白玉床"，恐怕也就是真的。当时，海外各地进贡过来的奇珍异宝，还不都收下来归内务府里保管，他家偷着运出几件来，也是常有的事！你们那里放着那些好东西，只别看见我的东西才罢，一见了就想拿了去。"贾蓉笑道："只求婶娘开恩罢！"凤姐道："碰坏一点儿，你可仔细你的皮！"因命平儿拿了楼门上钥匙，叫几个妥当人来抬去。贾蓉喜的眉开眼笑，忙说："我亲自带人拿去，别叫他们乱碰。"说着便起身出去了。

这凤姐忽然想起一件事来，便向窗外叫："蓉儿回来！"外面几个人接声说："请蓉大爷回来呢！"贾蓉忙回来，满脸笑容的瞅着凤姐，听何指示。那凤姐只管慢慢吃茶，出了半日神，忽然把脸一红，笑道："罢了，你先去罢。晚饭后你来再说罢。这会子有人，我也没精神了。"贾蓉答应个是，抿着嘴儿一笑，方慢慢退去。如同开头写袭人时一样，意态刻画得传神的生动，只此一个画面，便将两个人的关系及其当场的心情意念，都无言自明地表现出来了。

这刘老老方安顿了，便说道："我今日带了你侄儿，不为别的，因他爹娘连吃的没有，天气又冷，只得带了你侄儿奔了你老来。"说着，又推板儿道："你爹在家里怎么教你的？打发咱们来作煞事的？只顾吃果子!”凤姐早已明白了,听他不会说话,因笑道:“不必说了,我知道了。”因问周瑞家的道:“这老老不知用了早饭没有呢?”刘老老忙道:“一早就往这里赶咧,那里还有吃饭的工夫咧可见他们家离京城不远,故而可以不吃早饭就赶了过来?”凤姐便命快传饭来。

一时周瑞家的传了一桌客馔,摆在东屋里又走进巧姐的屋里,过来带了刘老老和板儿过去吃饭。凤姐这里道:“周姐姐好生让着些儿,我不能陪了。”一面又叫过周瑞家的来问道:“方才回了太太,太太怎么说了?”周瑞家的道:“太太说:‘他们原不是一家子;当年他们的祖和太老爷在一处做官,因连了宗的。这几年不大走动,当时他们来了,却也从没空过的。如今来瞧我们,也是他的好意,别简慢了他。要有什么话,叫二奶奶裁夺着就是了。’”凤姐听了说道:“怪道既是一家子,我怎么连影儿也不知道!”

说话间,刘老老已吃完了饭,拉了板儿过来,舔唇咂嘴的道谢。凤姐笑道:“且请坐下,听我告诉你:方才你的意思,我已经知道了。论起亲戚来,原该不等上门就有照应才是;但只如今家里事情太多,太太上了年纪,一时想不到是有的。我如今接着管事,这些亲戚们又都不大知道,况且外面看着虽是烈烈轰轰,不知大有大的难处,说给人也未必信。你既大远的来了,又是头一遭儿和我张个口,怎么叫你空回去呢?可巧昨儿太太给我的丫头们作衣裳的二十两银子还没动呢,你不嫌少,先拿了去用罢。”

那刘老老先听见告艰苦,只当是没想头了;又听见给他二十两银子,喜的眉开眼笑道:“我们也知道艰难的,但只俗语说的:‘瘦死的骆驼比马还大’呢。凭他怎样,你老拔一根寒毛比我们的腰还壮哩。”周瑞家的在旁听见他说的粗鄙,只管使眼色止他。凤姐笑而不睬,叫平儿把昨儿那包银子拿来,再拿一串钱,都送至刘老老跟前。凤姐道:“这是二十两银子,暂且给这孩子们作件冬衣罢。改日没事,只管来逛逛这显然是一句客套的虚词儿,想不到倒真的引得刘老老再进、三进大观园,详解见回末所附之【破译三】,才是亲戚们的意思。天也晚了,不虚留你们了。到家该问好的都问个好儿罢。”一面说,一面就站起来了。

刘老老只是千恩万谢的,拿了银钱,跟着周瑞家的走到外边。周瑞家的道:"我的娘!你怎么见了他倒不会说话了呢?开口就是'你侄儿'。我说句不怕你恼的话:就是亲侄儿也要说的和软些儿。那蓉大爷才是他的侄儿呢。他怎么又跑出这么个侄儿来了呢!"刘老老笑道:"我的嫂子!我见了他,心眼儿里爱还爱不过来,那里还说的上话来?"二人说着,又到周瑞家坐了片刻。刘老老要留下一块银子给周家的孩子们买果子吃,周瑞家的那里放在眼里,执意不肯。刘老老感谢不尽,仍从后门去了。未知去后如何,且听下回分解。

破译详解

① 破译一: 最早提出是复试而不是初试一说的,是清中叶的护花主人(本名王希廉,江苏吴县人,我国最早的评点派红学家)说:"秦氏房中,是宝玉初试云雨;与袭人偷试,却是重演,读者勿被瞒过。"以后,凡是评论《红楼》涉及到此处的人,多同意这个看法,各书本上常有"是复试,不是初试","是重演,不是首演"的文字。

我的看法却是与众不同的,作者完全无意,也没有必要在这里要瞒过谁和欺骗谁,非要瞒心昧己地把复试说成是初试,何况在宝玉那个生活环境里,初试还是复试对他来说,都是一样。我为什么要特别地强调坚持初试一说呢?因为我在前面分析他与秦可卿的房中邂逅时就已经说过,一个年龄差异甚大的少年与成熟女性之间的感情上的爱慕、依恋和动情,由于性心理上的障碍,只能发展到高尔基《在人间》中所写的那样"紧紧地抱着我,好久好久没有作声",或者是如同《红楼梦》中说的,"柔情缱绻,软语温存",余下的,都只能是源于这柔情似水、让人心旌摇动的"软语温存"所触发的意念和性心理的初醒。这种亚当式的初醒,在其没有吃到那个苹果之前,统统地只能出现在那一太虚幻境里让人迷迷荡荡的梦中罢了。

你看,这一回书中一开头便说得明白:"袭人过来给他系裤带时,刚伸手至大腿处,只觉冰冷粘湿的一片,吓得忙退回手来",这一细节不是明明地在说,这是宝玉少年成熟后第一次梦中遗精吗?如果真的有了云雨之合,哪里会有大腿上"冰冷粘湿的一片"?当然,作为当时一个不满

十岁的孩子来说，这一生理现象还是来得过早，但作者常用"移时换位法"写作，此处也不免要使用的。不过这事也可以从另一个方面来理解，宝玉是天生的性情中人，是一个情种，性灵和性感都发育得早，是弗洛伊德书中所说的"情商超标"的人。

因为《红楼梦》里讲到了性，讲到了淫（虽然是意淫），讲到了云雨之情和儿女之事，而且，还在回目标题上堂而皇之地写上了"初试云雨情"的字眼，于是，那些道学家、卫道士、村塾先生和无知偏要假装有知识的伧父们，便都一起站出来或者说是跳起来，指责《红楼梦》是一部淫书，作者是个诲淫诲盗之徒，其书当立即纵火焚之，其人当下拔舌地狱。

早在嘉庆、道光年间，乃至于以后相当长的一段时间里，便有不少的人，特别是那些朝廷大员与封疆大吏，都将此书认定为是淫书，一个接着一个地拍着胸脯站出来，不断颁下严令要禁止和销毁。据清人陈其元《庸闲斋笔记》中记载："丰润丁雨生中丞，巡抚江苏时严行禁止"。清人梁恭辰在《劝戒四录》中也说："我做安徽学政时，曾经出示严禁……有一庠士颇擅文笔，私撰《红楼梦节要》一书，已付书坊剞劂，经我访出，曾褫其衿（即剥夺其秀才的衣领，免除其功名），焚其版，一时观听颇为肃然。"

还有人提出更为令人叫绝、也更为阴损的一招，他们建议要将这视同如鸦片一般"毒害人们身心"的《红楼梦》，不妨以毒攻毒地输出到国外，让它去祸害那些输进鸦片烟的洋人："岭梅叔侄等捐赀收毁，请示永禁，功德不小。然散播何能止息，莫若聚此淫书，移送海外，以答其鸦烟流毒之意，庶合古人屏诸远方，似亦阴符长策也。"（见清·毛庆臻的《一亭杂记》）。他们于此还都意犹未尽，甚至还要进一步地诅咒写作此书的曹雪芹，诬说那个参加到林清天理教的曹勋，即是曹雪芹的曾孙，说曹的子孙因叛变朝廷而被处以凌迟致死，完全是因果报应："世以为撰是书果报焉”,“未必非编造淫书之显报矣!”“每传地狱治雪芹甚苦,人亦不恤,盖其诱坏身心性命者,业力甚大。”

但是,无论这些旧礼教的卫道士们怎样声嘶力竭地口诛笔伐,怎样剑拔弩张地禁刻销毁,但是,这部被视之为如同鸦片烟一般的“淫书”,就是禁而不绝,弄得他们徒叹江河日下,乏力回天,“而力量不能远及,徒唤奈何!”“严行禁止,而卒不能绝!”

为什么禁而不绝,甚而越禁它流行得越广,越是不让人看人们越是要看呢?这便证明《红楼梦》绝不是淫书。同样的情况,也发生在金圣叹批注的《西厢记》上。当金圣叹批注的《西厢记》广泛传播、名声鹊起之时,许多守旧的卫道士们便骂他诲淫诲盗,是“儒妖”,是魔鬼,死后非下拔舌地狱不可。他同时代的文人陆文衡在其《啬庵随笔》中声嘶力竭地叫喊,“吴门有惯造小说者,无影之事凭空构撰,极务淫秽,无非迷惑狂徒,争行购买。为取利计,而实伤风败化之尤也。此种人非有奇祸,即有奇穷,死后必受犁舌之狱。”还有一个人在《文昌帝君谕禁淫书天律》一文中加注批语,说金圣叹“复批《西厢》等书,此种邪书,一经才子品评,其描写愈工,其声价愈重,其流传愈广,其陷溺愈深。”后来,金圣叹因反抗暴政遭清廷迫害处以死刑时,他解恨地说:“你以文词杀人,天以文词杀你!”

但是,不管他们怎样地咒骂,金圣叹的大名和他所批注的《西厢记》愈是广为流传,深入人心,跨越百代,直至今天,还在舞台上久演不衰。为什么能够如此呢?就因为《西厢记》也好,《红楼梦》也好,不是淫书,虽然书里也讲到两性交合与床笫之欢的事,但它绝不是淫书,不像《金瓶梅》《肉蒲团》等淫书那样,可以一禁就被禁住了。

金圣叹当日辩护《西厢》绝不是淫书时,说得好:“人说《西厢记》是淫书,他止为中间有此一事耳。细思此一事,何日无之?何地无之?不成天地中间有此一事,便废却天地耶?细思此身自何而来,便废却此身耶?”他为了堵住那些卫道士们的口,进而一步又以《诗经》为证。因为,《诗经》中说及到那事之处亦甚多,他举例说,例如《卫风·氓》之中的“以尔车来,以我贿迁”,《郑风·褰裳》中的“子不我思,岂无他人”等等。实际上,除此之外还有好多更为甚者的,例如《召南·野有死麕》中的

"有女怀春,吉士诱之",《鄘风·桑中》的"云谁之思?美孟姜矣。期我乎桑中",《鄘风·墙有茨》中的"中冓之言,不可道也。所可道也,言之丑也",等等。金圣叹说:"夫《国风》采于周初,则是三代之盛音也,又经先师仲尼氏之所删改,则是大圣人之文笔也,而其语有如此,真将使后之学者奈之何措心也哉!"他质问那些卫道士们,《诗经》中也有那事,难道《诗经》也成了淫书不成?一句话就问得那些道貌岸然的人,哑口无言。他还进一步揶揄那些人说,他们读《诗经》不是为了明其文,而是专注于那事:"而彼三家村中冬烘先生犹呶呶不休,詈之曰鄙秽,此岂非先生不惟不解其文,又独甚解其事故耶!"

为什么中间有那事的《西厢记》,不但不是淫书,而且还成为千古不朽的锦绣文章呢?金圣叹说,因为男女婚恋之事,是天下的一件妙事,"自古至今,有韵之文,吾见大抵十七皆儿女此事"。他这一见解何其之超前,何其之深刻独到!他能够见到,而且敢于直言地说,有韵律的文章,十有七八是写婚恋之事的,这与俄苏时代伟大的戏剧家斯坦尼斯拉夫斯基说的:"爱与死,是文学艺术的永恒主题",简直是如同出于一辙。

金圣叹就用被人污之为淫书的《西厢记》为例,来证明自己此一精辟独到的论点,说《西厢记》作者王实甫必定是认为婚恋之事,"真是妙事,故心中爱之,而定欲为文也。亦诚以为文必为妙文,而非此一事则文不能妙也。夫为文必为妙文,而妙文必借此事,然则此事真真妙事也。何也?事妙,故文妙;今文妙,必事妙也!"妙事,才有妙文,因为爱情是文学艺术的永恒主题,抓住了这个主题,才能写出好的文章来。反过来亦可以这样求证:《西厢记》写得这样好,人人皆称赞其为妙文,那么,为这妙文所反映的事,也必定是妙事,是好事,而不是什么伤风败俗的事,不是什么宣扬淫滥之事。这就为婚恋之事与写婚恋之文,正了名,恢复了地位,而且不止是恢复了地位,并进一步地大大提高了它的地位,差不多提高到"爱情是文学艺术的永恒主题"的地位。

那么,同样是写那事的书《金瓶梅》,怎地就称之为淫书被禁而就止,而《西厢记》和《红楼梦》,则无论如何也不能称之为淫书呢?关键在于怎样去写,在于各自不同的着眼点和立足点。像《金瓶梅》着眼于性交那事的详细过程,并且用污秽淫滥的词语来铺张渲染,它自然是淫书邪词无异。以后步其后尘的《续金瓶梅》与《肉蒲团》(又名《觉后禅》)等书,更是脏话连篇,睹目糜烂,荒淫得除了有精神病和性狂者之外,皆到了读不下去的地步。而若《西厢记》和《红楼梦》,则只写人的意态、意境、情趣和感念,虽有那事,亦是美好的文字,亦是极妙极雅的文章;因其丝毫不沾污秽淫滥之词,则自然与那些淫书沾不上边儿。像这回书里只写袭人女孩儿家在面临此事时的扭扭捏捏地"羞得掩面伏身而笑"的种种妩媚意态,毫无疑问,自然是状写人物心态的美妙文章,像《西厢记》里红娘将小姐推进张生屋里自己掩门而去之后的一段描写:"羞答答不肯把头抬,只将鸳枕捱。云鬟仿佛坠金钗,偏宜鬏髻儿歪。我将你纽扣儿松,我将你罗带儿解,兰麝散幽斋。不良会把人禁害,咍,怎不回过脸儿来?"虽有春色,但仍然是干干净净的,是决无邪秽字眼的人间绝妙好词。

这就是他们之间的北胡南越、各不相干的差别之所在,是那些大肆喧嚷要严厉封禁《红楼梦》的封疆大吏和朝廷重臣们,也都看到了此一《红楼梦》与彼《金瓶梅》等淫书之间的差别之所在。他们都也曾经指出过:"盖描摹痴男女情性,其字面绝不露一淫字,令人目想神游,而意为之移,所谓大盗不操戈矛也"(见清·陈其元《庸闲斋笔记》),"《石头记》笔墨深微。初读忽之,而多阅一回,便多一种情味,迨目想神游,遂觉甘为情死矣。然此书之淫,妙在有意无意,非粗浅人所得而知。"(见清·邹弢《三借庐笔谈》)

对于这样的"淫书"(实际上决非淫书),为什么禁而不止、毁而不绝呢?那些卫道士也好,三家村的冬烘先生也好,也发现了其中的根本原委,说:"则以文人学士多好之之故。"(见《庸闲斋笔记》)"其书较《金瓶梅》愈奇愈热,巧于不露,士夫爱玩鼓掌,传入闺阁,毫无避忌"(见《一亭杂记》)。想那些文人学士,也包括一些士大夫在内,必是些有识之士,而非那些差役皂隶和冬烘先生可比。这些有识之士对于此书,喜好到什么程度呢?也有笔记小说作过记载,说有一个商人女儿,深通诗文,特别喜爱《红楼梦》。因为性情专注,竟然痴痴迷迷,有如病态,她的父母认为都是这本书所造的孽,于是就将书扔到火炉中给烧毁了。女儿在床上见到,失声痛哭,说:"奈何烧死我宝玉?"还另有一本书上说,在苏州有一位姓金的男子，非常喜读《红楼梦》，久而久之痴迷于此，竟然设立了林黛玉的木制牌位，朝夕焚香供奉，等到他读至八十九回“颦卿绝粒”和九十七回“焚稿断痴情”时，竟然呜咽失声，整夜地为之暗暗哭泣，以至于神志迷离，有一天竟烧了一炷高香，长跪不起，足足地有一两个钟头。跪后，拔起了炉中之香就往外走，家人问他往哪里去，他说：“往警幻天去见潇湘妃子耳！”

这些，可能就是那些欲将《红楼梦》作为淫书而加以严禁的卫道士们所编造的故事，借以吓唬那些不明事理的父母，帮助他们去焚毁《红楼梦》等书。不过，这么一宣传，就更加使人迷恋和向往《红楼梦》，更加使人痴情专注地阅读这本书。但从他们所编造的故事中我们也可以看出，那些过分地投入到《红楼梦》中的痴男怨女，都是情迷或情痴，而绝不是色迷和淫狂，由此可见，此书只是渲染男女感情的书，而决非污秽邪滥的淫书。

太平闲人曾在《石头记读法》中说，有人认为，“《石头记》一书，不惟脍炙人口，亦且镌刻人心，移易性情，较《金瓶梅》尤造孽。《石头记》是暗《金瓶梅》，故曰‘意淫’。《金瓶梅》演冷热，此书亦演冷热；《金瓶梅》演财色，此书亦演财色。”这正是那些成心贬斥《红楼梦》的卫道士们，和不谙事体的冬烘先生与无知无识的伧父们，蓄意地要将《红楼梦》与《金瓶梅》捆绑到一起，然后皆加之以淫书之名而焚烧之，或者如同他们所幻想的，输出到国外去“毒害外国人”的因由。

说到这里，我们便不能不着意地讲一讲《红楼梦》与《金瓶梅》之间的关系了。因为从古至今，便有许多的红学家和《红楼梦》爱好者，上自红学的老祖宗脂砚斋，下至于公认的红学大师俞平伯等，都说《红楼梦》与《金瓶梅》之间有着千丝万缕无可争辩的关系。脂砚斋在第十三回为秦可卿买棺材板一节时批注曰：“写个个皆到，全无安逸之笔，深得《金瓶》壶奥。”在第二十八回写薛蟠、冯紫英等饮酒一节，也有批语曰：“此段与《金瓶梅》内西门庆、应伯爵在李桂姐家饮酒一回对看，未知孰家生动活泼？”在庚辰本第六十六回写柳湘莲对贾宝玉嘲讽贾府之污秽时说到，“你们东府里除了那两个石头狮子干净，只怕连猫儿狗儿都不干净，我不做这剩忘八”时，脂砚斋也作批语说：“奇极之文，趣极之文！《金瓶梅》中有云:‘把忘八的脸打绿了’,已奇之至;此云‘剩忘八’,岂不更奇。”

红学大师俞平伯在《红楼梦简论》中也说:“《红楼梦》之脱胎于《金瓶》,自无讳言”;还非常肯定地说,古今中外小说之中,给《红楼梦》“以最直接的影响的则为明代的白话长篇《金瓶梅》”。其他的人也还有很多类似的话,我们就不一一例举了。

那么,该怎么看《红楼梦》与《金瓶梅》之间的关系呢?诚如那些红学大家们所言,在《红楼梦》中确实有着《金瓶梅》的影子,这是无可讳言的。例如,冯紫英请宝玉、薛蟠等人吃酒的那段文字,颇与西门庆在李桂姐家里与应伯爵等人吃酒时的情节类似。又如,《红楼梦》中写元春省亲时那样一大段出行仪式和仪仗排场,也与《金瓶梅》中写朝廷权臣朱太尉出行的阵势差不多,那里也是,什么“一人飞马而来传报到:老爷视牲回来,进南薰门了”,又是“不一时,骑报回来,传老爷过天汉桥了”,又是“须臾,三队牌儿马过毕,只闻一处喝声传来”,如此等等。再如《红楼梦》写秦可卿的丧事,拥街塞巷,气势万千,僧道满门,说不尽的法事道场,等等,也与《金瓶梅》在写到李瓶儿丧事,金铙铜磬,余音绕梁,宝盖幢幡,遮天蔽日等场面相仿。

此外,在一些方言土语的运用上,特别那些寓意深长、至今仍为人们所经常引用的俏言隽语上,也有不少互相借鉴的地方,例如《红楼梦》书中小红讲的那句“千里搭长棚,没有不散的筵席”;在《金瓶梅》中孟玉楼也曾讲过:“自古道,千里长棚,也没个不散的筵席”;《红楼梦》中王熙凤讲的那句“就只配我和平儿这一对烧糊了的卷子和他混罢”,在《金瓶梅》第四十一回中也有“俺们一个一个只像烧糊了卷子一般”的话。此外,还有王熙凤常爱说的那句,“舍得一身剐,敢把皇帝拉下马”,在《金瓶梅》第二十五回中也有“破着一命剐,便把皇帝打”类似的话。至于像脂砚斋提出的《红楼梦》将“把忘八的脸打绿了”改写成为“剩忘八”,这一类互相借鉴的话,也还有很多。

因此我们说,在《红楼梦》之中有《金瓶梅》的影子,或者说,前者与后者有着某种继承的关系,那是不可否认的。因为,任何一部流行较广的文学作品,对于后来的文学创作都产生一定的影响,都在后来的作品中可以找到其发展与继承的脉络，更何况像《金瓶梅》那样流传得极广、曾被人们称之为《四大奇书》的百十余回的长篇巨著呢！但是，像俞平伯老先生所说的“《红楼梦》之脱胎于《金瓶》，自无讳言”的话，确实无论如何也不能够让人，尤其是让我，心悦诚服、举手赞同的！

什么叫“脱胎”？脱胎就是由一个产生出了另一个，另一个是由前者的母体中产生出来的婴儿。依据这个理论，那也就是说，《金瓶梅》是母体，《红楼梦》是产生于《金瓶梅》这个母体之中的婴儿。那不是等于在说，《红楼梦》的母体是淫书《金瓶梅》？如果真的是如此，人们可以试想，这个婴儿即使不是满身淫荡，也必定带着一身的臊气。真的就会像柳湘莲所说的那个样子，整部书中（不光是在东府，西府里也是一样），除了那两个石头狮子之外再没有什么是干净的了。人们常说：“有其父必有其子，有其母必有其女。”像《金瓶梅》那等淫到了家的书作母体，《红楼》怎会不全身披着一个淫字呢？

有人可能觉得我说得太绝对了，太无情了，我们决不应当把《金瓶梅》说得那么糟，要知道它可是中国的一部传世名著，是曾被几代文人推崇为“三大奇书”或“四大奇书”，还有称之为“第一奇书”的，是一部真真正正描写真实的人、敢于暴露社会黑暗的现实主义作品，怎地连做个母体都不行了呢？你还诬说有它来做母体，则“必然会玷污了它的孩子”，等等，这实属夸大其词，尽为不近情理之言。甚至有人还调侃地说：“你要不要给他们做一下DNA鉴定呢？”

我不调侃，我有我的严肃认真的理由。依我说，诚然《金瓶梅》从它一问世时起，就得到了当时的大文豪、公安派三弟兄袁宏道、袁中道等人的称赞，说它是“伏枕略观，云霞满纸，胜于枚生《七发》多矣”。后来，又有张竹坡出来为之评点批注，效法明之李卓吾、清初之金圣叹等人批注十大才子书那样，借批注机会大大地抬高了《金瓶梅》的身价，称赞它犹如同那些传世的优秀世情小说一样，逼真地描写出其亲身经历的一番“兴衰际遇”、“离合悲欢、炎凉世态”，“似有一人亲曾执笔在清河县前、西门家里，大大小小，前前后后，碟儿碗儿，一一记之，似真有其事，不敢谓操笔伸纸做出来的。”

自此以后，称许赞赏《金瓶梅》的文章一直不断，从清末到民初，从五四运动一直到解放前后，甚至包括了像鲁迅和吴晗等那样受人尊敬的文学大家。鲁迅先生曾经明确地指出："作者之于世情，盖诚极洞达，凡所形容，或条畅，或曲折，或刻露而尽相，或幽伏而含讥，或一时并写两面，使之相形、变幻之情，随在显见。同时说部，无以上之"(见其《中国小说史略》)。甚至连国外学者也都不断有人执笔评介和称赞这部书。例如，在《美国大百科全书》中便有专条介绍说：《金瓶梅》是中国第一部伟大的现实主义小说，它虽然写的是中国十二世纪早期的故事，实际反映了中国十六世纪末期整个社会各个等级人物的心理状态，宣扬了惩恶扬善的佛教观点，对中国十六世纪社会生活和风俗作了生动而逼真的描写。《法国大百科全书》也有专条作类似的评介，说《金瓶梅》在"描写妇女的特点方面可谓独树一帜。全书将西门庆的好色行为与整个社会历史联系在一起，它在中国通俗小说的发展史上是一个伟大的创新"。

我也毫不怀疑，《金瓶梅》是我国文学艺术上很有成就的一部长篇小说。但是桥归桥，路归路；砍柴的归砍柴，烧炭的归烧炭，是两回子事，各事各码。我的中心意思是想说，《金瓶梅》虽然艺术上很有成就，流传面又极广，但它无论怎么说也是一本淫书。那些对它赞不绝口的人，那些说它的声价"当不下于《水浒》、《红楼》"的人，却也不得不无可奈何地承认，它是一本淫书，是一本不折不扣的淫书。就连最早发现此书是如何优异的袁中道也说："此书诲淫，有名教之思者，何必务为新奇以惊愚而蠹俗乎?"他的文友沈德符说得更为厉害："此等书必遂有人板行，但一刻则家传户到，坏人心术。他日阎罗究诘始祸，何辞置对?"(见其所著《野获篇》)

民国初年，有位著名文学家名叫苏曼殊的，他倒是说得极为公正，他说："至于《金瓶梅》，吾固不能谓为非淫书，然其奥妙，绝非在写淫之笔，盖此书的是描写下等妇人社会之书也。"(参见《新小说·小说丛话》)就是鲁迅先生本人，在揭示该书实为"描写世情，尽其情伪"的同时，也不得不指出："然亦时涉隐曲，猥黩者多。后或略其他文，专注此点，因予恶谥，谓之'淫书'；而在当时，实亦时尚。"(见其《中国小说史略》)可以这么设想，这一部小说书中，有好有坏，有正言，也有邪秽。然而，一般人读起此书来又专门地注意到那邪秽上来，你让人怎么称呼它为好呢？你说那些专爱读那邪秽之文的人是下流也好，低级趣味也好，但一般的读者就有这么个癖好，你能把他们怎么样？还不是豆腐掉在灰堆里，吹也吹不得，打也打不得吗！我看，还是苏曼殊说得明确，他说："余昔读之，尽数卷，犹觉毫无趣味；后乃改其法，认为一种社会之书以读之，始知盛名之下，必无虚也。凡读淫书者，莫不全副精神贯注于淫秽之处，此外，则随手披阅，不大留意，此殆读者之普通性矣。"（见前书）

我觉得，苏曼殊说得非常准确、到位。多少年来，人们曾经不断地做过尝试，出过了多少次《金瓶梅》洁本，将那些淫秽之词尽行删去（有的版本还故弄玄虚，往往还故意地标注上"此处删去若干字"，简直就跟此地无银三百两一样可笑），但是不管是哪种洁本，都无法流传得开。人们不愿意看那动过手术的书，有意于那事的人，总还是在千方百计地寻找原书来看。

这真是没办法的事。你说它在描写世情方面如何如何地好，但人们怎地就不大爱看它那描写世情是如何地独到、揭露社会的黑暗是如何深刻呢？那些将它比之于《水浒》与《红楼》的人，怎么没有指出书中有哪个人物像《水浒》中的武松、李逵，像《红楼》中的宝玉、黛玉、凤姐、刘姥姥那样，是站立得起来的人呢？就是稍微有一点名气的人如潘金莲和西门庆，那也是早在《水浒传》中就已塑造出来了。《金瓶梅》不过是来个大搬运或小搬远，将它搬运过来而已。

我们可以这样地作比喻：《红楼梦》之于《金瓶梅》，一个是喜马拉雅，一个是内地的大小诸峰；一个是长江大河，一个是茫茫九派。它们之间，是无法比拟的。《红楼梦》中虽然也叙及到男女之间的那事，但都如《西厢记》一般，全用的是诗歌化的语言，都写的是意态和雅趣，别说是生理上的，甚至连心理上的那番感受都未谈一字，怎可与《金瓶梅》同日而语呢？因之，谓《红楼梦》中有《金瓶梅》的影子，说《红楼梦》继承了《金瓶梅》的某些取材与表现手法，是可以的；而要说它是从《金瓶梅》中脱胎出来的，是万万不可以的。至于说到他们之间的继承和发展，那么，我认为这种的继承，只能是否定之否定，纯哲学意义上的"否定之否定"。

此话缘何说起呢？原来《金瓶梅》产生的十六世纪，正是欧洲文艺复兴在政治上追求民主自由,在艺术上追求人性化、个性化的思想启蒙时代,这个时候的文学开始从神仙、妖魔、骑士、剑侠的统治圈子里走出来,走进到一般人、一般普普通通的人、现实社会中真正的人的领域里来,正如高尔基在评价英国十六世纪文学所产生的广泛影响时所说的:“我所以评述英国文学,是因为正是英国文学给了全欧洲以现实主义戏剧和小说的形式,它帮助欧洲替换了十八世纪资产阶级所陌生的世界——骑士、公主、英雄、怪物的世界,而代之以新读者所接近、所亲切的自己的家庭环境和社会环境,把他的姑姨、叔伯、兄弟、姐妹、朋友、宾客,一句话,把他所有的亲故和每天平凡生活的现实世界,放在他的周围。”(见其所著《俄国文学史》)《金瓶梅》也正是在这样一个时代背景下产生的,虽然那时东西方文化还不甚交流。《金瓶梅》同样开始从《西游记》《封禅演义》等神仙妖魔和《三国演义》《隋唐演义》等帝王将相的圈子里走出来,走进到现实社会中的一个典型家庭和在这个家庭圈子里生活着的和与其来往着的一些普普通通的人,讲他们的吃喝嫖赌,贪财聚讼,朋友之间的欺诈蒙骗,妻妾们的争风吃醋,正如鲁迅所指出的,“其中所叙的人物,都是真的人物。”(见其《中国小说的历史的变迁》)。

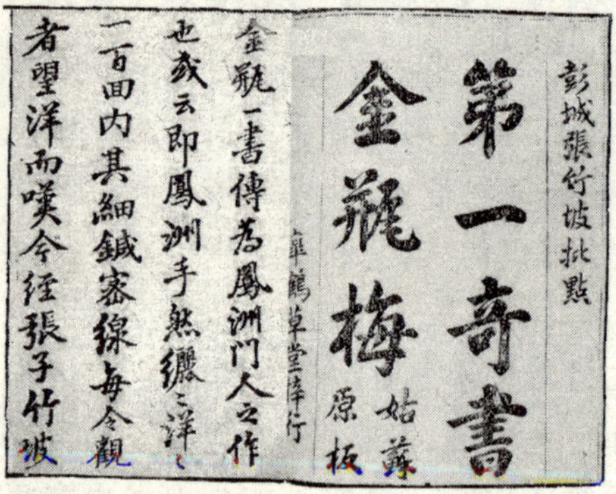

但是,它在这一重大突破中,不幸得很,又有着另一方面的重大的崩溃与陷落,亦即在性交描写上的大暴露。人们都知道,这一层暧昧的柔纱,历来都是被神秘地笼罩着的,即使写到神的王国,天堂里的亚当、夏娃结合时的最原始形态,也是被一圈神秘的光环所笼罩着的。就是在我们最村俗的粗话里,通常也只是说“在高粱地里”,没有人说是在大庭广众之下的。正如清代文学批评大家金圣叹所说,这件人间最美妙的事,只宜用最美妙的文词和诗歌化的语言,朦胧暧昧地道出,不容得那么粗俗卑劣、污秽猥琐地讲出。而更何况,《金瓶梅》中所过细描写的,有许多竟是性暴虐、性癫狂的病态心理，是一种非现代文明人的兽性行为。传说，它本是王世贞为着明代暴君和严世藩那样的奸臣而写的，其目的就是为了让那些人看了之后去依样效法，最后必因狂淫而不得好死而暴亡，亦正如西门庆那样，最后一次性交所流淌出来的不是精液，而是鲜红的血。虽然这只是一些好事者们的附会与猜想，但亦可看出其中所写的性交，全是性暴虐的一些行为，哪来还有什么美妙的诗文情趣可言呢？

这是我国十六世纪文学创作的一次大繁荣，也是一次大陷落；一次大突破，也是一次大溃决。自此以后，专以描写性交过程的小说跟踪而起，什么《续金瓶梅》《肉蒲团》（竟然还又起名为《觉后禅》）等等，不一而足，可谓江河日下。这不能不引起一些正直文人的厌恶与反感，于是兴起了一大批作家，如荑荻散人、名教中人、天花藏主人、吴航野客、水箬散人、冯梦龙、袁于伶、徐震、钟戴苍等人，开始用理想化的结构来展现主人公的恋爱情结，用诗歌化的语言来抒发男女情怀，专写那些少男少女如何以才情品貌互相倾慕，以诗词与书信来传情说爱。他们只谈风花雪月，一字不沾床笫之欢。这种纯情的言情小说的兴起，是对由《金瓶梅》所掀起的性淫文学的否定，它不仅立即占领了小说界的主导地位，形成了荡荡漾漾的时尚潮流，不久便形成了以这类言情小说为主体的《十大才子书》，且在出版界和读书界中独领风骚，作为会不会读书、配不配作为一个读书人的标准。而且，这种体例的言情小说一直流传到今天，什么张恨水、张爱玲、琼瑶等人的作品，都或多或少地受到他们的影响。

但是这些言情小说，包括列入到十大才子书中的《玉娇梨》《平山冷燕》《好逑传》《两交欢》等书，由于写作者受着历史时代及其生活空间的局限，写出来的人物大多数是一个面孔，结构上是一个套路，被鲁迅讽之为“私订终身后花园，多情公子中状元，皇上赐婚大团圆”。在此文学创作潮流中，特别是以婚姻恋爱为主题的言情小说的创作大潮流中，《红楼梦》异军突起，下决心打破多年来所形成的这种模式与套路，亦正如脂砚斋在开篇时所指出的，“开卷一篇立意，真打破历来小说窠臼。”很明显，《红楼梦》的产生，是对纯言情小说的一次否定，回过头来也可以这么说，它是对于曾经被纯言情小说所否定了的《金瓶梅》这一类专讲性淫之书，进行了否定之否定。这一个历史发展过程，是一个扬弃式的发展过程，是螺旋式的上升，而绝非是简单的复旧和回归。

仅就两性交合一事来说吧，它打破了那些只谈风花雪月、一字不沾床笫之欢的窠臼，书中不仅畅谈风花雪月，而且也大谈床笫之欢，你看他刚开篇不久，就让宝玉去领略风月之情，接着便有初试或复试小女儿之事。但是不管它讲了多少，却没有一个脏字，这真就如同古人说的那句“盖大盗，不操戈也”。这就是《红楼》之所以成为千古绝代的顶峰之作的一个重大原因之一。这是《金瓶梅》之类小说无法与之比拟和无法与之相谈并论的，更何处有“脱胎”之迹与“脱胎”之精魂呢？我们可以这么说，从立意到旨趣，二者没有一处是相通的、相同的。

② 破译二：甲戌本在这几句话的后边，还有两句：“诸公若嫌琐碎粗鄙呢，则快掷下此书，另觅好书去醒目；若谓聊可破闷时，待蠢物逐细言来。”显而易见，这是作者的自谦语（用蠢物来菲薄自己）；同时，这也是他的叫板处，用欲擒故纵的方法吊起读者的胃口来，让人们对于锦衣玉食人群之中突然杀进一个村中老妪的这一换笔，不仅不觉得孟浪和唐突，并且因为有这么一个别开生面的插叙，会使人产生更多的情趣，可以得到别样的消愁破闷，从而不愿意丢开此书，紧紧地连读下去。

作者因有这些想法，所以书写到这里又发生了一次第一人称与第三人称的换笔（第一次换笔是在开篇之时），这种不断换笔的写作方法，在我们现代文学中也有个专用名词，叫作“元小说”，就是作者在写小说的开头和中间，也可以将自己怎么兴起与怎么构思成这部小说的一些想法与具体过程，都写进到作品里边。这在二十世纪后半叶的拉丁美洲一些国家里，作为一种新的流派是很兴盛一时的。此一创作流派有些地方是取法或传承于世界三大戏剧表演体系之一的布莱希特体系。按此体系，演员可以即兴地从戏剧中走出来还原于自己，还原于观众，还原于剧作家本人，演说他自己的许多当场激发和感念。

曹雪芹自然不知道什么“元小说”结构和什么布莱希特体系，但他是一位天才的小说家，他知道怎样写更能够引起读者的兴味。况且，文章本来就无法，那些法儿都是后来的人从诸多作品中归纳出来的。是先有人这么去做，后来才有人从理论上归纳出来，或者演绎出来的，就像地上本来没有路，走的人多了也就有了路一样。不过，就当时的历史条件来说，曹雪芹不断采用两种人称互变的手法，可能多是从说评书、鼓词的人那里借鉴过来的。说书人在未开讲之前，总是要现场发挥，即兴地说出一段与在场的人多少有些关联和揣摩出现场的人当时感到兴趣的一些话题，来作为引子以便增强现实感，引起受众更多的关注与兴味。

③ 破译三：《红楼梦》写作的独到绝活的“青笋剥皮法”，那真是剥了一层又一层，剥了一层又一层，通过几层的剥皮，才穿过门厅，走进正堂内室里来。人们可以从书中看到，作者是通过了多少个局外人的讲述，方把荣国府的幕帘拉开，让你看清了它的轮廓呀！但这还不够，因为只是由局外人的口头叙述，面目还不够清晰，给人的印象还不够深刻，还须得由非荣国府里的人从外面走进来，亲眼目睹贾府的一处处景观和排场，看到那一个个人物的衣着打扮、音容笑貌、言谈声口和举止行为，这才能将那个整体的轮廓清晰起来，具体化起来，使犹如在电影片头上所显现出的那些人物肖像俱都能够活动起来，连贯起来，给人一个深刻的完整的印象。前一次，它是让那个由扬州来的林黛玉一步步地走进去的，让她一个个地去拜访和会见府里上上下下的人，通过她的亲眼观察展现出贾府一处处场景和一个个活生生的人物。但作者觉得仅此还不够，还须找一个与贾府关系更远、身份地位更是迥然不同的刘姥姥再次走进来，以便通过她的完全不同的另外一个视角的观察，来进一步展现出贾府的一处处场景和一个个身份地位完全不同的人物的鲜明形象。

为什么要一次次地通过外人的所见所闻，来展现贾府的场景和人物呢？这在文学创作上，叫作“人物、情节陌生化”。因为，越是陌生的人，观察得越是细致，冷静，客观；如果是贾府里面的人走过来，必然是对于许多的景物和人物，都习以为常，是问题也看不出问题来的。而由陌生人的冷静观察，才更能够把作为文学作品的最基本要素——典型环境与典型性格表现出来。作为文学作品最基本要素的这两点，如果不能够鲜明生动地表现出来，便难以使作品站立起来，留传下去。曹雪芹通过这一陌生化的青笋剥皮法，剥得非常地好，非常地巧妙，在《红楼梦》的主题故事和中心思想还没有展开之前，便使贾府那个典型环境和书中的几个主要人物的典型性格，就已经鲜明地立体化地展现出来了。

作者于侯门似海的荣国府中，突然插进来这么一个与荣国府和大观园毫无关系、身份地位又迥然不同的人走进来，而且不止来了这么一次，还要让她二进、三进，不断地走进来与正文故事交替穿插，实在是作者构思的无比绝妙。文章中有了这么一个村中老媪、与贾家八竿子打不着的穷亲戚走进这豪门大族里来，与那些养尊处优的人群交往对话，便形成了一幅色彩鲜明、对照明显的画面。这在绘画上叫作"间色法"。如果没有她来，我们每天讲述贾府早晚吃的如何好，天天、顿顿全是山珍海味、玉粒金莼，世人见都没见过、名字也叫不出来的菜，这虽然也是一条靓丽的风景线，但只管如此这般地一路写来，读者也会感到乏味的。现在不同了，餐桌上突然加上个村中老妪，与平素里每日只有粗茶淡饭、荒年时节还要吃糠咽菜的人同饮共食，那席面上该是何等的有趣呀！有刘姥姥的食而不知其味、一面吃一面不住嘴地咂舌探问，这才使那道制作过程非常复杂、费尽了那么多配料与辅料的"茄鲞"，有了更多的滋味，在读者心目中留下了更深的印象，否则，让作者"夫子自道"地在一部以言情为主的小说里大讲特讲烹饪之法，那该多么没劲呀！再说那些家具摆设吧，如果没有刘姥姥这般的如同乡下人走进上海大世界里的懵懵懂懂和出尽洋相，那刚刚从西洋舶运过来的自鸣钟和照人如同真的一般的大玻璃镜子，不管如何的精致、华美与奇巧，也难以生动地表现出来。补充地说一句，这两件东西如果放在林黛玉走进贾府时表现出来，便不会这么生动鲜明，一位盐政家里的阔小姐，恐怕对于自鸣钟和穿衣镜这类东西也早已司空见惯了的，哪有刘姥姥这般的吃惊诧异之感呢？所以，只让林黛玉这一陌生人走进来还不够，还要请刘姥姥这样身份地位迥异的陌生人进来不可。

世上的许多事物，只有比较、对照，才更能清晰地表现出来和感觉得到。生活在荣国府那样富宅豪门里的人，只有与平头百姓，以至于像刘姥姥那样一个村妪在一起共餐、共话与共事，他们的豪华感、自得感、幸福感与满足感，才能够品味出来，体会得到。俗话说，“身在福中不知福”，实际情况也确实如此，那些锦衣玉食的纨袴子弟，是不容易感觉出他们养尊处优的福来的。就荣国府里身份地位最高的贾母来说吧，她一辈子什么夸豪斗富的尊贵场面没有见过，没享受过？但都没有与同她年岁相仿的刘姥姥平起平坐地待在一起，看见她每到一处都赞不绝口地说“哎哟，我的佛爷，哎哟，阿弥陀佛”时，所能得到的满足与快乐更让她兴奋不已。

这种满足感和快活自得的感觉，是多少钱都买不来的。《红楼梦》的文章因为塑造出一个刘姥姥来，便活得不得了，生动得不得了，至今，人们还都喜欢用“刘姥姥进大观园”来作比喻，足见她给人们留下了多么深刻的印象。

《西游记》的作者吴承恩曾有过这样的创作体会说，他的书一写到猪八戒出来，就活起来了，不然写来写去，不管调动起多少写作的方法与技巧，总是觉得呆滞、平板，沿着一条直线走下去。实际情况也确实如此，尽管有孙大圣的掀天揭地、无穷变化，一个觔头打出十万八千里来，但只是如此这般的一路上威风凛凛、正气浩然地向西天走下去，不管一路上又遇到了多少奇形怪状、妖术各异的魔障，作品总有点平，缺乏活力与情趣。尽管一路上逢到了九九八十一难，闪展腾挪得多么惊心动魄，但只如此这般地走下去，杀下去，打下去，读者看着看着也会厌倦的，也会不期而至地产生乏味感。现在有猪八戒一出来，场面就活跃起来了，有生气得多了。有他那么一打诨插科，有他那么反方向的争吵与动作，就不时地可以挑起波澜和跌宕来。

唐僧等一行人本是出家人，是以空为本的，偏这猪八戒虽然受了戒却还充满着世俗杂念，有他在取经队伍里边进行诸多的对比与反衬，特别是让他与孙悟空进行鲜明对比，就使其形象特征更为突出了。有人曾经总结式地指出孙、猪两人的言行对照，说：“行者是见义勇为，八戒是见义退缩；行者是遇难求奋解，八戒是遇难便要散伙；行者毫无私欲，八戒利欲熏心；行者食量甚小，八戒肚大如牛；行者不爱钱，八戒攒私房；行者不好色，八戒是个色迷；行者只好名，八戒只图利。”整部《西游记》中有猪八戒这么一个角色出来做对比，做反衬，吴承恩便自觉笔底生花，一路上写出许多活灵活现、有声有色的降魔驱怪的故事来，西行的路途就生动有趣得多了。所以吴承恩说，他得多多地感谢这位猪八戒，据说，在吴承恩的生活圈子里，还真有那么个猪八戒式人物的原型。

第七回

送宫花贾琏戏熙凤　宴宁府宝玉会秦钟

此回破译出：王夫人"长篇大套的说些家务人情话"，是一篇什么样文章　周瑞家的送宫花，仍是对荣国府的再一次"青笋剥皮"　贾琏与熙凤的昼淫，说明两个人皆有外遇，心中皆另有他人

话说周瑞家的送了刘老老去后，便上来回王夫人话，谁知王夫人不在上房，问丫鬟们，方知往薛姨妈那边说话儿去了。周瑞家的听说，便出东角门过东院往梨香院来。刚至院门前，只见王夫人的丫鬟金钏儿和那一个才留头的小女孩儿站在台阶儿上玩呢。看见周瑞家的进来，便知有话来回，因往里努嘴儿。

周瑞家的轻轻掀帘进去，见王夫人正和薛姨妈长篇大套的说些家务人情话能够长篇大套、半天一晌地讲着家务人情上的话儿，可见到底是老姐儿俩，那些不宜对外人讲的心里话，这里都可以毫无顾忌地说出来。怪不得王夫人那么急切地盼望着薛姨妈来；同时，这也让人联想到，贾琏怎地就娶了她的娘家侄女，又怎地急急忙忙扶持凤姐管理起家政来。她这样一心一意地想着娘家人，日后，怎能不极力撺掇着将宝钗娶过来嫁给宝玉呢？详解见回末所附之【破译一】。周瑞家的不敢惊动，遂进里间来。只见薛宝钗家常打扮，头上只挽着纂儿，坐在炕里边，伏在几上和丫鬟莺儿正在那里描花样子呢。见他进来，便放下笔，转过身，满面堆笑让："周姐姐坐。"称呼得何等和蔼可亲，平等待人，非宝钗不能，难怪上回书中说她"深得下人之心"。周瑞家的也忙陪笑问道："姑娘好？"

一面炕沿边坐了，因说："这有两三天也没见姑娘到那边逛逛去，只怕是你宝兄弟冲撞了你不成可见宝玉和宝钗不大和谐与投缘，连下人与旁观者都能感觉得到？"宝钗笑道："那里的话。只因我那宗病又发了，所以且静养两天。"周瑞家的道："正是呢。姑娘到底有什么病根儿？也该趁早请个大夫认真医治医治。小小的年纪儿倒作下个病根儿，也不是玩的呢。"宝钗听说笑道："再别提起这个病！也不知请了多少大夫，吃了多少药，花了多少钱，总不见一点效验儿。后来还亏了一个和尚必得那个疯和尚来，因为是他和那跛道人将太虚幻境里的这些风流冤家送到尘世的，必得他一一地找上门来，送药的送药，留言的留言，告诫的告诫，指引的指引，使他们不至于在深有万丈的迷津悬崖上坠落下去，专治无名的病症，因请他看了。他说我这是从胎里带来的一股热毒，幸而我先天壮还不相干，要是吃凡药是不中用的。他就说了个海上仙方儿，又给了一包末药粉末状的药作引子，异香异气的。他说犯了时吃一丸就好了。倒也奇怪，这倒效验些。"

周瑞家的因问道："不知是什么方儿？姑娘说了，我们也好记着说给人知道。要遇见这样病，也是行好的事。"宝钗笑道："不问这方儿还好，若问这方儿，真把人琐碎死了！东西药料当时已有西药了！史料有载，曹寅得了疟疾，李煦代向皇帝禀奏说："曹寅向臣言：'医生用药，不能见效，必得主子圣药救我。'"康熙见奏折，立即朱批曰："你奏得好，今欲赐治疟疾的药，恐迟延所以赐驿马星夜奔走。"康熙送的西药当时译音为"金鸡拿"，即今日的"奎宁"一概却都有限，最难得是'可巧'二字：要春天开的白牡丹花蕊十二两，夏天开的白荷花蕊十二两，秋天的白芙蓉蕊十二两，冬天的白梅花蕊十二两。将这四样花蕊于次年春分这一天晒干，和在末药一处，一齐研好；又要雨水这日的天落水十二钱……"周瑞家的笑道："嗳呀，这么说就得三年的工夫呢。倘或雨水这日不下雨，可又怎么着呢？"宝钗笑道："所以了！那里有这么可巧的雨？也只好再等罢了。还要白露这日的露水十二钱，霜降这日的霜十二钱，小雪这日的雪十二钱。把这四样水调匀了，丸了龙眼大的丸子，盛在旧磁坛里，埋在花根底下。若发了病的时候儿，拿出来吃一丸，用一钱二分黄柏煎汤送下。"脂评本说："凡用十二字样，皆照应十二钗"，这话是对的。只是我们数了数：四种花蕊，四样水，甲戌本上还指出"再加蜂蜜十二钱，白糖十二钱……用十二分黄柏"，可是，这些加到一起，只有十一样。为何没凑成十二样呢？

周瑞家的听了，笑道："阿弥陀佛！真巧死了人。等十年还未必碰的全呢！"宝钗道："竟好。自他去后，一二年间，可巧都得了，好容易配成一料。如今从家里带了来，现埋在梨花树底下人们一定还记得"杨贵妃梨花树下香魂飘散"那句唱词，后来书中多次将宝钗比作杨贵妃，甚至在回目中还有"滴翠亭杨妃戏彩蝶"的词儿，这才知道，作者是在事事处处，都埋伏下这个意思。"周瑞家的又道："这药有名字没有呢？"宝钗道："有。也是那和尚在甲戌本中，在"和尚"前边还加有"癞头"二字，意思想叫人们认出，他即是出入太虚幻境的那个和尚，不要等闲视之，而另看作为他人。不知续作者为何在此回两处地方，都将"癞头"与"秃头"二字去掉了说的，叫作'冷香丸'这个名字起得甚好，暗喻宝钗是个冷美人，无怪在六十三回"寿怡红群芳开夜宴"时，她的花名签子上写的唐诗是："任是无情也动人"。她与"情切切良宵花解语，意绵绵静日玉生香"的暖香，自然是两种体性，两种味道。"周瑞家的听了点头儿，因又说："这病发了时，到底怎么着？"宝钗道："也不觉什么，不过只喘嗽些，吃一丸也就罢了。"

周瑞家的还要说话时，忽听王夫人问道："谁在里头？"周瑞家的忙出来答应了，便回了刘老老之事。略待半刻，见王夫人无话，方欲退出去，薛姨妈忽又笑道："你且站住。我有一件东西，你带了去罢。"说着便叫："香菱她的名字，在书里第一次点出。香菱与英莲一样，都是取意谐音，一个是应怜，一个是相怜，总之，都是个可怜的命儿。金人元好问有词《迈陂塘》曰："问莲根，有丝多少？莲心知为谁苦？"恰好似为英莲所作！"帘栊响处，才和金钏儿玩的那个小丫头进来名字与人，对上了号儿，问："太太叫我做什么？"薛姨妈道："把那匣子里的花儿拿来。"香菱答应了，向那边捧了个小锦匣儿来。薛姨妈道："这是宫里头作的新鲜花样儿堆纱花，十二枝。哈，哈！十二支的数儿，竟在这里凑齐了。真是曲径通幽，峰回路转，巧得十分玲珑，让人玩味无穷，捉摸不定。可见，作者笔下处处是苦心，处处是伏笔，唯多数人不识而已，连那么高才华的续作者高鹗都不识，竟将配料的"蜂蜜十二钱，白糖十二钱……用十二分黄柏"，当作等闲之笔，给一笔勾掉了。难怪作者十分感叹地说："都道作者痴，谁解其中味？"事实上也果真如此，那个千方百计凑成的十二个十二，正是寓意正、副册中有许多个十二。遗憾的是，竟未被人所识，无人解得其中味。叹，叹！昨儿我想起来，白放着可惜旧了，何不给他们姐妹们戴去。昨儿要送去，偏又忘了；你今儿来得巧，就带了去罢。你家的三位姑娘每位两枝，下剩六枝送林姑娘两枝,那四枝给凤姐儿罢。”王夫人道:“留着给宝丫头戴也罢了,又想着他们。”薛姨妈道:“姨太太不知,宝丫头怪着呢,他从来不爱这些花儿粉儿的正是服冷香丸的冷美人的体性。”

说着,周瑞家的拿了匣子,走出房门,见金钏儿仍在那里晒日阳儿,周瑞家的问道:“那香菱小丫头子可就是时常说的,临上京时买的、为他打人命官司的那个小丫头吗?”金钏儿道:“可不就是他。”正说着,只见香菱笑嘻嘻的走来,周瑞家的便拉了他的手细细的看了一回,因向金钏儿笑道:“这个模样儿,竟有些像咱们东府里的小蓉奶奶的品格儿秦可卿在荣、宁两府里竟已成了人样子,凡是生得俊俏的都拿她作比样。”金钏儿道:“我也这么说呢。”周瑞家的又问香菱:“你几岁投身到这里?”又问:“你父母在那里呢?今年十几了前面我们已经反复地计算过了,她的年龄只比宝玉大两岁。宝玉今年九岁,她是十一岁。周瑞家问的也很准确?本处是那里的人?”香菱听问,摇头说:“不记得了。”周瑞家的和金钏儿听了,倒反为叹息了一回连问的人都叹息了,而亲身经历的人却还反映平淡,足见她所受过的苦难之多了。

一时,周瑞家的携花至王夫人正房后。原来近日贾母说孙女们太多,一处挤着倒不便,只留宝玉黛玉二人在这边解闷,却将迎春、探春、惜春三人移到王夫人这边房后三间抱厦内居住,令李纨陪伴照管。如今周瑞家的故顺路先往这里来,只见几个小丫头都在抱厦内默坐,听着呼唤。迎春的丫鬟司棋和探春的丫鬟侍书三春的丫环名唤侍书、司棋、入画、抱琴,暗以琴棋书画取义,前边又分别地配上司、侍、抱、入四个动词,既文雅又灵秀,好听得很!作者在叙到外面的人,大多取谐音的名,而一到大观园里来,名字便都典雅文秀起来。像袭人在贾母处,本名珍珠,随了宝玉之后,就改为诗意颇浓的袭人;晴雯在贾母处,本名喜鹊,到了宝玉这里,就改名为同样是诗意颇浓的晴雯了。英莲也是一样,一进来也被改成为意味隽永的香菱了,以应古诗中的那句话:“谁种秋菱香满塘”。二人,正掀帘子出来,手里都捧着茶盘茶钟,周瑞家的便知他姐妹在一处坐着,也进入房内。只见迎春、探春二人正在窗下围棋。周瑞家的将花送上,说明原故,二人忙住了棋,都欠身道谢,命丫鬟们收了。

周瑞家的答应了,因说:“四姑娘不在房里,只怕在老太太那边呢?”丫鬟们道:“在那屋里不是?”周瑞家的听了,便往这边屋里来。只见惜春正同水月庵的小姑子智能儿两个一处玩耍呢，见周瑞家的进来，便问他何事。周瑞家的将花匣打开，说明原故，惜春笑道："我这里正和智能儿说，我明儿也要剃了头跟他作姑子去呢。可巧又送了花来，要剃了头，可把花儿戴在那里呢？"三个姑娘，三种体性，只在送花人周瑞家的一眼观察中，就看出来了。甚至连她们未来的命运归宿，也都显现出来，真是笔笔周到，不落空档；笔笔深刻细致，入木三分。说着，大家取笑一回，惜春命丫鬟收了。

周瑞家的因问智能儿："你是什么时候来的？你师父那秃歪剌管秃头的尼姑叫"秃歪剌"，有趣得很那里去了？"智能儿道："我们一早就来了。我师父见过太太，就往于老爷暗喻富裕人家的老爷府里去了，叫我在这里等他呢。"周瑞家的又道："十五的月例香供银子可得了没有？"智能儿道："不知道。"惜春便问周瑞家的："如今各庙月例银子是谁管着？"周瑞家的道："余信谐音愚信，愚昧迷信管着。"惜春听了笑道："这就是了。他师父一来了，余信家的就赶上来，和他师父咕唧了半日，想必就是为这个事了。"

那周瑞家的又和智能儿唠叨了一回，便往凤姐处来。穿过了夹道子，从李纨后窗下越过在甲戌本上有"隔着玻璃窗户，见李纨在炕上歪着睡觉呢"两句话。可惜，续作者不了解其中深意，竟然当作可有可无的话给删掉了。周瑞家的这一番送花正是对贾府女眷中几个重要人物的逐一写照。前面，逐一品性地写了迎春姐儿三个，后面又要写凤姐和黛玉，怎能单单漏了李纨呢？别看每人虽只几句话，或见其在做某一件事，但都表现出她们的性体、志趣来，或长或短，或繁或简，都能尽收其妙。而仅就李纨大白天的在炕上歪着睡觉，亦是她"槁木死灰"一般心情的最好写照。每个画面，每个场景，都是绝妙文章。至于李纨为何这样心灰意冷，不独是为着青春丧偶，还有着其他原因，我们在详解中将加以细讲，请见【破译二】西花墙，出西角门，进凤姐院中。走至堂屋，只见小丫头丰儿与平儿连起来，是一座屏风之意坐在房门槛儿上，见周瑞家的来了，连忙的摆手儿，叫他往东屋里去。周瑞家的会意，忙着蹑手蹑脚儿的往东边屋里来，只见奶子拍着大姐儿睡觉呢。周瑞家的悄悄儿问道："二奶奶睡中觉呢吗？也该清醒了。"奶子笑着，撇着嘴摇头儿。正问着，只听那边微有笑声儿，却是贾琏的声音。接着房门响，平儿拿着大铜盆出来，叫人舀水写贾琏与凤姐儿昼淫，详见【破译三】。

平儿便进这边来，见了周瑞家的，便问："你老人家又来作什么？"周瑞家的忙起身拿匣子给他看道:“送花儿来了。”平儿听了,便打开匣子,拿了四枝,抽身去了。半刻工夫,手里拿出两枝来,先叫彩明来,吩咐:“送到那边府里,给小蓉大奶奶戴的。”凤姐为什么首先想到秦可卿?可见她俩的关系十分密切次后方命周瑞家的回去道谢。

周瑞家的这才往贾母这边来,过了穿堂,顶头忽见他的女孩儿打扮着才从他婆家来。周瑞家的忙问:“你这会子跑来作什么?”

他女孩儿说:“妈,一向身上好?我在家里等了这半日,妈竟不去,什么事情这么忙的不回家?我等烦了,自己先到了老太太跟前请了安了,这会子请太太的安去。妈还有什么不了的差事?手里是什么东西?”周瑞家的笑道:“嗳!今儿偏偏来了个刘老老,我自己多事,为他跑了半日。这会子叫姨太太看见了,叫送这几枝花儿给姑娘奶奶们去,这还没有送完呢。你今儿来,一定有什么事情。”他女孩儿笑道:“你老人家倒会猜,一猜就猜着了。实对你老人家说:你女婿因前儿多喝了点子酒,和人分争起来,不知怎么叫人放了把邪火,说他来历不明,告到衙门里,要递解还乡。所以我来和你老人家商量商量,讨个情分。不知求那个可以了事?”周瑞家的听了道:“我就知道。这算什么大事,忙的这么着!你先家去,等我送下林姑娘的花儿就回去。这会儿太太二奶奶都不得闲儿呢!”他女孩儿听说,便回去了,还说:“妈,好歹快来。”周瑞家的道:“是了罢!小人儿家没经过什么事,就急的这么个样儿。”说着,便到黛玉房中去了。

谁知此时黛玉不在自己房里,却在宝玉房中,大家解九连环作戏黛玉、宝玉又是一种消遣法儿。能解九连环,足见她的聪明机巧。周瑞家的进来,笑道:“林姑娘,姨太太叫我送花儿来了。”宝玉听说,便说:“什么花儿?拿来我瞧瞧。”一面便伸手接过匣子来看时,原来是两枝宫制堆纱新巧的假花。黛玉只就宝玉手中看了一看,便问道:“还是单送我一个人的,还是别的姑娘们都有呢?”周瑞家的道:“各位都有了,这两枝是姑娘的。”黛玉冷笑道:“我就知道么!别人不挑剩下的,也不给我呀每个人接花时的口吻都不一样,都映衬着每个人不同的心态、秉性和处世哲学。黛玉因为天性孤傲,又寄居人家,故而总是用这些尖酸刻薄语言来贬斥人家,实则也是用以保护自己的身份不被别人所轻视。”

周瑞家的听了，一声儿也不敢言语。宝玉问道："周姐姐，你作什么到那边去了？"周瑞家的因说："太太在那里，我回话去了，姨太太就顺便叫我带来的。"宝玉道："宝姐姐在家里作什么呢可见宝玉心里，也一直揣着宝钗？怎么这几日也不过来？"周瑞家的道："身上不大好呢。"宝玉听了，便和丫头们说："谁去瞧瞧，就说我和林姑娘打发来问姨娘姐姐安，问姐姐是什么病，吃什么药。论理，我该亲自来的，就说才从学里回来，也着了些凉，改日再亲自来看。"说着，茜雪便答应去了。周瑞家的自去无话。

原来周瑞家的女婿便是雨村的好友冷子兴这就是写文章的一荡一拢法。先把线头荡撒出去，抛得远远的，然后再想法收拢回来，贴得近近的。在第二回书中，突然冒出个古董商冷子兴来，对荣、宁两府的事儿说得那么有枝有蔓，有根有梢，有鼻子有眼的，他是怎地知道得那么详细呢？正让读者难以理喻，暗自猜想，天底下怎么会冒出来这么个人物呢！现在却一笔收拢过来，他原来就是周瑞家的女婿！怪得对贾府之事知道得这么详细呢，近日因卖古董，和人打官司，故叫女人来讨情。《红楼梦》对于每一个有头有脸登场亮相的人，前后都必有个交待，冷子兴就是这样，决不能叫他半途夭折，事过之后便无影无踪地消逝了，如同演戏中的道具似的，戏一演完，立即丢到一边，再也不过问了，犹如鲁迅批评《儒林外史》一书中的毛病时所说："驱使各种人物行列而来，事与其来俱起，亦与其去俱讫。"周瑞家的仗着主子的势，把这些事也不放在心上，晚上只求求凤姐便完了。

至掌灯时，凤姐卸了妆，来见王夫人，回说："今儿甄家送了来的东西，我已收了。咱们送他的，趁着他家有年下送鲜的船自家有漕运的船，犹如当今的送货专车一般，足见其家的豪华阔绰，也足见其进京输送贡品之勤。据史料载，江宁织造曹家便不时地用船向朝廷进献贡品。康熙三十五年四月，曹家曾用专船送鲥鱼，五月又专船贡新茶，交给他带了去了。"王夫人点点头儿。凤姐又道："临安伯老太太生日的礼已经打点了，太太派谁送去？"王夫人道："你瞧谁闲着，叫四个女人去就完了，又来问我。"凤姐道："今日珍大嫂子来请我明日去逛逛，明日有什么事没有？"王夫人道："有事没事都碍不着什么。每常他来请，有我们，你自然不便；他不请我们单请你，可知是他的诚心叫你散荡散荡。别辜负了他的心，倒该过去走走才是。"凤姐答应了你看她所行的一切之事，都要向王夫人请示汇报，甚至连每日里的出行举止，都要征得王夫人的首肯。当下李纨探春等姊妹们也都定省毕，各归房无话。

次日凤姐梳洗了，先回王夫人毕，方来辞贾母。宝玉听了，也要逛去，凤姐只得答应着。立等换了衣裳，姐儿两个坐了车，一时进入宁府，早有贾珍之妻尤氏与贾蓉媳妇秦氏，婆媳两个带着多少侍妾丫鬟等接出仪门。

那尤氏一见凤姐，必先嘲笑一阵，一手拉了宝玉，同入上房里坐下。秦氏献了茶，凤姐便说："你们请我来作什么？拿什么孝敬我？有东西就献上来罢，我还有事呢！"尤氏未及答应，几个媳妇们先笑道："二奶奶今日不来就罢，既来了，就依不得你老人家了。"正说着，只见贾蓉进来请安。宝玉因道："大哥哥今儿不在家么？"尤氏道："今儿出城请老爷的安去了。"又道："可是你怪闷的，坐在这里作什么？何不出去逛逛呢？"

秦氏笑道："今日可巧：上回宝二叔要见我兄弟，今儿他在这里书房里坐着呢，为什么不瞧瞧去？"宝玉便去要见，尤氏忙吩咐人小心伺候着跟了去。凤姐道："既这么着，为什么不请进来我也见见呢？"尤氏笑道："罢，罢，可以不必见。比不得咱们家的孩子，胡打海摔的惯了的。人家的孩子都是斯斯文文的，没见过你这样泼辣货，还叫人家笑话死呢！"凤姐笑道："我不笑话他就罢了，他敢笑话我？"贾蓉道："他生的腼腆，没见过大阵仗儿，婶子见了，没的生气。"凤姐啐道："呸！扯臊！他是哪吒我也要见见，别放你娘的屁了凤姐能对贾蓉这么放肆地说话，足见她不是与贾蓉年龄相仿的十八九岁，而必定是二十几岁才对！再不带来，打你顿好嘴巴子。"贾蓉溜湫着眼儿笑道："何苦婶子又使利害！我们带了来就是了。"一个秦钟出场，事先要铺垫这么许多的话，足见他在作者心目中是何等的重要！凤姐也笑了。说着出去一会儿，果然带了个后生来：比宝玉略瘦些，眉清目秀，粉面朱唇，身材俊俏，举止风流，似更在宝玉之上，只是怯怯羞羞有些女儿之态，腼腆含糊的向凤姐请安问好。凤姐喜的先推宝玉笑道："比下去了！"便探身一把攥了这孩子的手，叫他身旁坐下，慢慢问他年纪读书等事，方知他学名叫秦钟谐音情种。

早有凤姐跟的丫鬟媳妇们，看见凤姐初见秦钟并未备得表礼来，遂忙过那边去告诉平儿。平儿素知凤姐和秦氏厚密，遂自作主意，拿了一匹尺头，两个"状元及第"的小金锞子，交付来人送过去，凤姐还说太简薄些。秦氏等谢毕，一时吃过了饭，尤氏、凤姐、秦氏等抹骨牌，不在话下。

宝玉、秦钟二人随便起坐说话儿。那宝玉自一见秦钟，心中便如有所失，痴了半日，自己心中又起了个呆想，乃自思道："天下竟有这等的人物！如今看了，我竟成了泥猪癞狗了，可恨我为什么生在这侯门公府之家？要也生在寒儒薄宦的家里，早得和他交接，也不枉生了一世。我虽比他尊贵，但绫锦纱罗，也不过裹了我这枯株朽木；羊羔美酒，也不过填了我这粪窟泥沟。'富贵'二字，真真把人荼毒了。"那秦钟见了宝玉形容出众，举止不凡，更兼金冠绣服，艳婢娇童，果然怨不得姐姐素日提起来就夸不绝口可见，可卿一直是把宝玉挂在心头上的。我偏偏生于清寒之家，怎能和他交接亲厚一番，也是缘法。二人一样胡思乱想。宝玉又问他读什么书，秦钟见问，便依实而答。二人你言我语，十来句话，越觉亲密起来了。

一时捧上茶果吃茶，宝玉便说："我们两个又不吃酒，把果子摆在里间小炕上，我们那里去，省了闹的你们不安。"于是二人进里间来吃茶。秦氏一面张罗凤姐吃果酒，一面忙进来嘱咐宝玉道："宝二叔，你侄儿年轻，倘或说话不防头，你千万看着我，别理他。他虽腼腆，却脾气拐孤，不大随和儿。"宝玉笑道："你去罢，我知道了。"秦氏又嘱咐了他兄弟一回，方去陪凤姐儿去了。

一时凤姐尤氏又打发人来问宝玉："要吃什么，只管要去。"宝玉只答应着，也无心在饮食上，只问秦钟近日家务等事。秦钟因言："业师于去岁辞馆，家父年纪老了，残疾在身，公务繁冗，因此尚未议及延师，目下不过在家温习旧课而已。再读书一事也必须有一二知己为伴，时常大家讨论才能有些进益原来那时读书学习，也注重课间与课后讨论，可见，我们当年推行的"习明纳尔"法,是很有些道理的了。"宝玉不待说完,便道:"正是呢!我们家却有个家塾,合族中有不能延师的便可入塾读书,亲戚子弟可以附读。我因上年业师回家去了,也现荒废着。家父之意亦欲暂送我去,且温习着旧书,待明年业师上来,再各自在家读书。家祖母因说:一则家学里子弟太多,恐怕大家淘气,反不好;二则也因我病了几天,遂暂且耽搁着。如此说来,尊翁如今也为此事悬心,今日回去,何不禀明,就在我们这敝塾中来?我也相伴,彼此有益,岂不是好事?"秦钟笑道:"家父前日在家提起延师一事,也曾提起这里的义学倒好,原要来和这里的老爷商议引荐;因这里又有事忙,不便为这点子小事来絮聒。二叔果然度量侄儿或可磨墨洗砚,何不速速作成,彼此不致荒废,既可以常相聚谈,又可以慰父母之心,又可以得朋友之乐,岂不是美事?"宝玉道:"放心,放心!咱们回来告诉你姐夫姐姐和琏二嫂子,今日你就回家禀明令尊,我回去禀明了祖母,再无不速成之理。"

二人计议已定,那天气已是掌灯时分,出来又看他们玩了一回牌。算帐时,却又是秦氏尤氏二人输了戏酒的东道脂评本上批曰"自然是二人输"。这就让我们想起今天,凡是上级有人下来,晚间招待打牌时,总是招待者输,因为用这样方式送上去的礼钱,既让上级容易接受,而且因为是在赌局上赢了,心情又更加痛快,自然会讨得上级双倍的欢心,言定后日吃这东道,一面又吃了晚饭。

因天黑了,尤氏说:"派两个小子送了秦哥儿家去。"媳妇们传出去半日。秦钟告辞起身,尤氏问:"派谁送去?"媳妇们回说:"外头派了焦大,谁知焦大醉了,又骂呢。"尤氏秦氏都道:"偏又派他作什么?那个小子派不得?偏又惹他!"凤姐道:"成日家说你太软弱了,纵的家里人这样,还了得吗?"尤氏道:"你难道不知这焦大的?连老爷都不理他,你珍大哥哥也不理他。因他从小儿跟着太爷出过三四回兵,从死人堆里把太爷背出来了,才得了命;自己挨着饿,却偷了东西给主子吃;两日没水,得了半碗水,给主子喝,他自己喝马溺:不过仗着这些功劳情分,有祖宗时,都另眼相待,如今谁肯难为他?他自己又老了,又不顾体面,一味的好酒,喝醉了无人不骂。我常说给管事的,以后不用派他差使,只当他是个死的就完了。今儿又派了他!"凤姐道:"我何曾不知这焦大?到底是你们没主意，何不远远的打发他到庄子上去就完了！”说着，因问：“我们的车可齐备了？”众媳妇们说：“伺候齐了。”凤姐也起身告辞，和宝玉携手同行。

尤氏等送至大厅前，见灯火辉煌，众小厮都在丹墀侍立。那焦大又恃贾珍不在家，因趁着酒兴，先骂大总管赖二荣府这边的大总管是赖大，那边是赖二，没准儿他们就是两兄弟，就如同当年的宁公与荣公一样，只是长幼次序又与宁、荣二公相反，倒是由赖大来管叔爷荣府的家务，赖二管伯爷宁府的家务，说他：“不公道，欺软怕硬！有好差使派了别人，这样黑更半夜送人就派我，没良心的忘八羔子！瞎充管家！你也不想想焦大太爷跷起一只腿，比你的头还高些。二十年头里的焦大太爷眼里有谁？别说你们这一把子的杂种们！”正骂得兴头上，贾蓉送凤姐的车出来。众人喝他不住，贾蓉忍不住便骂了几句，叫人：“捆起来！等明日酒醒了，再问他还寻死不寻死！”

那焦大那里有贾蓉在眼里？反大叫起来，赶着贾蓉叫：“蓉哥儿，你别在焦大跟前使主子性儿！别说你这样儿的，就是你爹、你爷爷，也不敢和焦大挺腰子呢。不是焦大一个人，你们作官儿，享荣华，受富贵！你祖宗九死一生挣下这个家业，到如今不报我的恩，反和我充起主子来了。不和我说别的还可；再说别的，咱们‘白刀子进去，红刀子出来’！”凤姐在车上和贾蓉说：“还不早些打发了没王法的东西！留在家里，岂不是害？亲友知道，岂不笑话咱们这样的人家，连个规矩都没有？”贾蓉答应了“是”。

众人见他太撒野，只得上来了几个，揪翻捆倒，拖往马圈里去。焦大益发连贾珍都说出来，乱嚷乱叫，说：“要往祠堂里哭太爷去，那里承望到如今生下这些畜生来！每日偷狗戏鸡，爬灰的爬灰，养小叔子的养小叔子，我什么不知道？咱们‘胳膊折了往袖子里藏’！”众小厮见说出来的话有天没日的，唬得魂飞魄丧，把他捆起来，用土和马粪满满的填了他一嘴。

凤姐和贾蓉也遥遥的听见了，都装作没听见。宝玉在车上听见，因问凤姐道：“姐姐，你听他说‘爬灰的爬灰’，这是什么话？”凤姐连忙喝道：“少胡说！那是醉汉嘴里胡吣，你是什么样的人，不说没听见，还倒细问！等我回了太太，看是捶你不捶你！”吓得宝玉连忙央告：“好姐姐，我再不敢说这些话了。”凤姐哄他道：“好兄弟，这才是呢。等回去咱们回了老太太，打发人到家学里去说明了，请了秦钟学里念书去要紧。”说着自回荣府而来。要知端的，下回分解。

破译详解

① 破译一：本回书是为王夫人不立传的立传。

这一回书里，还有上一回书中从刘姥姥走进到贾府里来的时候算起，请看所有人物行的事，说的话，有哪一桩哪一件不是在王夫人的吩咐下、指使下、安排下、派遣下、授意下进行的？她虽然没有出场（只在这一回书的开头与结尾处稍微地亮了亮相），但是她的权势氛围却始终笼罩着贾府的每一个角落，怀揣在每一个出场人物的心里头，人们的一举一动、一言一行，尽都囊括在王夫人的谋划与计算之中。这只要看看结尾处王熙凤向她汇报这一天里所发生的大大小小事情，请示自己明大的活动安排时，就已经清清楚楚的了。就连周瑞家的送宫花一事，不也是在王夫人的权势氛围笼罩之下进行的吗？若不是当着王夫人的面，薛姨妈怎好意思让人家平白无故地给她效劳，跑腿饶舌地一处处去送宫花，忙得多半天不得回家，连她亲生女儿央她帮忙给处理官司的事时，她都顾不过来，只好让女儿先回家去等着，“等我送下林姑娘的花儿就回去。”

在荣国府里，实际上的当家作主、统管一切的权势人物，是王夫人，别看在书中老提“如今太太上了年纪”，“不太理事”。在表面上，她也不大爱多说话，很少指东道西、说长道短的，更不见有颐指气使、独断专行的时候，但往深处里看看便知道，她是个城府很深的人，从不喜形于色、恶露于唇，反倒是一个看起来很是温

柔贤淑、心慈面软和体贴随和的人,特别是在贾母面前,自己是从不拿大主意的。而实际上,贾府里所发生的事,包括抄查大观园和偷施掉包计包办宝玉的婚姻等大事,都是她拍板定案和暗授机宜的。只不过,作者写她时全用的是春秋笔法,大都是含而不露,对于那些不能对,和不好对外人说的话,都是藏在字里行间,表面上是决不写出一句褒贬之词来的,而只让读者自己去猜度捉摸,心领神会。细想想,大观园里的几条人命案子,哪一件不都是她一手造成的呢?金钏是她装作睡着,让年轻人毫不避讳地说出几句调笑的话,她便立时起来,一巴掌将金钏打翻在地。晴雯是她看不顺眼,硬给撵出去而病死的。司棋是她搜查大观园给抄出来赃物,被逼而死的。就连迎春的死,也是因她压制宝玉不准向老太太说出挽留在家的主意,眼看着她跳进火坑不管不问才死的。她是决定贾府上下三四百人命运的实际掌权人物。

老实说,贾府里的矛盾,从一开头起直到结束时为止,贯穿始终的便是邢(夫人)、王(夫人)之间的矛盾,是她们两人争夺当家人地位和继承这万贯家财的矛盾。现在是她在当家作主,处于绝对优势的地位,把一个邢夫人逼退到闲居于"那院里",实际上是贾府后花园子里隔断出来,紧靠着马棚的东院子里去忍气吞声。但是,在她未当家之前,或者说在她尚未嫁到贾府之前的那段时间里,可是邢夫人的天下。请大家看看七十一回写到邢夫人的陪房费婆子时的那一大段话,就可以想像得到了。在庚辰本上是这么写的:"这费婆子原是邢夫人的陪房,起先也曾兴过时,只因贾母近来不大作兴邢夫人,所以连这边的人也减了威势。"可见当初,在王夫人没嫁到贾府之前和虽已嫁到贾府,但老太太还作兴邢夫人之时,邢夫人是府里当家作主、处于现在王夫人地位的一个人,不仅她本人威势,连她身边的人费婆子、王善保家的等人,也都跟着威势,这是不言自明的事。

那么,王夫人是怎么过得门来便逼退邢夫人,夺得了现今这样一个地位的呢?这一则是由于贾母偏疼二儿子贾政,不大喜欢长子贾赦,由于爱屋及乌,也便偏疼起二儿媳妇王夫人来了。而更主要的是,邢、王二人的门第大不相同。王夫人是四大家族之一的王家——与贾家"皆连络有亲,一损俱损,一荣俱荣",被人称之为"金陵王"家里的二小姐,而邢家则是寒儒薄宦、现已一贫如洗,落得邢大舅常到贾府里来打秋风的一个人。你想,贾母能够放心地将偌大一个家业托给这样门第里出身的人来掌管吗?老太太担心这个家当,会被邢夫人全鼓捣到她娘家里去。更何况,贾赦又是那么个贪吝败坏的人,邢夫人又唯丈夫之命是从,弄不好这个庞大家业真的就败坏在他们二人手里。而王夫人呢,则又是绝顶聪明的一个人,她知道在这个豪大宅门的荣国府里,一言九鼎的是老太君一个人。只要讨得老太太的欢喜,便可以得到这万贯家财,正所谓"得一人而得天下"。于是她便将全部心计都用在讨好贾母这件事情上。别的事情都可以马虎,这件事却万万不能马虎的。时间长了,她也摸到贾母的习性,于是便事事投贾母之所好,面子上也尽量装成一个温顺随和、宽容大度的样子。书中虽然没有着力去描写,但是凡写宝钗如何讨好贾母、对人都扮成装憨守笨的样子,实际上都是在暗写王夫人的影子。我们还可以从这回书中看到,书里说她正和薛姨妈"长篇大套的说些家务人情话",那么,这些"长篇大套"家务人情话是什么呢?不就是对上对下如何地做人行事,如何地讨好权威者的欢心,如何地压服众人,摆平各方面的关系,博得众人的好感与满意,夺得和巩固今日手中的权势嘛。

她每日里所最担心的,就是唯恐日渐色衰,哄不住老太太,有朝一日在贾母面前失宠,那份当家作主的权势让邢夫人失而复得。为此,她不知费尽了多少心机,撺掇着老太太将她那伶牙俐齿、能说会道的内侄女王熙凤娶过来(这从王家的门阀权势和四大家族之间悠久的姻亲绊葛关系,是很容易说动人心、合成其事的),然后姑侄两人共同巧言令色、变着法儿地讨得老太太的欢心,笼络住这份宠爱。凤姐过得门来,她立即将管家的权力交给了她,这一招儿可从两个方面打断邢夫人复辟往日权势的欲望:一是她口口声声推说自己已经上了年纪,不便去理事,让年轻人多担待些,这样一来,就让比她更上了年纪的邢夫人,还有资格再从年轻人手里夺权吗?再有一层意思,那便是我招你亲儿子和亲儿子媳妇来管家,不也等于你们长房的人在管家吗?这既可以消除人们眼中贾母偏疼贾政这房的偏见,又通过她的内侄女拢住了实权。老实说,这是人情世故方面层次最高的计谋与策算,不是贾政那样迂腐清高的人所能够想像出来的。只有能够“长篇大套的说些家务人情”方面大道理的人,才能够想得出来,做得到。

也由于同样的理由,她也是决不想将管家的权力交给她大儿媳妇李纨的。一则因为李纨丈夫早死,一般人都认为这是她的命硬,克夫,让她管事不吉利;而更主要的是,见她没有凤姐那样机灵,不会帮她在贾母面前讨得欢心,更何况,她又是一个外姓人之女,哪有自己的娘家侄女那样贴心可靠呢?

后来,她极力地想要把宝钗娶过来,到了那时,她再将管家的权力由凤姐手里夺过来交到亲儿子媳妇、自己的外甥女儿的手里。这是她多少年来寤寐以求、朝夕筹谋的心事。

不过,她们(她和薛姨妈)是决不敢把这层意思说出来的,也不敢把那金锁配衔玉的奇幻迷人的天缘色彩渲染出去。这一则,是因为宝玉和宝钗年龄还都小;二则,也是更为主要的,这时已有黛玉来之在前,贾母是极其疼这个外孙女的,心眼里早已埋伏着日后要将她嫁给自己这个惟一嫡亲的孙子宝玉的。老太太的心里也是明镜一般,你别看她平日里什么事都不管不问,只同孙男外女们颐乐天年,而到了上真张的份儿,她是最有主见、决不动摇的。对于这些,王夫人是早就看在眼里,铭记在心上的,你再借她一个胆子,她也不敢逆着贾母意思行事的,她知道,如让贾母发觉了这一层,便会断然地抛开她,再把管家的权力交给邢夫人。因此,她只有让薛姨妈按照她自己所悟彻到的“家务人情”事理儿,来调教她的外甥女宝钗来为人行事罢了。

及至后来,她发觉贾母对于黛玉的偏疼日渐消减,在多年的生活中比较到了宝钗更多的、在她老年人眼里所能看到的长处(这些长处,何尝不是她与薛姨妈潜移默化的熏陶与耳提面命的调教结果呢),特别是发现黛玉的健康日损、体质日益羸弱,为着将来的子孙昌盛起见,才不得不忍疼割爱,改变了往日之所衷,放弃黛玉,选择了体态犹如杨妃、行事犹如萧何、上下人等皆都说好的宝钗。不过,贾母还是不忍心太伤害了她一贯偏疼的黛玉,那到底是她最疼爱的小女儿的女儿,又深知她对宝玉那段生死难弃的爱情(实际上,这也是她从小儿就让他们俩住一起,有意为他们的日后成双成对所预伏下的条件),正处在这左右为难之际，王夫人趁势授意王熙凤，让她在贾母面前说出那个掉包计来。而她自己则完全退到幕后，好像是毫无知觉、不管不问，就像一个木头人似的。你看书中，一提到宝玉亲事的时候，她总是装聋作哑，决不露出一点声色。她知道得很清楚，在这个时候如果漏出一点倾向来，便会立即遭到贾母的厌弃，夺回她那当家作主的权势的；也会因此叫贾母识破她多年的心计，反而逆向而行，让她们弄巧成拙，抛弃了对于宝钗的选择，即使不娶黛玉，也要另找她认为比较适合的门当户对的大户人家女儿的。

② 破译二：可能有人没有想到，这一回书，依然采用的是由远而近、由外至内、由表及里的青笋剥皮法。前一回书中，通过村中老妪刘姥姥的冷眼观察，让她走进到侯门深似海的荣国府里来，亲眼见识到了那种锦衣玉食的排场和府内不同身份地位之人的起居生活和尊卑不越的举止行为。但作者觉得这还不够，因为刘姥姥的活动范围有限，接触到的人物仅只是府里管事的人凤姐和她周边的一些人，而府里的那些贵夫人、少奶奶以及众多的千金小姐（不管是亲是疏，是嫡是庶）和他们身边的贴身丫环，都还没有点画到，还不能给人以一个完整的印象，于是又请出一个周瑞家的出来，她虽然也是荣府里面的人，但仅仅是个边角人物，现今通过由她奉命给各处送宫花的机会，点画出府里几乎是全部的女眷，她们也都是金陵十二钗中的主要角色，这就又一次从小人物的角度描述了荣国府。周瑞家的从王夫人和薛姨妈那里出来，一直走到黛玉那里为止，走一处，看一处；见一人，便闲话几句，这样，就把这些人的性格特征全勾画出来了。这就是电影、电视里的“推、拉、摇”兼用手法，更主要的是用摇的手法，把贾府里的上上下下、各个角落、各个主要人物都扫描了一遍。全书有了这样一个完整的铺垫，各个主要人物的性格已经凸现出来，他们的言谈举止、秉性爱好都已经跃然纸上，深入人心了，然后才开始展现主题，对书中主要人物的重要情节，开始详细的描绘，引领故事一步步地向纵深发展，最后走向前面业已铺陈就了、设计好了，并已微露其意的各不相同的命运结局。

由此可以看出，《红楼梦》是互相交替、层层逼近、巧妙衔接、不露痕迹地进行着青笋剥皮的。不论是冷子兴与贾雨村的他乡巧遇，还是刘姥姥的远道求亲，乃至于借周瑞家的向王夫人回话，奉命送宫花之机而走到几位姑娘奶奶的住处，看起来都是顺理成章的事，都是扣得很紧、没有任何牵强附会的事。这样的结构安排，真就是没有丝毫的矫揉造作和故意拼凑的痕迹，真是天衣无缝得就连天衣也赶不上。所以说，如果没有曹雪芹那样巧夺天工的匠心和其大如椽的巨笔，是绝对构思不出来的，也演说不下去的。

这种独到的行文笔法和别具一格的文章结构，是古今中外小说林中所罕能见到的。说实在的，《三国演义》虽然前有刘备，后有诸葛亮的"一人贯通"，但终有贯通不到的地方；《水浒传》虽然采用了"襟连带出"的方法，但终有带不起来，或者带得过于散乱的地方，例如宋江发配江州后襟连带起出来的众多英雄好汉，有的是一哄而至又一哄而散的。至于《儒林外史》，虽然独立地描写出一个个非常生动鲜活的人物来，但整个篇章结构却是非常的散乱，不成为一个整体的格局，造成了如同鲁迅先生说的那样"驱使各种人物行列而来，事与其来俱起，亦与其去俱讫"、"虽云长篇，颇同短制"的局面（见鲁迅的《中国小说史略》）。

进一步地来说，像《红楼梦》这样巧妙的结构布局和由远至近、由外及内的写作方法，即使是在林林总总的国外各部精典文学作品中，也是极为罕见的。在我的印象中，好像是只有法国著名作家雨果的作品中偶尔能够见到。我们不妨举例来说：

雨果在《悲惨世界》里，不急于去写主人公冉阿让在那邪恶社会里，是怎样顽强、勇敢、机智、灵活、含辛茹苦、百折不挠地与那害人的社会制度、官僚机构、法律体系、警察暗探们进行斗争，也不急于去描写在这一罪恶社会里受尽了人间苦难的女主人公芳汀和她的孩子珂赛特的悲凉无助、忍辱负重的遭遇，而却在书的一开篇里，就用了将近两卷长的篇幅去写本书的一个引领人物（类似《红楼梦》中的甄士隐和贾雨村）法国南部某城的卡福汝主教，从他的出身、家事、婚姻、妻子儿女、邻居友好，衣食住行、日常起居、传道布教、政治活动、人生哲学、待人接物等等方面述起，用这位大善人的一切善心、善行，来反衬邪恶社会的罪恶、堕落，同时，也引领出受尽邪恶社会不公正待遇、最后挺身起来与之进行顽强斗争的大英雄冉阿让来，然后再通过冉阿让引领出受尽邪恶社会折磨的芳汀与珂赛特，深刻地揭示出悲惨世界的悲惨来，也就是雨果点题说到的：

"贫穷使男子潦倒,饥饿使妇女堕落,黑暗使儿童羸弱"。

在《海上劳工》中,他在写吉利亚特与恶劣的自然环境做坚韧顽强的殊死搏斗之前,先用大量的篇幅去写龙卷风、暴雨、迷雾、汹涌的海上波涛、可以卷进一切的大漩涡和可以食人的大章鱼等等,用这些凶恶的外部环境来反衬一个坚强的人与残酷无情的大自然做斗争的艰巨及其无比非凡的毅力。

使用这种由远至近的方法,不仅是别具一格,标新领异,在文学史上独领风骚,而且,又具有其独特的魅力。它是先由外部展现的,对其内部的千姿百态,则都是一步步显露出来,有如云封雾裹中的庐山秀色,是随着云雾一层层地消逝,逐步地展现出它那横看成岭、侧看成峰的面目的,这也就更加增强了对观众的吸引力和诱惑力。而用旁观者口里去演说,例如《红楼梦》书中的冷子兴、贾雨村还有论说护官符的门子等人,通过这些旁观者的眼里去观察书中主要人物的言谈举止和待人行事,如同《悲惨世界》里卡福汝主教,《海上劳工》里的恶劣凶暴的自然界等等,都会更加增强故事和人物的真实性与可信度,让人物的性格更加凸现出来,立体化起来,给人以非同一般的深刻印象。美国著名作家海明威曾经说过,"文学作品犹如一座冰山,露出水面的只有四分之一的部分"。不过他没有说,即使这四分之一部分,也应逐层次、逐层面地展现出来,才能更增加它的魅力。鲁迅便是深得这一创作笔法的。他所写的《孔乙己》,便是通过咸亨酒店里的一个小伙计的眼里,写出孔乙己这个迂腐透顶的老书生的形象来的,那真是有声有色,活灵活现,直到今天,人们还会含笑地念叨着他在吃茴香豆时对孩子们说"多乎哉,不多也"的话,还有透过酒店小伙计眼里看出来的他那副可笑而又可怜的样子。

李纨

③ 破译三:贾琏和熙凤大白天里,在众目睽睽之下,行起房中之事来,虽然此事是发生在他们这对明媒正娶的夫妻之间,但总有些说不过去的不当之处。

为什么急着要在众多媳妇婆子等着回事的时候要行房事？这说明，平日里贾琏在外面早已是荒淫无度，养成了不分白天黑夜的习惯。回到家里来，应当是有个分别的，可是偏偏遇到了凤姐这个专房来得厉害的泼辣媳妇。按理说，平儿是王熙凤从娘家带来的陪房，已占着个名正言顺的小妾地位，而且人儿又生得漂亮，在整个贾府大小丫环里面，是把头排的，人称柳五儿"有平(儿)、袭(人)、鸳(鸯)、紫(鹃)之美"，你看她，在这四大美人之中还占居头一名呢，能是一般的人吗？所以，本书第二十一回的回目上就写着"俏平儿软语救贾琏"。可是，贾琏却不敢去沾她的边的，因为妒性极强的凤姐，会施展出各种手段，软的硬的，阴的阳的，来阻挡他们做那事的。贾琏惧怕她，因为在钱财上有许多地方还得要依靠凤姐，还得要陪着几分小心和笑脸；而平儿呢是怕她，这个主子可是杀打跪罚，什么事都能做得出来的，不管你平素里是她贴心的还是不贴心的，得力的还是不得力的，只要触怒了她，她都会下得了手的。在巧姐出痘疹供奉痘疹娘娘期间，须要与贾琏隔房，贾琏耐不住性子便搂住平儿求欢，平儿夺手跑出来说："难道图你舒服，叫他知道了，又不待见我呀！"

贾琏平日里也醋凤姐与府里那么多男子亲热，曾发狠地说："他不论小叔子、侄儿，大的、小的，说说笑笑，就都使得了？以后我也不许他见人！"但凤姐敢于这样做，却有着一个冠冕堂皇的理由，"他不笼络着人，怎么使唤呢？"而且她又做得极巧妙，极能做出勾引而又不大越格儿的事来，所以贾琏也抓不到真凭实据，想要发作也发作不起来，剩下的惟一一条道儿，只能够是利用一切机会来讨得凤姐的欢心，以求得对他放松一马，允许他在外面随意地拈花惹草。

第八回

贾宝玉奇缘识金锁　薛宝钗巧合认通灵

此回破译出：《红楼梦》自此方才进入正文，亦即说书人通常所说的"书归正传"　而"书归正传"的一开篇，即展现出钗、黛二人角逐于情场上的宝玉争夺战　再次揭示出书中人物年龄设定和人物之间年龄差距上的混乱

话说宝玉和凤姐回家，见过众人，宝玉便回明贾母要约秦钟上家塾之事，自己也有个伴读的朋友，正好发愤；又着实称赞秦钟人品行事，最是可人怜爱的。凤姐又在一旁帮着说："改日秦钟还来拜见老祖宗呢。"说的贾母喜欢起来凤姐知道贾母喜欢听什么，知道说什么能使老太太欢喜起来。凤姐又趁势请贾母一同过去看戏。贾母虽年高，却极有兴头。后日，尤氏来请，遂带了王夫人你看，就是没带邢夫人、黛玉、宝玉等过去看戏。至晌午，贾母便回来歇息。王夫人本好清净，见贾母回来，也就回来了。然后凤姐坐了首席，尽欢至晚而罢。

却说宝玉送贾母回来，待贾母歇了中觉，还要回去看戏，又恐搅的秦氏等人不便。因想起宝钗近日在家养病，未去看视，意欲去望他详解请见【破译一】。若从上房后角门过去，恐怕遇见别事缠绕，又怕遇见他父亲，更为不妥，宁可绕个远儿。当下众嬷嬷丫鬟伺候他换衣服，见不曾换，仍出二门去了，众嬷嬷丫鬟只得跟随出来。还只当他去那边府中看戏，谁知到了穿堂儿，便向东北边绕过厅后而去。偏顶头遇见了门下清客相公

詹光谐音沾光、单聘仁谐音善骗人二人走来，一见了宝玉，便都赶上来笑着，一个抱着腰满人见面时的一种礼节。一般的人见面时只鞠一下躬，只有久别重逢的人才行抱腰礼，一个拉着手，道："我的菩萨哥儿想不到此时便有了这样美好的称呼，难怪，清末时人们都讨好地称慈禧太后为老佛爷！我说做了好梦呢，好容易遇见你了不怪叫善骗人，你看他哄人的话，说得多么好听！"说着，又唠叨了半日，才走开。老嬷嬷叫住，因问："你们二位是往老爷那里去的不是？"二人点头道："是。"又笑着说："老爷在梦坡斋小书房书斋名字起得好雅，取梦见坡仙苏轼之意。贾政字存周，应当梦见周公才是，不成想，他也有雅兴要梦中会一会苏东坡里歇中觉呢，不妨事的。"一面说，一面走了，说的宝玉也笑了。于是转弯向北奔梨香院来梨香院一般是指梨园子弟的住处。后来，大观园里的戏子又果然搬进了这里。薛宝钗处处与梨香有关，前回说她将冷香丸埋在梨树下面，这回说她住在这里，是否暗喻她处处在演戏呢。可巧管库房的总领吴新登谐音无星戥，取意库房的出入大手大脚，没有严行规矩和仓上的头目名叫戴良谐音大量，说他管库都是大约摸地进进出出的，同着几个管事的头目，共七个人从帐房里出来，一见宝玉，赶忙都一齐垂手站立。独有一个买办名唤钱华谐音钱花，意即能花钱的主儿，因他多日未见宝玉，忙上来打千儿请宝玉的安，宝玉含笑伸手叫他起来。众人都笑说："前儿在一处看见二爷写的斗方儿，越发好了，多早晚赏我们几张贴贴。"宝玉笑道："在那里看见了宝玉竟然相信了那些哄人的话，到底是年纪小？"众人道："好几处都有可见是被问住了。故而找这囫囵话来打圆场，都称赞的了不得，还和我们寻呢！"宝玉笑道："不值什么，你们说给我的小么儿们就是了。"一面说，一面前走，众人待他过去，方都各自散了。

闲言少述。且说宝玉来至梨香院中，先进薛姨妈屋里来，见薛姨妈打点针凿与丫鬟们呢。宝玉忙请了安，薛姨妈一把拉住，抱入怀中笑说："这么冷天，我的儿，难为你想着来！快上炕来坐着罢当时，北京人睡的都是炕，而不是床，即使皇宫里边也是如此。来客能让到炕上去坐的，都是些亲近的人。"命人沏滚滚的不说滚烫的，而说滚滚的，意即开过几个滚的热水冲的茶茶来。宝玉因问："哥哥没在家么？"薛姨妈叹道："他是没笼头的马，天天逛不了，那里肯在家一日呢？"宝玉道："姐姐可大安了？"薛姨妈道："可是呢，你前儿又想着打发人来瞧他。他在里间不是，你去瞧。他那面比这里暖和，你那里坐着，我收拾收拾就进来和你说话儿为使女儿和宝玉接近，费尽了心机，详解请见回末之《破译二》。”

宝玉听了，忙下炕来到了里间门前，只见吊着半旧的红绸软帘。宝玉掀帘一步进去，先就看见宝钗坐在炕上作针线人们每次见到宝钗，都见她在做针线活儿，这就是第四回书中开始提及到她时所说的，“见哥哥不能安慰母心，他便不以书字为念，只留心针黹家计等事”，从这里也可以看出，作者描写人物，很注意人物性格的一贯性，头上挽着黑漆油光的纂儿，蜜合色的棉袄，玫瑰紫二色金银线的坎肩儿，葱黄绫子棉裙，一色儿半新不旧的从门帘到衣裳，一律都是半新不旧的，用以显示其人不喜炫耀、不喜抢鲜儿，突出其处处都在装愚守拙的性格，看去不见奢华，惟觉雅淡。罕言寡语，人谓装愚；安分随时，自云守拙。

宝玉一面看，一面问：“姐姐可大愈了？”宝钗抬头看见宝玉进来，连忙起身含笑答道：“已经大好了，多谢惦记着。”说着，让他在炕沿上坐下，即令莺儿：“倒茶来。”一面又问老太太姨娘安，又问别的姐妹们好。一面看两个“一面看”：宝玉是“一面看，一面问”；宝钗是“一面又问……一面看”，可见，双方都有着强烈的诱惑力，使得他们不由自主地忙着打量着对方宝玉头上戴着累丝嵌宝紫金冠，额上勒着二龙捧珠抹额，身上穿着秋香色立蟒白狐腋箭袖，系着五色蝴蝶鸾绦，项上挂着长命锁也就是寄名锁。旧时人们迷信，怕孩子生下来不好养活，就将他寄于福寿双全的人家或者是庙宇与道观里作为干儿子或徒弟。但这只是挂个名，由寄名人家和庙宇给他一个金属制作的锁形饰物，叫作长命锁，挂在小儿的颈子上，可以消灾避邪，长命百岁、记名符即护身符。它也是人们迷信，从庙宇或道观等处求得的神像或符咒，做成牌牌带在身上，可以驱散邪祟，保佑平安，另外有那一块落草时衔下来的宝玉。宝钗因笑说道：“成日家说你的这块玉，究竟未曾细细的赏鉴过，我今儿倒要瞧瞧。”说着便挪近前来。宝玉亦凑过去，便从项上摘下来，递在宝钗手内。宝钗托在掌上，只见大如雀卵，灿若明霞，莹润如酥，五色花纹缠护。

看官们须知道，这就是大荒山中青埂峰下的那块顽石幻相。后人有诗嘲云：

女娲炼石已荒唐，又向荒唐演大荒。失去本来真面目，幻来新就臭皮囊。

好知运败金无彩，堪叹时乖玉不光。白骨如山忘姓氏，无非公子与红妆。详解见【破译三】

那顽石亦曾记下他这幻相并癞僧所镌篆文，今亦按图画于后面。但其真体最小，方从胎中小儿口中衔下，今若按式画出，恐字迹过于微细，使观者大废眼光，亦非畅事，所以略展放些，以便灯下醉中可阅。今注明此故，方不至以胎中之儿口有多大，怎得衔此狼犺蠢大之物为诮。

通灵宝玉正面　　通灵宝玉反面

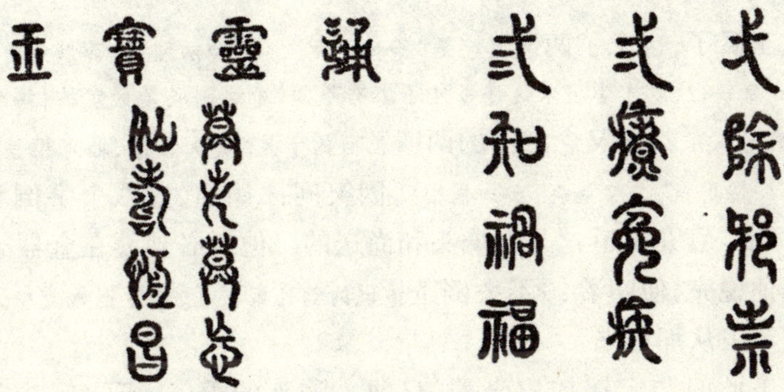

宝钗看毕，又从新翻过正面来细看，口里念道："莫失莫忘，仙寿恒昌。"念了两遍，乃回头向莺儿笑道："你不去倒茶，也在这里发呆作什么这是在提醒莺儿出来插话，她自己不好说有个金锁可以配玉。庚辰本的第八回回目，就叫作"比通灵金莺微露意，探宝钗黛玉半含酸"，原来，脂砚斋等人早已看出宝钗等人在这里设下的埋伏了？"莺儿也嘻嘻的笑道："我听这两句话，倒像和姑娘项圈上的两句话是一对儿。"宝玉听了，忙笑道："原来姐姐那项圈上也有字？我也赏鉴赏鉴。"宝钗道："你别听他的话，没有什么字。"宝玉央及道："好姐姐，你怎么瞧我的呢！"宝钗被他缠不过，因说道："也是个人给了两句吉利话儿，錾上了可见是人工的，而非天然的，说是某个人给了两句话，而很可能就是薛姨妈自己编了两句话制了个金锁錾上去，一门心思要与宝玉的那块玉配上，不然，那词儿怎么对得那么巧呢，所以天天带着。不然沉甸甸的，有什么趣儿？”一面说，一面解了排扣，从里面大红袄儿上将那珠宝晶莹、黄金灿烂的璎珞摘出来。宝玉忙托着锁看时，果然一面有四个字，两面八个字，共成两句吉谶，亦曾按式画下形相：在行文中，自己绘制图形插入文字中间，这在古小说中还属罕见，只因曹雪芹有多方面的才艺，能诗会画，还是制作风筝的大家，故而才能够如此。他的好友敦敏曾经称赞他画的石头是：“傲骨如君世已奇，嶙峋更见此支离。醉余奋扫如椽笔，写出胸中块垒时。”

金锁正面

金锁反面

宝玉看了，也念了两遍其字是“不离不弃”，“芳龄永继”。薛姨妈等正害怕宝玉离弃宝钗，所以才想出来这许多法子。殊不知，命运到底是天定的，婚后，宝玉出家还真的离弃了她，又念自己的两遍正面的字是“莫失莫忘，仙寿恒昌”；反面的字是“一除邪祟，二疗冤疾，三知祸福”，因笑问：“姐姐，这八个字倒和我的是一对儿。”莺儿笑道：“是个癞头和尚送的。他说必须錾在金器上！”宝钗不等他说完，便嗔着：“不去倒茶该说的都已经说了，这才把她支使开！”一面又问宝玉从那里来。

宝玉此时与宝钗挨肩坐着，只闻一阵阵的香气，不知何味，遂问：“姐姐熏的是什么香？我竟没闻过这味儿。”宝钗道：“我最怕熏香。好好儿的衣裳，为什么熏他？”宝玉道：“那么着这是什么香呢？”宝钗想了想，说：“是了，是我早起吃了冷香丸的香气。”宝玉笑道：“什么‘冷香丸’，这么好闻？好姐姐，给我一丸尝尝呢。”宝钗笑道：“又混闹了。一个药也是混吃的？”

一语未了，忽听外面人说：“林姑娘来了。”话犹未完，黛玉已摇摇摆摆的进来，一见宝玉，便笑道：“哎哟！我来的不巧了。”前次，凤姐在众人簇中出场亮相，一句“我来迟了”，已经先声夺人，未见其人，先闻其声，使一个不同寻常的人物的性格、神态，活灵活现地展现来。这一回，该着黛玉正面亮相，故而，一番

"摇摇摆摆的进来",一句"我来的不巧了",又把另一个性格、体态完全不同的人物,活灵活现地展现出来。宝玉等忙起身让坐。宝钗笑道:"这是怎么说?"黛玉道:"早知他来,我就不来了。"宝钗道:"这是什么意思?"黛玉道:"什么意思呢:来呢一齐来,不来一个也不来;今儿他来,明儿我来,间错开了来,岂不天天有人来呢?也不至太冷落,也不至太热闹。姐姐有什么不解的呢?"

宝玉因见他外面罩着大红羽缎对襟褂子你看众人衣裳的色彩,不论是宝钗的蜜合色、玫瑰紫色、葱黄色,还是宝玉的秋香色、五彩色,都是调合的、温和的暖色,惟独黛玉的褂子是大红颜色,是最显眼的生颜色,这也突出了她天性孤标傲世、不拘一格的风格,犹如她在诗社中所写的《问菊》那首诗中所说的:"孤标傲世偕谁隐,一样花开为底迟?",便问:"下雪了么?"地下老婆们说:"下了这半日了说明宝玉已来了多半天了。同时,说明时令已进冬底,宝玉的九岁年龄很快就要过去了。宝玉道:"取了我的斗篷来。"黛玉便笑道:"是不是?我来了他就该走了!"宝玉道:"我何曾说要去,不过拿来预备着。"宝玉的奶母李嬷嬷便说道:"天又下雪,也要看时候儿,就在这里和姐姐妹妹一处玩玩儿罢。姨太太那里摆茶呢。我叫丫头去取了斗篷来,说给小幺儿们散了罢?"宝玉点头。李嬷嬷出去,命小厮们:"都散了罢。"

这里薛姨妈已摆了几样细巧茶食,留他们喝茶吃果子。宝玉因夸前日在东府里珍大嫂子的好鹅掌。薛姨妈连忙把自己糟的取了来给他尝。宝玉笑道:"这个就酒才好!"薛姨妈便命人灌了上等酒来。李嬷嬷上来道:"姨太太,酒倒罢了。"宝玉笑央道:"好妈妈,我只喝一盅。"李妈道:"不中用,当着老太太、太太,那怕你喝一坛呢。不是那日我眼错不见,不知那个没调教的,只图讨你的喜欢,给了你一口酒喝,葬送的我挨了两天骂!姨太太不知道他的性子甲戌本在"性子"后边,还有"又可恶"三字。一个下人能用这样词语说主子,可见李嬷嬷地位的尊宠。因为,她是宝玉的奶母,用自己的奶水将他扶养大的,虽然主奴的身份不变,但总有些母与子般的特殊感情,这里虽然是写李嬷嬷,实际上也比拟着,或者说是暗含着写曹寅母亲孙氏为康熙皇帝奶母时的地位呢,喝了酒更弄性。有一天老太太高兴,又尽着他喝;什么日子又不许他喝,何苦我白赔在里头呢?"薛姨妈笑道:"老货!只管放心喝你的去罢。我也不许他喝多了。就是老太太问,有我呢。"一面命小丫头:"来,让你奶奶去也吃一杯搪搪寒气。"那李妈听如此说,只得且和众人吃酒去。

这里宝玉又说："不必烫暖了，我只爱喝冷的。"薛姨妈道："这可使不得：吃了冷酒，写字手打颤儿。"宝钗笑道："宝兄弟，亏你每日家杂学旁收的在科举时代，把除了《四书》《五经》之外的书，都叫作旁学杂收，宝钗这句话，说明宝玉是除了不爱读儒家经典的那些所谓正经书外，是无书不读的，难道就不知道酒性最热，要热吃下去，发散的就快；要冷吃下去，便凝结在内。拿五脏去暖他，岂不受害？从此还不改了呢。快别吃那冷的了。"宝玉听这话有理，便放下冷的，令人烫来方饮。

黛玉磕着瓜子儿，只管抿着嘴儿笑。可巧黛玉的丫鬟雪雁走来给黛玉送小手炉儿，黛玉因含笑问他说："谁叫你送来的？难为他费心，那里就冷死我了呢！"雪雁道："紫鹃紫鹃的名字，在这里第一次出现。姐姐怕姑娘冷，叫我送来的。"黛玉接了，抱在怀中，笑道："也亏了你倒听他的话！我平日和你说的，全当耳旁风，怎么他说了你就依，比圣旨还快呢。"宝玉听这话，知是黛玉借此奚落，也无回复之词，只嘻嘻的笑了一阵罢了。宝钗素知黛玉是如此惯了的，也不理他。薛姨妈因笑道："你素日身子单弱，禁不得冷，他们惦记着你倒不好？"黛玉笑道："姨妈不知道：幸亏是姨妈这里，倘或在别人家，那不叫人家恼吗？难道人家连个手炉也没有，巴巴儿的打家里送了来？不说丫头们太小心，还只当我素日是这么轻狂惯了的呢。"薛姨妈道："你是个多心的，有这些想头。我就没有这些心。"

说话时，宝玉已是三杯过去了，李嬷嬷又上来拦阻。宝玉正在个心甜意洽之时，又兼姐妹们说说笑笑，那里肯不吃？只得屈意央告："好妈妈，我再吃两杯就不吃了。"李嬷嬷道："你可仔细今儿老爷在家，提防着问你的书！"

宝玉听了此话，便心中大不悦，慢慢的放下酒，垂了头宝玉打从二门里走出来，便处处提心吊胆，时时都在贾政的威严凌厉的阴影下悄悄地行动：听到老爷仍在睡午觉便心喜，听到老爷在家，就垂下了头，心惊胆战。这哪里像嫡亲的父子关系？因此，宝玉与贾政的关系便不能不让人猜疑。黛玉忙说道："别扫大家的兴！舅舅若叫，只说姨妈这里留住你。这妈妈，他又该拿我们来醒脾开心的意思了！"一面悄悄的推宝玉，叫他赌赌气，一面咕哝说："别理那老货，咱们只管乐咱们的。"那李妈也素知黛玉的为人，说道："林姐儿，你别助着他了。你要劝他只怕他还听些。"黛玉冷笑道："我为什么助着他？我也不犯着劝他！你这妈妈太小心了，往常老太太又给他酒吃，如今在姨妈这里多吃了一口，想来也不妨事。必定姨妈这里是外人，不当在这里吃，也未可知。"李嬷嬷听了，又是急，又是笑，说道："真真这林姐儿，说出一句话来，比刀子还利害。"宝钗也忍不住笑着把黛玉腮上一拧，说道："真真的这个颦丫头看来，宝玉随口为黛玉起的字"颦颦"，还真的就在贾府里叫开了一张嘴，叫人恨又不是，喜欢又不是。"

薛姨妈一面笑着，又说："别怕，别怕，我的儿！来到这里，没好的给你吃，别把这点子东西吓的存在心里，倒叫我不安。只管放心吃，有我呢！索性吃了晚饭去。要醉了，就跟着我睡罢。"因命："再烫些酒来。姨妈陪你吃两杯，可就吃饭罢。"宝玉听了，方又鼓起兴来。李嬷嬷因吩咐小丫头："你们在这里小心着，我家去换了衣裳就来。"悄悄的回薛姨妈道："姨太太别由他尽着吃了。"说着便家去了知道再在这里，深浅皆都不当，自讨无趣，故而先托词离开了。

这里虽还有两三个老婆子，都是不关痛痒的，见李妈走了，也都悄悄的自寻方便去了。只剩了两个小丫头，乐得讨宝玉的喜欢。幸而薛姨妈千哄万哄，只容他吃了几杯，就忙收过了。作了酸笋鸡皮汤已经听够了黛玉的酸话，现在又痛饮酸笋汤，宝玉痛喝了几碗，又吃了半碗多碧粳粥；一时薛林二人也吃完了饭，又酽酽的喝了几碗茶，薛姨妈才放了心。雪雁等几个人，也吃了饭进来伺候。黛玉因问宝玉道："你走不走？"宝玉乜斜倦眼道："你要走我和你同走。"黛玉听说，遂起身道："咱们来了这一日，也该回去了。"说着，二人便告辞。

小丫头忙捧过斗笠来，宝玉把头略低一低，叫他戴上。那丫头便将这大红猩毡斗笠一抖，才往宝玉头上一合，宝玉便说："罢了罢了！好蠢东西，你也轻些儿。难道没见别人戴过？等我自己戴罢。"黛玉站在炕沿上道："过来，我给你戴罢。"宝玉忙近前来。黛玉用手轻轻笼住束发冠儿，将笠沿掖在抹额之上，把那一颗核桃大的绛绒簪缨扶起，颤巍巍露于笠外。整理已毕，端详了一会，说道："好了，披上斗篷罢。"宝玉听了，方接了斗篷披上。薛姨妈忙道："跟你们的妈妈都还没来呢，且略等等儿。”宝玉道：“我们倒等着他们！有丫头们跟着就是了。”薛姨妈不放心，吩咐两个女人送了他兄妹们去。

他二人道了扰，一径回至贾母房中。贾母尚未用晚饭，知是薛姨妈处来，更加喜欢足见，贾母对于薛姨妈和宝钗的印象很好。因见宝玉吃了酒，遂叫他自回房中歇着，不许再出来了，又令人好生招呼着。忽想起跟宝玉的人来，遂问众人：“李奶子怎么不见？”众人不敢直说他家去了，只说：“才进来了，想是有事，又出去了。”宝玉踉跄着回头道：“他比老太太还受用呢，问他作什么！没有他只怕我还多活两日儿。”一面说，一面来至自己卧室。只见笔墨在案。晴雯先接出来，笑道：“好啊！叫我研了墨，早起高兴，只写了三个字，扔下笔就走了，哄我等了这一天。快来给我写完了这些墨才算呢！”宝玉方想起早起的事来，因笑道：“我写的那三个字在那里呢？”晴雯笑道：“这个人可醉了。你头里过那府里去，嘱咐我贴在门斗儿上的。我恐怕别人贴坏了，亲自爬高上梯，贴了半天，这会子还冻的手僵着呢！”宝玉笑道：“我忘了。你手冷，我替你渥着。”便伸手拉着晴雯的手，同看门斗上新写的三个字。

一时黛玉来了，宝玉笑道：“好妹妹，你别撒谎，你看这三个字那一个好？”黛玉仰头看见是“绛芸轩”三字，笑道：“个个都好，怎么写的这样好了！明儿也替我写个匾。”宝玉笑道：“你又哄我了。”说着又问：“袭人姐姐呢？”晴雯向里间炕上努嘴儿。宝玉看时，见袭人和衣睡着。宝玉笑道：“好啊！这么早就睡了。”又问晴雯道：“今儿我那边吃早饭，有一碟子豆腐皮儿的包子。我想着你爱吃，和珍大奶奶要了，只说我晚上吃，叫人送来的。你可见了没有？”晴雯道：“快别提了。一送来我就知道是我的。偏才吃了饭，就搁在那里。后来李奶奶来了看见，说：‘宝玉未必吃了，拿去给我孙子吃罢。’就叫人送了家去了。”正说着，茜雪捧上茶来。宝玉还让：“林妹妹喝茶。”众人笑道：“林姑娘早走了，还让呢。”

宝玉吃了半盏，忽又想起早晨的茶来，问茜雪道：“早起沏了碗枫露茶，我说过那茶是三四次后才出色，这会子怎么又斟上这个茶来？”茜雪道：“我原留着来着，那会子李奶奶来了，喝了去了。”宝玉听了，将手中茶杯顺手往地下一摔，豁琅一声打了个粉碎，泼了茜雪一裙子。又跳起来问着茜雪道：“他是你那一门子的‘奶奶’，你们这么孝敬他？不过是我小时候儿吃过他几日奶罢了，如今惯的比祖宗还大！撵出去大家干净！”说着立刻便要去回贾母。

原来袭人未睡，不过是故意儿装睡，引着宝玉来怄他玩耍。先听见说字问包子，也还可以不必起来；后来摔了茶钟动了气，遂连忙起来解劝。早有贾母那边的人来问：“是怎么了？”袭人忙道：“我才倒茶，叫雪滑倒了，失手砸了钟子了。”一面又劝宝玉道：“你诚心要撵他也好，我们都愿意出去，不如就势儿连我们一齐撵了，你也不愁没有好的来伏侍你。”宝玉听了，方才不言语了。袭人等便搀至炕上，脱了衣裳，不知宝玉口内还说些什么，只觉口齿缠绵，眉眼愈加饧涩，忙伏侍他睡下。袭人摘下那“通灵宝玉”来，用绢子包好，塞在褥子底下，恐怕次日带时冰了他的脖子。那宝玉到枕就睡着了。彼时李嬷嬷等已进来了，听见醉了，也就不敢上前，只悄悄的打听睡着了，方放心散去。

次日醒来，就有人回：“那边小蓉大爷带了秦钟来拜。”宝玉忙接出去，领了拜见贾母。贾母见秦钟形容标致，举止温柔，堪陪宝玉读书，心中十分喜欢，便留茶留饭，又叫人带去见王夫人等。众人因爱秦氏，见了秦钟是这样人品，也都欢喜，临去时都有表礼。贾母又给了一个荷包和一个金魁星魁星，本作奎星，是天上的二十八宿之一。传说“奎主文章”，世上之人便于各地都建有“奎星阁”来祭祀他。后来，人们逐渐觉得“奎”的字形，与文章之事无多大关系，于是便将“奎”字改为“魁”字，取意“鬼举足而起其斗”。所以，后来塑造的魁星都披头散发，状如鬼，左手持斗，右手持笔，意为他是一个衡量天下文章，执笔圈点入围的人。荷包，取其音和、合之意。二物加在一起，便有“文星和合”的意思，取“文星和合”之意。又嘱咐他道：“你家住的远，或一时冷热不便，只管住在我们这里。只和你宝二叔在一处，别跟着那不长进的东西们学。”秦钟一一的答应，回家禀知他父亲。

他父亲秦邦业甲戌本为秦业，取谐音勤于事业之意。脂评本曰：“业者，孽也，盖云情因孽而生也。”此解恐怕不当。因为，下边紧连着叙及他所从事之职务，为工程修缮之事。再说，这样一位忠厚长者，当他听到了儿子在馒头庵与智能私通之事，立刻气得发昏，一命呜呼的人，作者还有必要在其名下，谐音风流之事吗？故而，续作者将其名字改为“秦邦业”，是有道理的现任营缮司郎中清代，在内务府下设营造司，工部下面设营缮清吏司；前者负责宫廷内的房屋建造与修缮之事，后者负责坛亩、官府、城郭、仓廪、营房的修缮与料费收支等事，其郎中为正三品的主管人员。秦业"因素与贾家有些瓜葛",考察书中四大家族皆为内务府的官员,故而可以料定,秦邦业也必定是内务府营造司的官员,年近七旬,夫人早亡,因年至五旬时尚无儿女,便向养生堂抱了一个儿子和一个女儿。谁知儿子又死了,只剩下个女儿,小名叫做可儿,又起个官名叫兼美。长大时,生得形容袅娜,性格风流,因素与贾家有些瓜葛,故结了亲。秦邦业却于五十三岁上得了秦钟,今年十二岁了详解请见【破译四】;因去岁业师回南,在家温习旧课,正要与贾亲家商议附往他家塾中去。可巧遇见宝玉这个机会,又知贾家塾中司塾的乃现今之老儒贾代儒,秦钟此去,可望学业进益,从此成名,因十分喜悦。只是宦囊羞涩,那边都是一双富贵眼睛,少了拿不出来。因是儿子的终身大事所关,说不得东并西凑,恭恭敬敬封了二十四两贽见礼,带了秦钟到代儒家来拜见,然后听宝玉拣的好日子一同入塾。塾中从此闹起事来。未知如何,下回分解。

破 译 详 解

① 破译一:《红楼梦》的文章转笔,或者犹如古人所说的"换笔",也是转得很巧妙的,能与前文所留下的茬口衔接得很紧很紧,几乎是天衣无缝,不留一点痕迹。例如,前回书中说周瑞家送宫花时,宝玉已听到宝钗"身上不大好呢",当时就打发丫环过去探问,并提出要"异日再亲自来看";这回,趁着陪同老太太从宁府看戏归来的闲工夫去探望宝钗,简直太是合情合理、顺理成章的事了。古人评论文章,常用"逗笋""接笋"之词,这里的榫茬儿接得便是十分紧密,中间虽然插了许多事情,甚至包括会见秦钟、共同商定入学复读等引人入胜的大事,但还是能将探访宝钗之事对接得不落痕迹。

在未曾见到宝钗、走进主题正文之前,作者先叙述了路遇许多清客与下人的事儿,使文势更加波澜起伏,为主角的登场亮相平添了许多有意耽搁的垫场戏,让读者更增强欲见主要角色宝钗的急迫感与渴望。这些铺垫很必要,通过它们可以让读者更能具体地感受到宝玉在贾府中的尊宠地位。虽然所见到的都是路遇之人,一笔带过之事,但却都写得人人凸显,其声口行动,皆都毕肖毕俏,读起来如见其人,如闻其声,不是有曹雪芹这样生花妙笔是写不出来的，特别那几个人骗哄宝玉写斗方的场面，写得更是妙极了，凡是稍有些家境的人，幼年时差不多都遇见过这类的事，所以，脂评本上有人作批语说："余亦受过此骗。今阅至此赧然一笑。此时，有三十年前向余作此语之人，侧观其形，已皓首驼矣，乃使彼亦细听此数语，彼则潸然泣下，余亦为之败兴。"

这不能不使人佩服，作者真有本事，无论是大事小事，主要人物和次要人物，都能写得如此生动，栩栩如生！

② 破译二：自此，《红楼梦》方才开始进入正文，那些由外及内、由表及里的铺垫过程已经全告结束。在此前的几回书中，说到书中主角之一的宝钗时，都不是正面的描写，而是在讲述他人他事时夹叙几句的，只有从这回起，方才正面地写；同时，也正是从此回起，才正面直接地描述宝玉与钗、黛二人之间的感情纠葛，开始看到他们正面的音容笑貌和各自表露感情的方式方法，而不是像从前那样，通过他人的讲述和他人眼中的所闻所见来叙述。所以，读《红楼梦》的人都有这样一种感觉，读到此处才开始感到《红楼梦》的真正味道，每个人物才都显得那样亲切细腻，如同面见其人，如同闻见其声，书中的人物能够与自己同悲同喜，同忧同笑，同呼吸与共命运，思想感情开始胶合在一起。就像读《三国演义》读到三顾茅庐之时，人们才真正与书中人物可以面面相觑，思想感情上默然契合，同喜同悲起来一样，真就如同《东坡述林》中所说："闻刘玄德败，有颦戚出涕者；闻曹操败，连小儿皆都欢喜畅快。"

脂评本在此处的批语中也指出，自此，"这方是宝卿正传，与前写黛玉之传，一齐参看，各极其妙，各不相犯，使其人难其左右于毫末。""今作者写得一毫难处不见，且得二人真体实传，非神助而何?"批者说自此方是"二人真体实传"，就是我们方才所讲的正面直接的描写，就是通常说的"书归正

传”,不再用前几回所用的叙述与描写间用的笔法了。至于说到为钗、黛二人立传全无相犯之处,毫无相同相仿之处,却也不是甚难的。因为,宝、黛二人的出身、经历、品格、体性、志趣、喜爱、声口气质、音容笑貌,都是极不相同的,故而善于避犯也还是比较容易的。但是,今番为宝钗立传是正面直接的描写,而黛玉立传时却多是叙述之中间有描写,描写中间有叙述,夹叙夹议,因此,描写宝钗的笔墨给人的印象就更为完整,也就更为深刻了。不过,在为宝钗立传的此回书里,黛玉出场后的那些惟妙惟肖的现场脱口而出的机智敏锐、机带双敲的尖酸刻薄话儿,也于此而使得黛玉的形象随之而活灵活现出来。虽然是写宝钗的传,也使黛玉的形象丰满起来。一回书中能有如此双管齐下、妙趣天成的效果,非得有曹雪芹的旷世奇才,他人为之,即使是借得马良的神笔过来也描画不出来的。所以,戚蓼生在十八世纪末为《红楼梦》写的那篇序言中,对此形容得非常巧妙和准确,至今人们都还喜欢引用它:

> “喜闻绛树两歌,一声在喉,一声在鼻;黄华二牍,左腕能楷,右腕能草。神乎技矣,吾未之见也。今则两歌而不分乎喉鼻,二牍而无区乎左右,一声也而两歌,一手也而二牍,此万万所不能有之事,不可得之奇,而竟得之《石头记》一书。”

还值得一提的是,这部《红楼梦》言归正传的一开篇,便展现出两个主要角色宝钗和黛玉角逐于情场上的一场宝玉争夺战:一个是费尽心机,靠着心计和智谋,努力地创造出一个金玉良缘的天缘奇巧、人随天意的氛围,让它紧紧地包围着、感惹着宝玉的思绪与情怀,让他于不知不觉之间,一步步地走入壳中,移情转兴地倾注到这位常服冷香丸的冷美人身上;另一个则是丝毫不让,紧紧地追赶过来,凭着自己的机灵聪敏、俐齿伶牙,不断地冲淡对方所着意制造的氛围,她说出的那些话儿,虽然看起来尖酸刻薄,但她知道用此言语可以及时地阻挡住宝玉的移情转兴,能够将宝玉已经拴到她心头上的那份爱夺回来。她的那些话儿虽然说得太直接,不顾场合,有伤情面,但她那妙语连珠、借机找茬地迸出那些机带双敲的话语,不能不让那位总是显得雍容大度的薛宝钗也不得不打心眼里地佩服,说:“真真的这个颦丫头一张嘴,叫人恨又不是,喜欢又不是。”

这一场争夺宝玉的角逐，一方是全家总动员，有母亲的厚意款待，怂恿撮合，有丫环莺儿不亚于红娘般的机灵乖巧，及时地搭话传情；另一方则是孤身一人地闯进来，像刘邦未带张良、樊哙而走进项羽摆下的鸿门宴一般，但是凭着她的天生机敏和大胆泼辣，两方面竟然也打成了一个平局。而最后，黛玉又施之以情，动之以温柔体贴，爱抚百般地给宝玉戴上了斗笠，将宝玉的身子连同他的心，一同领回到他们的住所——绛芸轩。从这一点上来看，黛玉在宝玉争夺战的第一个回合里，还略微地是占了一点儿上风的。

小说中的故事情节和细节，能够如此生动鲜活、细致周详、亲切动人地描绘出来，让没有真情实感的人，进一步地来说，让没有亲身体验的人来写，是无论如何也写不出来的。谓汝不信，你可以坐下来尽情地编，哪怕是编出个天花乱坠的热闹场面出来，也没有这段对话生动感人。我是非常同意王蒙先生说的，“认真地写过小说的人大概会明白，细节是真实性的基础，生活细节最难虚构……没有一定的生活事实作根据，你是虚构不出来的，虚构出来也会捉襟见肘、破绽百出。”（见其《红楼梦二十七讲》）

我思之再三，却是无论怎样也不能同意国学大师王国维讲的那句话的。他在与胡适争论《红楼梦》是否是作者自叙其家事时，断然地做否定之语说：“然所谓亲见亲闻者，亦可自旁观者之口言之，未必躬为剧中之人物。如谓书中种种境界，种种人物，非局中人不能道，则是《水浒传》之作者，必为大盗；《三国演义》之作者，必为兵家，此又大不然之说也。”（见其《红楼梦评论》）

王国维的这一说法，表面上看起来似乎也有些道理，当年，也曾有人持此类似说法来驳斥法国现实主义作家左拉所提倡的必须深入生活的观点。责问他说，你要写上吊，难道还非得把绳子套在自己脖梗上去体验吗？对于左拉之事，我们暂且不加评论，而仅就王国维的看法来说，却是无论如何也不能够苟同的。写《水浒》者，也可以不必是强盗，写《三国》者，可以不必是兵家，然而写《红楼梦》者，不是其亲身经历之事，只靠听自旁人之所言，是万难写出来的。因为，写《三国演义》中兵家你争我战的排兵布阵和奇计良谋，写《水浒传》中的劫贫济富、刀砍枪杀，及其大碗喝酒、大称分金等事，是可以靠听旁观者口中所言之材料，加以渲染而写成的，因为这些都是大框架、大动作的事，可以揆情度理地去描写，更何况还有《左传》《战国策》《史记》《汉书》《三国志》等史书与各种演义小说，可以借以左右地参照与类比式地挪腾。而惟独《红楼梦》则不能，他所写的都是些身边的细琐小事，是靠一系列的生动鲜活的细节连缀而成的书。有经验的作家都有这个体会：小说的大框架还比较好办，最难的是写出生动鲜活的细节来。好的作品，不论是小说还是戏剧，往往是只靠一两个细节，就能使人物活起来，跃然于纸上的。而《红楼梦》中的那些细节，若非是作者亲眼目睹，是绝对想像不出来的。为什么明清以来，那么多部描写才子佳人的言情小说，都是"开口'文君'，满篇'子建'，千部一腔，千人一面"呢？皆因这些小说的作者大多是些落第才子，只因仕途无路，才退下来闲操这种诌书咧戏的卖字生涯的，他们对于豪门贵族、深闺绣阁中的千金小姐并不了解，甚至连见都没见过，更不要说熟悉她们的音容笑貌、言谈举止和一日之中的所作所为了。因此写出来，论相貌便都是如花似玉，走起路来皆都是弱柳拂风，说起话来便都是开口文君、闭口子建等空泛的话。至于她们日常生活中都是怎样地传递感情，表述爱慕，他们是想也想不到的。哪里能够像《红楼梦》里一颦一笑，皆见其真情实感；巧讥俏骂，皆都暗含心声呢！像这回书中黛玉借雪雁送来小手炉的机会，巧妙地明说雪雁、暗讥宝玉地说："我平日和你说的，全当耳旁风，怎么他说了你就依，比圣旨还快呢。"这声口，这隽语，要不是亲身经历过来的人，你去让那些穷酸秀才们去编造，就是压扁了他们的肚肠子，也吐不出这样的话来。他们怎知，那些绣户侯门里的千金小姐，也会说出这样的俏皮话来呢？

此外，还有荣国府里上下人等的穿着打扮，能把衣衫靴帽描写得那么精细明朗，色彩鲜明，其款式、镶衔、佩饰皆都能写得那么到位，正如我前面说过的那样，若不是生活在织造署里的人，你让他去怎样精心构思，百般地推敲琢磨，也是很难写得出来的。就是对于这等人家的酒桌筵席，家具摆设，如非个中之人，也是写不出这么精确细致来的。就拿刘姥姥进大观园时尝到的那一道茄鲞来说，你看书中对它写的是何等细致：

"你把才下来的茄子把皮刨了,只要净肉,切成碎钉子,用鸡油炸了。再用鸡肉脯子合香菌、新笋、蘑菇、五香豆腐干子、各色干果子,都切成钉儿,拿鸡汤煨干了,拿香油一收,外加糟油一拌,盛在瓷罐子里封严了。要吃的时候儿,拿出来,用炒的鸡瓜子一拌就是了。"难怪刘姥姥吃得口里直念阿弥陀佛呢!这些,你能想得出来,编得出来吗?所以,老北京时有句谚语,叫作"三代为宦,才知穿衣吃饭"。曹雪芹若不是出自三代为宦的人家,只凭像王国维老先生所提出的靠听旁人之口说出的材料,是万万写不出来的。如果只靠旁人口说和自己想像的材料来写,可能就像脂砚斋在本书第三回的一段评语中所嘲讽的那样。他说:

> 近闻一俗笑语云,一庄家人进京回家,众人问曰:"你进京去可见些世面否?"庄人曰:"连皇帝老爷都见了!"众罕然问曰:"皇帝如何景况?"庄人曰:"皇帝左手拿一金元宝,右手拿一银元宝,马上捎一口袋人参。行动时人参不离口。一时要屙屎,连擦屁股都是鹅黄绫子。所以,京中连掏毛厕的人都富贵无比。"试思,俗稗官用富贵字眼者,悉皆庄农之一流也。盖彼实未身经目睹,所言皆在情理之外焉。

我也曾听到一个类似的故事,说有两个村妇闲话,一个说:"你知道皇娘每天都吃什么吗?"一个说:"不知道。"那个说:"皇娘桌子上,是左面放一罐子白糖,右边放一罐子红糖。她左面啜一口白糖,右面啜一口红糖。"在这些村妇的眼里,左一口白糖、右一口红糖,就已是最好的吃食了。

在三十九回刘姥姥二进荣国府时,贾母生动贴切地呼她一声"老亲家",脂砚斋立时赞不绝口地作评说:"精妙之极!若云作者心中编出,余断断不信。何也?盖编得出者,断不能有这等文章。"护花主人王希廉也说过:"凡值宝黛相逢之际,其万种柔肠,千端苦绪,一一剖心呕血以出之。细等缕尘,明如通犀,若云空中楼阁,吾不信也;即云为人记事,吾亦不信也!"

所以我们说,《红楼梦》是亘古以来第一部世情小说,应该说,除了有曹雪芹那样经历的人,是绝对写不出来的。

《红楼梦》为什么能够写得如此地打动人心，扣人心弦，读起来让人如醉如痴，失魂落魄？它不是像读一般好小说书时那样的被感动，被激发，而是整个的身心与书中的人物合而为一，同呼吸共命运，将自己等同于书中的宝玉和黛玉，或者是书中某个最使他动情的人，将自己完完全全地融化到书里面去，甚至愿意为他生，为他死，为他经受一切心灵上的折磨。这是为什么呢？就是因为此书写得生活质感特强，在人生、人性的主要方面，即情与爱、灵与性、婚与恋上逼近人生之真谛是如此的真实，如此的强烈，非他书之可比也！

我也看过许多让人感动不已，甚至销魂夺魄的书，像雨果的《悲惨世界》《巴黎圣母院》，托尔斯泰的《复活》《安娜·卡列尼娜》，泰戈尔的《沉船》和米切尔的《飘》等等，有的书甚至让你废寝忘食、喘不过气地读下去，例如大仲马的《基督山伯爵》和柯南道尔的《福尔摩斯探案》等，那些奇异的情节，扣人心弦的悬念，也都紧紧地吸引住了我，激起了内心里强烈的反应和共鸣，全身心地投入到里边去。但是，当我被那故事的惊险奇妙的情节所吸引与打动过去之后，天长日久，慢慢地便与那书中的人物又会不知不觉地冷落了下来，我读过的所有的书，都没有像读《红楼梦》那样能产生出那种强烈的同呼吸共命运的感觉，更不要说它能够长久地让人与之身心融会、感情完全融通地合而为一了。

看《三国演义》与《水浒传》，虽然较比看外国的那些精典名著，由于生活习俗和民族共性上的相同与相通，能够更为感到亲切些、实感些，在记忆的底板上所留下的影子也就更为深刻些和久远些，时不时地会重新地翻上心头，在说话时和写文章中也情不自禁地想到那些事件和细节，有意无意地也要引用出来，但是却都没有像读《红楼梦》时那样印象深刻。细思起来，这又是为什么呢？就是因为《红楼梦》写得生活质感特强，他写的是一般人的日常生活，从生老病死、婚姻恋爱、人际交往，一直到吃喝拉撒睡，而且能够于平凡之中又写得那样波澜起伏，生动有趣，而且能够通过现象层层地逼近本质，将人生一世的苦辣酸甜之命运，揭示得那样深刻，几乎达到了世间诸种宗教信仰所能够揭示出来的人生之根本的境界。

因之我们说，《红楼梦》它既是情感的，又是哲理的，是将诸般深奥哲理俱都融会于人生百味之中的一部文学巨著，所以，它的吸引力、感染力、亲和力、引导力、逼近力、融通力，不是一般的小说书能够与之比拟的。

③ **破译三：**这首诗是作者有意点出宝玉口中衔来的通灵宝玉，即是那块补天不用被遗弃在大荒山下的顽石，并且假托“后来有人”嘲讽其事，这才亦真亦幻、若明若暗地吟咏出来。

诗的前两句，是说女娲炼石补天之事已属古老洪荒之说，而作者又借这荒唐之事演说出大荒山无稽崖青埂峰下那块顽石幻化为玉的荒唐之事来。颔联两句在甲戌本上，是“失去幽灵真境界，幻来新就臭皮囊”，其意是说，它在大荒山下之时，本来是身处于松风明月、猿啼虎啸的清幽灵秀之真正境界的，亦即第五回“太虚幻境”中所提到的“幽微灵秀地”，应当说，这才是佛家最为看好的修真养性之处，是不染红尘一丝一毫的好地方；而它（这块顽石）却偏要死气白赖地强求僧、道将其幻化，携带到人世间去享尽温柔富贵之乡的风情。其结果，也只不过是得到一个臭皮囊而已。臭皮囊，是佛家对于生人躯体的一种厌称，认为它（人体）也只不过是藏有痰粪等秽物的皮囊而已，只有佛家的性，道家的道，才是人生的真迹，才是万古长存的。

颈联的两句是咏叹，或者说是揭示，那天定的金玉良缘和今朝的金玉旖旎，都不过是过眼烟云、飘忽即逝的东西。待到后来薛家与贾家相继败落之时，那黄灿灿的金锁也要失去光彩，落得个“金簪雪里埋”的葬身雪野的结果；那块晶莹温润的通灵宝玉也会失去光泽，蒙受尘世间种种屈辱污垢，坐牢收监，遭受尽人间的种种苦难。

尾联两句，并不是一般性的泛论人生苦短、白骨红颜的道理，而是就今日今朝互相认证的金玉良缘而言的。它暗示着螓首蛾眉的红妆美女，将会因为运败而埋骨于荒丘雪野。因此，脂评本在此处明晰地点出：“二语虽粗，本是真情”。

这里，只是仅就金玉良缘而言的，并没有涉及到宝玉、黛玉二人之间的前世木石之盟与今生的相亲相爱之事。因为，这诗是在宝玉识金锁、宝钗识通灵之时说的，只针对当时人人皆都看好的金玉良缘而言的。由此也可以证明，原作者确实是设定下使宝玉、宝钗结为夫妻的结局。但是，仅就这一薄薄的缘分而言，也是薤露蒿里，转眼消逝的。诗中完全没有谈及到宝玉婚后对黛玉的思恋，更没有谈什么“虽然是举案齐眉，到底是意难平”之事。许多好事者想借此诗做其他方面的分析与联想，恐怕是有些东拉西扯、牵强附会之嫌的。

④ 破译四：《红楼梦》一书，最让人感到飘忽不定、捉摸不出的，是人物的年龄，一会儿这样形容，过一会儿又那样形容；特别是人物之间的相对年龄，更是变化不定，一会儿是这样一个差距，一会儿又是那样一个差距，说法不一，时间与岁数都是闪烁不定的。年岁的增长有时是明过渡，有时是暗过渡，让人难以准确地判定。而且，作者为了叙事方便，多用移时换位法写人写事，因而人物的当时年龄多少也就变化不定，不能依据常情常理来揆度，这是研究《红楼梦》的人，最感到头疼和烦恼的事。

至于秦可卿的年龄，就更是这个样子，照此回书上说，她是秦业在五十岁时从养生堂里抱领出来的，而秦业在五十三岁时又生下秦钟，这样看来，她只比秦钟大三岁了，那也就是说，她现年十五岁。而按照古制，女孩子到了十五岁开始戴笄，称之为及笄之年，作为成年女子可以订婚与出嫁了。而她出嫁给贾蓉已经四五年了，怎么还十五岁呢？肯定是作者在这个地方弄得混乱了！

不过，曹雪芹的原著并不是这样写的，在甲戌本上只是说：“秦业年近七十，夫人早亡。因当年无儿女，便向养生堂抱了一个儿子并一个女儿。谁知儿子又死了，只剩女儿，小名唤可卿。”“那秦业至五旬之上方得了秦钟。”

这里，也依然有着年龄上的混乱。我们不必为贤者讳。曹雪芹尽管是一位文学大师和旷世奇才，他的《红楼梦》是古今小说的顶峰之作，但是他对人物年龄的设定，以及人物之间的年龄差距，在他尽心竭力于其他方面的构思与立意时，便多少地疏忽了这个细节上的安排。眼前的这个例子就很明显，既说“那秦业至五旬之上方得了秦钟”，那也就是说，秦钟的年龄现在已经是二十来岁了，因为秦业现今已经是“年近七十”了嘛。可是第五回书中秦可卿确明明交待说，他与宝二叔同岁，而且其当下里的一切行动，也都与宝玉相仿。宝玉到上学复读之日，是年关已过、一元复始之时，也就是说，他的九岁已过、将要迈进十岁了，秦钟只当也是这个年龄，怎地会一下子变成了一个二十来岁的人呢？再者说了，到了二十来岁方入家塾读书，未免也太晚了些吧？

高鹗续写《红楼梦》时，发现了这个大毛病，于是就改成“秦邦业却于五十三岁上得了秦钟，今年十二岁了”。这一改，秦钟的年龄倒是差不多了（虽然比宝玉大了两岁），颇像一个方入家塾读书孩子的年龄，但又与秦邦业的年龄对不上茬口，因为他说秦邦业“年近七旬”，而按照他所设定的秦钟年龄十二岁来计算，秦邦业也只能是六十多岁。因为，他五旬之上方得了秦钟嘛！五十多岁再加上十一年（古人多按虚数计算，十二岁即是十一年），无论如何也到不了“年近七旬”的年龄。

看起来，高鹗也是虎头蛇尾，顾了这头而忽视了那一头儿！

第九回

训劣子李贵承申饬　嗔顽童茗烟闹书房

此回破译出：宝玉不是贾政的亲生儿子，而是其祧兄的遗腹子　书中的群儿闹学是中国古书中很少涉猎的一场同性恋　宝玉真的“见了女儿便清爽，见了男子便觉浊臭逼人”吗

话说秦邦业父子，专候贾家人来送上学之信。原来宝玉急于要和秦钟相遇，遂择了后日一定上学，打发人送了信。到了这天，宝玉起来时，袭人早已把书笔文物收拾停妥，坐在床沿上发闷，见宝玉起来，只得伏侍他梳洗。宝玉见他闷闷的，问道：“好姐姐，你怎么又不喜欢了？难道怕我上学去，撂的你们冷清了不成这即是后面说的宝玉一贯“作小服低，赔身下气，性情体贴，话语缠绵”的本性？”袭人笑道：“这是那里的话？念书是很好的事，不然就潦倒一辈子了，终久怎么样呢？但只一件：只是念书的时候儿想着书，不念的时候儿想着家。总别和他们玩闹，碰见老爷不是玩的。虽说是奋志要强，那工课宁可少些，一则贪多嚼不烂，二则身子也要保重。这就是我的意思，你好歹体谅些。”袭人说一句，宝玉答应一句。袭人又道：“大毛儿衣服指狐狸、猞猁、水獭、貂皮等长绒毛皮衣我也包好了，交给小子们去了。学里冷，好歹想着添换，比不得家里有人照顾。脚炉手炉也交出去了，你可逼着他们给你笼上。那一起懒贼，你不说他们乐得不动，白冻坏了你。”宝玉道：“你放心，我自己都会调停的。你们也可别闷死在这屋里，长和林妹妹一处玩玩儿去才好。”说着俱已穿戴齐备，

袭人催他去见贾母、贾政、王夫人。宝玉又嘱咐了晴雯麝月几句，方出来见贾母。贾母也不免有几句嘱咐的话。然后去见王夫人，又出来到书房中见贾政。

这日贾政正在书房中和清客相公们说闲话儿，忽见宝玉进来请安，回说上学去。贾政冷笑道："你要再提'上学'两个字，连我也羞死了。依我的话，你竟玩你的去是正经。看仔细站腌臜了我这个地，靠腌臜了我这个门这哪里是父子？听见儿子去上学复读，不见丝毫欢喜和几句勉励的话，竟然说尽一切挖苦的词儿；让他不要站在他跟前那块地，挨靠着他的门，冤损儿子会腌臜了他的地，腌臜了他的门。从开篇以来叙及到的这宗宗件件，能不让人想到宝玉不是他亲生之子，而是领养和过继来的儿子吗？详解见回末之【破译一】。"众清客都起身笑道："老世翁何必如此。今日世兄一去，二三年就可显身成名的，断不似往年仍作小儿之态了。天也将饭时了，世兄竟快请罢。"说着便有两个年老的携了宝玉出去。

贾政因问："跟宝玉的是谁？"只听见外面答应了一声，早进来三四个大汉，打千儿请安。贾政看时，是宝玉奶姆的儿子名唤李贵的又是奶母的儿子陪读，不能不令人想起曹寅因母亲孙氏是康熙的奶母，从而便成为康熙的陪读，因向他道："你们成日家跟他上学，他到底念了些什么书！倒念了些流言混话在肚子里，学了些精致的淘气。等我闲一闲，先揭了你的皮，再和那不长进的东西算帐！"吓的李贵忙双膝跪下摘了帽子碰头，连连答应"是"，又回说："哥儿已经念到第三本《诗经》，什么'攸攸鹿鸣，荷叶浮萍'语出《诗经·小雅·鹿鸣》，原文是"呦呦鹿鸣，食野之苹"。李贵因没读书，只在屋外听人读书，因而说得含糊，惹得众人好笑，小的不敢撒谎。"说的满坐哄然大笑起来，贾政也掌不住笑了。因说道："那怕再念三十本《诗经》《诗经》分"风"、"雅"、"颂"三大部分，其中"风"是按国别编的，有齐风、鲁风、郑风、魏风等等，分量较大，故而编成两册。《鹿鸣》是"小雅"的第一首诗，编在第三本里，故而说宝玉读到第三本。后边，"大雅"与"颂"又编成二册，合起来共有五册。贾政说念到"三十本《诗经》"，那也是开玩笑的一句话，实际上《诗经》没有三十本，也是'掩耳盗铃'，哄人而已。你去请学里太爷的安，就说我说的：什么《诗经》、古文，一概不用虚应故事，只是先把《四书》详解见回末之【破译二】一齐讲明背熟是最要紧的。"李贵忙答应"是"，见贾政无话，方起来退出去。

此时宝玉独站在院外，屏声静候，等他们出来同走。李贵等一面掸衣裳，一面说道："哥儿可听见了？先要揭我们的皮呢。人家的奴才跟主子赚些个体面，我们这些奴才白陪着挨打受骂的。从此也可怜见些才好！"宝玉笑道："好哥哥，你别委屈，我明儿请你。"李贵道："小祖宗，谁敢望'请'，只求听一两句话就有了。"

说着又至贾母这边，秦钟早已来了，贾母正和他说话儿呢。于是二人见过，辞了贾母。宝玉忽想起未辞黛玉，又忙至黛玉房中来作辞。彼时黛玉在窗下对镜理妆，听宝玉说上学去，因笑道："好！这一去可是要'蟾宫折桂'从字面上讲，是从月宫里折下来桂树枝儿，含意为科举场上夺得头名，或者是进士及第。此语典出《晋书·郤诜传》，晋武帝问郤诜在东堂里会试的情况如何，郤诜得意地说："臣举贤良对策，为天下第一，犹桂林之一枝，昆山之片玉。"了！我不能送你了。"宝玉道："好妹妹，等我下学再吃晚饭。那胭脂膏子也等我来再制。"唠叨了半日，方抽身去了。黛玉忙又叫住，问道："你怎么不去辞你宝姐姐来呢？"详解见回末之【破译三】宝玉笑而不答一径同秦钟上学去了。

原来这义学旧时，由某一家族或地方公益收入与私人捐赠所举办的一种免费学校。《清史稿·选举志一》有载："义学，初由京师五城各立一所，后各省州县多设，教孤寒生员，或苗、蛮、黎、瑶子弟优异者。"也离家不远，原系当日始祖贾家的祖先所立，恐族中子弟有力不能延师者，即入此中读书。凡族中为官者皆有帮助银两以为学中膏火之费；举年高有德之人为塾师。如今秦宝二人来了，一一的都互相拜见过，读起书来。自此后二人同来同往同起同坐，愈加亲密。兼贾母爱惜，也常留下秦钟一住三五天，和自己重孙一般看待。因见秦钟家中不甚宽裕，又助些衣服等物。不上一两月工夫，秦钟在荣府里便惯熟了。宝玉终是个不能安分守理的人，一味的随心所欲，因此发了癖性，又向秦钟悄说："咱们两个人，一样的年纪同为十岁，况又同窗，以后不必论叔侄，只论弟兄朋友就是了。"先是秦钟不敢，宝玉不从，只叫他"兄弟"，叫他表字"鲸卿"寓意精灵可爱，秦钟也只得混着乱叫起来。

原来这学中虽都是本族子弟与些亲戚家的子侄，俗语说的好："一龙生九种,种种各别。”语出明代杨慎的《升庵外集》:“俗传龙生九子,不成龙,各有所好……”弘治皇帝曾问内阁各位大臣,这九子都叫什么名,李文正根据一部名叫《锱缋》的书,做了回答,说:“一曰赑屃,好负重,今碑下趺是也。二曰螭吻,好望,今屋上兽头是也。三曰蒲牢,好吼,今钟上钮是也。四日狴犴,有威力,故立于狱门。五曰饕餮,好饮食,故立于鼎盖。六曰虮蝮,好水,故立桥柱。七曰睚眦,好杀,故立于刀环。八曰狻猊,形似狮,好烟火,故立于香炉。九曰椒图,好闭,故立于门铺。”请记住,后文有多处提到这九种兽的名字。未免人多了就有龙蛇混杂、下流人物在内。自秦宝二人来了,都生的花朵儿一般的模样,又见秦钟腼腆温柔,未语先红,怯怯羞羞有女儿之风;宝玉又是天生成惯能作小服低,赔身下气,性情体贴,话语缠绵。因他二人又这般亲厚,也怨不得那起同窗人起了嫌疑之念,背地里你言我语,诟谇谣诼,布满书房内外。

原来薛蟠自来王夫人处住后,便知有一家学,学中广有青年子弟。偶动了龙阳龙阳君是战国时魏王的嬖臣,以男色事国君,从而得到专宠,甚至超过宫中美女,魏王曾为他发布命令给四境,说以后“有敢言美人者族”!(事见《战国策·魏策四·魏王与龙阳君共船而钓》,后来,人们便把喜好男色之事,称作龙阳之兴之兴,因此也假说来上学,不过是“三日打鱼,两日晒网”,白送些束脩原意是一捆肉干,后来泛指学生向先生交纳的学费或进见礼礼物与贾代儒,却不曾有一点儿进益,只图结交些契弟。谁想这学内的小学生,图了薛蟠的银钱穿吃,被他哄上手了,也不消多记。又有两个多情的小学生,亦不知是那一房的亲眷,亦未考真姓名,只因生得妩媚风流,满学中都送了两个外号,一个叫“香怜”,一个叫“玉爱”。别人虽都有羡慕之意、“不利于孺子”之心语出《尚书·金縢》:“武王即丧,管叔及其群弟乃流言于国,曰:‘公将不利于孺子。’”公,指周公姬旦,孺子即未成年的周成王姬诵。管叔与群弟皆武王与周公的弟弟。相传周文王有一百个儿子,故而群弟甚多,武王早逝,传位于其子成王,由周公辅政,管叔等放出流言,诽谤周公有不利于成王这个小孩子之心,将欲篡位。此处只借用这一典语故事,其意是说有人想向香怜玉爱这两个小孩子讨便宜,只是惧怕薛蟠的威势,不敢来沾惹。如今秦宝二人一来了,见了他两个,也不免缱绻羡爱,亦知系薛蟠相知,未敢轻举妄动。香玉二人心中,一般的留情与秦宝:因此四人心中虽有情意,只未发出。每日一入学中,四处各坐,却八目勾留,或设言托意,或咏桑寓柳俗语中有“指桑骂槐”的话,此处借用,意即是说此而喻它意,遥以心照,却外面自为避人眼目。不料偏又有几个滑贼看出形景来，都背后挤眉弄眼，或咳嗽扬声，这也非止一日。

可巧这日代儒有事回家，只留下一句七言对联，令学生对了明日再来上书开讲新课，将学中之事又命长孙贾瑞瑞，又可读音为"睡"，喻此人一直沉溺于睡梦之中，此时含含糊糊，后来又懵懵懂懂上了凤姐的当，白白地冤送了性命管理。妙在薛蟠如今不大上学应卯了，因此秦钟趁此和香怜弄眉挤眼，二人假出小恭，走至后院说话。秦钟先问他："家里的大人可管你交朋友不管——"一语未了，只听见背后咳嗽了一声。二人吓的忙回顾时，原来是窗友名金荣喻以金钱为荣幸的人的。香怜本有些性急，便羞怒相激，问他道："你咳嗽什么？难道不许我们说话不成？"金荣笑道："许你们说话，难道不许我咳嗽不成？我只问你们：有话不分明说，许你们这样鬼鬼祟祟的干什么故事？我可也拿住了！还赖什么？先让我抽个头儿，咱们一声儿不言语。不然大家就翻起来！"秦香二人就急得飞红的脸，便问道："你拿住什么了？"金荣笑道："我现拿住了是真的。"说着又拍着手笑嚷道："贴的好烧饼！你们都不买一个吃去？"秦钟香怜二人又气又急，忙进来向贾瑞前告金荣，说金荣无故欺负他两个。

原来这贾瑞最是个图便宜没行止的人，每在学中以公报私，勒索子弟们请他；后又助着薛蟠图些银钱酒肉，一任薛蟠横行霸道，他不但不去管约，反助纣为虐讨好儿。偏那薛蟠本是浮萍心性，今日爱东，明日爱西，近来有了新朋友，把香玉二人丢开一边，就连金荣也是当日的好友，自有了香玉二人，便见弃了金荣，近日连香玉亦已见弃。故贾瑞也无了提携帮衬之人，不怨薛蟠得新厌故，只怨香玉二人不在薛蟠跟前提携了：因此贾瑞金荣等一干人，也正醋妒他两个。今见秦香二人来告金荣，贾瑞心中便不自在起来，虽不敢呵叱秦钟，却拿着香怜作法，反说他多事，着实抢白了几句。香怜反讨了没趣，连秦钟也讪讪的各归坐位去了。

金荣越发得了意，摇头咂嘴的，口内还说许多闲话。玉爱偏又听见，两个人隔坐咕咕唧唧的角起口来。金荣只一口咬定说："方才明明的撞见他两个在后院里亲嘴摸屁股，两个商议定了，一对儿论长道短。"那时只顾得志乱说，却不防还有别人。谁知早又触怒了一个人。你道这一个人是谁？

原来这人名唤贾蔷假为人墙，但却倚靠不得，从龄官对他的一片痴恋，他却毫不在意,毫不理会之事,便可以看出亦系宁府中之正派玄孙,父母早亡,从小儿跟着贾珍过活,如今长了十六岁,比贾蓉生得还风流俊俏。他兄弟二人最相亲厚,常共起居,宁府中人多口杂,那些不得志的奴仆,专能造言诽谤主人,因此不知又有什么小人诟谇谣诼之辞。贾珍想亦风闻得些口声不好,自己也要避些嫌疑,如今竟分与房舍,命贾蔷搬出宁府,自己立门户过活去了。这贾蔷外相既美,内性又聪敏,虽然应名来上学,亦不过虚掩眼目而已,仍是斗鸡走狗、赏花阅柳为事。上有贾珍溺爱,下有贾蓉匡助,因此族中人谁敢触逆于他。他既和贾蓉最好,今见有人欺负秦钟,如何肯依?如今自己要挺身出来报不平,心中且忖度一番:"金荣贾瑞一等人,都是薛大叔的相知,我又与薛大叔相好,倘或我一出头,他们告诉了老薛一会儿称薛大叔,一会儿称老薛,可见已厮混得烂熟,不分彼此,犹如宝玉和秦钟一般,忘了辈分,我们岂不伤和气呢。欲要不管,这谣言说的大家没趣。如今何不用计制伏,又止息了口声,又不伤脸面。"想毕,也装出小恭去,走至后面瞧瞧,把跟宝玉书童茗烟叫至身边,如此这般,调拨他几句。这茗烟乃是宝玉第一个得用且又年轻不谙事的,今听贾蔷说:"金荣如此欺负秦钟,连你们的爷宝玉都干连在内,不给他个知道,下次越发狂纵。"这茗烟无故就要欺压人的,如今得了这信,又有贾蔷助着,便一头进来找金荣。也不叫"金相公"了,只说:"姓金的,你什么东西!"贾蔷遂跺一跺靴子,故意整整衣服,看看日影儿说:"正时候了。"遂先向贾瑞说有事要早走一步。贾瑞不敢止他,只得随他去了。

这里茗烟走进来,便一把揪住金荣问道:"我们肏屁股不肏,管你相干?横竖没肏你的爹罢了!说你是好小子,出来动一动你茗大爷!"吓的满屋中子弟都忙忙的痴望。贾瑞忙喝:"茗烟不得撒野!"金荣气黄了脸,说:"反了!奴才小子都敢如此,我只和你主子说。"便夺手要去抓打宝玉。秦钟刚转出身来,听得脑后飕的一声,早见一方砚瓦飞来,并不知系何人打来,却打了贾蓝贾菌因事而起名,贾蓝,即假拦;贾菌,即是假起君子之风的座上。

这贾蓝贾菌亦系荣府近派的重孙。这贾菌少孤,其母疼爱非常,书房中与贾蓝最好,所以二人同坐。谁知这贾菌年纪虽小,志气最大,极是淘气不怕人的。他在位上,冷眼看见金荣的朋友暗助金荣,飞砚来打茗烟,偏打错了落在自己面前,将个磁砚水壶儿打粉碎,溅了一书墨水。贾菌如何依得,便骂:“好囚攮的们!这不都动了手了么!”骂着,也便抓起砚台来要飞。一边是宁派,一边是荣派,各不相让,都飞起砚台来贾蓝是个省事的,忙按住砚台,忙劝道:“好兄弟,不与咱们相干。”贾菌如何忍得住,见按住砚台,他便两手抱起书箧子来照这边扔去。终是身小力薄,却扔不到,反扔到宝玉秦钟案上就落下来了。只听豁啷一响,砸在桌上,书本、纸片、笔、砚等物撒了一桌,又把宝玉的一碗茶也砸得碗碎茶流。

那贾菌即便跳出来,要揪打那飞砚的人。金荣此时随手抓了一根毛竹大板在手,地狭人多,那里经得舞动长板。茗烟早吃了一下,乱嚷:“你们还不来动手?”宝玉还有几个小厮,一名扫红,一名锄药,一名墨雨宝玉四个小厮,名字也如迎春等四个丫环联起来便成为琴棋书画一样,他们四人的名字,如取下面一字,便是烟雨红药,意即烟雨红楼中的小幺们;取上面一字联起来,为扫锄墨茗,意即扫除笔墨的虚名,这三个岂有不淘气的,一齐乱嚷:“小妇养的!动了兵器了!”墨雨遂掇起一根门闩,扫红锄药手中都是马鞭子,蜂拥而上。

贾瑞急得拦一回这个,劝一回那个,谁听他的话可见,他素常里毫无威信。后来,他起邪念于凤姐,癞蛤蟆想要吃起天鹅肉来,对他这种人来说,那也是意料之中的事儿?肆行大乱。众顽童也有帮着打太平拳助乐的,也有胆小藏过一边的,也有立在桌上拍着手乱笑、喝着声儿叫打的:登时鼎沸起来。

外边几个大仆人李贵等听见里边作反起来,忙都进来一齐喝住,问是何故,众声不一,这一个如此说,那一个又如彼说。李贵且喝骂了茗烟等四个一顿,撵了出去。秦钟的头早撞在金荣的板上,打去一层油皮,宝玉正拿褂襟子替他揉,见喝住了众人,便命:“李贵,收书,拉马来!我去回太爷指贾代儒去!我们被人欺负了,不敢说别的,守礼来告诉瑞大爷,瑞大爷反派我们的不是,听着人家骂我们,还调唆人家打我们。茗烟见人欺负我,他岂有不为我的;他们反打伙儿打了茗烟,连秦钟的头也打破了。还在这里念书么?”李贵劝道:“哥儿不要性急,太爷既有事回家去了,这会子为这点子事去聒噪他老人家,倒显的咱们没礼似的。依我的主意,那里的事情那里了结,何必惊动老人家。这都是瑞大爷的不是,太爷不在家里,你老人家就是这学里的头脑了,众人看你行事。众人有了不是,该打的打,该罚的罚,如何等闹到这步田地还不管呢?”贾瑞道:“我吆喝着都不听。”李贵道:“不怕你老人家恼我:素日你老人家到底有些不是,所以这些兄弟不听。就闹到太爷跟前去,连你老人家也脱不了的。还不快作主意撕掳开即分解开,摆平了了罢!”宝玉道:“撕掳什么?我必要回去的!”秦钟哭道:“有金荣在这里,我是要回去的了。”宝玉道:“这是为什么?难道别人家来得,咱们倒来不得的?我必回明白众人,撵了金荣去!”又问李贵:“这金荣是那一房的亲戚?”李贵想一想,道:“也不用问了。若说起那一房亲戚,更伤了兄弟们的和气了。”

茗烟在窗外道:“他是东府里璜大奶奶的侄儿,什么硬挣仗腰子的,也来吓我们!璜大奶奶是他姑妈。你那姑妈只会打旋磨儿,给我们琏二奶奶跪着借当头,我眼里就看不起他那样主子奶奶么。”李贵忙喝道:“偏这小狗攮知道,有这些蛆嚼!”宝玉冷笑道:“我只当是谁亲戚,原来是璜嫂子侄儿。我就去向他问问。”说着便要走,叫茗烟进来包书。茗烟进来包书,又得意洋洋的道:“爷也不用自己去见他,等我去找他,就说老太太有话问他呢。雇上一辆车拉进去,当着老太太问他,岂不省事?”李贵忙喝道:“你要死啊!仔细回去我好不好先捶了你,然后回老爷、太太,就说宝哥儿全是你调唆。我这里好容易劝哄的好了一半,你又来生了新法儿!你闹了学堂,不说变个法儿压息了才是,还往火里奔!”茗烟听了,方不敢做声。

此时贾瑞也生恐闹不清,自己也不干净,只得委曲着来央告秦钟,又央告宝玉。先是他二人不肯,后来宝玉说:“不回去也罢了,只叫金荣赔不是便罢。”金荣先是不肯,后来经不得贾瑞也来逼他权赔个不是,李贵等只得好劝金荣,说:“原来是你起的头儿,你不这样,怎么了局呢?”金荣强不过,只得与秦钟作了个揖。宝玉还不依,定要磕头。贾瑞只要暂息此事,又悄悄的劝金荣说:“俗语说的:‘忍得一时忿,终身无恼闷。’详解见回末所附之【破译四】”未知金荣从也不从,下回分解。

破译详解

① **破译一:** 此书从一开头,就写了宝玉父子之间关系极不正常,而

到这一回里就更为突出了。你看那贾政的言谈口吻，对于宝玉的憎恶情绪，根本不像亲生父子，所以对这种很不正常的父子关系，深知内情的脂砚斋在第八回宝玉总是绕道走躲避贾政时便批曰："本意正传。实是曩时苦恼。叹，叹！"而到了三十三回时，贾政竟因为宝玉收留了忠顺王府的一个戏子琪官，不仅大肆笞挞，还要用绳子给勒死，多亏贾母及时赶到，才让他死里逃生得以留下一条命来。如果我们再联系到贾政的生活原型曹頫，他本是贾母过继来的一个儿子，与贾母（原型是曹寅之妻李氏）的嫡亲孙子，恐怕是很有可能没有什么直接的血缘关系。一个非嫡亲的儿子，与一个嫡亲的孙子，这中间的关系自然是很微妙的，贾母疼嫡亲的孙子自然会远远超过非嫡亲的儿子，而贾政对于宝玉的种种举动，哪里像是嫡亲父子呢？

那么，宝玉（是曹雪芹在小说中的自我塑造）的嫡亲父亲应当是谁呢？

原来，曹雪芹的嫡亲祖父、康熙皇帝十分宠爱的亲信之臣曹寅，因病不治而英年早逝于扬州的两淮盐课御史任上，他的子嗣甚孤，只有一个年纪将及弱冠之年的曹颙。由于曹寅在江宁织造和两淮盐课任上政声很好，而且文华盖世，儒雅风流，名闻天下，不仅结交了江南众多的最为一流的文人词客，而且受命为皇家编刻盛世匡典的大书《全唐诗》《全唐文》与《佩文韵府》，其业绩可与编纂《四库全书》的纪晓岚媲美。故而，一旦病故，当地的督巡大员和缙绅商户，乃至于织造署的机匠头领们，都联名启奏，说"曹寅善政多端，吁恳题请以曹寅之子曹颙仍为织造"，而与曹寅"事同一体"的苏州织造李煦也参奏了此请。康熙接到这些奏折后，立即批复，并且钦差梁总管和曹寅的侄子曹颀南来宣读此一批复之圣旨。

曹颙（小名连生）这年才十九岁，将近弱冠之年。早在三年前，在他刚刚十六岁的时候，按照当时的制度，包衣人的子弟到此年龄段时，均要"当差为侍卫执事，勤劳效力"，选入宫廷和内务府里去当差行走。在这一年的春天，曹寅便带领儿子曹颙送他进京去效力。同行的还有他的二姐即曹寅的次女，她将被赐婚给一位宫廷侍卫。曹寅为了儿子和女婿进出皇宫效力方便，还专门在东华门一带为其置办了房产。但是，曹颙在京当差两年之后，皇上见他年纪太轻，而且曹寅上了年纪身边又无子女照顾，于是就把曹颙遣散回家去照看父亲，也帮助父亲协理任上的一些杂事。曹寅病重期间，曹颙时刻不离地在床前侍候。曹寅本欲打发他去北京向皇上求药的，"但我儿子年小，今若打发他求主子去，目下我身边又无看视之人"，所以后来还是他内兄李煦星夜地向皇上呈上奏本，皇上当即便差驿马昼夜不停地赶送药品过来。但药到之时，人已故去了，只能做了一个接赐仪示："宣示赐药恩旨于曹寅之子连生，连生感激。"

父亲病故，这曹颙是年纪轻轻地便受命于危难之际。他的父亲曹寅因为四次接待圣驾南巡，曾于各处修造了无数的行宫驻所和其他各种排场性建筑，再加上还要承担太子允礽等贵胄的勒索奉献，所以他在两淮任上已经亏欠了银子五百二十余万两，织造任上也有巨额的亏空，因此，各处的弹劾奏章接连不断。康熙已明知这是因为自己所拖累下来的债务，故而不断地出来为其遮挡，但是因为亏空太大，就是有圣驾出马，也已觉得有些捉襟见肘，力不从心，于是便几次地下诏给曹、李两家，要他们尽快将这巨额亏空给补上，否则就会因为不好交待，而难辞其咎。年轻尚不能料事的曹颙，此时虽然名义上袭了父亲的官职，而实际上接过来的却是一个烫手的热火球子，捧持不住，抓挠不得。舅父李煦知其难处，主动上疏奏请，要求接任两淮盐课一年，努力商同各路商家，尽量地将所欠银两补上。皇上批准了李煦的所请，亲自批复说："曹寅于尔事同一体，此所奏甚是。只恐日久尔若变了，只为自己，即犬马不如矣！"曹颙听得皇上的恩准消息后，感激涕零，立即写下了如同《陈情表》一般的奏文给皇上说，圣上顾念连生的难处，"特命李煦代管盐差一年，著奴才看著，将该欠钱粮补完，倘有什么不公，复命奴才折奏，钦此钦遵。跪聆之下，奴才母子，不胜惶悚恐惧，感激痛哭，搏颡流血……窃思奴才伶丁孤苦，举目无亲，负弥天之罪戾，万死何辞，乃蒙皇上格外洪慈，不即伏斧锁，重沛恩纶，昊天罔极，一至于此！"

曹颙就是这样，诚惶诚恐地接过来江宁织造这一重任的。而恰恰又在这一两年里，宫廷里迭生巨变，与曹家往来密切、吃拿曹家银两最多的太子允礽再次被废，十几个皇子争夺王位的斗争愈演愈烈，被卷入到这场旋涡之中的曹家，此时可以说是已处在岌岌可危、山雨欲来风满楼之际。对于曹、李两家当时的处境，连处于最高权力地位上的康熙皇帝都感觉到了，几次下诏，要他们“任内无事方好，不可疏忽，千万小心，小心，小心，小心！”一连用了四个“小心”，可见事态的严重。他还密密地嘱咐他们，要他们对以前密奏诸皇子在江南结党之事，“此话断不可叫人知道，若有人知，尔即招祸矣。”曹寅于病危之际，还给皇上奏折，请求将他和李煦的一些秘密奏折，“同毁不存，以免祸患，则身家保全，旨出我万岁之恩赐也。”

在这个风波激荡、危机四伏之际，曹颙便不得不经常地奔波于江宁、扬州与京城之间，努力地摆平与诸皇子之间的关系，竭力地冲淡曹家昔日里，特别是太子与圣驾一同南巡时与太子的往来密切关系，继续地用钱买好那些看着日渐争得上风的几位皇子。几年下来，他因为这诸事棘手烦劳，变得身心交瘁，而这时又时常奉诏入京，查核交纳太子允礽的银两数目。他朝夕不宁地奔走于险象环生的两京之路上，最后终因积劳成疾，于康熙五十三年(1714)底，在赴京的路上，染疾而身亡。

康熙听到这消息很是为之痛惜，曾传谕内务府之众人说:“曹颙系朕眼看着自幼长大的，此子之逝甚为可惜！在朕所使用之包衣子嗣中，尚无一人如他者。他的样子看起来长的也很魁梧，拿起笔来也能写文章，是个文武全才之人，他在织造任上很谨慎，朕对他是寄予很大希望的。”

说曹颙是皇上亲眼看着自幼长大的，一点也不假。原来，在康熙第五次南巡之前，两江总督阿山召集省内诸大员，商议在丁粮中增税三分，以作修建行宫的费用。各官员虽知此议不妥，但摄于阿山的权势，都随声附和，只有江宁知府陈鹏年提出不同意见，说不能因为圣驾南巡而加重百姓负担。阿山对此怏怏不快，便要寻机将陈鹏年干掉。不久，圣驾由龙潭来到江宁，因为行宫草创，比较简陋，阿山等人便乘势激怒太子允礽，说这都是因为陈某人阻挡增税而造成的结果，又乘机谗言了他许多坏话。太子恼怒，就要拘捕斩杀陈鹏年。康熙一时拿不定主意，他住在织造署里，正在思谋这件事情时，忽然有一少年嬉笑地从院子中走过，康熙便招手让他过来，先问他叫什么名字，他回答说是曹寅的儿子，名叫连生。皇上便问:“连生，你知道江宁有好官吗?”连生毫不打哏地说:“我知道,陈鹏年就是个好官!"康熙很是为之而打动,心想,"连一个孩子都知道陈鹏年是个好官,此人怎么可杀呢?"后来,致政大学士、太子允礽的师傅张英来宁,康熙命人向他询问,张英也称说陈鹏年是个贤臣,皇上这才下定了决心,对允礽说:"你的老师都说陈鹏年是个好官,你怎么要杀他呢?"因为此事,康熙从小就对曹颙留下了很好的印象。

康熙五十三年(1714),曹颙病逝后,其舅父李煦即刻向皇上奏折,请求允准将曹寅之弟曹宣的第四个儿子曹𫖯过继给曹寅之妻李氏为子,继续接任江宁织造一职。康熙准奏,马上传下旨意:"将曹𫖯给曹寅之妻为嗣,并补放曹𫖯江宁织造之缺,亦给主事职衔。"就这样,曹宣之子曹𫖯便过继到了江宁织造署里来主政,亦如《红楼梦》中的贾政一样,"赐了个额外主事职衔,叫他入部习学。"

这一来,曹𫖯可真是喜出望外,受宠若惊,他一个将及弱冠之年(他比曹颙小些,曹颙死时是二十一岁,他可能只有二十,或者是十八九岁吧)的人,一出世就远远地超过了早他做事多年的三个哥哥(大哥曹顺,现已三十六岁,还一直是作为帮办,协助伯父曹寅采办铜觔;二哥曹頔二十八岁了,虽然已经捐纳了个监生,但却一直在家里赋闲;三哥曹颀还算好些,能诗会画,深得伯父曹寅喜爱,还专门为他题诗《喜三侄颀能画长干,为题四绝句》。康熙五十年时,曹寅还拜托人情,将他与曹颙一起由内务府奏请向皇帝作引见,由皇帝赐给了个差事在茶房里行走。五年之后,才做了内务府茶房总领);而他曹𫖯,却能一步青云,一下子就当上了世人皆都瞩望的江宁织造。眼下里,虽然只是个主事衔,但他知道,那只是个"习学",用现在的话来说,只是个实习阶段,很快就会援例受封为正三品郎中的。因此,他除了万分感戴皇上的隆恩圣德之外,便是要陪着双倍的小心,对伯母李氏(亦即书中的贾母,他现在称之为母亲),表现出格外的恭顺孝敬。他的这份忠诚,很快也得到了皇上的赏识,还专门下诏鼓励他说:你虽年幼"黄口无知",尚不谙事体,也没有你兄曹颙的文笔,但既然已被授职织造,就应当像当年的曹寅和现在的李煦、孙文成那样,经常写些密折,"奏禀江南一带的吏治民情,以及当地的年成行市等事,纵不能如此,亦可以所闻大小事密密奏闻,是与非朕自有洞鉴。就是笑话也罢,叫老主子笑笑也好!"曹𫖯见诏,又是一番诚惶诚恐，惶恐之余免不了要遵旨拖起千斤重的笔来给皇帝奏写密折。因为这些密折都是关系着国家命运与他个人身家性命的事，是决不能找人代笔的，于是只好勉为其难地写出来。开头里，因对关系到国家盛衰的大事不够通达，于是便就身边和家中之事练习着写。他在康熙五十四年(1715)三月的一份奏折中，便是如此地写道：

> “奴才之嫂马氏，因现怀妊孕已及七月，恐长途劳顿，未得北上奔丧，将来倘幸而生男，则奴才之兄嗣有在矣!”

从这简短的几句话里就可看出，曹頫的文笔确实是平庸得很！第二句虽只九个字，就拮据不顺得很，什么“怀妊孕”，通常只说“怀孕”或“妊娠”，哪里有什么怀妊孕的话呢？而末尾“兄嗣有在矣”，也似通不通。看起来，他较之其继父曹寅、祧兄曹颙差得太远了。这些暂且不论，仅就“奴才之嫂马氏，因现怀妊孕已及七月”的身孕来说，确实是件大事，不仅对于当时的曹家来说，甚至对于亲眼看着曹颙长大的康熙来说，都是一件大事。当然，对于今天的红学，还有什么“曹学”“秦学”等学派来说，都是价值连城，不，比价值连城还要珍贵万分的一件事，因为，他不是用货币价值可以衡量的。

为什么这么说呢？因为这个遗腹子依照种种迹象来推测，就是后来写成此部旷世杰作《红楼梦》的作者曹雪芹。根据何在呢？

首先，就是曹雪芹的出生年月与他能够亲身经历过织造署里的豪华生活，从而可以写作出这部盖世绝伦的著作来，从年龄上与成熟度上来看，都是比较贴实靠谱的。如果这个遗腹子就是雪芹的话，按照曹頫上奏折的三月来计算，马夫人生下此子的日子，当是1715年的五月或者是六月，距曹家第一次抄家于雍正五年(1727)十二月，为十二年半，雪芹当时已是十三岁；而距第二次抄家于乾隆四年(1739)，为期二十五年，他当时已是二十六岁的人了。按照这个年龄来说，书中所写的情，所写的景，所写的那一切大小事件，应当说都是他亲身经历和亲眼所见的。

但现在红学界却都是另秉一说，说曹雪芹不是那个遗腹子，因为马氏的遗腹子是否顺产下来，不能肯定；即使顺产，是男是女也无交待，因此，断定那是曹雪芹是没有根据的。在此情况下，便有人另做判定，说雪芹是曹頫之子，生于雍正二年（1724）。持此一说者的惟一根据，便是雪芹生前好友敦诚的一首《挽曹雪芹》诗中的一句话，“四十年华付杳冥。”曹雪芹的卒年大家分歧不大，都认定是壬午或癸未年，即1762年底或1763年初，敦诚的诗是写于甲申年（1764）的，于是大红学家周汝昌便根据那句“四十年华付杳冥”的诗，往上推四十年，拍板论定曹雪芹是生于1724年（亦即1764－40＝1724）。正如同他在《曹雪芹小传》中所说：“雍正二年，岁在甲辰（1724），四、五月间的一天，江宁织造曹頫家里，传出喜讯：夫人生下一位麟儿，这就是后来人称雪芹公子的《红楼梦》作者。”因为周汝昌是红学界的领军人物，他的这一论定很快就变成为定局，反对者的声音，日见寥寥冷落。

但是在《五庆堂族谱》中的曹颙名下，却有“曹天祐”“现任州同”的记载。我看，仅这一条就证明了，曹颙的遗腹子生下来了，而且是男的，名叫天祐。这曹天祐是谁呢？没法儿考究。但从这个“祐”字却可以与曹霑的名字做出某种联想来的：天祐即是曹霑，前者是乳名，后者是学名，这就像其父曹颙的乳名叫连生一样。曹颙在接任江宁织造职务给皇上写奏折时，还自称乳名曰：“曹寅子奴才连生谨奏”。同样，天祐作为乳名一直在沿用，也是那时常见的事。况且这“霑”与“祐”相连，在《信南山》诗中就有：“既霑既足”，“受天之祜”。祜与祐，在古时是相通的。这也就是说，曹霑即是天祐，作为曹颙的遗腹子，只能生于康熙五十四年（1715），而决不会生于后来的雍正年间。

其次，若说曹霑是生于1724年的话，那么，他在年龄上便与以后的许多事儿有些对不上号了。因为，第一次抄家时他只有三岁，三岁的孩子怎地就能体验到和观察到那温柔富贵之乡是如此这般的景况呢？虽然在乾隆元年曹家又有一些起复，但时间不长，只有三四年的光景，较比在南京时候，是“大不如从前了”，而就是这样，据周汝昌设定的生年计算，此时雪芹也只不过十六岁。他对于那“昌明隆盛之邦、诗礼簪缨之族”的穷奢极欲生活，也未必能有多深的体会！

再以《红楼梦》的脱稿时间来计算，在年龄段上也对不上号。现在许多学者都已论定，《红楼梦》脱稿的下限时间为己巳—庚午年，也就是乾隆十四、十五年（1749、1750），而《红楼梦》一开篇就说：“曹雪芹于悼红轩中,披阅十载,增删五次,纂成目录,分出章回”,那也就是说,曹雪芹开始动笔写《红楼梦》时,当是从庚午年(1750)上推十年,亦即是乾隆五年(1740),那时曹雪芹只有十六岁,让一个十六岁的孩子写出如此一部惊天地、泣鬼神的《红楼梦》巨著来,总是不大叫人相信吧!

因此,就不能不让人再仔细地思考一下说雪芹生于1724年的根据来。因为,敦诚的那句“四十年华付杳冥”不管有多么重要,但终归只是一家之言、一个孤证而已,除了他之外,再无他人(甚至包括他的哥哥敦敏在内,我们翻遍了敦敏的《懋斋诗抄》,也没有找到“四十年华”一类的词)言及到此事。孤证难凭,这是考据学家通认的一条规矩。而偏巧得很,人们能够见到的,却是另外一些根据。在张宜权《伤雪芹居士》一诗的自注中,有着下面的一段话:“其人素性放达,好饮,又善诗画,年未五旬而卒。”如果按照“年未五旬”来计算,雪芹的生年却恰好是1715年,即马夫人生下遗腹子的那一年,而恰巧又是周汝昌所论断的,在四五月间(我们前边已说过是在五六月间)。

对这两个决然不同的说法,我们应当相信哪一个呢?如果不偏不向地说,或者是平心而论地说,倒是张宜泉说得更为准当些,比较切合实际些。因为,就敦、张二人与雪芹的交往来说,作为一个穷教书先生的张宜权,与啜粥赊酒的曹雪芹的贫贱之交,可能更为深厚与往来更为密切些。而敦诚虽然相识得还要早些,但他毕竟是贵族子弟,虽然已经是没落了的贵族,但到底还是个贵族,父亲仍旧做着税官,家里能够自排戏曲,有深宅大院和别墅,自然非同一般贫民的生活可及。在此贫富对比之下,一向清高的雪芹,能够向谁述说平生的际遇更多些呢?不言而喻,是张宜权,而不是敦诚。

其次,敦诚的那一句话是诗,张宜泉的那句话是注脚之文,二者自然不能等同观看。文是有一说一,有二说二,不能丝毫含混的。而诗词的语言,则含有很大的不确定性,它可以说东,也可以说西;既可以暗示此,也可以暗示彼;可以是非常宽泛的,也可以是高度浓缩的;可以随意地外延,也可以尽情地含蓄。而尤其是说到数字时,更是没有准谱,可以随意地夸张,也可以随意地紧缩,例如,大家都非常熟悉李白的那句“白发三千丈,愁高似个长”了,谁人见到有三千丈的白发呢?往小里说,还有辛弃疾的《西江月·夜行黄沙道中》可以为证:“七八个星天外,两三点雨山前。”我们可以肯定说,当时的黄沙道中的雨滴,绝不是两三点;天外的星星,也绝不是七八个。诗词所以要这样写,因为它要照顾到意境、画面、心情和文采,此外,它还要受到平仄韵律的限制。为了格律起见,有时便不能不做适当的调整和变换。“四”是仄声,“五”是平声,难说这里没有调换与借用的可能。

更重要的,也是最为关键的是,我们又焉知敦诚的那句诗“四十年华付杳冥”,指的定然是雪芹的岁数呢?而不是说他与雪芹的相识、相交的岁月呢?据我看,很有可能是后者,而不是前者。因为,在敦敏的另一本诗集《鹪鹩庵杂诗》中,前面所引的那首诗,排版出来的句子与此完全不同,它那首诗在此版上是这样写的:

四十萧然太瘦生,晓风昨日拂铭旌。
肠回故垄孤儿泪,泪迸荒天寡妇声。
牛鬼遗文悲李贺,鹿车荷锸葬刘伶。
故人欲有生刍吊,何处招魂赋楚蘅?

开箧犹存冰雪文,故交零落散如云。
三年下第曾怜我,一病无医竟负君。
邺下才人应有限,山阳残笛不堪闻。
他时瘦马西州路,宿草寒烟对落曛。

你看,这两首七律中说的都是他二人平生相交相处的事,是他们四十年来从总角之交到今日人鬼殊途不堪回首的往事,哪里就是说雪芹只活了四十岁呢?就说开头那句“四十萧然太瘦生”吧,不是很明显,诗人在这里有意吟咏的是,他在坟前不由自主地想起四十年前他与雪芹共做童生时的那个瘦骨伶仃的形象吗?

综上种种分析,所以我觉得还是张宜泉说的“年未五旬而卒”,更为牢靠些。

下面,我们再从雪芹与曹頫二人的关系上来看,从两个人的秉性、爱好和天分、智商、情商等等诸多方面的遗传基因上来看,也是完全无有任何一点相同与相似之处的。一个是放达，一个是迂腐；一个是豪爽，一个是拘泥；一个是诗词歌赋、琴棋书画，样样精通，一个是除了《五经》《四书》之外，皆知之甚少；一个是才气横溢，一个是文字上的事多靠门下清客，或者是犹如书中说的"待雨村先生来时再定"等等。而他自己，连向皇上写个密折都文字不顺畅、似通不通的，他的这一些基因能在雪芹身上见到一点影子吗？论说起来，曹雪芹则是更多地像那个能文能武的曹颙，进一步地来说，更像他的嫡亲祖父曹寅，即现今所谓的隔代相传。曹寅能诗能画，能歌能曲，著作等身，名流芳远，也正如有人在曹寅的祭文中所说："惟公幼而岐嶷颖异，通经史，工诗文，虽老师宿儒，已惊叹为雄才之倒峡，而邃学之淳渊。"还有人说："公之著作既能贵纸，公之令嗣（指曹颙）清标继之，家宝国珍，两得所恃。"曹雪芹是这两位文采风流的父与子的嫡传后代，不是应当应分的吗？曹颙无他子，雪芹便是马氏嫂夫人"已及七月"的遗腹子无疑了。

回头我们再看看曹頫一家，可有这样的遗传基因吗？曹頫之父曹宣，未闻有什么著述与诗文留传，前半生多是在宫廷里作卫侍，后来差放到内务府广储司做了一员司库，掌管宫廷里图书画册等事，康熙南巡时曾做过《南巡图》的监画，即监督那些画工们画画而已，此外无它。他的四个儿子如前所述，只能办差事，未见有长于文华之事者，虽有三子曹颀少年之时画过一幅长达数米的画受到曹伯父曹寅赞扬，后来则未见有何起色，只在茶房里主事。而且，曹宣与曹寅又是同父异母，他不是那位曾经做过康熙之保姆的孙氏所生，因而，其气质和天分与曹寅相差甚远。仅凭这些，我们也可以不难推断，雪芹与曹頫是没有任何血缘关系的。在曹家的两大支系里，在子侄一辈里能像曹寅的，惟有曹颙；在孙子一辈里，能有像曹寅的，惟有雪芹。

难怪在第二十九回书中，借张道士的口中说出："我看哥儿的这个形容身段，言谈举动，怎么就和当日国公爷一个稿子！"贾母听了，也由不得有些戚惨，说道："正是呢！我养了这些儿子孙子，也没一个像他爷爷的，就只这玉儿还像他爷爷。"

贾母听了张道士那话不能不勾起她无法自控的心酸戚惨，因为她心里边明镜似的，而如今的荣国府里，或者是曹家的江宁织造署里，只有宝玉(雪芹)一人，是曹寅的嫡亲孙子，余下来的人，不管是贾政还是贾赦，是贾琏还是贾环，都是与曹寅和她李氏的血缘无关的。虽然眼下连圣上都已经批准，将曹頫过继过来，给她当儿子，但过继过来的终归是过继的，到底不是她身下掉下来的肉。所以贾母那样地钟爱宝玉，自小把他放到自己的身边抚养，一直到十几岁还不肯放到外面去单住，这能与宝玉是她惟一的一个嫡亲孙子无关吗？

也还有人指出说，书中写的宝玉是口中衔玉而生的，为什么要编这么个离奇古怪的故事呢？是否暗含着他是已故之人的遗腹子呢？此话，也不无一定的道理。

因为，古时候富贵人家里的人死去时，口中皆为其含着一块玉石，以作为殉葬品；雪芹是已故的曹颙之遗腹子，在宝玉口中衔下一块玉石来，是否暗中在影射着他是曹颙的遗传人呢？而且在书中第三回里，贾母为着诓哄摔玉的宝玉说："你这妹妹原是有玉来着。因你姑妈去世时，舍不得你妹妹，无法可处，遂将他的玉带了去，一则全殉葬之礼，尽你妹妹的孝心；二则你姑妈的阴灵儿也可权作见了你妹妹了。"书中写了这么一段十分巧合的故事，这不能是完全无因的。

那么，雪芹本是曹颙之子，怎么后来却又都说成是曹頫之子，亦即如同书中所说的，宝玉成了贾政的二公子了呢？原来，这里边还有个弯弯绕儿需要解开。因为曹頫现在袭了江宁织造，而且他很快又自己生下了亲生的儿子，即书中所写的贾环，如果他将来一旦故去，按例就要由贾环来承袭织造这一职务了。贾母当然不能看着不管，她就逼着将雪芹过继过来给曹頫，而且他比贾环又长两岁，将来承袭职位的自然是宝玉而不是贾环了。贾政对于这个过继子宝玉是没有一点感情的，因为他是被迫将宝玉过继过来的。但是此事，对于王夫人则大不相同了。因为，她早就嫉妒赵姨娘能生儿子而她自己不能，自己生下个珠儿又早逝了。而正当她感到十分空落时，难能有这么个过继子过来，又是贾母极为疼爱的曹寅公公的正宗传人，她不仅十分地乐意接受，而且是受宠若惊，因为这对自己有着诸种好处，首先是能讨得贾母的欢心。因此，她也就将宝玉视之如同己出，即使是仅仅为了讨得老太太的欢心，她也要百般地疼爱宝玉，并借此狠狠地压赵姨娘一头。老太太也正是早看透了她的这一点心思，才将贾府的万贯家财交付与她，让她来主持当家。这是她两个人都心照不宣、不便言说出来的由衷之感。

② **破译二：**为什么贾政把《四书》看得那么重要，而对其他的书，甚至连孔子教授三千弟子时所用的教材——《诗》、《书》、《礼》、《易》、《春秋》等所谓的《五经》等书，也被看作是“虚应故事”呢？

原来，南宋时候出了一位大理学家朱熹，他博学多才，秉承了程颢、程颐（也称二程）的理学观念，发扬光大，成为儒家当时的顶峰和集大成者。他在任秘阁修撰时，曾对《论语》和《孟子》作了精细缜密的断句和集注工作，又将《礼记》中的《大学》和《中庸》两篇文章抽出来，独立成章，又加以集注后，合成为四本儒家精典之书，谓之为《四书》。他的《四书章句集注》影响甚大，为官方所认定，作为全国通行的教科书，他也被尊称为朱夫子，位列到孔庙之中。

到了明、清两代，科举考试都是从《四书》里面选题，让考生们依题作八股文章的。题意的发挥，也都要以朱熹的《四书章句集注》为依据，不能擅解经书。例如，明代海瑞在琼州考乡试时，考官出的题目，就是从《论语·阳货》中的“不曰坚乎，磨而不磷；不曰白乎，涅尔不缁”一段话，取了一个《不曰白乎》作题。由于海瑞依据《四书章句集注》论述得好，受到了考官的大加赞扬，从而被点取了生员。还有，乾隆在看《四书》选题时，被太监偷着注意到皇上看的是哪一页书，暗中将选题的范围缩小，偷着泄漏出去。幸亏此事被发现得早，及时作了修改，才避免考场中的一次大弊。

正因为如此，所以凡是参加科考的人，不论是乡试还是京城里面的会试，都是要首先将《四书》学好，弄懂了，背熟了，才有资格获取功名。对于其他的书，其中包括儒家最经典的著作《五经》在内，则都是可多可少的。如果将那些经书也弄通了，背熟了，在文章中引用上几句，固然使文章增色，觉得议论确凿，但是，没有引用，也无关大局。所以，书中贾政才说：“只是先把《四书》一齐讲明背熟是最要紧的。”而对于那几本《诗经》，他是没有看上眼的，所以说：“什么《诗经》、古文（指清初吴乘权、吴调侯编的《古文观止》和姚鼐所编的《古文辞类纂》等），一概不用虚应故事”，“再念三十本《诗经》，也是‘掩耳盗铃’”！

③ 破译三：自从宝玉从梨香院里探望宝钗归来，已有两次在正叙他事之时，甚至包括上学复读等大事之时，都要在缝隙之中抽空夹叙一下黛玉：一次是宝玉在醉中让她看他所写的斗方，一次是在急着要上家塾复读之前，忙与黛玉告辞。这两次，黛玉虽然只说了几句话，但都是极见机智灵敏、俊俏空灵的，仅从那几句话之中，就可以看到，也可以想像得到，宝、黛二人已亲近到什么程度，他们几乎是一时一刻都分离不开的投缘与契合。我在这里斟酌了好久，都没敢用“两小无猜”那四个字，因为，他们当时虽然只有十来岁，虽然都住在一起，朝夕与共，但黛玉的心里却是时时充满着猜忌的，她是个太有心计的女孩子。由于她的聪明灵慧，由于她所处的客居于人家的身份地位，使她不能不时时刻刻地猜疑着处于极为尊宠地位的宝玉的心迹的，时时刻刻地防范着他的感情泛溢、移情转注的。她的每一次机带双敲，看似尖酸刻薄的话，都是给宝玉一个提醒，而她也知道，由于她在宝玉心中的位置，这些话一定会使宝玉的行动不越出太大的规范。同时，也在向她所妒忌的对方宝钗等人，在做不言的宣告，她和宝玉之间已有着最亲密的关系。同时，她也是要以她的机敏灵慧，让人看到她的优秀，是众女孩子中的佼佼者，让第三者不敢轻易地插足于其间。作者在几次夹叙中，特别是在宝玉探望宝钗时的那一次，都是鲜明生动、惟妙惟肖地塑造出黛玉的这种形象，透露出她的这种心迹来。虽然是用笔不多，又插在正叙他事之间，但却都给人以极深刻的印象。黛玉的性格，仅就此几次夹叙，便已经立体地凸现出在人们的眼前。若没有如椽大笔似曹雪芹者，无论他是谁，也是绝对刻画不出来的。

古人在评判文学作品时，曾提出有“笙箫夹鼓，琴瑟间钟”的笔法。像《三国演义》中，正在大写袁绍与曹操进行着决定历史命运的大决战时，忽然夹插进曹丕趁乱收纳了被人视之为洛神一般的美女甄氏；正在写孙、刘两家激烈地争夺荆州时，突然又插进刘备招亲、又惊又宠地走进到孙夫人洞房里去的热闹好看的戏来，如此等等。但依我看，那些“笙箫夹鼓”，都没有曹雪芹夹得好，夹得妙。它的好处，好就好在不用太大的鼓声，不用太多的笔墨，就已把人物性格活灵活现地表现出来，不用大故事里套小故事，就只在大故事中敲几下边鼓，就已收到了毛宗岗评

《三国演义》时所说的"同树异枝，同枝异叶，同叶异花，同花异果之妙"的效果。

何以独曹雪芹笔下能够收到这样的奇异效果而其他人很难做到，或者是虽能做到，但却难以极尽其妙呢？除了因为曹雪芹确有旷世奇才，非他人所能攀比之外，更主要的，亦如我们前面说的，是因为他所写的都是他的亲身经历，都是他感触最深的人和事。

④ **破译四**：学堂，应当是人间最圣洁的地方，是古人所说的传道授业、敦品励学的一个地方。想不到，宝玉才上学两三个月，就发生了这样一场大打出手的群儿闹学的丑剧。而这一事件的爆发，又是蕴藉已久，早已埋藏下根苗，只是借着秦钟与香怜私会的机会挑拨起来罢了。想那薛蟠在这里用金钱买通上下，恣意猎取男色寻欢作乐，早已是寻常的事了。贾瑞、贾蔷、金荣等人为着金钱而挑奸起火，调三唆四，更是早已把个传道授业的学堂书院，弄得个乌烟瘴气的了。

家塾，虽然看起来是个避开世俗的干净地方，但前来读书的人既然都是荣、宁两府远近支系的族中子弟，两府里的那些腌臜污秽的歪风邪气，哪有不刮到这里来的呢？因此，家塾也便成了贾府之中奢靡腐烂的一个侧影。书中说的那些为着男色而争风吃醋的殴斗，只不过是其整个

淫荡荒唐的一端而已，而在其他方面，更不知还有多少呢。不过，作者只就这一件事写起，也有其一定原因的。因为它涉及到偏好男色，或如今日所说的同性恋之事，这也是古今小说、戏曲中笔墨罕见的情节。而今作者用笔于此，自然会使人感到新鲜、新奇，能够勾起读者更多的兴趣，而又让宝玉、秦钟这样情根情种的人物参与其中，配之以香怜、玉爱那样的绝顶标致的人物，加之贾蔷、金荣等辈，又都是"生得风流俊俏"，让这些人来演这场很少摆到公众场面上的戏，就更加好看了。

从这出戏里，我们又看到了大多数人们都未曾注意到的一个问题，那就是贾宝玉也好，甄宝玉也好，虽然口口声声说"女儿是水做的骨肉，男子是泥做的骨肉。我见了女儿便清爽，见了男子便觉浊臭逼人"，说"这'女儿'两个字极尊贵极清净的，比那瑞兽珍禽、奇花异草更觉得稀罕尊贵呢"，说他"见了那些女儿们，其温厚和平、聪明文雅，竟变了一个样子。因此他令尊也曾下死笞楚过几次，竟不能改，每打的吃疼不过时，他便姐姐、妹妹的乱叫起来"，一叫，便"果觉疼得好些"。你道，这些会是当真的吗？宝玉是真的一"见了女儿便清爽，见了男子便觉浊臭逼人"吗？如果真是这样，他为何"一见秦钟心中便如有所失，痴了半日"，见了香怜、玉爱，"也不免缱绻羡爱"，"每日一入学中，四处各坐，却八目勾留"。后来，他只因为喜爱琪官蒋玉菡，将他私藏起来，便被贾政大加鞭挞，打得皮开肉绽，甚至要用绳子将其勒死，而他对琪官却总是不能忘情。这难道是"见了男子便觉浊臭逼人"吗？

显然不是的。那么，怎么了解贾宝玉这一复杂性格呢？这里边，也就涉及到"性"和"色"、"爱"与"淫"之间的关系来了。贾宝玉显然是十分喜好颜色的，他的酷爱程度，远远超越常人，达到迷真乱性的程度。他所钟爱的"色"，实际上即是人间一切最美好的颜色，一切有着艳丽色彩的东西，花草也好，服饰也好，优美风景也好，都会使他动情，而涉及到人体方面，尤为使他倾心，这就像西欧早期的绘画与雕塑一样，当时人们只是以人体美为对象，认为那才是世间最为美好的东西，是其他景物所不能比拟的，因此那时画风景画的极少，甚至可以说是没有。只有到了十八世纪末才出现了"风景画派"，其中尤以俄罗斯的以希施金、列维坦等人为首的"巡回展览派"的兴起，才带动起画坛上的一阵新风。贾宝玉对于色的迷恋，亦如同欧洲早年绘画大师们一样，更为偏爱，或者说，更为钟情于人体美的方面。例如，第二十八回，他在宝钗退下香串子时，“看着雪白的胳膊，不觉动了羡慕之心”；在第二十一回见到湘云的睡态，“史湘云却一把青丝，拖于枕畔……衬着那一弯雪白的膀子撂于被外”，也动了羡慕之心，便是这种心理的自然流露。而秀美的人体，不言而喻，在女人身上，特别是少女身上，出现得更多，更为突出和普遍，所以他才说，“女儿是水做的骨肉”，“见了女儿便清爽”。这种清爽的感觉，等到了失去美好颜色的中年以上妇女身上，便丢失了，不多见了，所以宝玉也觉得奇怪，不好解释，他后来看到芳官受其干娘折磨时，竟然发呆地问：“怎么一个好端端的女人，一上了年纪，就变得这样让人讨厌呢?”在第五十九回书中更说：“女孩儿未出嫁，是颗无价宝珠；出了嫁，不知怎么就变出许多不好的毛病儿来；再老了，更不是珠子，竟是鱼眼睛了。”

男子的人体美也是有的，只是不如女子那样突出和普遍罢了。但美好的男子人体美，同样会引起爱美的与能够审美的艺术大师们的钟情。且看，古希腊、罗马时代留传下来的众多男子雕塑，阿波罗的风姿有多么动人；至于那个“掷铁饼的人”，就更不用说了。这些男人身上的这种独特的美，怎能不打动艺术大师们创作时的美感心灵呢？没有那股心弦的颤动，怎么能够创造出那样打动人心的不朽杰作呢？宝玉心中，或者准确一点来说，在他的灵性中，也有着欧洲艺术大师们的那种美感，所以他一见到秦钟，“心中便如有所失，痴了半日”，这完全如同于艺术大师们身上所产生的那种美感心弦的触动一样。这种美感，亦即是我们中国常用的术语，称作为“色”。好这种“色”，即是对于人体身上这种美好色彩的迷恋。对于男人和女人，都是一样的，只不过他在女子，特别是少女身上，看得更多罢了。所以他才整日价在脂粉堆里厮混；但是，一旦在男子身上也见到了这种美，不仅也同样使他迷恋，甚至因为它比较少见，物以稀为贵，更使他钟情，更使他迷恋，所以他才舍生忘死地保护琪官，爱恋着琪官。

前面说过，我国由于长期受着旧礼教的影响，人们的思想意识和交往行动皆都囿于“男女授受不亲”的规范之内，男女之间连接触都要回避的，所以如果有人一讲到女人的美，不论他说的是装扮粉饰，或者是体态肌肤，便都会被视作为“好色”，并把这好色同淫荡等同起来。好色，本来是艺术上的观念，审美的视角，但在我们这里，如果说谁谁是好色的，便把他当作了色鬼、淫棍，那都是十恶不赦的。故而，我们常把西方艺术大师们创作的裸体男、女的雕塑和油画，都认定为是“宣淫”之作，是黄色下流的东西，把描写人体美的一些作品和作者，统统当作了淫书和诲淫诲盗者。例如，汉代人所著的《杂事秘辛》中着力渲染挑选梁皇后入宫时的一些细节描绘，本来是状写人体美的，却都当作淫书而被封禁起来。该文是这样写的：

建和元年四月丁亥，保林吴姁以丙戌诏书下中常侍超曰：“朕闻河洲窈窕，明辟思服，择贤作俪，隆代所先。故大将军乘氏忠侯商所遗少女，有贞静之德，流闻禁掖。其与姁并诣商第，周视动止，审悉幽隐，其毋讳匿，朕将采焉。”

姁即与超以诏书趋商第，第内谨噪。食时，商女莹从中阁细步到寝，姁与超如诏书周视动止，俱合法相。超留外舍，姁以诏书如莹燕处，屏斥接待，闭中合子。时日晷薄辰，穿照蜃窗；光送著莹面上，如朝霞和雪艳射，不能正视。目波澄鲜，眉妩连卷，朱口皓齿，修耳悬鼻，辅靥颐颔，位置均适。姁寻脱莹步摇，伸髻度发，如黝鬃可鉴。围手八盘，坠地加半握。已乞缓私小结束，莹面发赪，抵拦。姁告莹曰：“官家重礼，借见朽落，缓此结束，当加鞠翟耳！”莹泣数行下，闭目转面内后。姁为手缓，捧著日光，芳气喷袭，肌理腻洁，拊不留手。规前方后，筑脂刻玉。胸乳菽发，脐容半寸许珠，私处坟起。为展两股，阴沟渥丹，火齐欲吐。此守礼谨严处女也！约略莹体，血足荣肤，肤足饰肉，肉足冒骨。长短合度，自颠至底，长七尺一寸；肩广一尺六寸，臀视肩广减三寸；自肩至指，长各二尺七寸，指去掌四寸，肖十竹萌削也。髀至足长三尺二寸，足长八寸；胫跗丰妍，底平指敛，约缣迫袜，收束微如禁中，久之不得音响。姁令推谢皇帝万年，莹乃徐拜称皇帝万年，若微风振箫，幽鸣可听。不痔不疡，无黑子创陷及口鼻腋私足诸过。臣妾姁女贱愚憨，言不宣心，书不符见，谨秘缄昧死以闻。

对于人体美像这样用诗歌一般的语言来描述,本是同西方艺术大师用雕塑与油画展现的艺术品是相当的,在西方本无异议,但我们却一直认为是诲淫之作,连明代那位思想极为开明、曾为《三国演义》作词“滚滚长江东逝水”的杨慎也说:“吴妁入后燕处审视一段最为奇绝,但太秽亵耳!”甚至,连首批将西方文化与中国传统文化进行沟通的国学大师王国维,也将它与《西厢记》之“酬柬”和《牡丹亭》的“惊梦”放到一起,称之为“眩惑”,不能与艺术品中的优美、壮美并列,则“复归于生活之欲”,都有“撩拨世人淫念,罪过可太大”之嫌!

所以,问题最后又涉及到“爱”与“淫”的关系上了。在宝玉的心灵中,由于爱美的色感所燃烧起来的欲望,更多的是爱与恋,而不是性与淫。他能够在这些美好事物面前极尽“体贴扶慰,缱绻缠绵”,抒情展性,蜜语甜言,但仅仅就是这些而已,对于他来说,仅仅是这些就已经足够了。为什么他能够对这些人“作小服低,赔身下气”,为什么见了秦钟会有那种感觉,“天下竟有这等的人物!如今看了,我竟成了泥猪癞狗了”,我们可以肯定地说,他的这一切,都是那种对于美的崇拜。说是崇拜也好,说是爱恋也好,大多指的是心灵上的感应,灵性的融通(所谓“性有灵犀一点通”),是情感上的震颤,而不是淫,或者说主要的意境不在于淫,更不是“调笑无厌,云雨无时,恨不能天下之美女供我片时之趣兴”的皮肤滥淫。警幻仙子在太虚幻境所提出的“意淫”二字,听起来玄乎其玄,说它只可意会,不能言传,而实际上,它只是这种对于“美的崇拜”而已。这是我对于《红楼梦》所做的一番更为深层次的破译。再说得具体一点,这种“意淫”,不是别动,而是对于人体美的爱恋,对于美的崇拜心理。

然而众多红学界人士对于此一问题却是决然回避、闭口不谈的,只全神贯注地去研究服装、头饰、器皿摆设,更多的则是,不遗余力地去挖

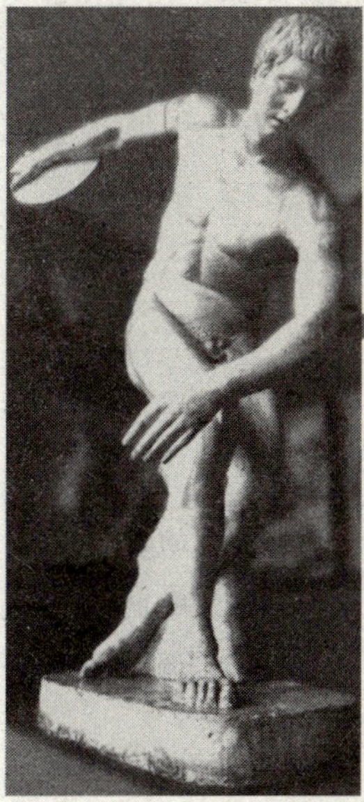

掘书中的政治性与阶级性，突出地强调书中揭露封建社会的腐朽没落，及其走向崩溃灭亡的历史必然，甚而进一步地倡导，要以护官符中对于四大家族的描写，来作为贯穿全书的阶级斗争红线。毫无疑问这些都是对的，但也不能忽略，作者的原意，是要把风月之情作为本书的主线。且看深领曹雪芹此一创作意图的脂砚斋等人，是怎么看和怎么说的吧！脂评本在“遂强袭人同领警幻所训云雨之事”的后面作批曰：“数句文，完一回提纲文字。”作者身旁的人，深领曹雪芹创作意图的人，将云雨之事当作此书的纲领文字，怎么能够说它在书中不占着重要地位呢？看起来，对于此事避而不谈是不对的，不做具体分析和研究，不划清淫与非淫的界限，更是不应该的！

第十回

金寡妇贪利权受辱　张太医论病细穷源

此回破译出：人参是贾家(曹家)盛衰荣辱的标志物，也是其成破立败的生命线　一副每日二钱人参的药方，是作者一曲伤心的咏叹调　张友士药方的高明之处何在

话说金荣因人多势众，又兼贾瑞勒令赔了不是，给秦钟磕了头，宝玉方才不吵闹了。大家散了学，金荣自己回到家中，越想越气，说："秦钟不过是贾蓉的小舅子，又不是贾家的子孙，附学读书，也不过和我一样。因他仗着宝玉和他相好，就目中无人。既是这样，就该干些正经事，也没的说；他素日又和宝玉鬼鬼祟祟的，只当人家都是瞎子看不见。今日他又去勾搭人，偏偏撞在我眼里，就是闹出事来，我还怕什么不成？"

他母亲胡氏她是愿意息事宁人与难得糊涂的一个人，故而取姓胡听见他咕咕唧唧的，说："你又要管什么闲事？好容易我和你姑妈说了，你姑妈又千方百计的和他们西府里琏二奶奶跟前说了，你才得了这个念书的地方儿。若不是仗着人家，咱们家里还有力量请的起先生么？况且人家学里茶饭都是现成的，你这二年在那里念书，家里也省好大的嚼用呢！省出来的，你又爱穿件体面衣裳可见，也是个爱摆阔，喜欢讲究的人。再者你不在那里念书，你就认得什么薛大爷了？那薛大爷一年也帮了咱们七八十两银子。你如今要闹出了这个学房，再想找这么个地方儿，我告诉你说罢，比登天的还难呢！你给我老老实实的玩一会子睡你的觉去，好多着

呢!”于是金荣忍气吞声,不多一时,也自睡觉去了。次日仍旧上学去了,不在话下。

且说他姑妈原给了贾家“玉”字辈的嫡派,名唤贾璜,但其族人那里皆能像宁荣二府的家势?原不用细说。这贾璜夫妻守着些小小的产业,又时常到宁荣二府里去请安,又会奉承凤姐儿并尤氏,所以凤姐儿尤氏也时常资助资助他,方能如此度日。今日正遇天气晴明,又值家中无事,遂带了一个婆子,坐上车,来家里走走,瞧瞧嫂子和侄儿。

说起话儿来,金荣的母亲偏提起昨日贾家学房里的事,从头至尾,一五一十,都和他小姑子说了。这璜大奶奶不听则已,听了怒从心上起,说道:“这秦钟小杂种是贾门的亲戚,难道荣儿不是贾门的亲戚?也别太势利了!况且都做的是什么有脸的事!就是宝玉也不犯向着他到这个田地。等我到东府里瞧瞧我们珍大奶奶,再和秦钟的姐姐说说,叫他评评理!”金荣的母亲听了,急的了不得,忙说道:“这都是我的嘴快,告诉了姑奶奶,求姑奶奶快别去说罢!别管他们谁是谁非就是难得糊涂,倘或闹出来,怎么在那里站的住?要站不住,家里不但不能请先生,还得他身上添出许多嚼用来呢!”璜大奶奶说道:“那里管的那些个?等我说了,看是怎么样!”也不容他嫂子劝,一面叫老婆子瞧了车,坐上竟往宁府里来。

到了宁府,进了东角门,下了车,进去见了尤氏,那里还有大气儿?殷殷勤勤叙过了寒温,说了些闲话儿,方问道:“今日怎么没见蓉大奶奶?”尤氏说:“他这些日子不知怎么了,经期有两个多月没有来。叫大夫瞧了,又说并不是喜。那两日到下半日就懒怠动了,话也懒怠说,神也发涅。我叫他:‘你且不必拘礼,早晚不必照例上来,你竟养养儿罢。就有亲戚来,还有我呢。别的长辈怪你,等我替你告诉。’连蓉哥儿我都嘱咐了,我说:‘你不许累掯作难、拖累、使其受窘之意他,不许招他生气,叫他静静儿的养几天就好了。他要想什么吃,只管到我屋里来取。倘或他有个好歹,你再要娶这么一个媳妇儿,这么个模样儿,这么个性格儿,只怕打着灯笼儿也没处找去呢!’他这为人行事儿,那个亲戚长辈儿不喜欢他?所以我这两日心里很烦,偏偏儿的早起他兄弟来瞧他,谁知那小孩子家不知好歹,看见他姐姐身上不好,这些事也不当告诉他,就受了万分委曲也不该向着他说。谁知昨日学房里打架，不知是那里附学的学生，倒欺负他，里头还有些不干不净的话，都告诉了他姐姐。婶子你是知道的：那媳妇虽则见了人有说有笑的，他可心细，不拘听见什么话儿都要忖量个三日五夜才算。这病就是打这'用心太过'上得的。今儿听见有人欺负了他的兄弟，又是恼，又是气。恼的是那狐朋狗友，搬弄是非，调三窝四；气的是为他兄弟不学好，不上心念书，才弄的学房里吵闹。他为这件事，索性连早饭还没吃。我才到他那边解劝了他一会子，又嘱咐了他的兄弟几句，我叫他兄弟到那边府里又找宝玉儿去；我又瞧着他吃了半钟儿燕窝汤，我才过来了。婶子，你说我心焦不心焦？况且目今又没个好大夫，我想到他病上，我心里如同针扎的一般！你们知道有什么好大夫没有？"

金氏听了这一番话，把方才在他嫂子家的那一团要向秦氏理论的盛气，早吓的丢在爪洼国古代南洋一带的一个国家，其地在印度尼西亚。书中人物常用这等语言，足见当年曹家织造署里与海外通商丝绸，发展海上丝绸之路，是经常的事去了。听见尤氏问他好大夫的话，连忙答道："我们也没听见人说什么好大夫。如今听起大奶奶这个病来，定不得还是喜呢。嫂子倒别教人混治，倘若治错了，可了不得！"尤氏道："正是呢。"

说话之间，贾珍从外进来，见了金氏，便问尤氏道："这不是璜大奶奶么？"金氏向前给贾珍请了安，贾珍向尤氏说："你让大妹妹吃了饭去。"贾珍说着话便向那屋里去了。金氏此来原要向秦氏说秦钟欺负他侄儿的事，听见秦氏有病，连提也不敢提了。况且贾珍尤氏又待的甚好，因转怒为喜的，又说了一会子闲话，方家去了。

金氏去后，贾珍方过来坐下，问尤氏道："今日他来又有什么说的？"尤氏答道："倒没说什么，一进来脸上倒像有些个恼意似的，及至说了半天话儿，又提起媳妇的病，他倒渐渐的气色平和了。你又叫留他吃饭，他听见媳妇这样的病，也不好意思只管坐着，又说了几句话就去了，倒没有求什么事详解请见【破译一】。如今且说媳妇这病，你那里寻一个好大夫给他瞧瞧要紧，可别耽误了！现今咱们家走的这群大夫，那里要得？一个个都是听着人的口气儿，人怎么说，他也添几句文话儿说一遍；可倒殷勤的很，三四个人，一日轮流着，倒有四五遍来看脉！大家商量着立个方儿,吃了也不见效。倒弄的一日三五次换衣裳、坐下起来的见大夫,其实于病人无益。”贾珍道:“可是这孩子也糊涂,何必又脱脱换换的。倘或又着了凉,更添一层病,还了得?任凭什么好衣裳,又值什么呢,孩子的身体要紧,就是一天穿一套新的,也不值什么。我正要告诉你:方才冯紫英来看我,他见我有些心里烦,问我怎么了,我告诉他媳妇身子不大爽快,因为不得个好大夫,断不透是喜是病,又不知有妨碍没妨碍,所以我心里实在着急。冯紫英因说他有一个幼时从学的先生,姓张名友士寓意铺张得煞有其事,学问最渊博,更兼医理极精,且能断人的生死。今年是上京给他儿子捐官,现在他家住着呢。这样看来,或者媳妇的病该在他手里除灾也未可定。我已叫人拿我的名帖去请了。今日天晚,或未必来,明日想一定来的。且冯紫英又回家亲亲自替我求他,务必请他来瞧的。等待张先生来瞧了再说罢。”

尤氏听说,心中甚喜,因说:“后日是太爷的寿日,到底怎么个办法?”贾珍说道:“我方才到了太爷那里去请安,兼请太爷来家受一受一家子的礼。太爷因说道:‘我是清净惯了的,我不愿意往你们那是非场中去。你们必定说是我的生日,要叫我去受些众人的头,你莫如把我从前注的《阴骘文》即《文昌帝君阴骘文》,是专讲科举考试中因果报应的一部书。贾敖在上面作了批注,现想找人抄写与刻印出来,散发与众人,他自认为这也是件可以积累功德的好事给我好好的叫人写出来刻了,比叫我无故受众人的头还强百倍呢!倘或明日后日这两天一家子同姓同宗的人要来,你就在家里好好的款待他们就是了。也不必给我送什么东西来,连你后日也不必来。你要心中不安,你今日就给我磕了头去。倘或后日你又跟许多人来闹我,我必和你不依。’如此说了,今日我是再不敢去的了。且叫赖升来,吩咐他预备两日的筵席。”

尤氏因叫了贾蓉来:“吩咐赖升照例预备两日的筵席,要丰丰富富的。你再亲自到西府里请老太太、大太太邢夫人是必得宁府有人去请才得过来。老太太那边,因为对她不大喜欢,自己过来时一般只带王夫人、凤姐等,是不带她过来的、二太太和你琏二婶子来逛逛。你父亲今日又听见一个好大夫,已经打发人请去了,想明日必来。你可将他这些日子的病症细细的告诉他。”

贾蓉一一答应着出去了。正遇着刚才到冯紫英家去请那先生的小子回来了,因回道:“奴才方才到了冯大爷家,拿了老爷名帖请那先生去,那先生说是:‘方才这里大爷也和我说了,但只今日拜了一天的客,才回到家,此时精神实在不能支持,就是去到府上也不能看脉,须得调息一夜,明日务必到府。’他又说:‘医学浅薄,本不敢当此重荐,因冯大爷和府上既已如此说了,又不得不去,你先替我回明大人就是了。大人的名帖着实不敢当。’还叫奴才拿回来了。哥儿替奴才回一声儿罢。”贾蓉复转身进去,回了贾珍尤氏的话,方出来叫了赖升,吩咐预备两日的筵席的话。赖升答应,自去照例料理,不在话下。

且说次日午间,门上人回道:“请的那张先生来了。”贾珍遂延入大厅坐下。茶毕,方开言道:“昨日承冯大爷示知老先生人品学问,又兼深通医学,小弟不胜钦敬。”张先生道:“晚生粗鄙下士,知识浅陋。昨因冯大爷示知,大人家第谦恭下士,又承呼唤,不敢违命。但毫无实学,倍增汗颜。”贾珍道:“先生不必过谦,就请先生进去看看儿妇,仰仗高明,以释下怀。”

于是贾蓉同了进去,到了内室,见了秦氏,向贾蓉说道:“这就是尊夫人了?”贾蓉道:“正是。请先生坐下,让我把贱内的病症说一说再看脉如何?”那先生道:“依小弟意下,竟先看脉,再请教病源为是。我初造尊府,本也不知道什么,但我们冯大爷务必叫小弟过来看看,小弟所以不得不来。如今看了脉息,看小弟说得是不是,再将这些日子的病势讲一讲,大家斟酌一个方儿。可用不可用,那时大爷再定夺就是了。”贾蓉道:“先生实在高明,如今恨相见之晚,就请先生看一看脉息可治不可治,得以使家父母放心。”于是家下媳妇们,捧过大迎枕来,一面给秦氏靠着,一面拉着袖口,露出手腕来。这先生方伸手按在右手脉上,调息了至数中医诊脉时,先将自己的呼吸调匀,术语叫作“调息”。病人脉搏在常人一呼吸之间跳动的次数,叫作“至数”。这里,极写张友士瞧病时的认真,凝神细诊了半刻工夫。换过左手,亦复如是。诊毕了,说道:“我们外边坐罢。”

贾蓉于是同先生到外边屋里炕上坐了。一个婆子端了茶来,贾蓉道:“先生请茶。”茶毕,问道:“先生看这脉息还治得治不得?”先生说:“看得尊夫人脉息,左寸沉数,左关沉伏,右寸细而无力,右关虚而无神。

其左寸沉数者，乃心气虚而生火；左关沉伏者，乃肝家气滞血亏。右寸细而无力者，乃肺经气分太虚；右关虚而无神者，乃脾土被肝木克制医生用三个指头按住病人腕部脉上，其最下边靠近病人手掌部分的手指（一般是食指）的部位，叫作“寸”，中指部位，叫做“关”，最上边放无名指的部位，叫作“尺”。数、伏、细、虚等，都是指脉搏跳动的快慢与强弱而言的医家术语。心气虚而生火者，应现今经期不调，夜间不寐。肝家血亏气滞者，应胁下痛胀，月信过期，心中发热。肺经气分太虚者，头目不时眩晕，寅卯寅为凌晨三至五点钟，卯为五至七点钟。合起来为三至七点钟间必然自汗，如坐舟中。脾土被肝木克制者，必定不思饮食，精神倦怠，四肢酸软。据我看这脉，当有这些症候才对。或以这个的为喜脉，则小弟不敢闻命矣。”

旁边一个贴身伏侍的婆子道：“何尝不是这样呢！真正先生说得如神，倒不用我们说了。如今我们家里现有好几位太医老爷瞧着呢，都不能说得这样真切。有的说道是喜，有的说道是病；这位说不相干，这位又说怕冬至前后，总没有个真著话儿，求老爷明白指示指示。”

那先生说：“大奶奶这个症候，可是众位耽搁了！要在初次行经的时候就用药治起，只怕此时已全愈了。如今既是把病耽误到这地位，也是应有此灾。依我看起来，病倒尚有三分治得。吃了我这药看，若是夜间睡的着觉，那时又添了二分拿手了。据我看这脉息，大奶奶是个心性高强、聪明不过的人。但聪明太过，则不如意事常有；不如意事常有，则思虑太过：此病是忧虑伤脾，肝木忒旺，经血所以不能按时而至。大奶奶从前行经的日子问一问，断不是常缩，必是常长的。是不是？”这婆子答道：“可不是！从没有缩过，或是长两日三日，以至十日不等，都长过的。”

先生听道：“是了，这就是病源了。从前若能以养心调气之药服之，何至于此！这如今明显出一个水亏火旺的症候来。待我用药看。”于是写了方子，递与贾蓉，上写的是——

益气养荣补脾和肝汤

人参二钱详解请见【破译二】　　白术二钱土炒　　云苓三钱

熟地四钱　　归身二钱酒洗

白芍二钱炒　　川芎一钱五分　　黄芪三钱　　香附米二钱

制　　醋柴胡八分

怀山药二钱炒　　真阿胶二钱蛤粉炒　　延胡索钱半酒炒

炙甘草八分

引用建莲子七粒去心、红枣二枚详解请见【破译三】

贾蓉看了说:“高明的很。还要请教先生:这病与性命终久有妨无妨?”先生笑道:“大爷是最高明的人:人病到这个地位,非一朝一夕的症候了;吃了这药,也要看医缘了。依小弟看来,今年一冬是不相干的;总是过了春分,就可望全愈了这是一句正反两说的话。一冬之内,病情肯定不会恶化到至死程度;过了一冬,可就难说了,或是因吃药给治好了,或是恶化到病危的地步。”贾蓉也是个聪明人,也不往下细问了。

于是贾蓉送了先生去了,方将这药方子并脉案都给贾珍看了,说的话也都回了贾珍并尤氏了。尤氏向贾珍道:“从来大夫不像他说的痛快,想必用药不错的。”贾珍笑道:“他原不是那等混饭吃久惯行医的人,因为冯紫英我们相好,他好容易求了他来的。既有了这个人,媳妇的病或者就能好了。他那方子上有人参,就用前日买的那一斤好的罢。”贾蓉听毕了话方出来叫人抓药去煎给秦氏吃。不知秦氏服了此药,病势如何,且听下回分解。

破译详解

① 破译一: 整个一部《红楼梦》,多是以日常生活中的一些细节小事串联起来的,而其中几件大事,诸如搜查大观园、查抄荣国府、掉包计、宝钗完婚、林黛玉焚稿断魂、贾宝玉出家离走等,都穿插在这些日常细节的小事当中。而这些大量的日常生活细节小事,如果是说了一件放下再说另一件,说过另一件再放下去说第三件,必然是零零碎碎,拉拉杂杂,不能够紧凑相连。为了解决这个矛盾,作者多采用了“引领过渡法”。他在每个细节故事中,必设一个引领人物,将前一个故事中的某一个人物,让他作为牵线人,由他作筏,把读者自然而然地引领到下一个故事情节中来。

例如,前回书中详述一个老农妇刘姥姥如何走进荣国府,如何惊讶

这官宦人家的铺张奢华，写尽了乡下人进城是如何的如迷如痴的样子。这之后，作者想把话题转入到贾府之中众人的日常生活细节中来，为了避免陡转急下，前后不能相连，于是找个引领人物周瑞家的，借她去向王夫人回话之机，自然而然地把读者引领到下一个细节中来了。这样，既不显得周瑞家的只是个道具人物，用得着时拿过来，用过之后便丢弃一边不管不问，同时，也因为有了她，而使读者顺顺当当地随同她一起，从前一个故事走进后一个故事里来，使人觉得前后连贯，新发生的大小事情都是势所必然的，对于新走进的境界，并不感到陌生，而是熟悉得很，亲切得很！

同样情形，在这一回书中依然如此。群儿闹学的一场大打出手的好戏，已经收场，如果就此戛然而止，总会给人以余兴未尽之意，甚至有不知后事如何的某种悬念。今借金荣回家赌气发牢骚，姑妈璜大奶奶非要去宁府找秦钟姐姐讨个说道，以为侄儿挣回这口气来的机会，这就又把这姑侄二人做成了引领人物，使读者由前一个故事情节之中，顺势现成地走到秦可卿患得重病之事上来。这便收到余波震荡、迭起新潮的效果，亦即毛宗岗在批《三国演义》时所说的，"有浪后波纹、雨后霡霂之妙"。这样的转笔，对于文章突然转到秦可卿身患重病之事上来，便不感到有前后断层，忽东忽西的印象，克服了前后不得连贯的缺欠。

这便是曹雪芹行文的妙处！

② 破译二：前回书中讲过，江宁织造曹家和苏州织造李家（老太太的娘家）都曾经为朝廷代销过人参，而这两家都是由东北迁徙过来的旗人，对于人参是非常迷信的，因此书中讲到人参的地方甚多，开头的那一株绛珠仙草的故事，便是一个精彩的开篇，以后许多回的书中，也都详细地讲到了人参的各种妙用和妙趣。

人参，是非常珍贵的中药材，早在二千年前便被列入到医学经典之中，在汉代时期编写的《神农本草经》中提到："人参味甘微寒，主补五脏，安精神，定魂魄，止惊悸，除邪气，明目，开心益智，久服轻身延年。"到了唐代，人参更是家喻户晓的了，不仅在大医学家孙思邈的医书中曾多次地提到人参的妙用，就是在文人雅士的诗词歌赋中，也不断地有吟咏人参的佳作出现。晚唐时期曾为诗坛盟主的皮（日休）、陆（龟蒙），都曾有诗咏赞过人参。皮日休有《友人以人参见惠因以诗谢之》的诗曰：

神草延年出道家，是谁披露记三桠。
开时的定涵云液，劚后还应带石花。
名士寄来消酒渴，野人煎处撇泉华。
从今汤剂如相续，不用金山焙上茶。

陆龟蒙也有《奉和袭美谢友人惠人参》的诗曰：

五叶初成椵树阴，紫团峰外即鸡林。
名参鬼盖须难见，材似人形不可寻。
品第已闻升碧简，携持应合重黄金。
阴勤润取相如肺，封禅书成动帝心。

当时，盛产人参的渤海国，一直把人参作为向中原大国朝贡的重要礼品。从唐中宗神龙元年(705)，直到五代后唐明宗天成元年(926)，二百多年中，渤海国前后共进贡九十四次。到了明代，李时珍在《本草纲目》上更是明确地提出人参的妙用，他认为"人参能治男女一切虚症"，并开列出二十多种以人参为主的医治配方，在民间甚至形成一种迷信，把人参看作成为仙草，看成为救命还魂和长生不老的神药。而且人参又长得有头，有颈，有躯干，有须子和枝叉，其枝叉伸展得像小孩的胳膊和腿一般，更增强了它的生命象征力和神秘色彩。

在故宫档案里甚至查到了一份康熙皇帝对于如何服用人参的批示。那奏章是内务府郎中倭和秉奏清茶房太监怎样奉命来领取人参一事的："二十四日，副总管太监刘进忠、李进朝遣清茶房大太监孙国安、明自忠来，称取去内用参须一两；二十八日，副总管太监刘进忠、李进朝遣清茶房大太监孙国安、明自忠来，称取去内用参须一两……"

像这样宫内领用药材的细事，本不应当秉奏皇上，而令人意想不到的是，内务府竟将每日里如何支取、如何发用人参等细事都详奏给皇上，可见人参即使是在宫内也是很珍贵的。而且，更加引人注目的是，康熙皇上竟然对此细事也加上了批示，他在这份奏章上写出了如下的批语："知道了。此后各处领取，著将芦、须掺和发给，若仅给参须，没有力量。"

你看，康熙不仅对奏章看了个详细，而且对如何服用人参，也那么详知，几乎赶上了中医大夫，这怎能不叫人对于人参刮目相待呢！

这里所说的芦，是人参主根顶端的茎根，俗语称之为芦头。每年秋后，地上的茎秆部分枯萎脱落，只残留下一个马齿形状的茎根，俗称芦碗。每年一个芦碗，这样，那芦碗也就一年年地罗列着而向上增生起来，一个芦碗代表一年，犹如树上的年轮一般。这一部分的人参，其作用虽然赶不上躯干，但比参须子力量大得多，故而康熙要他们将芦与须掺和着使用，以增强药力。

就是在这份奏章里，康熙皇帝接着又批示说："再将库存人参，除留二百斤外，其余著发交曹寅变卖，所得价银，俟伊冬季回京时带来可也。"

以后又有许多次数量更大的人参，都由康熙御笔批示发往曹家代销，同时也发往苏州织造李煦与杭州织造孙文成处。曹家是从其曾祖曹玺起，祖孙三代四任江宁织造的，在此任上一直都为皇家代销人参。

我在破译第一回书中绛珠山草即是长白山上的特产人参时，有人就提出怀疑，说曹雪芹生在江南，长在北京，他怎么知道人参花柱上结着成串的晶莹剔透的红果呢？他应当是像许多南方人一样，是不识得人参生长的形状的，怎么能够编造出灵河岸畔神瑛侍者提水灌溉绛珠草（即人参）的故事呢？这个怀疑，无疑是有一定道理的。不过，他们不知道，曹家祖籍关东，而且是世世代代与人参结缘，几乎也可以这么说，人参已成了曹家盛衰荣辱的标志物，也是他家成破立败的生命线。在曹玺与曹寅时代，他们代皇家销售了大量的人参，从中捞取了多少好处，那已是不言而喻的事了，以至于到了曹頫的时候，因为他家挪用了人参货款，被本来对他家就没有好感的雍正皇帝查出，连同其他一些罪名一起，便将其全家抄没了。人参对于曹家，也可以说是成也萧何，败也萧何。

在曹家兴盛时期，那人参是源源不断的，所以下一回书中，说到凤姐来看秦可卿的病时，便安慰她说："咱们若是不能吃人参的人家，也难说了；你公公婆婆听见治得好，别说一日二钱人参，就是二斤也吃得起。"

而到了曹家开始衰败时（大约是在第一次抄家之后吧），要想再用人参已经是捉襟见肘，不那么容易了，这使得王夫人不能不感叹地说："卖油的娘子水梳头"了。在第七十七回中书中，详细地描写了当时的那种窘状。那年秋天，凤姐病未痊愈，大夫给她开药方子写着须用上等人参二两，王夫人翻箱倒柜寻找了半日，只找到了几枝簪挺粗细的，完全不能用。她只好又到邢夫人等处去寻，也都说早已断了捻儿。无奈，只得烦扰到老太太那里。在老太太处倒是找来几枝粗的，但医生一看便摇头说："但那一包人参，固然是上好的，只是年代太陈。这东西比别的却不同，凭是怎么好的，只过一百年后，就自己成了灰了。如今这个虽未成灰，然已成了糟朽烂木，也没有力量的了。"后来，倒是宝钗出来帮助他们解了围，让他哥哥薛蟠出外托人从参行里找来几枝管用的，惹得王夫人一声长叹："自来家里有的，给人多少；这会子轮到自己用，反倒各处寻去。"

说人参是曹家的生命线，也不为过。它既补养了曹家许多人（你看，书中有那么多人服用了人参养荣丸），也害了不少人的命。贾瑞因为被凤姐歹意毒害，得了重病，需用上好人参治病，贾代儒去荣府求取，老太太是一口答应的，可王熙凤却故意违背老太太之命将一些人参须子和陈年的旧货送给他服，结果，把病给耽误了，因以致死。而从反面的例子来说，也有不当用人参之处而滥用人参，或者过分地相信和依赖人参，从而贻误病情，造成严重后果的，也是不在少数。像眼下里的这位蓉大奶奶，本来患的不是人参治得了的病，但却一门心思地想靠吃人参把病治好，恨不得像凤姐说的那样，一天不是吃二钱而是吃二斤，就是因为这样过分地相信人参，依赖人参，焉有不贻误医疗最佳时期，使病情日益恶化的呢？林黛玉怕也是这个样子，她每日里只靠人参养荣丸来调理，那肺痨之病只能是日见其重，而不见其轻的。

最为严重的，还是大批量为皇家代销人参的曹寅本人。他眼见南方人那么迷信人参的药用价值，不管有多大批量的人参都能顷刻脱手，由于三人市虎，天长日久他也随风而迷信起人参的万能效用了。因之只要是有了病，不管是什么病，不管是当用还是不当用，他都是必定要服用人参的。康熙四十九年(1710)冬，他偶感风寒，便也大量地服用起人参来，不曾想，因为人参用多了，风寒虽然是治好了，倒引起了全身的疥疮，皇上听到了信，知道这是误服人参的结果，马上派人送去了对症之药，他感激涕零，忙写表禀奏："幸蒙圣恩命服地黄汤，得以痊愈。目下服地黄丸，奴身比较健旺胜前。"对他关怀备至的康熙见到奏折之后，又作批示说："知道了。惟疥不宜服药，倘毒入内，后来恐成大麻疯症。出(除)海水之外，千万不能治。小心，小心！土茯苓可以代茶，常常吃去亦好。"

两年之后，他又感受风寒，日渐虚弱，于是又大量服用人参，又如同前年一样，风寒治好了，却转成为疟疾。这时，南方那些医生开的药方子中，难免还是下了人参，所以他对前来看视的内兄李煦说："我病时来时去，医生用药，不能见效，必得主子圣药救我。"李煦连忙奏禀皇上，康熙立刻批复曰："你奏得好！今欲赐治疟疾的药，恐迟延，所以赐驿马星夜赶去。但疟疾若未转泄痢，还无妨；若转了病，此药用不得！南方庸医，每日用补剂(恐怕多数是指其滥用人参而言)而伤人者，不计其数，须要小心！曹寅元(原)肯吃人参，今得此病，亦是人参中来的。"

康熙猜测得对，曹寅正是由于多用人参，误使风寒转成疟疾，而又由疟疾转成泄痢，以致不治而丧生。

人参对于曹家的命运，乃至于曹、李、孙、富等四大家族的命运，还有什么比它的祸患还要凄惨，还更为要命的呢？

曹寅病逝之后，继任者曹颙、曹頫依然为皇家代销人参。在康熙五十六年腊月(按阳历来说，已是1718年1月)，康熙又向已在江宁织造任上的曹頫垂问南方的人参行市，曹頫具实回奏说，关东所特产的貂皮(与人参、乌拉草合在一起，号称为关东三宝)，现在南方不大畅销；而人参却是"购买者众"，这就更加扇动起了康熙的情绪，诏谕罄其库中所有，"连同芦须之人参一千零二十四斤十两五钱"，全部发往江南三家织造署，令其为之代销。这次因为发货数量太大，市场上已经供大于求，行情随之不断疲软下来，而且又因是把库底全都拿出来了，其中不仅含有如同批示中所说的"连同芦须"在内，而且也包含了相当数量的陈年旧货。我们前面说过，这人参总是新鲜的为好，存放年头越多，疗效越差，售价也就越低，因此这次发来的人参，三家销售的情况都不见好。过了一年多的时间，曹頫才卖出了不到一半，货款自然也就不能按时按数上交了。康熙见了很是生气，连连下诏催缴货款，三家无奈，不是零星地缴上一点，就是"分厘未交"。这时，康熙业已是垂暮之年，已经没有精神头再继续垂问这些细事了，三家借此机会也就有意无意地拖延在那里了。

雍正登基，情形大变了样。他本来就对康熙十分宠幸的这三家织造没有好感，正想找出借口惩治他们一下，而眼前的这本糊里糊涂的人参代销账，恰好明晃晃地摆在那里。他首先责问李煦（即小说中的史家），为什么售价如此之低，比北京崇文门关监督尚志杰经手的货价还低："人参在京时人皆争购，南省价贵，且系彼等取去后陆续出售者，理应比此地多得价银。看来反而比此地少者，显有隐瞒情形。"李煦自觉情况已经相当严重，盐课上已有亏空百十余万两的银子一直没有补上，现在又有人参售款一笔滥账，如何能够抖落干净呢？于是他便呈折给雍正，要求去到吉林，承包挖放人参一差，代替原来的承包人王修德，以期用挖放人参的收益，来弥补他在苏、扬二州任上所有的亏欠。雍正奸险，不容他再做挪腾，当时就抓住他亏欠太重的理由，将其撤职罢官，抄没了其全部家产，并说："你不是要到吉林去挖人参吗？那好，我便发配你到那里，去做打牲乌拉（这是一种流放的刑差，做放牧和狩猎的差役）吧！"七年之后，这位一世威风赫赫的李煦，就死于流放途中。

惩治完了李煦，雍正又向杭州织造孙文成（即小说中的薛家）发难。孙文成虽然早于曹、李两家将所售人参货款一万七千多两银子全部上交，但雍正却觉得他在售价上必然有所隐瞒，于是，便严厉地下令让他据实重新奏报，如有不实之处，"朕断不容许也！"而且，还敲山震虎、声色俱厉地对他说："凡百奏闻，若稍有不实，恐尔领罪不起。须知朕非生长深宫之主，系四十年阅历世情之雍亲王也！"那意思说，我可是见得过世面、阅历比谁都深的主儿，想要在我跟前耍猫腻，休想！门也没有！那孙文成毕竟是个胆小怕事、一生老诚的人，再说他地势较偏，销售的人参数量也不大，后来又填补上了多少银子虽然不得而知，但雍正还是没有饶

过了他，四年之后也把他罢了官，撤了职，略微轻释了一点的是，没有抄他的家。

与此同时，也就是雍正五年（1727）十二月，皇上也对江宁织造曹家下了手，以“行为不端，织造款项亏空甚多，朕屡次施恩宽限，令其赔补，伊倘感激朕成全之恩，理应尽心效力，然伊不但不感恩图报，反而将家中财物暗移他处，企图隐蔽”为理由，将曹頫罢官撤职，枷号催追，又对其全部家产进行了抄没，将“曹頫之京城家产人口及江省人口，俱奉旨赏给随赫德”。这随赫德多少还有一点恻隐之心，他在将曹家全部人口都遣返到京城时，因见“曹寅之妻孀妇无力，不能度日”，便将曹家在崇文门外蒜市口地方原有的房屋十七间半、家仆三对，如数赏还给了曹寅之妻，让她得以勉强维持度日。而曹頫本人呢，一直待到三年之后，才由枷号之中放出来。

这就是贾家，准确一点来说就是曹家，与人参一事的生死关联。

③ 破译三：在一部《红楼梦》书中，虽然无数次地描写到延医瞧病之事，但惟有此处留下了个规规矩矩的一副药方。难道这真是一副不可多得的济世良方吗，还是另有别的什么含意呢？有人说，这是贾宝玉对于秦可卿的情有独钟；也有人说，这是作者有意显示张友士较之于后来所写那些医生，包括给贾母看病的家学渊博、两代悬壶的王御医在内，其医术都要高明得多。至于乱用虎狼药的胡庸医，胡诌妒妇方的王道士，那就更不用说了。

我则不以为然。我认为，这是作者有意要在这里，寄寓着曹门一家人都与人参结下着不可解脱的生死之缘的。

我们先从这一方子中的那些药物，逐味地加以分析开始。有懂得一些医理的人说，那是一副“既治不好病，也吃不死人的安慰剂”；也有人说得更为详细，明确地指出，那是有名的“十全大补汤”。因为，方子中的前三味药：人参、白术、云苓，再配以后边的甘草，便是中药中的“四君”。接下来的四位：熟地、归身、白芍、川芎，在中医里称之为“四物”。“四君”配以“四物”，再加上黄芪和肉桂（此一味药方中虽然无有，但却加上了另一味“真阿胶”这一大补之物），便是那“十全大补汤”了。张友士开出的这一药方的惟一特点，就是突出地要用人参、阿胶等名贵药材，对病人施之以大补。

大补是需要的，但得看治什么病。有的病需要补，而且需要大补，例如亏虚等症状；有的病却相反，需要撤火，需要降压，需要通气理顺，如果还是一味的大补，不但无益，反倒有害。就像宋代苏洵在《审势》一文中所说：“譬之一人之身，将欲饮药饵石以养其生，必先审观其性之为阴，其性之为阳，而后投之以药石。药石之阳而投之以阴，药石之阴而投之以阳，故阴不至于涸，而阳不至于亢。苟不能先审观己之为阴与己之为阳，而以阴攻阴，以阳攻阳，则阴者固死于阴，而阳者固死于阳，不可救也。”前边，我们曾经引用过康熙皇帝的话，他曾深有体会地说：“南方庸医每用补济（剂）而伤人者，不计其数。”这位张友士就是一位南方医生，他是为着给儿子捐官而来京的，焉知他不属于那些爱用补剂的“南方庸医”呢？他原本是冯紫英昔日从学的一位家塾先生。儒而从医，常常是夸夸其谈，理论多于实践；对于医术是通而不精，博而不专，这是他们这一行子人的通病。

有人说，张友士可不是那号子人。你看他对病情说得多透多准呀！不过，你若认真仔细地分析一下他的那些话，也没什么特别高明的地方，也尽都是些常理上的套话。因为家里的人都一再说：“有的说道是喜，有的说道是病”，他自然就知道病人得的是月经不正常方面的病。又因脉搏跳动得虚浮、细弱，他便知道定然是病，而不是喜。他来之前，也会向冯紫英打听这位蓉大奶奶的出身和为人行事，知道她出身于薄宦之家，如今掌管这侯门大院的万金家当，必然是心计用尽，费心劳力，因之说她心气虚，夜间不寐，由此也必然是“头目不时眩晕”，不思饮食等话。这里边，稍微让他说准的是：行经“断不是常缩，必是常长的”。其实，这也没有什么玄奥之处，这正是子宫和阴道中有病（生有肿物）之人的经常现象。护花主人王希廉，也在此处罕有独到地批示说：“妇人多此病，不独为秦氏言也。”至于阴道中得的是什么病，有人说是性病，有人说是妇女病，还有的说是艾滋病。持最后者，那就太不贴谱了！那时，还没有艾滋病毒的传播呢！

依我来看，则很可能是子宫肿瘤，更为可能的是输卵管肿瘤之类的病。因为病人日见沉疴加重，最后终于不治。因为他在诊脉时已经明确地指出：“胁下痛胀，月信过期，心中发热”，而输卵管正位于胁下的两侧。有了这种肿物，正当是消肿去淤，去火清热，如何用得上人参等大补之物呢？可以这么说，张友士的大补法子，对疾病正是起着一个催生与催进的作用。你想那肿瘤细胞，岂有不因人参的大补，而日益增长加速吗？曹雪芹悟到了这一点，知道秦可卿犯的这病与当年曹寅之病一样，都是误服大补人参而给补坏了的。曹雪芹早就知道当年有过康熙的那个御批，如今又联系到秦可卿的误服，焉能不引起他对贾家（实则曹家）与人参结下的这个生死关联的情结呢！

曹雪芹特地把这个方子留下来，特地把人参摆在首要位子上，正是他劝人，也是告己的一番苦心。只看那药引子曰“建莲子七粒去心”，就知道其中暗含着“见怜子之无心”而上当之意。

皇封参

第十一回

庆寿辰宁府排家宴　见熙凤贾瑞起淫心

此回破译出：《黄花满地》这首词曲小令的来龙去脉　它的本意原是为着贾瑞写的，而却安到凤姐的身上　作者编造“这年正是十一月三十日冬至”是什么含意　作者详述贾瑞的色相种种，本意是为着塑造“意淫”的反面典型的

话说是日贾敬的寿辰，贾珍先将上等可吃的东西、稀奇的果品，装了十六大捧盒，着贾蓉带领家下人送与贾敬去，向贾蓉说道：“你留神看太爷喜欢不喜欢，你就行了礼起来，说：‘父亲遵太爷的话，不敢前来，在家里率领合家都朝上行了礼了。’”贾蓉听罢，即率领家人去了。

这里渐渐的就有人来。先是贾琏、贾蔷来看了各处的座位，并问：“有什么玩意儿没有？”家人答道：“我们爷算计，本来请太爷今日来家，所以并未敢预备玩意儿。前日听见太爷不来了，现叫奴才们找了一班小戏儿，并一档子打十番的即合奏乐队。当时，这种乐队分为两种：“素十番”与“浑十番”。素十番，纯用打击乐器，包括大小锣、堂鼓、钹、檀板、木鱼、碰钟、堂锣、朴钹、小鼓等十种乐器，故称打十番；浑十番，则又在这些打击乐之外，加上丝、竹等管弦乐器，都在园子里戏台上预备着呢。”

次后邢夫人、王夫人、凤姐儿、宝玉都来了，贾珍并尤氏接了进去。尤氏的母亲点出尤氏有母，这就为后来尤母带领尤二姐、尤三姐进宁国府，打下了铺垫已先在这里，大家见过了，彼此让了坐。贾珍尤氏二人递了茶，因笑

道："老太太原是个老祖宗，我父亲又是侄儿，这样年纪，这个日子，原不敢请他老人家来；但是这时候，天气又凉爽，满园的菊花盛开，请老祖宗过来散散闷，看看众儿孙热热闹闹的，是这个意思。谁知老祖宗又不赏脸。"凤姐儿未等王夫人开口，先说道："老太太昨日还说要来呢，因为晚上看见宝兄弟吃桃儿，他老人家又嘴馋，吃了有大半个，五更天时候就一连起来两次。今日早晨略觉身子倦些，因叫我回大爷，今日断不能来了，说有好吃的要几样，还要很烂的呢。"贾珍听了笑道："我说老祖宗是爱热闹的，今日不来必定有个缘故，这就是了。"

王夫人说："前日听见你大妹妹说，蓉哥媳妇身上有些不大好，到底是怎么样？"尤氏道："他这个病得的也奇。上月中秋还跟着老太太、太太玩了半夜，回家来好好的。到了二十日以后，一日比一日觉懒了，又懒怠吃东西：这将近有半个多月这是《红楼梦》中第一次描述寿庆的场面，以后的寿庆还很多，因而定下贾敬生日的准确日子很有必要。按这里讲述的时序是：上月中秋过后到了八月二十那天，秦可卿发病；贾敬寿庆的这一天是又"将近半个多月"，那就是九月初四或初五了。经期又有两个月没来。"邢夫人接着说道："不要是喜罢？"

正说着，外头人回道："大老爷、二老爷并一家的爷们都来了，在厅上呢。"贾珍连忙出去了。这里尤氏复说："从前大夫也有说是喜的。昨日冯紫英荐了他幼时从学过的一个先生，医道很好，瞧了说不是喜，是一个大症候。昨日开了方子，吃了一剂药。今日头晕的略好些，别的仍不见大效。"凤姐儿道："我说他不是十分支持不住，今日这样日子，再也不肯不挣扎着上来。"尤氏道："你是初三日在这里见他的可见，贾敬的生日是在九月初五，而不是初四。如是初四，尤氏就不会说"你是初三日在这里见他的"，而应当说"你是昨天在这里见他的"。他强扎挣了半天，也是因你们娘儿两个好的上头，还恋恋的舍不得去。"凤姐听了，眼圈儿红了一会子，方说道："'天有不测风云，人有旦夕祸福。'这点年纪，倘或因这病上有个长短，人生在世，还有什么趣儿呢已有生死的感叹了！"

正说着，贾蓉进来，给邢夫人、王夫人、凤姐儿都请了安，方回尤氏道："方才我给太爷送吃食去，并说我父亲在家伺候老爷们，款待一家子爷们，遵太爷话，并不敢来。太爷听了很喜欢，说：'这才是。'叫告诉父亲母亲，好生伺候太爷太太们。叫我好生伺候叔叔婶子并哥哥们。还说：'那《阴骘文》叫他们急急刻出来，印一万张原以为贾敬批注的《阴骘文》是一部书，现在看来不是，只是一张活页纸，故曰"一万张"。看来这贾敬的书底儿有限，量他也批不出一部书来散人。'我将这话都回了我父亲了。我这会子还得快出去打发太爷们并合家爷们吃饭。"凤姐儿说："蓉哥儿，你且站着。你媳妇今日到底是怎么着？"贾蓉皱皱眉儿说道："不好呢。婶子回来瞧瞧去就知道了。"于是贾蓉出去了。

这里尤氏向邢夫人王夫人道："太太们在这里吃饭，还是在园子里吃去？有小戏儿现在园子里预备着呢。"王夫人向邢夫人道："这里很好看来，啥事都是王夫人拍板，毫无向邢夫人征求意见的意思。"尤氏就吩咐媳妇婆子们快摆饭来。门外一齐答应了一声，都各人端各人的去了。不多时摆上了饭，尤氏让邢夫人王夫人并他母亲都上坐了，他与凤姐儿宝玉侧席坐了。邢夫人王夫人道："我们来原为给大老爷拜寿，这岂不是我们来过生日来了么？"凤姐儿说："大老爷原是好养静的，已修炼成了，也算得是神仙了。太太们这么一说，就叫作'心到神知'了。"一句话说得满屋子里笑起来。

尤氏的母亲并邢夫人、王夫人、凤姐儿都吃了饭，漱了口净了手。才说要往园子里去，贾蓉进来向尤氏道："老爷们并各位叔叔哥哥们都吃了饭了。大老爷说家里有事，二老爷是不爱听戏，又怕人闹的慌，都去了。别的一家子爷们被琏二叔并蔷大爷都让过去听戏去了。方才南安郡王、东平郡王、西宁郡王、北静郡王四家王爷，并镇国公牛府等六家、忠靖侯史府等八家，都差人持名帖送寿礼来，俱回了我父亲，收在帐房里。礼单都上了档子了，领谢名帖都交给各家的来人了，来人也各照例赏过，都让吃了饭去了。母亲该请二位太太、老娘、婶子都过园子里去坐着罢。"

尤氏道："这里也是才吃完了饭，就要过去了。"凤姐儿说道："我回太太：我先瞧瞧蓉哥媳妇儿去，我再过去罢。"王夫人道："很是。我们都要去瞧瞧，倒怕他嫌我们闹的慌。说我们问他好罢。"尤氏道："好妹妹，媳妇听你的话，你去开导开导他我也放心。你就快些过园子里来罢。"宝玉也要跟着凤姐儿去瞧秦氏。王夫人道："你看看就过来罢，那是侄儿媳妇呢。”于是尤氏请了王夫人邢夫人并他母亲都过会芳园去了。

凤姐儿宝玉方和贾蓉到秦氏这边来。进了房门，悄悄的走到里间房内，秦氏见了要站起来。凤姐儿说：“快别起来，看头晕。”于是凤姐儿紧行了两步，拉住了秦氏的手，说道：“我的奶奶！怎么几日不见，就瘦的这样可见病情发展得很快，焉知不是张友士的十全大补汤给补出来的了！”于是就坐在秦氏坐的褥子上。宝玉也问了好，在对面椅子上坐了。贾蓉叫：“快倒茶来，婶子和二叔在上房还未吃茶呢。”

秦氏拉着凤姐儿的手，强笑道：“这都是我没福。这样人家，公公婆婆当自家的女孩儿似的待。婶娘，你侄儿虽说年轻，却是他敬我，我敬他，从来没有红过脸儿。就是一家子的长辈同辈之中，除了婶子不用说了，别人也从无不疼我的，也从无不和我好的。如今得了这个病，把我那要强心一分也没有。公婆面前未得孝顺一天；婶娘这样疼我，我就有十分孝顺的心，如今也不能够了！我自想着，未必熬得过年去。”

宝玉正把眼瞅着那《海棠春睡图》并那秦太虚写的“嫩寒锁梦因春冷，芳气袭人是酒香”这里又出现了“袭人”二字。我们前面说过，此对联并非秦太虚之语，实为曹雪芹所撰，可见雪芹心里是时时装着袭人的的对联，不觉想起在这里睡晌觉时梦到“太虚幻境”的事来。正在出神，听得秦氏说了这些话，如万箭攒心，那眼泪不觉流下来了。凤姐儿见了，心中十分难过，但恐病人见了这个样子反添心酸，倒不是来开导他的意思了，因说：“宝玉，你忒婆婆妈妈的了。他病人不过是这样说，那里就到这个田地？况且年纪又不大，略病病儿就好了。”又回向秦氏道：“你别胡思乱想，岂不是自己添病了么？”贾蓉道：“他这病也不用别的，只吃得下些饭食就不怕了。”凤姐儿道：“宝兄弟，太太叫你快些过去呢。你倒别在这里只管这么着，倒招得媳妇也心里不好过，太太那里又惦着你。”因向贾蓉说道：“你先同你宝叔叔过去罢，我还略坐坐呢。”贾蓉听说，即同宝玉过会芳园去。

这里凤姐儿又劝解了一番，又低低说许多衷肠话儿。尤氏打发人来两三遍，凤姐儿才向秦氏说道：“你好生养着，我再来看你罢。合该你这病要好了，所以前日遇着这个好大夫，再也是不怕的了。”秦氏笑道：“任凭他是神仙，‘治了病治不了命’。婶子，我知道这病不过是挨日子的。”

凤姐说道:“你只管这么想,这那里能好呢?总要想开了才好。况且听得大夫说:若是不治,怕的是春天不好你看,连凤姐都听出张友士之话的意思来了:不是等到春分时候病就好了,而是怕只怕只在春分前后。咱们若是不能吃人参的人家,也难说了;你公公婆婆听见治得好,别说一日二钱人参,就是二斤也吃得起。好生养着罢,我就过园子里去了。”秦氏又道:“婶子,恕我不能跟过去了。闲了时候还求过来瞧瞧我呢,咱们娘儿们坐坐,多说几句闲话儿。”凤姐儿听了,不觉的眼圈儿又红了,道:“我得了闲儿必常来看你。”

于是带着跟来的婆子媳妇们,并宁府的媳妇婆子们,从里头绕进园子的便门来,只见:

> 黄花满地,白柳横坡。小桥通若耶之溪,曲径接天台之路。石中清流滴滴,篱落飘香;树头红叶翩翩,疏林如画。西风乍紧,犹听莺啼;暖日常暄,又添蛩语。遥望东南,建几处依山之榭;近观西北,结三间临水之轩。笙簧盈座,别有幽情;罗绮穿林,倍添韵致。详解请见【破译一】

凤姐儿看着园中景致,一步步行来,正赞赏时,猛然从假山石后走出一个人来,向前对凤姐说道:“请嫂子安。”凤姐猛吃一惊,将身往后一退,说道:“这是瑞大爷不是?”贾瑞说道:“嫂子连我也不认得了?”凤姐儿道:“不是不认得,猛然一见,想不到是大爷在这里。”贾瑞道:“也是合该我与嫂子有缘。我方才偷出了席,在这里清净地方略散一散,不想就遇见嫂子:这不是有缘么?”一面说着,一面拿眼睛不住的观看凤姐。

凤姐是个聪明人,见他这个光景,如何不猜八九分呢,因向贾瑞假意含笑道:“怪不得你哥哥常提你,说你好。今日见了,听你这几句话儿,就知道你是个聪明和气的人了。这会子我要到太太们那边去呢,不得合你说话;等闲了再会罢。”贾瑞道:“我要到嫂子家里去请安,又怕嫂子年轻,不肯轻易见人。”凤姐又假笑道:“一家骨肉,说什么年轻不年轻的话。”贾瑞听了这话,心中暗喜,因想道:“再不想今日得此奇遇!”那情景越发难堪了怎么个难堪法儿,此处没有细说。凤姐儿说道:“你快去入席去罢。看他们拿住了,罚你的酒。”贾瑞听了,身上已木了半边,慢慢的走着，一面回过头来看。凤姐儿故意的把脚放迟了，见他去远了，心里暗忖道："这才是'知人知面不知心'呢。那里有这样禽兽的人？他果如此，几时叫他死在我手里，他才知道我的手段！"

于是凤姐儿方移步前来。将转过了一重山坡儿，见两三个婆子慌慌张张的走来，见凤姐儿，笑道："我们奶奶见二奶奶不来，急的了不得，叫奴才们又来请奶奶来了。"凤姐儿说："你们奶奶就是这样急脚鬼似的。"凤姐儿慢慢的走着，问："戏文唱了几出了？"那婆子回道："唱了八九出了。"说话之间，已到天香楼后门，见宝玉和一群丫头小子们那里玩呢总是说宝玉天真无邪地和女孩子们混在一起，所以后来书中说他前世是女孩子，今生错投了胎，凤姐儿说："宝兄弟，别忒淘气了。"一个丫头说道："太太们都在楼上坐着呢，请奶奶就从这边上去罢。"

凤姐儿听了，款步提衣上了楼。尤氏已在楼梯口等着。尤氏笑道："你们娘儿两个忒好了，见了面总舍不得来了。你明日搬来和他同住罢。——你坐下，我先敬你一钟。"于是凤姐儿至邢夫人王夫人的前告坐。尤氏拿戏单来让凤姐儿点戏，凤姐儿说："太太们在这里，我怎么敢点。"邢夫人王夫人道："我们和亲家太太指尤氏之母点了好几出了。你点几出好的我们听。"凤姐儿立起身来答应了，接过戏单，从头一看，点了一出《还魂》是汤显祖《牡丹亭》的一折，亦名《回生》，说的是柳梦梅应杜丽娘所嘱，去后花园梅树之下刨坟开棺，见杜丽娘宛然如生，鼻中尚有气息，于是急忙调热酒灌入丽娘口中，丽娘顷刻复苏，两人重新相聚。凤姐有意点此剧，是为着给秦可卿讨个吉利，一出《弹词》这是洪昇《长生殿》的三十六折，讲述唐明皇对杨贵妃于动乱之中死去的悲伤。当年就有这出戏，它是由亲身经历过这场变乱的内苑伶工、深受唐明皇喜爱的李龟年敝衣登场，手拨琵琶，真情实感地演唱出那"兴亡梦幻""悲伤感叹"来的。一时间万户传唱，一直流传了数百年，递过戏单来，说："现在唱的这《双官诰》是清人陈二白所撰的传奇剧。写一名秀才冯琳如改儒行医，远离家乡。有讹讯传到家中来，说他在外已死。妻、妾等人纷纷改嫁，只剩下一个丫环名叫碧莲的，守节在家，抚育冯的幼子。后来冯琳如回来，见到如此情景，就把碧莲立为夫人。恰巧这时，冯子也考中进士，朝廷为了表彰碧莲忠贞，赐予她两份诰命。后来，京剧、川剧等各剧种都予以改编，皆名之曰《三娘教子》。完了，再唱这两出，也就是时候了。"王夫人道："可不是呢，也该趁早叫你哥哥嫂子歇歇。他们心里又不静。"尤氏道："太太们又不是常来的，娘儿们多坐一会子去，才有趣儿。天气还早呢。”凤姐儿立起身来望楼下一看，说：“爷们都往那里去了？”傍边一个婆子道：“爷们才到凝曦轩，带了十番那里吃酒去了。”凤姐儿道：“在这里不便宜，背地里又不知干什么去了！”尤氏笑道：“那里都像你这么正经人呢！”

于是说说笑笑，点的戏都唱完了，方才撤下酒席，摆上饭来。吃毕，大家才出园子，来到上房，坐下吃了茶，才叫预备车，向尤氏的母亲告了辞。尤氏率同众姬妾并家人媳妇们送出来，贾珍率领众子侄在车旁侍立，都等候着。见了邢王二夫人，说道：“二位婶子明日还过来逛逛。”王夫人道：“罢了，我们今儿整坐了一日，也乏了，明日也要歇歇。”于是都上车去了。贾瑞犹不住拿眼看着凤姐儿。贾珍进去后，李贵才拉过马来，宝玉骑上，随了王夫人去了。

这里贾珍同一家子的弟兄子侄吃过饭，方大家散了。次日仍是众族人等闹了一日，不必细说。此后凤姐不时亲自来看秦氏。秦氏也有几日好些，也有几日歹些。贾珍、尤氏、贾蓉甚是焦心。

且说贾瑞到荣府来了几次，偏都值凤姐儿往宁府去了。这年正是十一月三十日冬至有人查过“万年历”，在整个有清一朝，只有嘉庆十八年(1813)是十一月三十日冬至，肯定不是雪芹写书之时。向上推，直到明崇祯十五年(1642)冬至才是这个日子，也就是说，要相隔七八十年才能逢到这样一个奇巧日子。雪芹为什么要编造这么一个奇巧的日子呢？详解请见【破译二】。到交节的那几日，贾母、王夫人、凤姐儿日日差人去看秦氏。回来的人都说：“这几日没见添病，也没见大好。”王夫人向贾母说：“这个症候遇着这样节气，不添病就有指望了。”贾母说：“可是呢。好个孩子，要有个长短，岂不叫人疼死。”说着，一阵心酸，向凤姐儿说道：“你们娘儿们好了一场，明日大初一，过了明日，你再看看他去。你细细的瞧瞧他的光景，倘或好些儿，你回来告诉我。那孩子素日爱吃什么，你也常叫人送些给他。”

凤姐儿一一答应了。到初二日，吃了早饭，来到宁府里，看见秦氏光景，虽未添什么病，但那脸上身上的肉都瘦干了。于是和秦氏坐了半日，说了些闲话，又将这病无妨的话开导了一番。秦氏道：“好不好，春天就知道了。如今现过了冬至，又没怎么样，或者好的了也未可知。婶子回老太太、太太放心罢。昨日老太太赏的那枣泥馅的山药糕，我吃了两块，倒像克化消化的动的似的。”凤姐儿道：“明日再给你送来。我到你婆婆那里瞧瞧，就要赶着回去回老太太话去。”秦氏道：“婶子替我请老太太、太太的安罢。”凤姐儿答应着就出来了。到了尤氏上房坐下，尤氏道：“你冷眼瞧媳妇是怎么样？”凤姐儿低了半日头，说道：“这个就没法儿了。你也该将一应的后事给他料理料理，冲一冲也好。”尤氏道：“我也暗暗的叫人预备了。就是那件东西不得好木头已经预备棺材了，可见病情恶化得很快，且慢慢的办着呢。”于是凤姐儿喝了茶，说了一会子话儿，说道：“我要快些回去回老太太的话去呢。”尤氏道：“你可慢慢儿的说，别吓着老人家。”凤姐儿道：“我知道。”

于是凤姐儿起身回到家中，见了贾母，说：“蓉哥媳妇请老太太安，给老太太磕头，说他好些了。求老祖宗放心罢。他再略好些，还给老太太磕头请安来呢。”贾母道：“你瞧他是怎么样？”凤姐儿说：“暂且无妨，精神还好呢。”贾母听了，沉吟了半日，因向凤姐说：“你换换衣裳歇歇去罢。”

凤姐儿答应着出来，见过了王夫人，到了家中，平儿将烘的家常衣服给凤姐儿换上了。凤姐儿坐下，因问：“家中有什么事没有？”平儿方端了茶来递过去，说道：“没有什么事。就是那三百两银子的利银可见，凤姐早已挪用公款私放高利贷、印子钱了，旺儿嫂子送进来，我收了。还有瑞大爷使人来打听奶奶在家没有，他要来请安说话。”凤姐儿听了，哼了一声，说道：“这畜生合该作死，看他来了怎么样！”平儿回道：“这瑞大爷是为什么，只管来？”凤姐儿遂将九月里在宁府园子里遇见他的光景，他说的话，都告诉了平儿。平儿说道：“‘癞蛤蟆想吃天鹅肉’，没人伦的混帐东西，起这样念头，叫他不得好死！详解请见【破译三】”凤姐儿道：“等他来了，我自有道理。”不知贾瑞来时作何光景，且听下回分解。

破译详解

① 破译一：这是一首词曲小令，也有人叫它为小赋的；实则它不是赋，没有赋体那么铺陈排荡，也不一定每一句都要严紧对仗（不过，书中的这一首小令对仗得还是比较紧严的）。这种词曲小令在四大名著中，

惟有《西游记》经常地使用，在《三国》和《水浒》中都没有这个体例。它基本上是借诗歌化的语言，来描写眼前的四季风光、亭台建筑、人物形象和格杀打斗场面的。胡适曾经说过，中国古代小说多不善于风景的描写，像宋江在浔阳楼上饮酒赋诗，面对着烟波浩淼的万里长江，仅仅用了“江上风光无限”几个字。其实《三国》也是如此，像曹操在长江上横槊赋诗时那么大的一个场面，也只用“天色尚晚，东山月上，皎皎如同白日；长江一带，如横素练”几句话，至于阚泽乘小船偷渡北岸，只用了“寒星满天”四个字。

这若是在西洋各国的文学作品中，那么个大场面、那样的旖旎风光，正不知要用多少笔墨来描写呢。善于描写自然风景的屠格涅夫之《猎人笔记》，自不饶说了，就是斯丹达尔的《红与黑》里，也用了整整的一章来描写一个小城。英国哈代的《还乡》，也是用了整整一章去描绘一座万古苍茫的荒原。雨果在《海上劳工》之中，更是用了几章几节，甚至十几章十几节地去描写海，描写风，描写雾雨雷电，给人的现场感极强，形象完整地展现出文学作品的一个不可或缺的重要因素——典型环境来。

那么，中国古小说用什么来弥补这个缺欠呢？主要是借用诗歌来代替散文体的描写。一般小说多用律诗、绝句，也有借用前人所写的长篇大赋的，像《三国演义》在描写孔明草船借箭时，便借用了前人的一篇《大雾垂江赋》。

而像本书中的这种描写花园秋景的词曲小令，则只见于《西游记》和《金瓶梅》等作品中。在《西游记》里，是师徒四人一路行来，一路地用这种小令来状写各地山川风貌和四季景色的，唐僧才一离开长安西行，开头便是一段秋景描述，但见：

“数村木落芦花碎，几树枫杨红叶坠。路途烟雨故人稀，黄菊丽，山骨细，水寒荷破人憔悴。　　白蘋红蓼霜天雪，落霞孤鹜长空坠。依稀黯淡野云飞，玄鸟去，宾鸿至，嘹嘹呖呖声宵碎。”

至于到了天竺国玉华县时所用的那段小令，更是与《红楼梦》中的此段秋景描述方法近似。它那里写道：

“水痕收，山骨瘦，红叶纷飞，黄花时候。霜晴觉夜长，月白穿窗透。家家烟火夕阳多,处处湖光寒水溜。　　白蘋香,红蓼稠,橘绿橙黄,柳衰谷秀。荒村雁落碎芦花,野店鸡声收菽豆。"

这种体例,一般地来说,多取法于戏曲。像《西厢记》中张生一离开家乡来到黄河边上,便有一首状写黄河气势的小令:

"九曲风涛何处险,正是此地偏。带齐梁,分秦晋,隘幽燕;雪浪拍长空,天际秋云卷;竹索缆浮桥,水上苍龙偃;东西贯九州,南北串百川。归舟紧不紧,如何见?却便是弩箭乍离弦。"

在另一部四大名剧《琵琶记》中,当张太公为蔡邕扫墓时,一开头便有一段状写荒坟野冢的小令:

"青山古木何时了,断送人多少!孤坟谁与扫,荒苔连冢,阴风吹送纸钱绕,冥冥长夜不知晓。寂寂空山几度秋?泉下长眠人醒未,悲风萧瑟起松楸。"

你看,这一首小令写得多么好呀!可是在一般的小说书中,例如《西游记》《金瓶梅》等书中的那些词曲小令,虽然也是依照戏剧中的这一体例编写出来的,但是都不如戏剧中的小令写得好。那是因为,戏剧整体上都是用诗歌化的语言写出来的(除了几句道白之外),它在描述这些路边风光和所面临的景物时,总是与上场人物的内心感情和行为动作联系在一起的,不能游离。否则,场上的人就会变成了个呆子,或则是像现今戏剧所采用的画外音与旁白之类的东西了。而小说中人物的内心感情和行为动作,已经在上下行文中都说尽了,在词曲小令里边已成了单为描绘风景而作的东西,变成了为描绘而描绘,完全游离于人物的思想感情之外了。

就以《红楼梦》中的这一小令来说吧,它是描写宁国府后花园风景的,应当是王熙凤的一路所闻所见,但从词里却看不到凤姐的丝毫主观色彩,完全是一些华丽词藻的铺陈堆砌,不着边际的夸张与比拟,什么"小桥通若耶之溪,曲径接天台之路",等等。想这时候,凤姐刚从可卿房中走出来,正是满腹的哀伤悲凉,心想着这样年纪轻轻的,真若因为这病有个好歹的,"人生在世,还有什么趣儿呢!"此时此刻,她哪里还有心情看那“红叶翩翩，疏林如画”，顾得上什么“犹听莺啼”，“又添蛩语”呢！再者说了，宁国府是她的近邻，三五天就要来一次，谁会对自己家的园子那么细心观赏呢？这不是没话找话吗？

《西游记》中的那些风景描绘小令，也都大抵如此。最突出的是那首《又值三春景候》的小令：“轻风吹柳绿如丝，佳景最堪题。时催鸟语，暖烘花发，遍地芳芬。　海棠庭院来双燕，正是赏春时。红尘紫陌，绮罗弦管，斗草传卮。”你想，师徒四人是一路上荒山野岭，夜宿晓行的，哪里见得到什么“海棠庭院来双燕”和“绮罗弦管，斗草传卮”呢？这不纯粹是没话找话，没词找词，硬凑一幅与师徒四人谁都没有关系的“赏春图”吗？因为它游离于整个故事之外，所以读《西游记》的人，多是把这些诗词歌赋统统地抛开不看，只读正文。六小龄童当年拍摄电视连续剧时，曾经对我说，他们这些演员（包括师徒四人在内），做案头功夫时都是只看正文，不看诗词。看也看不进去！后来请教了一位文学大家，告诉他们说，那些诗词也要看，说那是作者的“炫才”，炫才弄通了，对于原著的精神更能深刻地领会。

当年，我也是头一次听到“炫才”这个词，很佩服这位文学大家学问的深厚，什么事儿都能给予个恰当的“定语”，并能够以其更高的智慧来鼓励演员们精读原著。毫无问题，谁都知道原著读得越深越细，演出的效果也才越能够生动感人，体现出原著的味道来。不过后来我也常常地在想，这位大家说的这个“炫才”的词儿也真够味道，定位定得十分准确。前边，我们分析了半天那些游离于正文之外的词曲小令，好像都是说也没说透，道也没道清楚，真不如一句“炫才”就定了性！你看它，既然是可有可无、可读可不读的，那不是“炫才”，是什么呢！它不就是《红楼梦》开篇时所说的：“在作者不过要写出自己的两首情诗艳赋来”，并非真的就是书中的所需所要。

事情好就好在，整部《红楼梦》只此一首描绘风景的诗词小令，在此之前和在此之后的长达一百二十回的著作中，再也没有见到这种体例的诗词歌赋，亦即这种“炫才”的小令来，因此《红楼梦》在这方面的一小点疵瑕，并没有给人们留下什么印象。

不过稍微细心一点的人，可能也许会发问，贾雪芹原来的行文与词语都用得好好的,诗词与对联也用了那么多,都是那么生动好看,与整体结构那么贴切和谐,怎地到了这一回书中却突然地冒出了这么一首“炫才”的小令来了呢?是呀,这确实是个问题,令人不能不仔细地思考一番!它若是《西游记》《金瓶梅》一类的作品,也就罢了,因为那里边从头到尾都是这种“炫才”的诗,见多不怪嘛!

可是《红楼梦》一书,前前后后都没有这种“炫才”之作,为什么兀突突地在这里换笔了呢?我想,主要是因为作者想要从这一回起,开始讲述他的那部早期作品《风月宝鉴》来。我们在第一回书里就曾经破译过,说《风月宝鉴》是曹雪芹早年所写的一部戏剧,因为没有条件由梨园子弟公开演出,所以便自以孔梅溪(谐音恐没戏)为号而将其阁藏起来。但是,他却是十分爱惜这部作品的,还请他的弟弟曹棠村专门地为之作了序。他认为,能够构思出这样一个正反两面照的宝镜来很是巧妙,殊不容易,对于警戒妄动风月之情具有深刻的含意。既然它在舞台上未能演出,但是作为一个传奇故事,也还是可以独领风骚,流传千古,与史鉴并存的。因为他对于此剧实在是偏爱得很,无法割弃,于是就将它插入到《红楼梦》之中;不仅是插入,而且一度还曾想将它作为书名,冠之于《石头记》之上。这恐怕是同他那“空对着山中高士晶莹雪,终不忘世外仙姝寂寞林”的遗憾,有着同样感受的吧!

正由于它是以一部戏剧体裁为原本的故事而插入到书中来的,因之,在这故事的一开头,即主人公贾瑞还未上场之前,先就援用戏剧体例写了一首描写他与凤姐相会在花园中时的风景诗词小令来。而且,因为它是为着写贾瑞的贪花恋色之心境而写出来的,故而曲中才有“小桥通若耶之溪,曲径通天台之路”和“笙簧盈座,别有幽情;罗绮穿林,倍添韵致”的话。对于他来说,那是非常应景应情的话。可是作者为了与整部小说的故事联结,想通过凤姐探望病人路过花园而引出贾瑞来,就把那毫不搭界的小令放到凤姐的身上。这才使得景色与看景色人的心情完全对不上号,连“炫才”都够不上了。只为这一首小令,也把整部小说的笔调,在此处稍稍走了点味儿。

所以我在第一回里就曾说,这段风月宝鉴故事,怎么看怎么与整部小说不和谐,不律动,不配套,怎么看都觉得“这个故事与整个《红楼梦》

的发展脉络不融洽，总有点像《唐·吉诃德》书中大故事里边穿插了一些不相干的小故事似的”，“总是有些游离之感”。

② **破译二：** 细查“万年历”中，冬至正好是十一月三十日的，确实是稀奇少见，从秦始皇元年起直到清末，总共才出现了二十五次，平均是八十四年才有一次；而且，它在作者生活的那个时间段里，前后都挨不上号。那么，他为什么偏偏要在这里编制这么个奇巧的日子呢？如果没有特殊的用意，作者是绝对不会在行文中插上这么一句话的。那么，它的含意是什么呢？二百年来众多的红学家们，对此都感到蹊跷，不解其中味的。

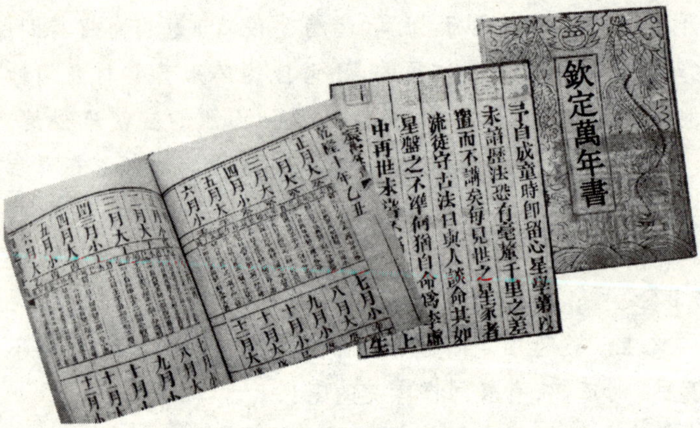

而依我之所见，作者在这里确实是在做个深深的大埋伏，就像前回书中有意地将张友士一副药方，连同各味药的剂量都详录下来一样，不是没的来由，徒增文字分量的。他处处惜墨如金，怎能在这里无病呻吟，做无味赘述呢？依我看，他的含意是很深刻的。深通历法的雪芹是知道的，每月的三十日，是月朔，也叫作大晦；十五日，是月望，叫作大圆之日。作者正是用这“大晦”之日里，让贾母、王夫人、凤姐等差人去看望秦氏之病的，都回来报说：“这几日没见添病，也没见大好。”大家听了这话，心里都明白，内含的是个什么意思。贾母难过地说：“要有个长短，岂不叫人疼死！”别人也都是一阵心酸。作者在这里用个“大晦”的日子，不是正在暗示，此病将是没有多大时间了？

而且，在辞书上又有解说曰：“冬至与月朔同日者，为章首，冬至在年初为部首。”历法上说：十九年为章，四章为蔀，二十蔀为纪，三纪为元。我们常说的“纪元”二字，实际上是从这里蜕化出来的。凤姐探可卿之病的日子，正好是冬至，正是十一月三十日，那也就是说，是在一个章首的日子里。这个章首二字，用在可卿身上也有多层含意的：一是此年她正是十七岁，首得此重疴难治之病；二是她情深孽重，与许多的人都有着私通暗恋之过，以致因此落得家败人亡的惨境，她的“章首”之愆当是无法推卸的。故而在《红楼梦曲·好事终》中便说：“擅风情，秉月貌，便是败家的根本。箕裘颓堕皆从敬，家事消亡首罪宁，宿孽总因情。”可见，这里边就埋伏下了“首章”之意。

③ 破译三：贾瑞是一个见色就迷、见花就采的西门庆式人物，虽然他没有西门庆那样大的气魄和势力，但是，唯其没有那么大的气魄和势力，尚然敢于见色就迷，见花就采，足见其色迷的程度是如何之深，色狂的病症如何之重了！可以说，他是个色胆包天的人，就是见到皇娘貌美，也敢上前去搂住亲上一口的。亦正如《金瓶梅》中西门庆说的：“就使强奸了嫦娥，和奸了织女，拐了许飞琼，盗了西王母的女儿，也不减我泼天富贵。”所以书中说他是“‘癞蛤蟆想吃天鹅肉’，没人伦的混帐东西”。实则，他的色迷心窍，使得他从不考虑自己是不是癞蛤蟆。只要有肉可吃，天鹅也好，凤凰也好，他都想吃，也都敢吃！

《红楼梦》是讲究意淫的，不仅宝玉是如此，秦钟、琪官、柳湘莲都是如此，就是黛玉、湘云、妙玉、晴雯、金钏、司棋、鸳鸯等人，亦何曾不是如此。正因为书里面这类正面人物多了，便要写一些反面人物出来，而贾瑞便是一个典型的反面，他是与那些讲意淫的人正好相反，是没有情只有欲的，没有爱只有贪的，没有灵只有肉的，用上回书中点题的话来说：那是没有“意”，只有“淫”的；亦正如警幻仙子说的那种人，“调笑无厌，云雨无时，恨不能天下之美女供我片时之趣兴，此皆皮肤滥淫之蠢物耳。”

《红楼梦》中像这等只知皮肤滥淫的蠢物甚多，突出的典型就是那个呆霸王薛蟠，不仅是女色，就是男色他也贪得无厌，直到被柳湘莲一顿痛打为止。除了薛蟠之外，贾琏、贾珍、贾蓉、贾蔷，甚至贾赦等人也皆都是如此，只不过他们都是有钱有势的，要求得到这一皮肤滥淫之事，是唾手可得，如同探囊取物一般。就拿第二十一回中的事来说吧，凤姐房中供奉痘疹娘娘，贾琏须隔房而住的时候，“独寝了两夜，十分难熬”之际，就想出去找野食，看好了一个多姑娘儿，就“许以金帛，焉有不允之理”。其他之人，恐怕亦都是这样。而惟其唾手可得，惟其“焉有不允之理”，书写起来，便没有波澜，没有跌宕起伏。如果书上就这么地一个接一个地滥淫下去，虽然不是一本豆腐账，也成了狗肉账。《金瓶梅》之所以还能够让人读下去，而且读起来津津有味，是因为他能够撕破脸皮，不厌其详地描写各种各样姿势和各种形态、各种操作方法的男女性交过程，甚至包含许多丧心病狂和变态心理的兽性行为。曹雪芹是断然不肯写那种下流文章的（他不是不会写，是不肯写，正如老作家李国文说的：“其实，写下流文字，不难，但脸皮不厚到一定程度，大概不行”（见其《红楼梦一百二十回里真故事》）。因之，为了使本书写到此一类人、此一类事时略微有些波澜，稍微有些跌宕起伏，便拉出个贾瑞来，使其烘云托月，背面敷粉地来渲染这些蠢物的采花盗柳之事。

这正是作者用心良苦的一番巧妙构思的结果，不细心地揭示出来，人们还真是不容易揣摩得到呢！

第十二回

王熙凤毒设相思局　贾天祥正照风月鉴

此回破译出：贾瑞病死时，宝玉是十二岁，黛玉是十一岁　贾瑞被浇得一头屎尿时，何以脂评本中批曰“此节可入《西厢记批评》内十大快中”　风月宝鉴的故事虽然凄美，可与杂剧《合镜记》相匹，但美中不足的是，一面是美人一面是骷髅，尚不能戒人妄动风月之情，可能还会促动风月之情

话说凤姐正与平儿说话，只见有人回说：“瑞大爷来了。”凤姐命：“请进来罢。”贾瑞见请，心中暗喜，见了凤姐，满面陪笑，连连问好。凤姐儿也假意殷勤让坐让茶。贾瑞见凤姐如此打扮，越发酥倒，因饧了眼问道：“二哥哥怎么还不回来？”凤姐道：“不知什么缘故。”贾瑞笑道：“别是路上有人绊住了脚，舍不得回来了罢？”凤姐道：“可知男人家见一个爱一个也是有的。”贾瑞笑道：“嫂子这话错了，我就不是这样人。”凤姐笑道：“像你这样的人能有几个呢，十个里也挑不出一个来说得很对！正是挑不出来呢！”

贾瑞听了，喜的抓耳挠腮，又道：“嫂子天天也闷的很。”凤姐道：“正是呢，只盼个人来说话解解闷儿。”贾瑞笑道：“我倒天天闲着。若天天过来替嫂子解解闷儿，可好么？”凤姐笑道：“你哄我呢！你那里肯往我这里来？”贾瑞道：“我在嫂子面前若有一句谎话，天打雷劈！只因素日闻得人说，嫂子是个利害人，在你跟前一点也错不得，所以唬住我了。我

如今见嫂子是个有说有笑极疼人的，我怎么不来？死了也情愿果然是！”凤姐笑道：“果然你是个明白人，比蓉儿兄弟两个强远了。我看他那样清秀，只当他们心里明白，谁知竟是两个糊涂虫，一点不知人心不打自招！看来，她心里早就有个长得清秀的蓉儿与蔷儿。”

贾瑞听这话，越发撞在心坎上，由不得往前凑一凑，觑着眼看凤姐的荷包，又问：“戴着什么戒指？”凤姐悄悄的道：“放尊重些，别叫丫头们看见了。”贾瑞如听纶音佛语纶音，指的是皇帝圣旨；佛语，指的是佛祖所说的话一般，忙往后退。凤姐笑道：“你该去了。”贾瑞道：“我再坐一坐儿，好狠心的嫂子！”凤姐儿又悄悄的道：“大天白日人来人往，你就在这里也不方便。你且去，等到晚上起了更你来，悄悄的在西边穿堂儿等我。”贾瑞听了，如得珍宝，忙问道：“你别哄我。但是那里人过的多，怎么好躲呢？”凤姐道：“你只放心，我把上夜的小厮们都放了假，两边门一关，再没别人了。”

贾瑞听了，喜之不尽，忙忙的告辞而去，心内以为得手。盼到晚上，果然黑地里摸入荣府，趁掩门时钻入穿堂。果见漆黑无一人来往，贾母那边去的门已倒锁了，只有向东的门未关。贾瑞侧耳听着，半日不见人来。忽听咯噔一声，东边的门也关上了。贾瑞急的也不敢则声，只得悄悄出来，将门撼了撼，关得铁桶一般。此时要出去亦不能了，南北俱是大墙，要跳也无攀援。这屋内又是过堂风，空落落的，现是腊月天气这正是上回书中贾母说的“明日大初一”以后几天里发生的事，夜又长，朔风凛凛，侵肌裂骨，一夜几乎不曾冻死。好容易盼到早晨，只见一个老婆子先将东门开了进来，去叫西门，贾瑞瞅他背着脸，一溜烟抱了肩跑出来。幸而天气尚早，人都未起，从后门一径跑回家去。

原来贾瑞父母早亡，只有他祖父代儒教养。那代儒素日教训最严，不许贾瑞多走一步，生怕他在外吃酒赌钱，有误学业。今忽见他一夜不归，只料定他在外非饮即赌，嫖娼宿妓，那里想到这段公案？因此也气了一夜。贾瑞也捻着一把汗，少不得回来撒谎，只说：“往舅舅家去了，天黑了，留我住了一夜。”代儒道：“自来出门非禀我不敢擅出，如何昨日私自去了？据此也该打，何况是撒谎！”因此发狠，按倒打了三四十板，还不许他吃饭，叫他跪在院内读文章，定要补出十天工课来方罢。贾瑞先冻了一夜，又挨了打，又饿着肚子，跪在风地里念文章：其苦万状。

此时贾瑞邪心未改，再不想到凤姐捉弄他。过了两日，得了空儿，仍找寻凤姐。凤姐故意抱怨他失信，贾瑞急的起誓。凤姐因他自投罗网，少不的再寻别计令他知改，故又约他道："今日晚上，你别在那里了，你在我这房后小过道儿里头那间空屋子里等我。可别冒撞了！"贾瑞道："果真么？"凤姐道："你不信就别来！"贾瑞道："必来，必来！死也要来的真就是死也要来。"凤姐道："这会子你先去罢。"贾瑞料定晚间必妥，此时先去了。凤姐在这里便点兵派将，设下了圈套。

那贾瑞只盼不到晚，偏偏家里亲戚又来了，吃了晚饭才去，那天已有掌灯时候；又等他祖父安歇，方溜进荣府，往那夹道中屋子里来等着，热锅上蚂蚁一般。只是左等不见人影，右听也没声响，心中害怕，不住猜疑道："别是不来了，又冻我一夜不成？……"

正自胡猜，只见黑魆魆的进来一个人。贾瑞便打定是凤姐，不管青红皂白，那人刚到面前，便如饿虎扑食、猫儿捕鼠的一般抱住，叫道："亲嫂子，等死我了！"说着，抱到屋里炕上就亲嘴扯裤子，满口里"亲爹""亲娘"的乱叫起来。那人只不做声，贾瑞便扯下自己的裤子来，硬帮帮就想顶入。忽然灯光一闪，只见贾蔷举着个蜡台，照道："谁在这屋里呢？"只见炕上那人笑道："瑞大叔要肏我呢偶有一两句荤话，整体上也不伤大雅！"

贾瑞不看则已，看了时真臊的无地可入。你道是谁？却是贾蓉。贾瑞回身要跑，被贾蔷一把揪住道："别走！如今琏二婶子已经告到太太跟前，说你调戏他，他暂时稳住你在这里。太太听见气死过去了，这会子叫我来拿你。快跟我走罢！"贾瑞听了，魂不附体，只说："好侄儿！你只说没有我，我明日重重的谢你！"贾蔷道："放你不值什么，只不知你谢我多少？况且口说无凭，写一张文契才算。"贾瑞道："这怎么落纸呢？"贾蔷道："这也不妨，写个赌钱输了，借银若干两，就完了。"贾瑞道："这也容易。"

贾蔷翻身出来，纸笔现成既是现成，看起来早有准备，拿来叫贾瑞写。他两个做好做歹，只写了五十两银子，画了押，贾蔷收起来，然后撕掳贾蓉。贾蓉先咬定牙不依，只说："明日告诉族中的人评评理。"贾瑞急的至于磕头。贾蔷做好做歹的，也写了一张五十两欠契才罢。贾蔷又道：

"如今要放你,我就担着不是。老太太那边的门早已关了。老爷正在厅上看南京来的东西,那一条路定难过去。如今只好走后门。要这一走,倘或遇见了人,连我也不好。等我先去探探,再来领你。这屋里你还藏不住,少时就来堆东西,等我寻个地方。"说毕,拉着贾瑞,仍息了灯,出至院外,摸着大台阶底下,说道:"这窝儿里好。只蹲着,别哼一声。等我来再走。"说毕,二人去了。

贾瑞此时身不由己,只得蹲在那台阶下。正要盘算,只听头顶上一声响,哗喇喇一净桶尿粪从上面直泼下来,可巧浇了他一身一头详解请见【破译一】。贾瑞掌不住"嗳哟"一声,忙又掩住口,不敢声张,满头满脸皆是尿屎,浑身冰冷打战。只见贾蔷跑来叫:"快走,快走!"贾瑞方得了命,三步两步从后门跑到家中,天已三更,只得叫开了门。家人见他这般光景,问:"是怎么了?"少不得撒谎说:"天黑了,失脚掉在茅厕里了。"一面即到自己房中更衣洗濯。心下方想到凤姐玩他,因此发一回狠。再想想凤姐的模样儿标致,又恨不得一时搂在怀里。胡思乱想,一夜也不曾合眼。自此虽想凤姐,只不敢往荣府去了。

贾蓉等两个常常来要银子,他又怕祖父知道。正是相思尚且难禁,况又添了债务,日间工课又紧;他二十来岁的人,尚未娶妻,想着凤姐不得到手,自不免有些"指头儿告了消乏"即手淫。在《西厢记》中有切戒手淫的句子。《后候》一折中红娘唱曰:"俺那鸳鸯枕、翡翠衾,便遂杀了人心,如何肯凭?至如你不脱解和衣儿更怕甚?不强如手执定指尖儿恁。"金圣叹于此处批曰:"即佛所云,非法出精也。";更兼两回冻恼奔波:因此三五下里夹攻,不觉就得了一病:心内发膨胀,口内无滋味,脚下如绵,眼中似醋,黑夜作烧,白日常倦,下溺遗精,嗽痰带血,诸如此症,不上一年贾瑞从得病到现在,不上一年,即由去年腊月到今年冬底;这段时间,也是秦可卿由病至死的时间,她得病早些,是在九月初,也就是说,她由病至死的时间比贾瑞要长一些,都添全了。于是不能支持,一头躺倒,合上眼还只梦魂颠倒,满口胡话,惊怖异常。百般请医疗治,诸如肉桂、附子、鳖甲、麦冬、玉竹等药吃了有几十斤下去,也不见个动静。

倏又腊尽春回,这病更加沉重可见,贾瑞是死于第二年的年初。贾瑞死时,宝玉是十二岁。你看,他与秦钟入学时,是十岁。那一年里,为贾敬生日大办寿庆，秦可卿患病，凤姐探病途中路遇贾瑞，冬至之后设计毒害贾瑞，贾瑞病了一年多又至寒冬，病入膏肓，这时宝玉无疑已是十一岁了。现在"倏又腊尽春回"，不又是一年开始，宝玉正当十二岁吗。代儒也着了忙，各处请医疗治，皆不见效。因后来吃"独参汤"，代儒如何有这力量，只得往荣府来寻。王夫人命凤姐秤二两给他。凤姐回说："前儿新近替老太太配了药，那整的太太又说留着送杨提督的太太配药，偏偏昨儿我已经叫人送了去了。"王夫人道："就是咱们这边没了，你叫个人往你婆婆那里问问，或是你珍大哥哥那里有，寻些来凑着给人家。吃好了，救人一命，也是你们的好处。"凤姐应了，也不遣人去寻。只将些渣末都是抖落掉了的人参须子，药力最差凑了几钱，命人送去，只说："太太叫送来的，再也没了。"然后向王夫人说："都寻了来了，共凑了二两多，送去了。"

那贾瑞此时要命心急，无药不吃，只是白花钱不见效。忽然这日有个跛足道人定是紫阳真人山玄卿，他也是单独出来缘化的来化斋，口称专治冤孽之症。贾瑞偏偏在内听见了，直着声叫喊，说："快去请进那位菩萨来救命！"一面在枕头上磕头。众人只得带进那道士来。贾瑞一把拉住，连叫"菩萨救我可见是病急乱投医，一时间，连佛、道两家的称呼都混了：本来是道士，怎能用佛家的称呼呢！"那道士叹道："你这病非药可医。我有个宝贝与你，你天天看时，此命可保矣。"说毕，从褡裢正是甄士隐从他肩上抢过来背上的那一物件中取出个正面反面皆可照人的镜子来，背上錾着"风月宝鉴"四字，递与贾瑞道："这物出自太虚幻境空灵殿上创意十分空灵，警幻仙子所制，专治邪思妄动之症，有济世保生之功。所以带他到世上来，单与那些聪明俊秀、风雅王孙等照看。千万不可照正面，只照背面，要紧，要紧！三日后我来收取，管叫你病好。"说毕，徉长而去，众人苦留不住。

贾瑞接了镜子，想道："这道士倒有意思，我何不照一照试试？"想毕，拿起那"宝鉴"来，向反面一照。只见一个骷髅儿，立在里面。贾瑞忙掩了，骂那道士："混帐！如何吓我！我倒再照照正面是什么？"想着，便将正面一照，只见凤姐站在里面点手儿叫他。贾瑞心中一喜，荡悠悠觉得进了镜子，与凤姐云雨一番，凤姐仍送他出来。到了床上，"嗳哟"了一声，一睁眼，镜子从新又掉过来，仍是反面立着一个骷髅。贾瑞自觉汗津津的，底下已遗了一滩精。心中到底不足，又翻过正面来，只见凤姐还招手叫他，他又进去：如此三四次。到了这次，刚要出镜子来，只见两个人走来，拿铁锁把他套住，拉了就走脂评本在此处作评语曰："所谓醉生梦死也。"前边我们已经指出，贾瑞的瑞字，是"睡"字的谐音，亦正合此意。贾瑞叫道："让我拿了镜子再走死也不肯丢弃淫荡……"只说这句就再不能说话了。

旁边伏侍的人只见他先还拿着镜子照，落下来，仍睁开眼拾在手内，末后镜子掉下来，便不动了。众人上来看时，已经咽了气了，身子底下冰凉精湿遗下了一大滩精。这才忙着穿衣抬床。代儒夫妇哭的死去活来，大骂道士："是何妖道！"遂命人架起火来烧那镜子与镜子何干，你要烧它？俗话说："脸歪不怨镜子斜。"镜子只是个影鉴，你不反照只正照，自己找死，这能怨谁。只听空中叫道："谁叫他自己照了正面呢！你们自己以假为真，为何烧我此镜？"忽见那镜从房中飞出。代儒出门看时，却还是那个跛足道人，喊道："还我的风月宝鉴来！道士，道士，有道之士又把那面风月宝鉴收回去了。可见，作者对于这部剧作是如何地爱惜。详解请见【破译二】"说着，抢了镜子，眼看着他飘然去了。

当下代儒没法，只得料理丧事，各处去报。三日起经，七日发引，寄灵铁槛寺后。一时贾家众人齐来吊问。荣府贾赦赠银二十两，贾政也是二十两，宁府贾珍亦有二十两，其馀族中人贫富不一，或一二两、三四两不等。外又有各同窗家中分资，也凑了二三十两。代儒家道虽然淡薄，得此帮助，倒也丰丰富富完了此事。

谁知这年冬底，林如海因为身染重疾，写书来特接黛玉回去黛玉此时年十一岁。贾母听了，未免又加忧闷，只得忙忙的打点黛玉起身。宝玉大不自在，争奈父女之情，也不好拦阻。于是贾母定要贾琏送他去，仍叫带回来。一应土仪盘费，不消絮说，自然要妥贴的。作速择了日期，贾琏同着黛玉辞别了众人，带领仆从，登舟往扬州去了。要知端的，且听下回分解。

破译详解

① 破译一: 脂评本在此处有畸笏叟的批语曰:"瑞奴实当如是报之。此节可入《西厢记批评》内十大快中。"这说的是什么事呢?原来,被胡适称之为"中国文学批评史上第一人"的金圣叹,他在批评《西厢记》的《拷艳》一折时,见到红娘在老夫人面前有那许多快人快事,快言快语,觉得世间一切快意之事,皆莫如《拷艳》(后来,有人将此篇改为折子戏,称之为《拷红》,数百年来一直成为脍炙人口的好段子)一篇快活洒脱,意味隽永。他在欢畅欣悦之余,禁不住乘兴而发地写出了后来竟然成为流传千古的三十三则《不亦快哉》,曾经被我们现代文学大师林语堂赞不绝口的称道,并仿其体例写出了《快事二十四条》(见林语堂《生活的艺术》)。

金圣叹的《不亦快哉》中的第十条,是这么说的:"夏日科头赤脚,自持凉伞遮日,看壮夫唱吴歌,踏桔槔。水一时喷涌而上,譬如翻银滚雪,不亦快哉!"此情此景,可以说是淋漓尽致地表达出在此时此刻、此情此景下所得到的最畅快之心情。脂评本中年纪最大、性情最古怪的畸笏(有时称畸笏叟),看到贾瑞(他称之为瑞奴)被人捉弄,灌了一身一头的屎尿之后所得到的快感,自觉就如同炎日当头,看见水车里的水翻银滚雪一般地涌出时,那样叫人身心畅快。

可见,同一件事给人的快感和痛感,是绝对不一样的。言外之意,他也希望能有如同金圣叹那样文学批评大家再世,那样,也可以把曹雪芹的这段文字再好好地评一评。当然,这也是他自己的感发与感慨。我想,作者曹雪芹绝不是抱着这样心情去写《风月宝鉴》的;他如果真是抱有这种大快人心之事的感情去写此段文章,怎能把"风月宝鉴"四字冠之于《石头记》之上,定为全书的总名呢?

② 破译二: 我翻阅了清人黄文炀所编的《曲海总目提要》中的几百部戏剧,其中涉及到镜子一类事情的虽然也是几出,但讲的只是什么照妖镜、迷魂镜、阴阳镜之类的东西,而像书中所述的正反可以两面照的镜子,确无一例。应当说,它实属独创,只此一家,别无分店,这也正是它的

难能可贵之处。而且,因有它插入到《红楼梦》一书中来,使它与书中的那些奇幻迷离情结勾连起来,例如说镜子是由跛道士(紫阳真人山玄卿所幻化)持来的;又说“这物出自太虚幻境空灵殿上,警幻仙子所制,专治邪思妄动之症,有济世保生之功。所以带它到世上来,单与那些聪明俊秀、风雅王孙等照看”等等,这样一来,更增添了它的神奇迷幻色彩,也增添了许多更有风情与雅致的文学性,不似《西游记》和《封神演义》中的那些镜、瓶等法宝,只讲它的神怪魔术性一面,不见有此处那些有关风月之情的说道。

美中不足的是,镜子两面的设定:一面是美人王熙凤,一面是一堆骷髅。据我看,仅就此一设定还不能使人,特别是使那些色迷心窍如贾瑞那样的人,警其心,摇其志,用现代化的语言来说,使其触及灵魂,深受感动,从而戒之以往,改邪归正。因为,仅靠“好知青冢骷髅骨,就是红楼掩面人”的对照,并不能警人对美女的迷恋。因为,任何人生活于天地之间,都是一个生命过程,亦即通常所说的“人生一世”。至于这个“一世”是多少年,因人而异,但顶多不过百年而已。但这百年之间,就是一个现实的存在:穷的就是穷的,富的就是富的,红颜就是美女,不是骷髅。虽然穷的富的也会互相转化,美女百年之后必定变成骷髅,但是并不因为那个必然的转化,就消除了这个现实的存在。人们都生活于现实之中,而不是生活于必然的转化之后。在现实中,搂着美人必生好感,搂着骷髅必生恶感。你说,生活在现实之中的贾瑞,愿意搂着美女,还是愿意搂着骷髅呢?愿意正照,还是愿意反照呢?毫无疑问,自然是前者。而且,正是因为风月宝鉴宣示的是由美女向骷髅的必然转化,让人由此而深省到的一点,倒是人生苦短,须要及时行乐。碰上了像贾瑞那样好色不要命的人,见了此镜怎能不去及时地正面相照,他还会管它百年之后的必然转化吗?

依我说,这个风月宝鉴的两面设定,倒不如一面是招手的王熙凤,一面是一口陷阱,或一间囚牢。那样,倒能使贾瑞及时省悟王熙凤毒设的相思计,知道美人的面孔后面,暗藏着一个蝎子心,因此便会由爱而转到恨,由恨而转到嫌弃,那样便可能再也没有心情去搂抱怀有蛇蝎之心的美人王熙凤了。

说到《曲海总目提要》中的那些奇异魔镜和宝镜，仅就有着较高的文学性和戏剧性这方面来说，倒是有一出《合镜记》，也有称作为《会镜记》的，可以与这《风月宝鉴》相媲美。那出戏里，讲的虽然也是百世不遇的传奇故事，但是镜子的离合却有着诗一般的奇巧情节，所以千百年来一直为人们所传诵。剧中说，南朝陈后主的妹妹嫁给了太子舍人徐德言。隋军南下攻城之际，徐德言知道他们夫妻是难以保全的，就将一面铜镜分成两半，每人各持一片，约定他年在新春正月里，可在市场上出卖破镜相会合，并以破镜能够重合作为标记。城破之后，乐昌公主为隋军掠走，落入到宰相杨素家中为奴。徐德言赶至隋京长安时，日日查访，后来果在新春正月的市场上，见有一苍头出卖破镜子。徐德言见了，立即约苍头到了他的家中，取出自己的一片镜子与之会合，果然是互相吻相合得不留一点缝隙。徐问苍头镜子何来？苍头告他是宰相家中一婢女托他上市出卖的。徐也将自己的一片镜子交给苍头，让他带回宰相府中交给婢女，并附诗一首，烦及苍头一并携带过去。其诗曰："镜与人俱去，镜归人不归；无复嫦娥影，空留明月辉！"公主见到破镜及徐诗后，悲怆不已，也合诗一首，让苍头带过去。其诗曰："今日是何日，新官对旧官。笑啼皆不敢，方验作人难。"

从此之后，公主日夜悲啼，不思茶饭。宰相杨素详问其情，得知细节后也为之感动，于是，就将公主与那面破镜都归还给徐德言，使他们得以破镜重圆，离散夫妻重新团聚。这是一段很优美的传奇故事，文学性很强，仅就那重合时的两首诗，便有着可与《红楼梦》中的那些优美诗词互相媲美的风情万种之骚韵。

第十三回

秦可卿死封龙禁尉　王熙凤协理宁国府

此回破译出：这一回书是大开大合，大起大落，文章在这里出现了一个大洄流，大拐点　当年，俞平伯、顾颉刚等大师和后来的众多红学专家都是从这里发轫的，甚而由此而出现了当今炙手可热的"秦学"　什么是云板和云板精神　人说秦可卿不是因病而死，而是因与贾珍私通被婢女发现羞愤自缢的，此话当真吗　"淫丧天香楼"一节，不是脂评本中自称老朽的人命其删去的，而是作者自行删去的　脂砚斋等都是些什么人，他们为什么要在书中指东道西地批注那么多话语呢

话说凤姐儿自贾琏送黛玉往扬州去后，心中实在无趣，每到晚间不过同平儿说笑一回，就胡乱睡了。这日，夜间和平儿灯下拥炉，早命浓熏绣被，二人睡下，屈指计算行程该到何处。不知不觉已交三鼓，平儿已睡熟了。凤姐方觉睡眼微蒙，恍惚只见秦氏从外走进来，含笑说道："婶娘好睡！我今日回去，你也不送我一程。因娘儿们素日相好，我舍不得婶娘，故来别你一别。还有一件心愿未了，非告诉婶娘，别人未必中用详解请见【破译一】。"

凤姐听了，恍惚问道："有何心愿？只管托我就是了。"秦氏道："婶娘，你是个脂粉队里的英雄，连那些束带顶冠的男子也不能过你。你如何连两句俗语也不晓得？常言：'月满则亏，水满则溢。'又道是：'登高

必跌重。'如今我们家赫赫扬扬，已将百载，一日倘或乐极生悲，若应了那句'树倒猢狲散'的俗语，岂不虚称了一世诗书旧族了？"凤姐听了此话，心胸不快，十分敬畏，忙问道："这话虑的极是，但有何法可以永保无虞？"秦氏冷笑道："婶娘好痴也！'否极泰来'，荣辱自古周而复始，岂人力所能常保的？但如今能于荣时筹画下将来衰时的世业，亦可以常远保全了。即如今日诸事俱妥，只有两件未妥，若把此事如此一行，则后日可保无患了。"

凤姐便问道："什么事？"秦氏道："目今祖茔虽四时祭祀，只是无一定的钱粮；第二，家塾虽立，无一定的供给。依我想来，如今盛时固不缺祭祀供给，但将来败落之时，此二项有何出处？莫若依我定见，趁今日富贵，将祖茔附近多置田庄、房舍、地亩，以备祭祀、供给之费，皆出自此处；将家塾亦设于此。合同族中长幼，大家定了则例，日后按房掌管这一年的地亩钱粮、祭祀供给之事。如此周流，又无争竞，也没有典卖诸弊。便是有罪，己物可以入官，这祭祀产业连官也不入的。便败落下来，子孙回家读书务农也有个退步，祭祀又可永继。若目今以为荣华不绝，不思后日，终非长策。眼见不日又有一件非常的喜事，真是烈火烹油、鲜花着锦之盛。要知道，也不过是瞬息的繁华，一时的欢乐，万不可忘了那'盛筵必散'的俗语。若不早为后虑，只恐后悔无益了秦可卿于贾家，是犹如同希腊神话中雅典娜一般的守护女神！"凤姐忙问："有何喜事？"秦氏道："天机不可泄漏。只是我与婶娘好了一场，临别赠你两句话，须要记着！"因念道：

三春去后诸芳尽，各自须寻各自门。

凤姐还欲问时，只听二门上传出云板详解请见【破译二】连叩四下，正是丧音报丧的声音。古代习俗，祭神和一般的拜见，叩头之数为三，丧礼叩头为四，所以当时有"神三鬼四"的谚语。可卿死丧，故用云板敲响四下传事，将凤姐惊醒。人回："东府蓉大奶奶没了。"凤姐吓了一身冷汗，出了一回神，只得忙穿衣服往王夫人处来。彼时合家皆知，无不纳闷，都有些伤心程甲本，《金玉缘》坊印本，嘉、道年间的"本衙藏版"和脂砚斋批注的庚辰本上，"伤心"二字皆为"疑心"。庚辰本上还有脂砚斋的眉批："九个字写尽天香楼事（九个字指：无不纳闷，都有些疑心），是不写之写。"九十年前，红学大师俞平伯正是从这里产生疑窦，发现端倪，对《红楼梦》的言外之意，纸背文章，开始深入研究下去的。详解请见

【破译三】。那长一辈的想他素日孝顺，平辈的想他素日和睦亲密，下一辈的想他素日慈爱，以及家中仆从老小想他素日怜贫惜贱、爱老慈幼之恩，莫不悲号痛哭。

闲言少叙，却说宝玉因近日林黛玉回去，剩得自己落单，也不和人玩耍，每到晚间，便索然睡了足见宝玉与黛玉的爱情是情深似海，水乳胶合，宝玉绝不是那种见色就迷、见花就采的人。如今从梦中听见说秦氏死了，连忙翻身爬起来，只觉心中似戳了一刀的，不觉的“哇”的一声，直喷出一口血来庚辰本上有脂评曰：“宝玉早已看定可继家务事者，可卿也。今闻死了，大失所望，急火攻心，焉得不有此血？为之一叹！”我认为此解还比较恰当，同前边俨然如同贾家守护神一般的托梦，言及添置祖坟田产以备祭祀与家塾两事，是一脉精神的；不是后来一般人所猜想的，他与秦可卿有着两性关系，才急血攻心口吐鲜血的。吾未闻有谁，因偷情之人一死而口吐鲜血的。所以，脂砚斋后边也说：“天分中自然所赋之性如此，非因色而惑也”。袭人等慌慌忙忙上来，扶着问：“是怎么样的？”又要回贾母去请大夫。宝玉道：“不用忙，不相干。这是急火攻心，血不归经。”说着便爬起来，要衣服换了，来见贾母，即时要过去。袭人见他如此，心中虽放不下，又不敢拦阻，只得由他罢了。贾母见他要去，因说：“才咽气的人，那里不干净。二则夜里风大，等明早再去不迟。”宝玉那里肯依。贾母命人备车多派跟从人役，拥护前来。一直到了宁国府前，只见府门大开，两边灯火，照如白昼。乱烘烘人来人往，里面哭声摇山振岳。宝玉下了车，忙忙奔至停灵之室，痛哭一番。然后见过尤氏，谁知尤氏正犯了胃气疼的旧症，睡在床上。然后又出来见贾珍。

彼时贾代儒、代修、贾敕、贾效、贾敦、贾赦、贾政、贾琮、贾㻞、贾珩、贾珖、贾琛、贾琼、贾璘、贾蔷、贾菖、贾菱、贾芸、贾芹、贾蓁、贾萍、贾藻、贾蘅、贾芬、贾芳、贾蓝、贾菌、贾芝等为何不提贾环与贾兰，按说他们年龄也只比宝玉小一两岁都来了。贾珍哭的泪人一般，正和贾代儒等说道：“合家大小，远近亲友，谁不知我这媳妇比儿子还强十倍。如今伸腿去了，可见这长房内绝灭无人了！”说着又哭起来。众人劝道：“人已辞世，哭也无益，且商议如何料理要紧。”贾珍拍手道：“如何料理？不过尽我所有罢了！”

正说着，只见秦邦业、秦钟、尤氏几个眷属尤氏姊妹尤二姐、尤三姐出场了也都来了，贾珍便命贾琼、贾琛、贾璘、贾蔷四个人去陪客，一面吩咐去请钦天监阴阳司来择日。择准停灵七七四十九日古制，停灵祭祀日期天数，以七天为一周祭，依家境状况定周祭的次数，贫困人家大多为一次，即七天，稍有的人家定为三次，即三七二十一天，也有五次，即五七三十五天的。最多的是七次，即贾府的七七四十九天，三日后开丧送讣闻。这四十九日，单请一百零八众僧人在大厅上拜"大悲忏"忏悔的经文，全称为《千手千眼观世音菩萨广大圆满无碍大悲心陀罗尼经》，为宋代知礼禅师所著，诵念此经，可以为亡者消除灾孽，进入西方净土，超度前亡后死鬼魂；另设一坛于天香楼为何要另设一坛于天香楼？是点明她上吊死于此吗？脂本又批曰："删，却是未删之笔！"，是九十九位全真道士全真道与正一道，是元代起道家的两大教派，打十九日解冤洗业醮道家为亡者所做的一种赎罪免灾的祭告道场。然后停灵于会芳园中，灵前另外五十众高僧、五十位高道对坛，按七按七日为一周祭作好事。

那贾敬闻得长孙媳妇死了，因自为早晚就要飞升，如何肯又回家染了红尘，将前功尽弃呢？故此并不在意，只凭贾珍料理因贾敬不肯回家，贾珍便可随意行事。

且说贾珍恣意奢华，看板时，几副杉木板皆不中意。可巧薛蟠来吊，因见贾珍寻好板，便说："我们木店里有一副板，说是铁网山上出的，作了棺材，万年不坏的。这还是当年先父带来的，原系忠义亲王老千岁要的，因他坏了事本书一开篇时就一再声明，决不干涉朝政，不"讪谤君相，贬人妻女"，想不到在这里却大谈起朝政来，甚至连一位亲王（也可能是指某位皇子与世子）出了事（被贬、被废与被囚）。下边还有与官内掌权太监及吏部堂官公开的卖官鬻爵之事，都不遮不掩地写出来，岂不是与原书的宗旨有悖吗？所以我们说，书至第十三回，出现了一个大洄流，大拐点，就不曾用。现在还封在店里，也没有人买得起。你若要，就抬来看看。"

贾珍听说甚喜，即命抬来。大家看时，只见帮底皆厚八寸，纹若槟榔，味若檀麝，以手扣之，声如玉石。大家称奇。贾珍笑问道："价值几何？"薛蟠笑道："拿着一千两银子只怕没处买。什么价不价，赏他们几两银子作工钱就是了。"贾珍听说，连忙道谢不尽，即命解锯造成。贾政因劝道："此物恐非常人可享原是皇家所用之物，殓以上等杉木也罢了。"贾珍如何肯听。

忽又听见秦氏之丫鬟，名唤瑞珠，见秦氏死了，也触柱而亡庚辰本上有脂评曰："补天香楼未删之文"。此事更为可罕，合族都称叹。贾珍遂以孙女之礼殡殓之，一并停灵于会芳园之登仙阁。又有小丫鬟名宝珠的，因秦氏无出，乃愿为义女，请任摔丧驾灵当年俞平伯就是在这细微之处见出端倪，怀疑这两个丫环必是因为撞见了贾珍与秦可卿在天香楼里乱伦交欢之事，自知惹下了大祸，想自行灭口而撞死与出家的之任。贾珍甚喜，即时传命，从此皆呼宝珠为"小姑娘"。那宝珠按未嫁女之礼在灵前哀哀欲绝。于是合族人并家下诸人都各遵旧制行事，自不得错乱。

贾珍因想道："贾蓉不过是黉门监生，灵幡上写时不好看；便是执事也不多。"因此心下甚不自在。可巧这日正是首七第四日，早有大明宫掌宫内监戴权，先备了祭礼遣人来，次后坐了大轿，打道鸣锣，亲来上祭。贾珍忙接待，让坐至逗蜂轩谐音逗取封官之处，脂评本曰："轩名可思"献茶。贾珍心中早打定主意，因而趁便就说要与贾蓉捐个前程的话。戴权会意，因笑道："想是为丧礼上风光些？"贾珍忙道："老内相所见不差。"戴权道："事倒凑巧，正有个美缺：如今三百员龙禁尉缺了两员，昨儿襄阳侯的兄弟老三来求我，现拿了一千五百两银了送到我家里。你知道，咱们都是老相好，不拘怎么样，看着他爷爷的分上，胡乱应了。还剩了一个缺。谁知永兴节度使冯胖子要求与他孩子捐，我就没工夫应他。既是咱们的孩子要捐，快写个履历来。"贾珍忙命人写了一张红纸履历来。戴权看了，上写着：

> 江南应天府江宁县监生贾蓉，年二十岁。曾祖，原任京营节度使世袭一等神威将军贾代化。祖，丙辰科进士贾敬。父，世袭三品爵威烈将军贾珍。

戴权看了，回手递与一个贴身的小厮收了，道："回去送与户部堂官明、清时候的正副长官，都是坐在大堂上办公或审案的，故而都称他们为堂官。此处的赵堂官，当是户部尚书或侍郎老赵，说我拜上他起一张五品龙禁尉的票，再给个执照，就把这履历填上。明日我来兑银子送过去。"小厮答应了。戴权告辞，贾珍款留不住，只得送出府门。临上轿，贾珍问："银子还是我到部去兑，还是送入内相府中？"戴权道："若到部里兑，你又吃亏了。

不如平准一千两庚辰等诸本皆是"一千二百两"。戴权为何不让送到部里,而要送到他的家中?送到他家中,便于他私自留下,或者他与赵堂官二人平分银子送到我家就完了。"贾珍感谢不尽,说:"待服满,亲带小犬到府叩谢。"于是作别。

接着又听喝道之声,原来是忠靖侯史鼎的夫人,带着侄女史湘云来了史湘云第一次出场。王夫人、邢夫人、凤姐等刚迎入正房,又见锦乡侯、川宁侯、寿山伯三家祭礼也摆在灵前;少时,三人下轿,贾珍接上大厅。如此亲朋你来我去,也不能计数。只这四十九日,宁国府街上一条白漫漫人来人往,花簇簇官去官来一个"白漫漫"和"花簇簇",便将贾家当日的殡丧盛况,生动形象地描绘出来。

贾珍令贾蓉次日换了吉服,领凭回来。灵前供用执事为官者出门和坐堂时,各按其品级,排列出不同数量的执仗之物——旗、牌、伞、幡和刀、戟、斧、钺等仪仗等物俱按五品职例,灵牌疏上皆写"诰授贾门秦氏宜人之灵位"。会芳园临街大门洞开,两边起了鼓乐厅,两班青衣按时奏乐,一对对执事摆的刀斩斧截。更有两面朱红销金大牌竖在门外,上面大书道:"防护内廷紫禁道御前侍卫龙禁尉。"对面高起着宣坛,僧道对坛,榜上大书"世袭宁国公冢孙妇防护内廷御前侍卫龙禁尉贾门秦氏宜人之丧。四大部洲至中之地,奉天永建太平之国《西游记》将世界分为四大洲,即南赡部洲,北俱芦洲,东胜神洲,西牛贺洲,而花果山、水帘洞,则位于东胜神洲。曹雪芹承其说,但不言是哪一洲,而只说是"至中之地",古人常自认为我国是天下中心地带,故而名之曰"中国";此一"至中之地",不言自明,是暗喻中国,总理虚无寂静沙门即指佛教,佛家的本旨在于万物皆空僧录司正堂万全句意为佛门的总管人、正堂万大法师、总理元始正一教门正一教与全真教是道教的两大教派道纪司正堂叶全句意为,全一道教总管持人、正堂叶大法师等,敬谨修斋,朝天叩佛"以及"恭请诸伽蓝、揭谛、功曹等神,圣恩普锡,神威远振,四十九日销灾洗业平安水陆道场"等语,亦不及繁记。

只是贾珍虽然心意满足,但里面尤氏又犯了旧疾有人怀疑她是因为知道贾珍、可卿之事,同贾珍大吵大闹一番之后,气出病来,不能料理事务,惟恐各诰命来往,亏了礼数,怕人笑话,因此心中不自在。当下正忧虑时,因宝玉在侧,便问道:"事事都算安贴了,大哥哥还愁什么?"贾珍便将里面无人的话告诉了他。宝玉听说，笑道："这有何难，我荐一个人与你，权理这一个月的事，管保妥当。"贾珍忙问："是谁？"宝玉见坐间还有许多亲友，不便明言，走向贾珍耳边说了两句。贾珍听了，喜不自胜，笑道："这果然妥贴。如今就去。"说着拉了宝玉，辞了众人，便往上房里来。

可巧这日非正经日期正经日期，指僧、道所做的无数次道场之中，最主要的和最正规的那几日，亲友来的少，里面不过几位近亲堂客，邢夫人、王夫人、凤姐并合族中的内眷陪坐。闻人报："大爷进来了。"唬的众婆娘"嗯"的一声，往后藏之不迭。独凤姐款款站了起来。贾珍此时也有些病症在身，二则过于悲痛，因拄个拐踱了进来。邢夫人等因说道："你身上不好，又连日多事，该歇歇才是，又进来做什么？"贾珍一面拄拐，扎挣着要蹲身跪下请安道乏，邢夫人等忙叫宝玉搀住，命人挪椅子与他坐。贾珍不肯坐，因勉强陪笑道："侄儿进来有一件事要求二位婶娘、大妹妹。"邢夫人等忙问："什么事？"贾珍忙说道："婶娘自然知道：如今孙子媳妇没了，侄儿媳妇又病倒，我看里头着实不成体统，要屈尊大妹妹一个月，在这里料理料理，我就放心了。"邢夫人笑道："原来为这个。你大妹妹现在你二婶娘家，只和你二婶娘说就是了。"王夫人忙道："他一个小孩子，何曾经过这些事，倘或料理不清，反叫人笑话，倒是再烦别人好。"贾珍笑道："婶娘的意思侄儿猜着了，是怕大妹妹劳苦了。若说料理不开，从小儿大妹妹玩笑时就有杀伐决断贾珍怎知凤姐做姑娘时的事？想是王熙凤的办事能力，早已传闻在众亲友之间了，如今出了阁，在那府里办事，越发历练老成了。我想了这几日，除了大妹妹再无人可求了。婶娘不看侄儿和侄儿媳妇面上，只看死的分上罢！"说着流下泪来。

王夫人心中为的是凤姐未经过丧事，怕他料理不起，被人见笑；今见贾珍苦苦的说，心中已活了几分，却又眼看着凤姐出神。那凤姐素日最喜揽事，好卖弄能干，今见贾珍如此央他，心中早已允了。又见王夫人有活动之意，便向王夫人道："大哥说得如此恳切，太太就依了罢。"王夫人悄悄的问道："你可能么？"凤姐道："有什么不能的。外面的大事已经大哥哥料理清了，不过是里面照管照管。便是我有不知的，问太太就是了。"王夫人见说得有理，便不出声。贾珍见凤姐允了，又陪笑道："也管不得许多了，横竖要求大妹妹一口一个大妹妹，而不称弟媳或弟妹；宝玉也只称姐姐,不称嫂子,看来,都是看在王夫人的面上,自套亲近辛苦辛苦。我这里先与大妹妹行礼,等完了事,我再到那府里去谢。"说着就作揖,凤姐连忙还礼不迭。

贾珍便命人取了宁国府的对牌用木、竹制成的命令信物。中劈两半,发与执事人一半,另一半留待结账时核对来,命宝玉送与凤姐,说道:"妹妹爱怎么就怎么样办。要什么,只管拿这个取去,也不必问我。只求别存心替我省钱,要好看为上;二则也同那府里一样待人才好,不要存心怕人抱怨。只这两件外,我再没不放心的了。"凤姐不敢就接牌,只看着王夫人,王夫人道:"你大哥既这么说,你就照看照看罢了。只是别自作主意,有了事打发人问你哥哥嫂子一声儿要紧。"宝玉早向贾珍手里接过对牌来,强递与凤姐了。

贾珍又问:"妹妹还是住在这里,还是天天来呢?若是天天来,越发辛苦了。我这里赶着收拾出一个院落来,妹妹住过这几日,倒安稳。"凤姐笑说:"不用,那边也离不得我,倒是天天来的好。"贾珍说:"也罢了。"然后又说了一回闲话,方才出去。

一时女眷散后,王夫人因问凤姐:"你今儿怎么样?"凤姐道:"太太只管请回去;我须得先理出一个头绪来才回得去呢。"王夫人听说,便先同邢夫人回去,不在话下。

这里凤姐来至三间一所抱厦中坐了。因想:头一件是人口混杂,遗失东西;二件,事无专管,临期推委;三件,需用过费,滥支冒领;四件,任无大小,苦乐不均;五件,家人豪纵,有脸者不能服钤束,无脸者不能上进。此五件实是宁府中风俗,不知凤姐如何处治,且听下回分解详解请见【破译四】。

破译详解

① **破译一:**《红楼梦》一书写到第十三回,便出现了一个大洄流、大拐点,犹如九曲黄河自青海的三江源头起,一直是南北走向的,而自从到了壶口瀑布之后,却来了个急转弯,忽地转为东西流向,从此之后,它一直是向东向东复向东,一直奔流到海不复回了。《红楼梦》也是如此,到

了第十三回，突然地开阔起来，出现了个大场面、大壮举、大波澜、大回环的局面。以前，总是针脚细密，精致淡雅，娓娓地道来。而从这里起，忽然间大开大合，大起大落，极尽铺张的气势。文章夸张了许多，但也含蓄了许多；宣扬了许多，但也隐藏了许多；暴露了许多，但也避讳了许多，所以引发了众多《红楼》爱好者和红学专家们的特别关注，开始大力地发掘这里的地下宝藏，纸背文章，言外之意，弦外之音，当年的红学大家俞平伯、顾颉刚，以至于后来的周汝昌、吴恩裕等人都是从这一回书发轫的，近来炙手可热的刘心武红学，更是先由这里沉钩，接连钓出许多条金翅鲜鳞、活蹦乱跳的大鱼来，并把自己的红学心得，定位为《秦学》，后来又以《秦学》的研究所得为基础，写出来半个世纪无人敢续的《续红楼梦》来。

西方人多认为"十三"不是个吉祥数儿，我们华人受到西方文明的影响，有许多人（开始是在上海，近来北京亦然）都将楼层的标号"13"去掉，本来是十三层的，改为"14"或"15"。不过，这是西方人的观念，而从我们的老辈子人看来，十三倒没有什么不好的，子丑寅卯十二个时辰，到了这里开始一元复始，来了个更新，也不算不吉利。事也凑巧，我们的《红楼梦》也正是从第十三回起出现了大洄流、大拐点，引起了那么多卓有成就的红学家的关注和感悟，将红学的发展推向了一个新的高潮，让那在天有灵的曹雪芹也会为之而感慨万分，也许甚至而潸然泪下。这样看起来，这十三还是挺起作用的，并非就是个不吉祥的数。

② 破译二： 云板，是我国古代的一种报警器，多数是用生铁铸成的，上下两端铸成如意云头形状，并装饰有攀枝花卉纹。其上部有孔，穿绳吊挂起来，敲击起来声音清彻响亮，悠长传远。最早，用之于寺院，云板声响乃是召集众僧前来用斋的信号。到了元代，被移用于官署，作为集众和发布某种信息的号令。明人沈榜《宛署杂记》中记载："会试场内供给补办家火……铁云板三面。"后来，明军镇守长城时用它作为报警器，被清人发现后移用过来，并依其敲击数目和声音长短，编制出一整套的军事报警和集众行动的信号。清军中最大的一块云板，就悬挂在努尔哈赤的庭院之内。一有云板声响，他便立即披衣而起，急忙出来处理军务。史书记载：天命三年清军派人到浑河南岸收割庄稼，一日，天亮前突遭

明军袭击，有人发现后很快敲响云板，声音传至努尔哈赤居住的界凡城，他立即派出大贝勒代善率兵前往援救，为收割的军民人等解了围。后来，这种云板报警制度，便在清室代代留传下来，不仅是皇家，在随清室入关的各官宦大家族中，也都悬此报警器，用以纪念太祖的云板精神。曹家一直是清皇室重用的官员，他们的府中，也是代代悬挂云板作为报警之器的，并且，也用此器作为一种镇宅之物。

③ **破译三：**1921 年 6 月（距今正好是九十年），《晶报》曾发表了一篇《红楼佚话》的文章：说有一个姓濮的人，他的祖父少年时候在北京住，亲眼见到宝玉的仆人焙茗，那时候，宝玉的这个小厮，已经是八十多岁了，“白发满颊”，他与人闲谈时曾说起秦可卿来，说她不是病死的，而是因为与贾珍私通被丫环撞见，羞愤自缢的。俞平伯看后甚觉怀疑，因为过去从未听到过有此一说。

怀疑之余，他又把《红楼梦》翻找出来细看，见第五回的金陵十二钗正册中，确实说秦可卿是上吊死的。仅仅那个画面，就很明显。上面是“一座高楼，上有一美人悬梁自尽”。判词中说得也很明白：“情天情海幻情深，情既相逢必主淫。漫言不肖皆荣出，造衅开端实在宁。”看这诗和画，又与《红楼佚话》所说的一样。当时，人们所能看到的，大多是王希廉于道光壬辰年(1832)以护花主人之名评刻出的本子。护花主人是怎么解释诗画与书中内文之间的矛盾呢？他说鸳鸯寻死时，是秦氏作为勾魂的吊死鬼在前边招引，才悬梁自尽的，因之，那第五回中的诗画，是秦氏与鸳鸯的合咏：“词是秦氏，画是鸳鸯”。不过，护花主人很难自圆其说。因为，那鸳鸯不过是贾母身边的一个丫环，入册也只能与袭人、晴雯等同入“又副册”，哪能与秦氏合二而一入正册呢？

当时，还没有什么庚辰本、甲戌本等书被发现，尚不知此处已有脂砚斋、松斋、畸笏等人的批语，明白地指出：“秦可卿淫丧天香楼，作者史笔也。老朽因有魂托凤姐贾家后事二件，岂是安富尊荣坐享人能想得到者？其事虽未漏，其言其意令人悲切感服。姑赦之，因命芹溪删去遗簪、更衣诸之，是以此回只十页，删去天香楼一节，少去四五页也。”在回末之处又作总批曰：“通回将可卿如何死故隐去，是大发慈悲也。叹，叹！”

顾颉刚因为没有看到脂砚斋等人的这些批语，因此对于《红楼佚话》与护花主人的批语便有许多疑点和困惑。困惑之余，就将自己的这些想法写信告诉老友俞平伯。俞平伯那时正当研究红学兴趣方浓之际，见到信后立即沉下心来，决心要对这一千古疑案，进行诸多方面的大胆假设与小心求证，为此开列出许多条可以明确求得结果的思维方程式。第一条可以求证的方程式，就是秦可卿是上吊死的，不是病死的；虽然也有重病，但死因与病无关。可以作为论据的最为有力的一条，就是“伤心”二字。因为，他家里早有一本《金玉缘》的通行坊印本，记得上面写的是“疑心”二字；而且下边还有一个夹批说：“一本作伤心，非。”显而易见，这不是抄写或翻刻时弄错的。“疑心”与“伤心”，意义可就大不一样了！如是前者，上下文串联一块是“无不纳闷，都有些疑心”，这就读通了。如是后者，说“无不纳闷，都有些伤心”，便有些不伦不类，前言不搭后语。既是疑心，便可以明确判定，秦氏之死不是因病，而是淫丧。否则，一个重病已久的人因病而死，有什么纳闷的？有什么疑心的？

作为他的论据的另一条，就是宝玉听得死讯后“只觉心中似戳了一刀的，不觉‘哇’的一声，直喷出一口血来”。此情此景，定然不是因为听得秦可卿病死而引起的，久病之人因病而死，哪有急火攻心、骤然吐血之事？只能是伤心不已而已。还有一条就是，贾珍如丧考妣，哀伤越常，而且又是那样不惜一切“尽其所有”地大办丧事，这哪像是死了一个儿媳妇呢？再有一条，就是尤氏胃疼的老毛病突然复发，躺卧在床上，而在此之前，一直是很活跃的一个人。此时抱病不愿意下床，必定是发现秦氏与贾珍私通之事而疼心，甚至还可能是因与贾珍大吵大闹了一番的结果。

而最能说明问题的，也是让俞平伯“到今天才悄然有悟”的，是两个丫环宝珠、瑞珠的非常奇怪的惊人举动：瑞珠是“触柱而亡”；而宝珠则“因秦氏无出，乃愿为义女，请任摔丧驾灵之任。……贾珍甚喜，即时传命，从此皆呼宝珠为‘小姑娘’。”书上从前并未一言提及到这两个丫环之名，更未见秦氏对她们有何慈祥之举，怎地突然就有这么两个大义凛然的女婢冒出来呢？《红楼佚话》中揭出：“秦可卿与贾珍私通，被婢撞见，羞愤自缢死的。”这两个丫环，岂不就是宝、瑞二人吗？瑞珠可能一脚踏进屋内，撞了个满怀，自觉大祸难饶，听得秦氏上吊，也就跟着自撞了，书上说“也触柱而亡”。这个“也”字，用得也深有含义：秦氏是上吊死的，她是触柱死的。上吊与触柱，都是自尽的，“故曰‘也’也”。

那个宝珠呢，她是跟脚进去的，不像瑞珠看得那么真切，虽然如此，也自觉是惹了大祸，她愿为秦氏义女，守灵尽孝，“以明其心迹，以取媚求容于贾珍。”下回书中又说，宝珠侍灵入寺后，不是痛哭一场之后回府，而是宁死不肯回去，贾珍又立即许其留下，这便可以表明，中冓之言从此之后可以永远不会泄漏出去了。

顾颉刚对于俞平伯的考证，是非常佩服的。他马上写信告诉俞平伯说：

> 我上次告你《晶报》的话，只是括个大略。你就因我的“被婢撞见”一言，推测这婢是瑞珠宝珠。原来《红楼佚话》上正是说这两个。他的全文是：
>
> “又有人谓秦可卿之死，实以与贾珍私通，为二婢窥破，故羞愤自缢。书中言可卿死后，一婢殉之，一婢披麻作孝女，即此二婢也。又言鸳鸯死时，见可卿作缢鬼状，亦其一证。”

最后，顾颉刚很兴奋地指出：“这明明是作一篇文章的缩影。”只是该文作者不肯往深里处去研究，没有挖掘出曹雪芹于此处所做的大埋伏。

不过，俞平伯到底是一位大师，他并没有因为自己势如破竹地揭破了《红楼梦》中这么大的一个疑案，也不以老友的赞许而沾沾自喜、心满意足了。他对于研究与考证，总是那么兢兢业业，如临深渊，如履薄冰，不到桩桩件件都有根有据、四脚落地，他是断然不肯罢休的。所以，他给顾颉刚的回信说，“疑心”二字虽然《金玉缘》本子中确有，而且下边还有夹批，但是，近日查看戚蓼生作序的有正书局石印本，还是写着“伤心”，这就不能不使我的《金玉缘》本有孤证之嫌，不能为之定案。他最后向老友表明心迹说：“总之，主观上的我见是深信原本应作‘疑心’两字，但在没有找着一部旧本《红楼梦》做我那书底傍证以前，那我就愿意暂时阙疑。”

这就是大师的风范！

这也就是大师与那些小师们的天壤云泥之别！

④ 破译四：脂评本于此回的开始总评和回末总评中都说："秦可卿淫丧天香楼，作者史笔也。老朽因有魂托凤姐贾家后事二件……姑赦之，命芹溪删去遗簪、更衣诸之，是以此回只十页，删去天香楼一节，少去四五页也。"查实际情况，并非如此。按《红楼梦》一书，每回书的页码，除了少数的几回，例如第一回、第二回，因为要详述本书的源起与贾家的源起以及各支系之间的庞杂关系，第五回要详述金陵十二钗命运的诗配画等，较之其他各回都要长得多之外，其余各回都在六七千字之间。第十三回与其前后的几回，第九、十、十一、十二、十四、十五等回，都是这个数目，因之，后来的读者读到此回并未觉得有缺一大块的感觉。实际上，确也没有缺一大块。因此，脂砚斋的话并不完全可信，起码来说，在这里就没有说得很准确。

那么，怎么理解脂评本上的那么一大段批语，特别是俨然的长者自居、下令"命芹溪删去"的话呢？既然命其删去，何而又不见有短缺的四五页呢？那些在原著书上指东道西、说短道长的批注者们，都是些什么人呢？他们怎地都会凸现在原著的书眉与夹缝间，与作者曹雪芹又是些什么关系呢？

原来，自从1927年发现了由著名藏书家刘铨福收藏的甲戌本《石头记》以来，接着又有已卯、庚辰等诸种版本出现。在这十几种版本上，都见有批者在回前、回末、书眉与行间的各种各样的批注话语，总算起来竟然多达八千余条。批者在语后注有署名，但也有没注署名的。而且，署名繁多杂乱，有可归结为一人的，例如脂斋、脂研、脂砚先生等等，似可都归结为脂砚斋；畸笏、畸笏叟、畸笏老人，似可都归结为畸笏叟；但是大多数的署名只出现几次，甚至是一两次，而且互不搭界，例如棠村、梅溪、鉴堂、松斋、绮园、玉蓝坡、立松轩、左绵痴道人、文忠公之嬷，甚至还有老朽、朽物等等，就都让人无

法揣摩与归结了。书中批注条数最多的是脂砚斋,故而甲戌本的第一页首题,就叫作《脂砚斋重评石头记》;庚辰本第一回至第十回,则注有"脂砚斋凡四阅评过"之语。正因为如此,一般人将没有署名的批注,也泛泛地都归属于脂砚斋的名下。除了脂砚斋之外,另一位批注较多的是畸笏叟。他的批注与脂砚斋不同,有着鲜明的独特风格,多以长者、阅历较深者的面目出现,语句严峻犀利,老气横秋,而脂砚斋则多缠绵情深之语,所以许多人都认为后者是个女性,红学大家周汝昌甚至认定她就是书中的史湘云。有的人根据一些只言片语做出判断,说经过一番离乱之后,宝玉和湘云这两个业已独居的人又重新组合为夫妇,整个《红楼梦》就是他们夫妻二人合作的结果。老天有眼,若果真能够如此,那真乃是件大快人心之事了!只可惜,能够牢牢实实佐证这件事情的材料,却一件皆无,因此,那也只能是作为一个良好的愿望而已!

那么,这八千多条的批注者都是些什么人呢?批语中多有知情者之语,例如,第一回甲戌本上有批语曰:"壬午除夕,书未成,芹为泪尽而逝,余尝哭芹,泪已待尽",靖藏本第一回中又有批语曰:"前批知者聊聊,不数年,芹溪、脂砚、杏斋诸子皆相继别去,今丁亥夏,只剩朽物一枚,宁不痛杀!"再如我们前边提到"树倒猢狲散"那句话时,甲戌本、庚辰本上皆有批语曰:"树倒猢狲散之语,余犹在耳,屈指三十五年矣。哀哉,伤哉,宁不痛杀!"按,清代著名诗人施瑮在《病中杂赋》之八的诗末自注曰:"曹楝亭公时拈佛语对客云:'树倒猢狲散'。今忆斯言,车轮腹转,以瑮受公知最深也。楝亭、西堂,皆署中斋名。"这楝亭即是曹雪芹的祖父曹寅的号,他是康熙三十一年(1692)任江宁织造,五十一年(1712)病逝的。距脂砚斋初评《石头记》的时间——乾隆十三年(1748),正好是三十五年左右,因此可见,批者对于曹氏家族与书中所叙情节,都是很了解的人。

从而我们可以想像得到,其中必有许多人是曹雪芹的嫡亲家族、姻戚故旧和亲朋好友。距曹雪芹之卒年仅有二三十余年的满洲旗人裕瑞认为,这个脂砚斋就是曹雪芹的叔叔或者是其叔辈,他在《枣窗闲笔》中说:"曾见抄本卷额,本本有其叔脂研斋之批语,引其当年事甚确,易其名曰《红楼梦》。此书自抄本起至刻续成部,前后三十余年,恒纸贵京都，雅俗共赏……其书中所假托诸人，皆隐喻其家某某，凡情性遭际，一一默写之，惟非真姓名耳。”言之凿凿，令人无法不相信。而且他又说，上边所言的一切都是听他的前辈姻戚之中有与雪芹交往极其深厚的人跟他说的，他甚至能够状述出曹雪芹的品格与相貌来，给我们后人认知这位亘古少有的文学大师以最形象的依据，他在文中写道：“其人，身胖头广而色黑。善谈吐，风雅游戏，触景生春，闻其奇谈娓娓然，令人终日不倦，是以其书绝妙尽致。”

依据裕瑞所提出的线索，我们详细考察雪芹叔辈之人，觉得有些人的确是能够担当起批注此书之任的。我们前面曾经说过，雪芹的祖父曹寅是弟兄二人，其弟曹宣曾经担任过康熙南巡图的监画，一直在内务府里行走，担任着司库一职。他的几个儿子除了最小的一个（曹頫）过继给曹寅之外，其余诸人皆都在京城或外放江南一带为皇家效力。曹頫在雍正五年（1727）因罪被抄没时，曹宣一支好像并未受到牵连，有力证据是当年曾与雪芹生父曹顒一同进京受皇帝召见的曹颀（曹宣的三子），在雍正五年冬底还得到雍正赏赐的御笔大“福”字，又派遣他做镶黄旗包衣的第四任第四参领第二旗鼓佐领。其人也善书画，当年曹寅还专门作诗称赞他的景物画，诗名曰《喜三侄颀能画长干，为题四绝句》。除此之外，曹宣还有子曹顺、曹颜、曹頔等。另外，曹寅还有一位远房侄子曹硕（号竹磵），曹寅在《楝亭诗抄》卷六中专有一首诗曰《和竹磵侄上已韵》，在卷四中又有诗曰《赋得桃花红近竹林边和竹磵侄韵》。这几位叔伯在雪芹写书时有的人还都在世，其中特别是曹颀和曹硕，他们之中有谁出来为雪芹的《红楼梦》批注，是完全有那可能的。《红楼梦》中所写之事既以江宁织造署为蓝本，他们焉有不知署中底细之理？

在那众多的署名批者中，除了其叔辈的一二人之外，应当还有些是熟知曹家底细的亲朋好友，像如今人人皆知的张宜权与敦敏、敦诚兄弟，还有近年来新发现的雪芹遗著《南鹞北鸢考工记》中所提到的于叔度、董邦道、鄂比等人。他们皆都是极力支持曹雪芹于西山写书的。完全可以想像得到，其中定然会有一二人出来秉笔为之作批注的。像与雪芹同在右翼宗学堂里读过书的敦诚，便在自己的《寄怀曹雪芹》诗中，明确地表态说：“劝君莫弹食客铗，劝君莫叩富儿门。残杯冷炙有德色，不如著书黄叶村。”他既然那么明确地表态支持他“著书黄叶村”,便很有可能,而且也有那个雅兴,为之在书中批注。此外,还有那位一直在西山一带与雪芹结伴为邻的张宜权,他也曾写诗明确地表态,称赞曹雪芹虽身在郊野而却能得趣于笔墨之事,说:“爱将笔墨逞风流,庐结西郊别样幽。门外山川供绘画,堂前花鸟入吟讴。”还有敦诚的哥哥敦敏,他更是一向就佩服雪芹谈笑风生、语惊四庭的本领的。今天就现有的文字资料就可以查到,他们弟兄曾经几次去西山访雪芹未遇,而一旦相遇,便喜之不胜,亲热得有如隔三秋之感。而且,曹雪芹能够为其家中演出《琵琶行传奇》写诗盛赞,反过来,他们弟兄怎么能够对雪芹之书袖手旁观呢?他们既如此地看重闭门著述一事,书成之后,由于爱其人而爱其书,由于爱其书而在上面批上几语,那是完全可能的。而在曹雪芹方面来说,因与他们的爱好相同,每章每回写出之后,也必定要首先送给他们帮助审阅批评的。

此外,还有在第十三回中作过几处批语的“松斋”,详考此人亦系雪芹的一位亲朋友好,因为在敦诚的《四松堂集·潞河游说》中便曾提到过他,说:“游者凯亭(傅雯)、墨翁、松斋(白筠)、子明、贻谋暨余也……松斋故邀饮其园亭,抵松斋园亭(乃其先人相国白潢之别墅)。”这位相国之后的镶白旗汉人松斋,既是敦诚的结交好友,与雪芹亦必然结交亲密,《红楼梦》写出后送交他来阅改,也同送交敦敏等人一样,完全是情理之中的事。松斋在读到秦氏梦托凤姐之事时也作出眉批曰:“语语见道,字字伤心,读此一段,几不知此身何物矣!”想其当时所处境地,亦有家境日渐凋零衰落之感慨,所以才不由自主地作出此一批语。在同一回书中,他还有“好笔力,此方是文字佳处”的话。从语气上就可以看出,他与雪芹的那种文字之交,已然是跃然纸上的。

也还有人做十分肯定的判语说,裕瑞所说的“其叔脂砚斋”,就是曹雪芹的过继父亲、实则是其叔父、接曹颙之缺而任江宁织造的曹頫。他在名义上是曹雪芹的父亲,而实际上是他的叔叔,据史料考证,雪芹写书时,他已从枷号中放出,赋闲在家,他于穷困无聊之中为其过继之子批注一下他所著的书,也完全是有可能的。而且,红学大家吴世昌甚而进一步认定,《红楼梦》就是由曹頫提供的素材,而由雪芹润笔写成的。书中的宝玉，其实写的就是曹頫，或者是综合曹頫与雪芹二人之事，笔下是一人，而生活中实为二人。这就是纷纷扬扬的"其叔说"（或简称为"叔说"）。

不过有一点，还需要聊作说明。现在的读书人都不大理解，那些批注也好，感叹也好，干么也要与原著排列到一起呢？夹枪带棒地留给读者，岂不是使得原著臃肿杂乱、啰嗦絮烦吗？有这样想法的人，多是不知道我国历史上曾经有过一段很长时间流行过批注的时尚风潮。早在明朝中叶之时，读书界与出版界中便出现了这样一种时尚，凡是流行于世的文学著作，多要有文章大家、词坛高手作些批注和解读之类的文字，这样，这部书才得以更为广大读者所关注，书坊中也更能够因之而获利畅销。当时，最有名望的评点家是嘉靖年间中举的李卓吾，他不仅文章盖世，为世人所称道折服，而且长期充任过国子监教官和外埠教谕等职，受教的学生和门下甚多，因之由他出来批注那些流传较广的书，自然会得到更多的人们的信任，喜读此书的人自然也就会更多，刊刻出来的书也就更容易畅行广销。为此，他先后批注了《水浒传》《西厢记》《琵琶记》《拜月亭》《红拂记》《五合记》等许多部书。他的好友、明代著名文学家袁中道在其《李温陵传》中称赞他，无书不读，无书不批，上自《离骚》《史记》，下至柳文、杜诗，乃至于"小说稗官之奇，宋元名人之曲，雪藤丹笔，逐字雠校，肌擘理分，时出新意"。

在李卓吾首开先河的倡导下，以后的文章评点家、稗官传奇的批注者，风起云涌，不仅数量越来越多，而且每况愈上，质量日见拔高。其中，名气最高、成绩最大的为明末清初的金圣叹。他批注了许多文章、许多的书，而最为著名、传世最广的要数他所批注的《水浒传》与《西厢记》，一时间竟成为了人人必读之书，案头上必备的读物。当时还有人专门地写文章说：案头上没备《西厢》《水浒》等书，便非是真正的读书人。清初文坛名家刘廷玑于《在园杂志》上说："《水浒》经圣叹评点，成异样花团绣簇文字"，王应奎在《柳南随笔》中也说："顾一时学者，爱读圣叹书，几乎家置一编。"

受到金圣叹的影响和推动，文学著作的批注之潮更是奔流直下，澎湃汹涌，那些流传于世的好书几乎是部部皆有人评点，卷卷皆有批注之文，而且批注的水平和影响于当时及后世的力度，也越来越大，像毛宗岗批注的《三国演义》、张竹坡批注的《金瓶梅》，几乎是家喻户晓，家吟户诵。而像毛纶所批的《琵琶记》、褚人获所批的《隋唐演义》，天花藏主人所批注的《玉娇梨》《平山冷燕》、游方外客批注的《好逑传》等，也皆都是流传极广、有口皆碑的。尤须指出的是，钟戴苍所批注的《花笺记》，不仅在国内广为流传，并对东西方的文坛皆都产生过极大的影响，先后被翻译成英、德、法、俄、意、丹麦、荷兰、印尼、日本、越南文等十五种文字，得到了德国著名哲学家黑格尔与诗人哥德的交口称赞，而且，它的优美诗文还激发了大诗人哥德的创作灵感，挥笔写下了《中德四季和晨昏合咏》诗歌十四首。

同样情形，曹雪芹的亲朋好友为了促使《红楼梦》的流传与盛行，也依法依样地作了许多批注。而且，其批注的方法独特，其中，剖析文章写作方法的文字虽然也有，但大多数的条目是披露书中隐情和对书中所写的其人其事的亲身感受。这样，就更增加了这部书的魅力，使得它不翼而飞，不胫而走，很快就在广大读者群中广泛地流传开来，其势犹如裕瑞所说的"前后三十余年，恒纸贵京都"。后来，竟然达到每抄写出一部书来，就可以卖到二十余两银子的程度。用现今的经济学家角度来考察，其劳动价值远在其他同等数量的劳动价值之上。难怪乎，一时间就有一评、再评、三评、四评《石头记》的本子接连问世。

正是由于有了这样雨水好，土地肥的客观条件，便不免有良莠齐长、草苗齐旺的景况出现；难免不有些人也青红不分、高低不齐地混杂于其间。他们也跟着抄书贩卖，而在抄书的同时没准儿也即兴地将自己阅读中的一些感想和揣摩，随手批注在上面；而且，他们也必定假借自己与作者有着某些姻戚和亲朋关系，进行冒名顶替，用大语以诳人。就像我们前面所讲的那位《红楼佚话》的作者那样，他必然是假借焙茗之口来说出他自己的一些破解的话。因为不这样假借，不这样冒名，他的破解便没有分量，不会打动人心，不会引起更多读者的兴味。只有这样，他冒名假借而抄出的书和所写出的文章，才有市场，才能够卖出一个好价钱。

其实，这种靠冒名顶替来批书的事，早在明代中叶开始兴起批注之时，便有许多人混迹其中，大干起这种难以说是正经或者是不正经的营生来。其中最为显著的,要属那位苏州梁溪(今为无锡)人叶昼了。叶昼便曾假借文学大批评家李卓吾的名字,批了许多的书,诸如《三国演义》《西游记》等等,甚至连李卓吾已经批注过并已刊行了多年的《水浒传》《琵琶记》《拜月亭》等书,他也拿过来再以李卓吾的名字重新批注刊刻。他为什么要做这种劳而无功的事呢?还不就是为着用李卓吾之名批注可以使书好卖嘛!而且,苏州又是当时中国的四大书坊之一,书坊的老板就是愿意花钱雇用叶昼等人这么做。图的是什么呢?图的也是为使其书好卖!这么看来,叶昼等人这么做,也不是劳而无功的,而是劳而有利的。虽然无名,但却很有利!当时,又无版权之类的纠纷,书商可以肆意地大行其事,不惜花大价钱雇人去冒名批书。

除了这些好利之徒而外,还有一些人(以女性为多)因是书迷(或者说是书痴),也自觉不自觉地出来批注。他们往往是看着看着,竟然把自己也看作成了贾宝玉、林黛玉或书中的某个人物。像《庸斋闲笔》等书中所载,说有一个商人女儿,因为读得太专注了,竟然痴痴迷迷,宛如病态,她的父母看着女儿这样失魂落魄,便把书扔在炉中烧了,女儿见了失声痛哭,大呼:"奈何烧死我宝玉?"你想,在这样一些书迷之中,难免有人不参加到抄写的行列之中。我们只要看看脂砚斋评本中那许多痴痴迷迷的话:"回思将余比作钗、黛等,乃一知己,奈何幸也!一笑!"你看那语气,那神态,不是一个书痴在发呓语是什么?此外还有:"今而后惟愿造化主再出一芹、一脂,是书何本?余二人亦大快遂心于九泉矣。甲午八月泪笔。"这样一哭一笑、疯疯癫癫的话,在八千条批注之中多有所见。细看,那些情意缠绵的纯女性的话,又非出自一人之手笔。为此,人们就不能不提出这样一个疑问,穷困潦倒于西山黄叶村过着啜粥赊酒生活的曹雪芹,哪里会有他当年在大观园的时候身边曾围绕着的那么多才华出众的女子呢?至于像有些人所说的,他的身边还有一个才思敏捷、文章气势皆在贾宝玉之上的史湘云帮助他抄书润笔、评点批注,那更是匪夷所思了!那几乎就如同说梁祝可以化蝶、杨贵妃可以于海外仙山中再现一般,只能是一个诗歌化之美好愿望而已。

还有一点要特别指出的是,在这八千条批注中,除有雪芹的姻戚家族、亲朋友好以及众多的冒名顶替者的批注条目之外,还有作者自己的批注夹在其中，而且数量还是相当的大。举一个最明显的例子为证：在第二十六回书中说："那宝玉便和他说些没要紧的散话"。甲戌本、庚辰本和有正本在这句话下面，都有双行批注曰："妙极，是极！况宝玉有何正紧可说的？"（有正本上将"紧"字，改为"经"字）。奇怪的是，在这双行批注下面，又另有双行批注曰："此批，被作者偏过了。"这不是很明显的吗？批者假如是脂砚斋的话，在偏过他作批之前，必有作者自批的话写在上面。因为作者批得惟妙惟肖"况宝玉有何正紧可说的"，批者脂砚斋等确实是再没有什么可说的了，于是，不能不惋惜此条已被作者偏过。

类似的明显例子，还有很多。

为什么作者也要亲自出来自批自注、作瞒人眼目的夫子自道呢？我想，其原因不外乎以下三种情况。一是写到此处自鸣得意，觉得是神来之笔，而又怕别人"不解其中味"，于是赶紧指点出来，例如这句"况宝玉有何正紧可说的？"，等等。其二，就是看到别人批的不大对头，或者是批得不到位，于是乎自己出来另批，或者是予以更正。例如第十四回开头一段中，在"凤姐即命彩明钉造册簿"一语下面，甲戌本和庚辰本上都有批语曰："宁府如此大家，凤姐如此身份，岂有使贴身丫头与家里男人答话交事之理呢？此作者忽略之处。"而在这条批语下面，又有批语曰："彩明原系未冠小童，阿凤便于出入使命者。老兄并未前后看明是男是女，乱加批驳，可笑！"很明显这是作者不得不出来直面地讲清楚这桩不易被人看清的细事。其三，就是有些隐情作者不便于在正文中写出来，而又不想隐去，很想通过某种形式让读者知道这段隐情的梗概以及不得不隐去的原因。说到这一点，最明显的例子莫过于第十三回书中那条至今为人们议论纷纷的老朽自道的批语了："秦可卿淫丧天香楼，作者史笔也。老朽因有魂托凤姐贾家后事二件，岂是安富尊荣坐享人能想得到者？其事虽未漏，其言其意令人悲切感服。姑赦之，因命芹溪删去遗簪、更衣诸之"。

因为这一条极为重要，几乎成为今天被炒得沸沸扬扬的所谓"秦学"的命根子，因此对于这个自名"老朽"之人的猜测也就众说纷纭，莫衷一是。多数的人都认为，这老朽便是畸笏，因为畸笏常用"畸笏老人"

“畸笏叟”的名字,此条既以长辈口气命令芹溪删去“淫丧天香楼”一段,自然其年龄与辈分都在雪芹之上,因此,便有人说是作者叔叔的,也有人说是舅舅的。当然是叔说占多数,并且明确地认定就是曹頫;说是舅舅的是少数,只有胡适一人。总之一句话,此人不是三叔,就是二大爷。只有戴不凡先生认为,是作者的自批。

我是非常同意戴不凡先生的观点的。因为明显得很,那秦氏托梦之事是作者编制出的一则神话寓言故事,就如同他编造补天未用之石被遗弃于大荒山之下一般。那些近在作者身边的批者,难道会看不出作者的这层意思吗?知道只有从荣华富贵场中走过来的人,如同作者雪芹那样,如同相国白潢后人自号松斋的那位白筠一样,在其家境颓废之后,才会感叹当初何不做出这两条补给子孙后事的应变措施来呢?这正是第二回书中说的:“身后有馀忘缩手,眼前无路想回头。”“身后有余”的人,亦正如批语中所说的“安富尊荣坐享人”等,是无论如何也想不出来的,岂是那个自己连个子女尚都未有、卧室里尽是那些豪华铺陈的秦氏所能想得出来的?退一步来说,就是凤姐当时真的听到有人说过此事,也必定不会当心和在意的。当时,贾府上下人等最为热衷的事,是如何趁着有权有势的机会,多多贪敛些钱财。托梦贾家二件后事之计,显然是曹雪芹在穷困于西郊没有多少祖产可以享用时才想到的;也正如同他境况相似的松斋在看到此一可行的百年大计时所发出的感叹:“语语见到,句句伤心,读此一段几不知此身为何物矣!”

那么,曹雪芹为什么要把为子孙后事绸缪得如此深远的谋划,赋予到秦氏身上呢?那是因为,作者在前几回书中已经在许多地方隐隐约约地点出,秦可卿已是一位跻身于神界中的人物,是太虚幻境警幻仙子的妹妹,是一个兼有鲜艳妩媚大似宝钗、袅娜风流又如黛玉的超等美人,是宝玉的性启蒙教化者和引路人。我们知道,曹雪芹已是约略地受到西方民主启蒙思想和人性解放与女权主义意识的影响,因而他早已把秦可卿视作为贾家的犹如雅典娜一般的守护神。同时,作为一个旗人后裔的他,也多少地受到满族萨满教文化的影响,把秦可卿又视作为有着神界“性自由”意识的萨满女神。萨满神当然是保护旗人家族的神祇,由她口中说出那两条为着绸缪子孙后事的计谋来,也自然是顺理成章的事了。

曹雪芹编造出来这则护家女神的故事,是无论哪个聪明的批者都不会看不出来的,都不会把作者自己的话当真认作是秦氏口中说出的。谁会因之而大讲什么“老朽因有魂托凤姐贾家后事二件”,“姑赦之”一类的荒唐话呢?况且,如果批者真的是贾家的嫡系亲属,凤姐的梦又没对人说过(正如批语中所说,“其事虽未漏”),他怎么会知道的?不知道有此梦、有此事,秦氏于贾家又何功之有呢?无立德、立功、立言之美,何以急着“因命”雪芹删去其淫丧天香楼的一段丑事呢?

而且,批者在开头还说:“秦可卿淫丧天香楼,作者史笔也。”他既然看过了有着更衣、遗簪的暴露无遗的原文,怎么又称其书为“史笔”呢?他作为一个读书人,必然知道史笔之文是任何人都无力下命令将其删去的!要知道,一部《红楼梦》字字都是血和泪,句句都是呕心沥血之作,作者怎么会因为旁人的一句话就把一大段有血有泪的文章删掉了呢?我国历史上所有秉史笔的人,上自“在齐太史简,在晋董狐笔”起,一直到明末的黄宗羲、顾炎武,有哪一个人肯于屈服人言而删去他认为必须书写上去的文字呢?而且他又发现婢女瑞珠撞柱而死死得好生奇怪,继而又批曰“补天香楼未删之文”。既然欲掩盖秦氏之丑,那怎么不命令芹溪删得干干净净,还有意让其露出这些漏洞呢?

惟一能把这些漏洞解释得清楚的,别无歧议的就是这条批语既不是别人批的,也不是别人注的,而是作者自己,是他自己欲掩而犹露的奇思妙计。

那么,作者为什么要半截腰插杠子,忽地自己冒出来用老朽名义写出这么一条批语呢?这看起来似乎是不大好理解,而实际上却是很好理解的。那是因为,这正是作者通常惯用的一种机智狡黠、能够瞒住人们眼目的写作手法。他本来是想要在这里写淫丧天香楼一段故事的,而且在第五回的金陵十二钗命运判词中也这么判定了的;但是写到这里却发现整个故事的篇章结构和发展脉络起了变化,前后情节串联起来已使文章走向产生另外一种趋势,再在这里写秦可卿因淫乱而死,便有些前后离辙和错榫,已经不太符合事物的发展逻辑了,当然,这也是小说布局结构的发展变化使然。如果不顾这种发展趋势和逻辑,硬要再那么样地写下去，必然是矛盾百出，前言不搭后语，让读者一眼就看出它的毛病来的。因为，在前两回书中已经大讲特讲秦可卿病得很重，连嫡亲祖公贾敬的寿庆都下不了床出来见客，凤姐等人都痛心不已地准备为她做后事呢。而后来书中竟也未见有一字说到她病情见好的话，怎地就突然拖着一个病入膏肓的身子奔上天香楼，不顾一切地与老公公私通呢？再者说了，她与贾珍乱伦，早已是阖府之内半公开的事，连门房仆人焦大都可在大庭广众之下随口地说，难道他们本人都会听不见吗？现在，怎地忽然被两个丫环撞见一下，就急着要上吊呢？那尤氏也是前后行事怪怪地，她逢人便夸奖秦可卿如何如何的好，说她儿子贾蓉再也找不到这样的好媳妇了，那时候，难道她就一点也没听见焦大等人的话吗？丝毫没有发觉一些蛛丝马迹吗？怎地如今一旦被丫环撞见，就把她气得周身是病、下不了地了呢？很明显，如果作者在这里再写淫丧天香楼一节，那就肯定与前后的铺垫完全不合辙，根基就靠不住，或者说立得不牢。照这样写下去，必然写得前后离辙，不能准确到位。正因为如此，作者才把那段“淫丧天香楼”删掉，而不是被那个自称为老朽的人一句话，一个命令，就把一大节的文章全抹掉了。事实上，也唯其是曹雪芹自己删去的，所以此回书并未见有四五页的短缺。再者说了，若真的因删去此节而有四五页短缺的话，作者也自会弥补的，不会让章回之间出现严重不堪的长短不齐现象。而事实上，作者这种自行修补弥合的痕迹，如果细心一点的话，人们还是可以看得出来的。

你看这一回书，前半回写得是多么的大起大落，大开大合，从敲响云板到合族出来吊祭灵堂，气势排场有多么大，走笔如同风云疾驰，雷雨骤鸣；而到了后半回贾珍去请凤姐过来帮助理事时，却又针脚细密（应该说，是过于细密）起来，用了许多铺陈的笔墨，过絮过烦地描写起来，把当说不当说的话都掰开揉碎地说出来。一句不落地把邢夫人、王夫人、凤姐、宝玉等人的心思和举动，都用工笔画的手法一一地描绘出来。甚至有些是牵强附会的言行，也附会上去。例如，贾珍正忧虑无人料理内务时，却由宝玉看出，并发问：“事事都算安贴了，大哥哥还愁什么？”并由他献计请凤姐过来。像这等事、这等话，能是宝玉这样一个大小事情全不过问的小孩子看得到、说得出的吗？可见，这是作者有意要抻长这段文字，用以弥补删去淫丧天香楼一段文字的空缺。

可能有人还要问，既然作者已将淫丧一段文字删得干干净净，短篇缺页之弊也弥补得严严实实的了，为什么还要用老朽的名义自行批注这么一段离奇的话呢？这不是要故意露出茬口吗？我说事情恐怕正是这样，作者正是有意地要露出这个茬口。他为什么要这样做呢？这也正是他的不同凡响的机智与狡黠。因为，他的原来布局结构已经安排得好好的，在结局命运个个皆都悲惨得很的金陵十二钗中，有她秦可卿这样一个因情孽过深而悬梁自尽的；其余的人，也都是各有各的不同命运的悲惨结局。其中，因病早逝的，已经有了贾元春、薛宝钗、王熙凤等人，如果再写秦可卿也是如此这般的命运结局，文章岂不是雷同重犯吗？而且，不是一犯再犯，而是三犯四犯了。那样，这金陵十二钗的命运判词还有什么看头？因此，他必须保留下悬梁自尽这样一个结局，正如同他要保留探春远嫁、惜春出家、妙玉遭劫等有着特殊遭际的悲惨结局。所以，他在这里一定要将这个结局表露出来，正像他将正册中的命运判词一字不改地保留下来一样；也像他在瑞珠撞柱而死的文章下面，自己注出"补天香楼未删之文"一样，就是要让人们知道，秦可卿是这么死的，不是那么死的，他的判词依然是准确无误的。他现在这么写，只是为了作些避讳，为了不伤亲友的嘱托，为了不损害秦可卿的美好形象，因此才将真事隐去，敷衍出一些假语村言出来，而不是因为文章的发展脉络已经起了变化，不得不这样改写的。

他是有意让读者多多地关注纸背文章，细细地品味那未言之言，未语之语。

这也许，正是戚蓼生为《石头记》作序时所说的"一声也而两歌，一手也而二牍"的绝妙之处。

第十四回

林如海灵返苏州郡　贾宝玉路谒北静王

此回破译出：秦可卿死时的年月　铁槛寺距馒头庵不远的寓意　秦可卿决非是已废太子胤礽的女儿

话说宁国府中都总管赖升闻知里面委请了凤姐，因传齐同事人等，说道："如今请了西府里琏二奶奶管理内事，倘或他来支取东西，或是说话，小心伺候才好。每日大家早来晚散，宁可辛苦这一个月，过后再歇息，别把老脸面扔了。那是个有名的烈货烈性子的人，泼辣货，脸酸心硬，一时恼了不认人的！"众人都道："说的是。"又有一个笑道："论理，我们里头也得他来整治整治，都忒不像了。"正说着，只见来旺媳妇拿了对牌来领呈文、经文榜纸呈文纸是指给上级写呈文的纸，因其中含有麻的成分，故称麻文纸；榜文纸是另一种较厚的布告纸，一般都写在木牌上和绢帛上，所以都叫作榜文纸。当时，凡是选官和取士都要发榜公之于众，就是写在这种榜文纸上的，因之考中的人常自称是榜上有名，或曰两榜进士，等等。此处，指的是僧、道们公之于宣讲坛上的祭告之文所用的纸，票上开着数目。众人连忙让坐倒茶，一面命人按数取纸。来旺抱着，同来旺媳妇一路来至仪门，方交与来旺媳妇自己抱进去了。

凤姐即命彩明钉造册簿，即时传了赖升媳妇，要家口花名册查看，又限明日一早传齐家人媳妇进府听差。大概点了一点数目单册，问了赖升媳妇几句话，便坐车回家。至次日卯正二刻卯时为五至七点，卯正是六点，便过来了。那宁国府中老婆媳妇早已到齐,只见凤姐和赖升媳妇分派众人执事,不敢擅入,在窗外打听。听见凤姐和赖升媳妇道:"既托了我,我就说不得要讨你们嫌了。我可比不得你们奶奶好性儿,诸事由得你们。再别说你们'这府里原是这么样'的话,如今可要依着我行。错我一点儿,管不得谁是有脸的,谁是没脸的,一例清白处治。"

说罢,便吩咐彩明念花名册,按名一个一个叫进来看视。一时看完,又吩咐道:"这二十个分作两班,一班十个,每日在内单管亲友来往倒茶,别的事不用管。这二十个也分作两班,每日单管本家亲戚茶饭,也不管别的事。这四十个人也分作两班,单在灵前上香、添油、挂幔、守灵、供饭、供茶、随起举哀丧家为了宣示死者人品德性好,孚众望,人们都为其逝去而哀恸,故而差遣奴婢或雇用专人助哭,凡有人来祭吊时便一起大号痛哭,号称"举哀",俗称"号丧",也不管别的事。这四个人专在内茶房收管杯碟茶器,要少了一件,四人分赔。这四个人单管酒饭器皿,少一件也是分赔。这八个人单管收祭礼。这八个单管各处灯油、蜡烛、纸札用成打的纸刻成的冥钱,曰纸扎。用彩纸扎成的牛马、车辆、人形等物,也称之为纸扎,我一总支了来,交给你们八个人,然后按我的数儿往各处分派。这二十个每日轮流各处上夜,照管门户,监察火烛,打扫地方。这下剩的按房分开,某人守某处,某处所有桌椅古玩起,至于痰盒掸子等物,一草一苗,或丢或坏,就问这看守的赔补。赖升家的每日揽总查看,或有偷懒的,赌钱吃酒打架拌嘴的,立刻拿了来回我。你要徇情,叫我查出来,三四辈子的老脸,就顾不成了。如今都有了定规,以后那一行乱了,只和那一行算帐。素日跟我的人,随身俱有钟表,不论大小事,都有一定的时刻。横竖你们上房里也有时辰钟:卯正二刻我来点卯;巳正巳为九点至十一点,巳正即十点吃早饭;凡有领牌回事,只在午初二刻午为十一点至一点,午初二刻即是十一点三十分;戌初戌为晚上五点至七点,戌初为五点烧过黄昏纸,我亲到各处查一遍,回来上夜的交明钥匙,第二日还是卯正二刻过来。说不得咱们大家辛苦这几日罢,事完了你们大爷自然赏你们。"

说毕,又吩咐按数发茶叶、油烛、鸡毛掸子、笤帚等物,一面又搬取家伙:桌围、椅搭、坐褥、毡席、痰盒、脚踏之类。一面交发,一面提笔登记,某人管某处,某人领物件,开的十分清楚。众人领了去,也都有了投奔,不似先时只拣便宜的做，剩下苦差没个招揽。各房中也不能趁乱迷失东西。便是人来客往，也都安静了，不比先前紊乱无头绪：一切偷安窃取等弊，一概都蠲了。

凤姐自己威重令行，心中十分得意。因见尤氏犯病，贾珍也过于悲哀，不大进饮食，自己每日从那府中熬了各样细粥，精美小菜，令人送过来。贾珍也另外吩咐每日送上等菜到抱厦内，单预备凤姐。凤姐不畏勤劳，天天按时刻过来，点卯理事，独在抱厦内起坐，不与众妯娌合群，便有女眷来往也不迎送。

这日乃五七正五日上是七天为一周的主祭正日子，那应佛僧是专门支应佛事的和尚，也被称作瑜伽僧和赴应僧、应赴僧、荫佛僧。过去，僧人皆着黑衣，故而说惜春是“缁衣顿改昔年妆”。而自明代以后，规定众僧衣着有别：禅僧衣褐，讲僧衣红，瑜伽僧衣葱白，这应佛僧即着葱白衣衫，与众僧不同正开方破狱书写符咒和诵念经文，为死者破解地狱之灾，传灯照亡于死者脚后面放置灯烛数盏，以为死者照明赴冥府的黑暗沉沉之路，参阎君指十殿阎罗王，拘都鬼拘传丰都城中的鬼卒，延请地藏王即地藏王菩萨。佛经中说，他受释迦牟尼的嘱咐，在释迦既灭、弥勒佛未生之前，现身六道，救度天上地下乃至地狱中的一切众生。众生都认为他像大地一样，深藏着无量的善根种子，故称为地藏王菩萨。中国的佛教中，将他与文殊、普贤、观世音一起，合称为四大菩萨。传说他显灵说法的道场，就在安徽九华山上。，开金桥，引幢幡皆是佛家为死者所举行的超度仪式。迷信传说，人死后鬼魂皆要经过奈河走向冥府，善人从金桥、银桥上走过，普通人从奈河桥上走过，恶人则从腥臭不堪的血水河中趟过。故而有钱人家都用纸扎成金桥银桥，在死后六十天时将纸桥焚烧，超度死者从金银桥上走过。同时，焚烧幢幡，为其在前边引路；那道士们正伏章申表，朝三清，叩玉帝三清，是道家所信奉的三位尊神：一是居于清微天玉清境的元始天尊（被称为玉清），一是居于禹余天上清境的灵宝天尊（被称为上清），一是居于大赤天太清境的道德天尊（被称为太清），合称三清，在《封神演义》中有“老子一气化三清”的说法。玉帝，即玉皇大帝，是天上众神祇中地位最高的神，相当于人世间的皇帝；神僧们行香，放焰口焰口，在佛经中是饿鬼之名。其身形枯瘦，口吐焰火，他曾对释迦牟尼身边的阿难说：“劫后三日汝命尽，将在恶鬼中。”阿难问其解脱之法，饿鬼曰：“汝明日为我等百千饿鬼各施一斛食，且为我供奉三宝，则汝得增寿，我得升天”，故而以后作佛事时，皆施舍食物，供奉三宝等物，名之曰“放焰口”。拜水忏水忏，是佛教的经文之一。据说，唐代的悟达法师遇见一异僧用水为他洗好脸上的疮,他为报恩,作了此一《水忏经》,宣扬善恶因果报应之道,并发愿虔信佛法,努力修行;又有十二众青年尼僧,搭绣衣,靸红鞋,在灵前默诵接引诸咒接引咒,是指引死者到西方极乐世界里去的咒语,十分热闹。

那凤姐知道今日的客不少,寅正寅为三点至五点,寅正即四点整便起来梳洗。及收拾完备,更衣盥手,喝了几口奶子,漱口已毕,正是卯正二刻了。来旺媳妇率领众人伺候已久。凤姐出至厅前,上了车,前面一对明角灯长条形大灯笼,可悬于殿角飞檐,亦可提举于车轿之前以引路,上写"荣国府"三个大字。来至宁府大门首,门灯朗挂,两边一色绰灯也有写作"戳灯"与"矗灯"的,是一种带有长把、底座直立可以随时移动的灯,照如白昼,白汪汪穿孝家人两行侍立。请车至正门上,小厮退去,众媳妇上来揭起车帘,凤姐下了车,一手扶着丰儿,两个媳妇执着手把灯照着,簇拥凤姐进来。宁府诸媳妇迎着请安。

凤姐款步入会芳园中登仙阁灵前,一见棺材,那眼泪恰似断线之珠,滚将下来详解请见【破译一】。院中多少小厮垂手侍立,伺候烧纸。凤姐吩咐一声:"供茶烧纸!"只听一棒锣鸣,诸乐齐奏,早有人请过一张大圈椅来,放在灵前。凤姐坐下,放声大哭,于是里外上下男女接声嚎哭。

贾珍、尤氏忙令人劝止,凤姐才止住了哭。来旺媳妇倒茶漱口毕,方起身,别了族中诸人,自入抱厦来,按名查点。各项人数,俱已到齐,只有迎送亲友上的一人未到,即令传来。那人惶恐,凤姐冷笑道:"原来是你误了!你比他们有体面,所以不听我的话!"那人回道:"奴才天天都来的早,只有今儿来迟了一步,求奶奶饶过初次。"正说着,只见荣国府中的王兴媳妇来了,往里探头儿。

凤姐且不发放这人这是她拿作的一种方法。本应发放那个迟到的人,但她偏不发放,有意穿插荣府许多家人回话的事儿,让他更加提心吊胆却问:"王兴媳妇来作什么?"王兴家的近前说:"领牌取线,打车轿网络用线编织出的一种网罩,悬挂在车轿的门窗之处,作为罩帘和装饰物。"说着将帖儿递上,凤姐令彩明念道:"大轿两顶,小轿四顶,车四辆,共用大小络子若干根,每根用珠儿线若干斤。"凤姐听了数目相合,便命彩明登记,取荣国府对牌发下,王兴家的去了。

凤姐方欲说话,只见荣国府的四个执事人进来,都是支取东西领牌的，凤姐命他们要了帖念过，听了一共四件，因指两件道：“这个开销错了，再算清了来领。”说着将帖子摔下来。他二人扫兴而去。

凤姐因见张材家的在旁，便问：“你有什么事？”张材家的忙取帖子回道：“就是方才车轿围子做成，领取裁缝工银若干两。”凤姐听了，收了帖子，命彩明登记；待王兴交过，得了买办的回押相符，然后与张材家的去领。一面又命念那一件，是为宝玉外书房完竣，支领买纸料糊裱，凤姐听了，即命收帖儿登记。待张材家的缴清，又发与这人发放那个迟到之人去了，凤姐便说道：“明儿他也来迟了，后儿我也来迟了，将来都没有人了。本来要饶你，只是我头一次宽了，下次就难管别人了，不如开发了好。”登时放下脸来，叫：“带出去打他二十板子！”众人见凤姐动怒，不敢怠慢，拉出去照数打了，进来回覆。凤姐又掷下宁府对牌：“说与赖升，革他一个月的钱粮。”吩咐：“散了罢！”众人方各自办事去了，那被打的也含羞饮泣而去。彼时荣宁两处领牌交牌人往来不绝，凤姐又一一开发了。于是宁府中人才知凤姐利害，自此俱各兢兢业业，不敢偷安，不在话下。

如今且说宝玉因见人众，恐秦钟受委曲，遂同他往凤姐处坐坐。凤姐正吃饭，见他们来了，笑道：“好长腿子，快上来罢。”宝玉道：“我们偏了。”凤姐道：“在这边外头吃的，还是那边吃的？”宝玉道：“同那些浑人在宝玉看来，这里自然都是些“浊臭逼人”的臭男人吃什么！还是那边跟着老太太吃了来的。”说着，一面归坐。

凤姐饭毕，就有宁府一个媳妇来领牌，为支取香灯，凤姐笑道：“我算着你今儿该来支取，想是忘了。要终久忘了，自然是你包出来，都便宜了我。”那媳妇笑道：“何尝不是忘了，方才想起来，再迟一步也领不成了。”说毕，领牌而去。

一时登记交牌，秦钟因笑道：“你们两府里都是这牌，倘别人私造一个，支了银子去，怎么好？”凤姐笑道：“依你说，都没王法了！”宝玉因道：“怎么咱们家没人来领牌子支东西？”凤姐道：“他们来领的时候，你还做梦呢。我且问你，你们多早晚才念夜书呢？”宝玉道：“巴不得今日就念才好。只是他们不快给收拾书房，也是没法儿。”凤姐笑道：“你请我请儿，包管就快了。”宝玉道：“你也不中用，他们该做到那里的时候，自然有了。”凤姐道:“就是他们做也得要东西,搁不住我不给对牌,是难的。”宝玉听说,便猴向凤姐身上立刻要牌,说:“好姐姐,给他们牌,好支东西去收拾。”凤姐道:“我乏的身上生疼,还搁的住你这么揉搓?你放心罢,今儿才领了裱糊纸去了,他们该要的还等叫去呢,可不傻了?”宝玉不信,凤姐便叫彩明查册子给他看。

正闹着,人来回:“苏州去的昭儿来了又是“笙箫夹鼓”笔法。”凤姐急命叫进来。昭儿打千儿请安。凤姐便问:“回来做什么?”昭儿道:“二爷打发回来的。林姑老爷是九月初三巳时没的。二爷带了林姑娘同送林姑老爷的灵到苏州,大约赶年底回来。二爷打发奴才来报个信儿请安,讨老太太的示下。还瞧瞧奶奶家里好,叫把大毛衣裳带几件去。”凤姐道:“你见过别人了没有?”昭儿道:“都见过了。”说毕,连忙退出。凤姐向宝玉笑道:“你林妹妹可在咱们家住长了。”宝玉道:“了不得,想来这几日他不知哭的怎么样呢深知黛玉是个爱哭的人,那是一个一生要以泪还债的人!”说着蹙眉长叹。

凤姐见昭儿回来,因当着人不及细问贾琏,心中七上八下,待要回去,奈事未毕,少不得耐到晚上回来,又叫进昭儿来,细问一路平安。连夜打点大毛衣服,和平儿亲自检点收拾,再细细追想所需何物,一并包裹交给昭儿。又细细儿的吩咐昭儿:“在外好生小心些伏侍,别惹你二爷生气。时常劝他少喝酒,别勾引他认得混账女人。我知道了,回来打折了你的腿!”昭儿笑着答应出去。那时天已四更,睡下,不觉早又天明,忙梳洗过宁府来。

那贾珍因见发引灵柩出门,称作为“出殡”,也叫“发引”日近,亲自坐车,带了阴阳生,往铁槛寺详解请见【破译二】来踏看寄灵之所。又一一嘱咐住持亦称方丈,是寺院中的负责人,为久住寺庙护持佛法的意思。《圆觉经》上说:“一切如来,光严住持”色空,好生预备新鲜陈设,多请名僧,以备接灵使用。色空忙备晚斋。贾珍也无心茶饭,因天晚不及进城,就在净室胡乱歇了一夜。次日一早,赶忙的进城来料理出殡之事,一面又派人先往铁槛寺,连夜另外修饰停灵之处,并厨茶等项,接灵人口。

凤姐见发引日期在迩,也预先逐细分派料理,一面又派荣府中车轿人从跟王夫人送殡,又顾自己送殡去占下处。目今正值缮国公诰命亡故，邢王二夫人又去吊祭送殡；西安郡妃华诞，送寿礼；又有胞兄王仁首次提到凤姐之兄王仁之名连家眷回南，一面写家信并带往之物；又兼迎春染疾，每日请医服药，看医生的启帖，讲论症源，斟酌药案。各事冗杂，亦难尽述，因此忙的凤姐茶饭无心，坐卧不宁。到了宁府里，这边荣府的人跟着；回到荣府里，那边宁府的人又跟着。凤姐虽然如此之忙，只因素性好胜，惟恐落人褒贬，故费尽精神，筹划的十分整齐，于是合族中上下无不称叹。

这日伴宿出殡的前一日，称作“伴宿”，又叫“坐夜”之夕，亲朋满座，尤氏犹卧于内室，一切张罗款待，都是凤姐一人周全承应。合族中虽有许多妯娌，也有言语钝拙的，也有举止轻浮的，也有羞口羞脚不惯见人的，也有惧贵怯官的，越显得凤姐洒爽风流，典则俊雅，真是“万绿丛中一点红”了，那里还把众人放在眼里？挥霍指示，任其所为。那一夜中灯明火彩，客送官迎，百般热闹自不用说。至天明吉时，一般六十四名青衣此处青衣，指抬灵柩的舁夫。清人福格的《听雨丛谈》中说：“京师丧舆，或舁夫八十人、六十四人、四十八人、三十二人、十六人，各视其位及称家之有无也。”贾珍为显摆其阔气，用了几近最高的人数请灵，前面铭旌上大书：“诰封一等宁国公家孙妇防护内廷紫禁道御前侍卫龙禁尉享强寿享强寿，指强壮之年死亡，也称“强死”，暗含不病而亡之意。《左传·昭公七年》有语曰：“匹夫匹妇强死，其魂魄犹能依于人”贾门秦氏宜人即夫人之灵柩。”一应执事陈设，皆系现赶新做出来的，一色光彩夺目。宝珠自行未嫁女之礼，摔丧驾灵执着灵幡，手扶着灵车之辕，十分哀苦。

那时官客送殡的，有镇国公牛清之孙现袭一等伯牛继宗，理国公柳彪之孙现袭一等子柳芳，齐国公陈翼之孙世袭三品威镇将军陈瑞文，治国公马魁之孙世袭三品威远将军马尚德，修国公侯晓明之孙世袭一等子侯孝康，缮国公诰命亡故，其孙石光珠守孝不得来，这六家与荣宁二家，当日所称“八公”的便是。

余者更有南安郡王之孙，西宁郡王之孙，忠靖侯史鼎，平原侯之孙世袭二等男蒋子宁，定城侯之孙世袭二等男兼京营游击谢鲲，襄阳侯之孙世袭二等男戚建辉，景田侯之孙五城兵马司裘良。馀者锦乡伯公子韩奇、神武将军公子冯紫英、陈也俊、卫若兰这里点出卫若兰之名，有的红学家认为，此人有射圃获得金麒麟的佚文，是史湘云的丈夫等，诸王孙公子，不可枚数。堂客也共有十来顶大轿，三四十顶小轿，连家下大小轿子车辆，不下百十余乘。连前面各色执事陈设接连一带，摆了有三四里远。

走不多时，路上彩棚高搭，设席张筵，和音奏乐，俱是各家路祭古时，大户人家出殡，有钱的亲友常在灵车经过的路旁设置灵棚，摆设祭奠之物，称之为"路祭"或"道祭"。祭奠的人遥见灵车来了，便焚香烧纸，洒酒酹茶进行拜祭。灵车来了在祭棚前少驻，接受祭拜：第一棚是东平郡王府的祭，第二棚是南安郡王的祭，第三棚是西宁郡王的祭，第四棚便是北静郡王的祭。原来这四王，当日惟北静王功最高，及今子孙犹袭王爵。现今北静王世荣甲戌、庚辰等诸本皆写作为水溶，独到程高本时改成世荣，显而易见，高鹗是有意回避乾隆的皇六子永瑢之名。水溶与永瑢的字体与读音都太相近了年未弱冠，生得美秀异常，性情谦和乾隆的皇六子，名叫永瑢，年轻时，与其弟皇八子永璇皆都风流倜傥，放荡不羁。据传，乾隆曾不放心永璇，私幸其官，在其家中搜出《红楼梦》一部，携回去细细阅读，认为无大碍处，详解请见【破译三】，近闻宁国府冢孙妇告殂，因想当日彼此祖父有相与之情，同难同荣，因此不以王位自居，前日也曾探丧吊祭，如今又设了路奠，命麾下的各官在此伺候。自己五更入朝，公事一毕，便换了素服，坐着大轿，鸣锣张伞而来，到了棚前落轿，手下各官两旁拥侍，军民人众不得往还。

一时只见宁府大殡浩浩荡荡，压地银山一般从北而至。早有宁府开路传事人报与贾珍，贾珍急命前面执事扎住，同贾赦贾政三人连忙迎上来，以国礼相见。北静王轿内欠身，含笑答礼，仍以世交称呼接待，并不自大。贾珍道："犬妇之丧，累蒙郡驾下临，荫生指因祖先有功于朝廷而得到皇上恩赐的人辈何以克当。"北静王笑道："世交至谊，何出此言。"遂回头令长府官主祭代奠。贾赦等一旁还礼，复亲身来谢详解请见【破译四】。

北静王十分谦逊。因问贾政道："那一位是衔玉而诞者？久欲一见为快，今日一定在此，何不请来？"贾政忙退下来，命宝玉更衣，领他前来谒见。那宝玉素闻北静王的贤德，且才貌俱全，风流跌宕，不为官俗国体所缚，每思相会，只是父亲拘束，不克如愿。今见反来叫他，自是喜欢。一面走，一面瞥见那北静王坐在轿内，好个仪表。不知近前又是怎样，且听下回分解。

破译详解

①破译一：秦可卿死在哪年哪月、什么时候，书中没有交待，但我可以断定：是在贾瑞病死的那年冬天，甚至还可以进一步明确地说，是在那一年的冬至前后。

为什么说是冬天呢？你看这回书里写的，凤姐是卯正二刻，亦即六点三十分来到宁国府的，一路上有明角灯照亮，宁府门前又是“门灯朗挂，两边一色绰灯，照如白昼”。如果不是冬至前后，哪有六点半钟天还未亮呢？还有，贾琏派昭儿回来讨要冬衣，说是林姑老爷是九月初三日死的，“大约赶年底就回来”，“叫把大毛衣裳带几件去。”第三，宝玉住在馒头庵里，第二天贾母、王夫人便打发了人来看宝玉，“命多穿两件衣服”，这不，都是冬季里的事吗？

为什么说，秦氏是死在冬至前后呢？因为在第十一回书中写到秦氏患病时，有一句特别的关照，说：“这年正是十一月三十日冬至。”前面破译时我已指出，细查《万年历》中，十一月三十日是冬至的，极少极少，从秦始皇直到清末，总共才出现二十五次，在曹雪芹生年的前后，都没有这个巧遇。那么，他为什么要在贾母等人要去看可卿之病时，添上这么一句不着边际的话呢？不是作者明明就在暗示：秦氏是病在这个大晦的日子里；而其死，也将是在这个大晦的日子里吗？

那么，为什么说她是死在贾瑞死去的那一年呢？因为，在为贾瑞办过丧事之后，紧接着便是一笔：“谁知这年冬底，林如海因为身染重疾，写书来特接黛玉回去。”当下里，贾琏便与黛玉辞别了贾母“登舟往扬州去了”。这一去顶多也就是半年多一点的时间，王熙凤是在为秦氏操办丧事的时候，听到昭儿来讨大毛衣裳的信的。这不就等于说，秦氏是死在贾琏南下的当年吗？

不过，这里有作者的一时笔误，把春末写成了“冬底”。假如说，贾琏他们是在年底时走的，天气寒冷必然带着冬衣，便不会又打发人回来讨取。而且从书中叙说凤姐独居无趣，每天只和平儿胡乱地睡去样子，也不是一年以上的时光。就在云板报丧的当天晚上，她还和平儿灯下拥炉，“屈指计算行程该到何处”呢。从而可以肯定地说，贾琏他们离家的时间不是太久太久。

② 破译二： 铁槛寺是荣、宁两府私家修建的寺庙，以备在京中故去的人停放灵柩之用。书中已经提到贾瑞停灵于此，后来故去的林黛玉、贾母、王熙凤、鸳鸯等人的灵柩也都厝于此处。“铁槛”二字又称铁限，此一词语最初见之于唐人李绰所著的《尚书故实》一文中：“右军孙智永禅师……住吴兴永福寺，积年学书，秃笔数十瓮，每瓮皆数石。人来觅书并请题头者如市，所居户限为之穿穴，用铁叶裹之，人谓为铁门限。”到了明代，朝廷向家中建有大厅的富户人家，征收“门槛税”，世人因而称这些大户豪门为“门槛人家”。荣、宁二公当年修建此寺时取铁槛之名，就是含寓门槛人家这层意思。但曹雪芹著书《红楼梦》时，将它与下一回书中讲到的馒头庵并提，并作为回目的标题：“王凤姐弄权铁槛寺，秦鲸卿得趣馒头庵”，则完全取了另外一层含意。那是什么含意呢？

原来，早在唐代就有位诗人名叫王梵志者，曾经专门写诗嘲讽那些用铁打门槛以作为护防的“门槛人家”，说：“世无百年人，强作千年调。打铁作门限，鬼见拍手笑。”到了南宋时候，著名田园派诗人范成大的一首诗《重九日行营寿藏之地》，则更是非常生动而达观地道出了人生苦短、寿命难祈的感慨。那一首诗是写得非常的好：

家山随处可行楸，荷锸携壶似醉刘。
纵有千年铁门限，终须一个土馒头。
三轮世界犹灰劫，四大形骸强首丘。
蝼蚁乌鸢何厚薄，临风拊掌菊门秋。

自从此诗出来之后，世人中间便流传着“纵有千年铁门限，终须一个土馒头”的俗语。土馒头，指的是坟头。意思是说，富贵人家就是用铁叶子把门槛包裹起来，也挡不住最终走进土馒头里去的结局！曹雪芹在书中将两个相邻的寺庙和尼庵，用铁槛寺和馒头庵命名，是将范成大的诗意更加丰富、形象地表达出来。

而凤姐在铁槛寺里作威作福、贪敛钱财，亦犹如用生铁，甚至用黄金来铸造门限一般，最终，也还是要走进土馒头里去的。至于秦钟在馒头庵里与智能儿因为淫乐过度而丧生短命，亦正是他在一步步自行走进土馒头里去的见证。

③ 破译三：乾隆二十三年(1758)，慎靖郡王卒，乾隆皇帝便于二十四年(1759)将自己的皇六子永瑢过继给他为嗣，先是封为贝勒，后来承袭其位为郡王。书里面用了个“北静王”之名，正与慎靖郡王的“靖”字暗合。永瑢曾经长期掌管内务府，曹家几代人，或直接任差内务府，或为内务府外放官员，如苏州、江宁织造等等，故而与永瑢往来最为密切。考察年龄，他与曹雪芹大小相仿，同为少年风流倜傥之际，性情相投，亦是必然。

另外详考，这位慎靖郡王，即康熙皇帝的第二十一子，号称紫琼道人，或紫琼崖居士。郑板桥的《随猎诗草、花间堂诗草跋》中，说他是：“其胸中无一点富贵气，故笔下无一点尘埃气。专与山林隐逸、破屋寒儒争一篇一句一字之短长，是其虚心善下处，即是其辣手不肯让人处。”

“主人有三绝，曰画、曰诗、曰字。世人皆谓诗高于画，燮独谓画高于诗，诗高于字。盖诗、字之妙，如不云之月，带露之花，百岁老人，三尺童子，无不爱玩。至其画，则荒河乱石，盲风怪雨，惊雷掣电，吾不知之，主人亦不自知也。世人读其诗，更读其画，则不知足之蹈之，手之舞之。”可见，这一北静王父子，皆是洗尽官气，绝顶风流之人物。

④ 破译四：秦可卿这一场越规越矩的超豪华丧事，引得新近一些红学家们(不止是刘心武一人)，做足了诸般丰富多彩的纸背文章，其成果已经远远地超出了脂评本上所提示的“淫丧天香楼”一桩风流韵事，而是政治性很强很强的推想，甚而大胆地把秦可卿设想成为已废太子胤礽(即允礽)的女儿，皇室之中最嫡系的大格格、大公主。

当然，书中对于秦氏身份的描述确实有着许多不可解释的疑点，至今仍让人们糊里糊涂，恍似一团谜。例如，一个薄宦寒儒秦邦业从养生堂里抱出来的孩子，何以有这等的灵敏慧聪，能够先贾府中任何人看出花团锦簇的豪华尽头是颓败，看到“千里搭凉棚，没有不散的筵席”，看到“三春去后诸芳尽，各自须寻各自门”，从而预先为子孙们设计出后事两桩。尽管这些想法可能都是身世凄凉后作者的自发感叹，但他将此大彻大悟的感念赋予这样一个女人身上（而不是那些聪慧绝顶的黛玉、宝钗、探春等人身上），便是一个最大的谜团。其次，何以她这么一个家庭出身的女子，一进到贾府没两年，就讨得上下人等各个阶层的人皆都喜欢与尊重；合宅之中，连最有权威的贾母，也将她视作“重孙媳中第一个得意之人”？而婆婆尤氏说得更是那个，说她是“只怕打着灯笼儿也没处找去呢”的可人儿，告诉她儿子贾蓉说，她如果有个三长两短，“你再要娶这么一个媳妇儿”，是门也没有的！王熙凤是何等神通广大的人，而对她也要格外地敬重三分，亲近三分。至于她的丧事，就更是让人犯疑。就其豪华与排场的程度来说，远远超过原是贾府族长，承袭过三品威烈将军爵号的贾敬之丧事。尽管其中虽然有贾珍因抵补感情上的亏欠而肆意挥霍一番意思在内，但诸多行事也太越格了，连老忠义王千岁准备用的樯木棺材板也敢冒犯规制让她寝用（贾政知道此事大大犯禁，提出阻拦，但也只是阻挡一下而已），出殡时竟然惊动了京城中最有权势的东南西北四大郡王和开国时所封的八大公爵之家，送殡的送殡，路祭的路祭，不亚于皇家的国殇。而贾府之中，自从听到四声云板之响后，合族之中上起代字辈的代儒、代修，文字辈的贾赦、贾政，下至草字辈的贾芸、贾蓝，一时间全都在灵前到齐了，个个“哭的泪人一般”。而那北静王更是非同一般，“前日也曾探丧吊祭，如今又设了路奠”。他“自己五更入朝，公事一毕，便换了素服，坐着大轿，鸣锣张伞而来”。而更令人不可思议的是，赫赫的北静王竟然敬称秦氏“逝者已登仙界，非你我碌碌尘寰中人”，“小王虽上叨天恩，虚邀郡袭，岂可越仙辆而进呢？”难道连一个王爷，还不如一个花钱讨封的龙禁尉媳妇吗？虽然死者为大，但这里也太为越格了。

正因为有这许多难解之谜，创建“秦学”的人们才提出一个大胆的设想，说这个秦氏绝不是出身于普通官宦人家，更不是像秦邦业那样的薄宦寒儒之门，而必定是个大有来头的人家。他们把这个大有来头，一下子便锁定到已废太子（即书中所写的那位已坏了事的忠义亲王老千岁）胤礽的女儿身上。这也许正符合胡适先生当年的“大胆假设，小心求证”的创意思想，无疑是很勇敢的，大胆的。但是在求证方面，虽然也做了许多很有力的论证，但总觉得其论点论据，还不够有力，还不能够令人心服口服。

首先，任何史书上都没有记载（哪怕是民间传说也好），说胤礽有过一个女儿，更不要说是将其私匿民间，存放到育婴堂里去了。因此，这个立论的根基便没有落定夯实。当然，像这一类的大事情，在雍、乾时代也可能是封杀得很紧的，尽量地不使它在文字上留下什么痕迹。不过，这也只能是一种可能，另外的可能还有很多。从历史上看，宫廷中的任何大事小情，像盛传雍正“私改传位遗诏”这样讳莫如深的事，外面仍有种种传闻不绝；而对于已废太子私匿一个女儿于民间（如同传说中的吕留良在满门抄斩时，独独放走了一个女儿吕四娘一样），民间总该会有些传闻之类的话。遗憾的是，直至清室寿终正寝，也没见有一点踪影流传出来。而今已经到了二十一世纪了，由我们现代人根据一些疑窦而创立出来的这一假设，恐怕就更有些过于牵强附会，过于玄而又玄，简直是太不可思议的了！

我们不妨仔细地追索一下当时的历史背景，尽力地去探求一下它的发生之可能性。如果说，书中的贾家是以江宁织造曹家为背景的话，那么，三世四任织造当中，只有曹寅是适当其年的。其父曹玺其时过早（已于康熙二十三年（1684）去世），那时太子胤礽正在少年初立之时，谈不上废与不废之事。而曹寅的子侄曹颙、曹頫接任江宁织造时，年纪过轻，如同康熙帝所称的“黄口无知”之辈，恐怕是既无胆量又无魄力敢做此等祸及满门的大事的。他们不会没有听说过，在康熙三十六年（1697）九月，御膳房里的人花喇、额楚、哈哈珠子德住与茶房人雅头等人，仅仅因为常往太子处走动，便被个个处死，仅留下额楚一人得免，仍着交其父英赫紫给圈禁在家中（等于软禁）。他们都是包衣，包衣系皇家奴才，与主子交往甚密便认为是越规越制，可以不审而处以死刑。曹家亦系包衣，这些前车之鉴，他们能不耳熟能详吗？

至于说到曹寅，因为他是康熙皇帝的伴读又多年外放江南一带任要职，执掌着织造与盐政等重要差事，自然也与其他的包衣有所不同。他有六次扈从康熙南巡，并四次在织造署里接待圣驾，而太子胤礽也在六次南巡中随从左右，故而他们两人应当说，来往过从较之他人都要频繁和密切的。当时，曹寅却也拿出大把大把的银子供太子骄奢淫逸、花天酒地地挥霍过。康熙对于此事不是没有察觉过，也是几次下令禁止过。早在太子被废的前一年，康熙就曾下令皇八子胤禩协同内务府总管赫奕等人，核查审计过太子从江南几个织造署里拿了多少银子。他们曾经向曹寅的家人黑子等人查问，已知道康熙四十四年时候，胤礽派人一次拿走了白银二万两，四十六年又拿走了二万两，都交给太子的乳母之夫凌普了。那一年，太子还专门派人去江宁织造署里另外地取走了一万两银子，从而使织造署成了太子的私人银行和小金库。不仅如此，曹寅还要代太子支付雇募的戏子、工匠等人的费用二千九百多两。再往细察，胤礽还向苏州织造李煦家（即贾母的娘家）刮钱，已于康熙四十五年（1706）、四十六年先后两次拿走白银三万两，另有支付戏子、工匠等费用二千八百五十多两。合计起来，太子在这三四年的时间内，即向曹、李两家取走银子八万五千七百六十两，而代为支付的更多的戏子、工匠等费用还不计算在内。

此事对于曹寅来说，无异于哑巴吃黄莲，有苦难述出。这么多的银子，都是哪里来的呢？还不是他从织造署与两淮盐政任上挪用过来的公款。这些亏空都记在他的账上，要靠他以后的多收少支来弥补上。弥补不上，就挂在他的名下，即使他不做此官了，那任上的亏空缺欠也是白纸黑字，有字据在案的。朝廷不去追究，也就罢了；一旦追究下来，就是一大罪状，到什么时候都是推脱不掉责任的。曹寅是何等聪明的人，他心目中是早已深知其中利害的。例如，当他在一接手任两淮盐政之职时，就查出他的前任曾经伙同总督阿山等人亏空了公款八十余万两之事，本欲纠缉此案，又自知"臣系家奴，何敢效外官支吾了事"，于是他就将这巨额亏空，奏禀了皇帝，想靠皇帝之力，追回这个漏洞。但是，想不到康熙竟然世故圆滑得很，下密诏告诉曹寅，这等事只能是睁一眼闭一眼，多一事不如少一事，因为"此一款去不得！必深得罪于督、抚。银数无多，何苦积害"！告诉他："生一事不如省一事！只管为目前之计，恐后尾大难收，遗累后人，亦非久远可行，再留心细议。"

康熙那是为着爱护他的亲臣，告诉他这股腐朽贪枉之风原是根深蒂固的，而且又是紧密勾连，盘根错节的，你动他一处，就触动了另外许多处；你惩治一家，就惹恼了许多家。他们今日被你追了赃，伏了法；他日里，有关连的他处和他家，必然会勾结起来对你进行报复。康熙这时已经是暮年，不是少年天子有志改革百弊之时，他的许多行事，多多少少总是为着日后子子孙孙们计算着的。他与曹寅是总角之交，虽然主奴的身份地位是不可更移的，但他对于曹寅是有着深厚感情的。他总是根据自己丰富的政治阅历，悉心地关怀呵护与耐心指导曹寅和李煦等亲臣，要他们多为日后着想。因之，在他下达的密旨中多有"小心，小心""多为日后想"的批示。

曹寅对于太子胤礽，是一向没有什么好印象的。因为，在康熙六次南巡中，曹寅早就看到胤礽与总督阿山等人勾结，假借迎接圣驾为名，多方地进行贪敛暴取，从中为自己捞取了厚厚的私利。而曹寅又一向为官清廉，多与江南诸多清流名士交往，素有文人禀赋之正直清高的气节，对于太子与阿山等人的所作所为，甚是看不顺眼的。即以康熙四十四年那次南巡之行来说吧，当时总督阿山便召集江苏众官商议，要在地丁税上加收三分，用以盖建豪华行宫。众官怕事，俱都唯唯诺诺，惟独江宁知府陈鹏年当面陈词予以反对。此事惹恼了阿山，等圣驾由龙潭来到江宁时，因为行宫草创，设备简陋，康熙微有愠色，太子便与阿山等人借机参奏陈鹏年，非要将其斩首弃市不可。曹寅与陈鹏年过往并不密切，平素里也有些"互不相中"之处，但他知道陈鹏年是个清官，便在康熙面前极力求免。他摘下了冠冕，叩头于阶前，以至于前额磕得血流不止。他的妻兄李煦怕他因此而引起圣怒，一旦怪罪下来也会因之而牵连受刑的，于是便在身后悄悄地拽他衣襟，让他适可而止，曹寅生气地斥责说："你这是干什么呢？为臣的因直谏而死，有何不可？"说过，又叩头不止，台阶为之吭吭作响。康熙深受感动，便将此事暂时搁置下来。后来适值致政大学士、太子师傅张英来到江宁，康熙向他询问陈鹏年之事，张英极力称道陈鹏年为人之正，为官之贤，皇上这才找来太子问他："你的师傅都说陈鹏年是个好官，你为什么非要杀害他？"太子无言以对，这才把陈鹏年放了。

此事感动了朝野，人人都称颂曹寅有汉代谏臣朱云折槛冒死敢谏的忠贞，江宁人争着要为他建造生祠来纪念他。而曹寅与太子之间，有过这样一场龌龊的过往，两人还能够互相信任和推心置腹吗？太子还会在犯了事之后将私匿下来的一个女儿托给曹寅收养吗？从曹寅方面来说，当年因为胤礽的太子地位在那儿，不敢得罪他，只好忍辱负重，忍气吞声，痛割自身之肉将几万两银子一次次地送到太子那里去。而又因为从盐政挪用公款之事，朝臣多有弹劾之奏，只是康熙有意地给压下来，暗中为他挡驾，才没受到惩治，但这遗患是没法勾掉的。对于这一点，康熙和曹寅心里都很明白，所以康熙总是下密诏要他赶紧把亏空之数给想法子补上。

康熙四十七年（1708）胤礽因秋狩中帐外窥探之事暴露，惹得康熙盛怒，声色俱厉地斥说胤礽诸种罪状，最后下诏将其太子之位废弃，贬为庶人。而在康熙所怒斥的诸种罪状中，就有这么一条："僇辱在廷诸王、贝勒大臣官员……如平郡王纳尔素、贝勒海善、公普奇等，俱被伊殴打。"

也许有人还不曾注意到，这平郡王纳尔素（亦有写成纳尔苏的），不是别人，正是曹寅长女曹佳氏的丈夫。几个月之前，曹佳氏还因生下世子福彭，受到康熙的颁谕嘉奖，说："平郡王得了儿子，朕甚喜欢，总管同凌普议送东西去"。按照相关奏折得知，皇上果然命人送去了金银缎匹、鞍马摇车等物。三朝洗浴之时，还有一个重十两的珐瑯银麒麟送过去。现在太子竟然肆意辱打鞭挞曹寅的爱婿平郡王纳尔素，很难设想，此时此刻曹寅还会冒着天大风险来私匿下已废太子的一个女儿？除了他自己也是一个寡廉鲜耻的人之外，无论是谁也不会干这种既缺德而又冒险的事来的！根据曹寅素日里的为人行事，他万万不是那种贪权买势、甘愿受人凌辱还要俯下身去让胤礽骑到身上任意驱策，冀图他日胤礽还有复辟之望时能够再捞上一点政治资本的下流无耻小人。

由于几个月后，诸皇子争夺皇位的斗争愈演愈烈，他们多方纠结党羽，互相攻讦，手段极其龌龊狡黠，引起康熙强烈的反感情绪，于是，康熙于四十八年三月又复立胤礽为太子。在这段时间内，太子的智囊人物多已看出这种趋势，因而此时胤礽也未必就急着将自己亲生女儿匿藏出去。

正如人们所常说的那样，“虎毒不食子”，一向在克敌制胜方面手段高明、行动雷厉的康熙，在面临诸子夺嫡的激战中，一时间竟然也显得心软力疲、束手无策起来，乃至于无可奈何地求助于曹寅、李煦等亲臣。在四十八年(1709)十月二日，他在李煦请安的奏折上竟然批示了下面一段话：“朕体安。近日闻南方有许多闲言，无中作有，议论大小事。朕无可以托人打听，尔等受恩深重，但有所闻，可以亲手书折奏闻方好。此话断不可叫人知道。若有人知，尔即招祸矣！”因为他已深知，诸皇子皆有心腹党羽，分布于四面八方，制造民意，鼓吹舆论，勾结地方大员，好为自己夺嫡铺平道路。康熙早已查到了这一点，为了洞知这些野心勃勃的诸皇子动向，只好将重任托付给他的这几位亲臣、老心腹了，而且他也深知此事的危害性有多大，曹、李等人不管伤害了哪位皇子，其后患皆都是无穷的。这事，当康熙在世时自然好说，但他一旦不在世，不管是哪位新登基了的皇子，都不会饶了他们及其子孙后代的。故而，一再地嘱咐他们要小心行事。

不过，曹寅、李煦二人，倒是绝对效忠于康熙的，他们是明知此事有着无穷的祸患，也要为康熙卖命的。所以，李煦接到朱批后不久，就奏上一条：“臣闻原任户部尚书王鸿绪，今岁解职回家之后，每月必差家人进京，至伊兄都察院王九龄处探听宫禁之事，无中作有，摇惑人心。又有徽州人程兆麟者，陕西曾做过道官，今往来苏州、扬州，招摇多事，时有闲言。又有苏人范溥，系山东东平州知州，丁忧归里，自称熟于京师要路，亦有招摇不根之语，理合据闻复奏。”

虽则如此，他们依然是忧虑忡忡，心怀恐惧的，写那些密折时不仅是提心吊胆，而且一再乞请皇上，“伏乞万岁将臣此折与前次臣煦亲手所书折子，同毁不存，以免祸患，则身家保全，皆出我万岁之恩赐也。”你看那一君一臣，在此事面前，竟然都是如此的胆战心惊，如临深渊，如履薄冰，可见事态之严重。请想一想，他们此时此刻，还敢收养一个复立为太子(复立了，也有再废的可能)的生女吗？

至于胤礽再次被废，那已是在曹寅病逝之后的事情了。曹寅是康熙五十一年(1712)八月病故的,而胤礽再次被废是在那一年的九月,曹寅自然再也没有私藏再废太子女儿于其家中之嫌了。那么,江宁织造的继任者、曹寅的孤子曹颙会不会干出这等冒犯天颜的事呢?他不仅年轻力单,无此胆略与魄力干此大事,而且他与其父曹寅一样,早即与废太子胤礽政见不同,互存嫌隙。前面已经讲过,当年胤礽与两江总督阿山因修建行宫之事蓄意陷害陈鹏年时,康熙正坐在临时行宫江宁织造署里犹豫不决之际,正好曹颙从庭前走过,康熙招手唤他过来,问他:"你知道江宁有好官吗?"曹颙对曰:"我知道,陈鹏年是个好官!"这一句出自童子之口的话,对于康熙下定决心释放陈鹏年起着很大的影响作用。此情此景,一时间传为美谈,它也不会不传到胤礽的耳朵里,他对于曹颙是早有怀恨之心,而当他再次被废时,还能够想到要把女儿托付给曹颙吗?

那么,此事会不会出现在江宁织造署再继任者曹頫的身上呢?答案依然如前:不可能!因为,曹頫继任已是在康熙五十三年(1714)底,这时,胤礽已经被废两年之久,而且又被牢牢地禁锢于咸安宫中,他的家口自然也禁锢在内,焉能有个女儿被私匿出去之理。退一万步来说,即使真有女儿私匿出去,收养何处也不会收养到曹家里去。一则他早就与曹家有隙,知道曹寅父子都是康熙最信得过的亲臣,他们是绝对不肯违背圣意收养已废太子之女的。而且,曹頫即使有心要收养,做一次政治上的投机买卖,但他也是无权和无胆的。因为,他虽然接任了江宁织造一职,但那是在皇上钦准将他过继给曹寅之孀妻李氏(即书中贾母)之后才授予他此任的。他是贾母的过继子,事事都要听从贾母的,贾母说把他废了,立时就可报请皇上把他废了。作为曹寅之妻的李氏,同样是参与迎接康熙六次南巡之事的一个人,他同样知道太子当年如何贪暴横行之事,也知道在他们府中发生过的父子两人几番为着抢救负冤在身的陈鹏年所做过的一切努力。如今,她会一改初衷,允许其过继子冒犯天条私养已废太子所匿之女吗?

对于书中所讲贾母将秦氏看作"乃重孙媳中第一个得意之人"一语,有人欲凭此而判定可卿是贾府私养的胤礽之女儿,那更是不伦不类的事了。贾母(即李氏)可绝不是那种忘事忘得一塌糊涂的人,她也决不会允许曹頫干出那种一塌糊涂的事来的。在这一点上,贾母就如同天波府里的佘老太君，她有着与佘太君一样的英明果断的性格。

对于把书中出现的怀疑秦氏出身的几个疑点问题，都与已废太子的私匿女儿联系起来，那不仅是无根无据，也是逻辑上自相矛盾的。例如，把秦氏出殡时那么多的王公大臣，都来吊丧和路祭，怀疑成她是已废太子私匿起来的女儿之故，那更是说不过去。难道他们不明白这样破格地吊祭已废太子的女儿，是严重的犯禁之事吗？弄不好是要出大事的。如果有人说，那是因为他们都不知道秦氏为私养的皇家格格，若其如此，那他们又何必如此地兴师动众，争着赶过来吊祭呢？

我们可以随手拈出几个反证，来驳斥那些捧秦氏为已废太子胤礽私匿的女儿这一说法。其一，难道说只有忠义亲王老千岁的女儿，才有资格躺进那副早已因其犯了事而被拿出去公开拍卖的棺材板里面吗？

应该说，亲自处理和参与处理过已废太子一案的乾隆，如果真有曹家匿藏允礽女儿一事，凭他的天资慧聪，在两次阅读《红楼梦》时，仅凭着书中透露出的那么多可疑之点，他也不会一点觉察不出其中的味道来的。他搞了那么多的文字狱，会轻轻地放过有这么犯禁违制，直接讽喻到皇家内部之事的书存在吗？还会等到三百年后今天的我们去发掘如此惊人的纸背文章吗？

再者说了，清廷有那么多的大小官员出来查禁《红楼梦》，他们说的可都是诲淫一事，说它是“字面绝不露一淫字，令人目想神游，而意为之移，所谓大盗不操戈也”。其中并无一人提及到它有政治嫌疑，有私藏已废太子女儿一案。难道说这些官员们的政治嗅觉都等于零，都有鼻塞不通之症，什么味道都闻不出来，有那么多的疑点和伏笔文章，都觉察不出来，而非等到今天由我们这些完全不请楚当时世势的人们来察觉出来吗？

而且，从乾、嘉以来，研究《红楼梦》的学者那么多，最早的从乾隆年间的周春、二知道人算起（甚或包括了满人裕瑞，他与皇家的关系不能谓之不厚），一直到了清末的护花主人、太平闲人、大某山民与蒙古人哈斯宝，从没有一个人看出这秦可卿是已废太子私匿起来的格格，他们在当时当代的政治环境下与历史背景下，都没有读到纸背上的这一页无字天书，难道他们对于背底敷粉的影射、假桑指槐的暗喻手法，都是一窍不通的文盲吗?

因此我们说,新兴的“秦学”的那些假说,虽然想像力都很丰富,假设得也十分大胆,但寻找出来的那许多条论证,却很苍白无力,不足以说服人心,只能是让人无端地产生出一片茫然之感和厌烦之情!

第十五回

王凤姐弄权铁槛寺　秦鲸卿得趣馒头庵

此回破译出：王熙凤复合性格中极端对立的两面性　贾宝玉在馒头庵里，是否有越出意淫范围的行为

话说宝玉举目见北静王世荣头上戴着净白簪缨银翅王帽王帽，又名堂帽，它是以黄金打底、上面铸有龙形、缀有黄丝绒珠穗的圆形帽，后面有两根银制的朝天翅，帽上有白色缨络连缀的带子，可以系到颔下，穿着江牙海水五爪龙白蟒袍江牙海水，也有写作为“江崖海水”的，系指袍子下端绣有弯曲线条，上面呈现出波峰浪涌形的图案。五爪坐龙，系伸出五爪、头偏向侧面的龙。蟒袍，又称花衣，因为上边绣有各种花纹图案。清朝时候，大小官员凡遇典礼之日，皆须穿花衣上朝，系着碧玉红鞓带鞓带，为皮革带，上面裹着红绫，称红鞓带。所谓碧玉者，系指其上面镶有暗绿色玉石。多为亲王、郡王所专用，面如美玉，目似明星，真好秀丽人物。宝玉忙抢上来参见，世荣从轿内伸手搀住。见宝玉戴着束发银冠，勒着双龙出海抹额，穿着白蟒箭袖，围着攒珠银带，面若春花，目如点漆。北静王笑道：“名不虚传，果然如‘宝’似‘玉’。”问：“衔的那宝贝在那里?”宝玉见问，连忙从衣内取出，递与北静王细细看了，又念了那上头的字，因问：“果灵验否?”贾政忙道：“虽如此说，只是未曾试过。”北静王一面极口称奇，一面理顺彩绦，亲自与宝玉带上，又携手问宝玉几岁，现读何书。宝玉一一答应。

北静王见他语言清朗，谈吐有致，一面又向贾政笑道：“令郎真乃龙

驹凤雏,非小王在世翁前唐突,将来'雏凤清于老凤声'此语出自唐代李商隐的诗《韩冬郎即席为诗相送》:"十岁裁诗走马成,冷灰残烛动离情。桐花万里丹山路,雏凤清于老凤声。"韩冬郎指的是晚唐诗人韩偓,少有奇才,据说十岁即能诗,李商隐在冬郎父亲设宴招待时,见冬郎即席赋诗,有感而发写出此诗,言冬郎日后定能超过其父未可量也。"贾政陪笑道:"犬子岂敢谬承金奖。赖藩郡馀恩,果如所言,亦荫生辈之幸矣。"北静王又道:"只是一件:令郎如此资质,想老太夫人自然钟爱。但吾辈后生,甚不宜溺爱,溺爱则未免荒失了学业。昔小王曾蹈此辙,想令郎亦未必不如是也。若令郎在家难以用功,不妨常到寒邸,小王虽不才,却多蒙海内众名士凡至都者,未有不垂青目的。是以寒邸高人颇聚,令郎常去谈谈会会,则学问可以日进矣详解见【破译一】。"贾政忙躬身答道:"是。"

北静王又将腕上一串念珠卸下来,递与宝玉道:"今日初会,仓卒无敬贺之物,此系圣上所赐鹡鸰香念珠香念珠,又叫香珠,是用香料或香木制成,每串十八个珠子,夏天带在腕上用以避秽。鹡鸰,又名脊令,是水边鸣禽,其肌骨并无香味,此处名曰鹡鸰香,似另有深层含意的。因为,《诗·小雅·棠棣》之中有句曰:"脊令在原,兄弟急难。"据说,康熙临终时,赐给雍正鹡鸰香念珠一串,让他顾念兄弟情谊。但他登基后,却残酷地迫害其亲兄弟。这里北静王用圣上亲赐的鹡鸰香念珠赠宝玉,恐怕有着特殊的含义一串,权为贺敬之礼。"宝玉连忙接了,回身奉与贾政。贾政带着宝玉谢过了。于是贾赦、贾珍等一齐上来,叩请回舆。北静王道:"逝者已登仙界,非你我碌碌尘寰中人。小王虽上叨天恩,虚邀郡袭,岂可越仙辆辆,即车;仙辆,指已入仙界的秦氏之灵车而进呢?"贾赦等见执意不从,只得谢恩回来,命手下人掩乐停音,将殡过完,方让北静王过去。不在话下。

且说宁府送殡,一路热闹非常。刚至城门,又有贾赦、贾政、贾珍诸同寅属下各家祭棚接祭,一一的谢过,然后出城,竟奔铁槛寺大路而来。彼时贾珍带着贾蓉来到诸长辈前让坐轿上马,因而贾赦一辈的各自上了车轿,贾珍一辈的也将要上马。凤姐因惦记着宝玉,怕他在郊外纵性不服家人的话,贾政管不着,惟恐有闪失,因此命小厮来唤他。宝玉只得到他车前。凤姐笑道:"好兄弟,你是个尊贵人,和女孩儿似的人品脂评本上有批曰:"非此一句宝玉必不依,阿凤真好才情。"一句批语,清楚地展示出宝玉、凤姐两个人的品性来。宝玉喜爱女儿,见了女儿就清爽,在这回书里也随处可见。故而，用这一语就能召唤他上得车来。凤姐观人察物的悟性极高，而又能随时随地机伶地应用，非是有一般才情的人，所能做得出来的，别学他们猴在马上。下来，咱们姐儿两个同坐车好不好？”宝玉听说，便下了马，爬上凤姐车内，二人说笑前进。

不一时，只见那边两骑马直奔凤姐车来，下马扶车回道：“这里有下处，奶奶请歇歇更衣。”凤姐命请邢王二夫人示下，那二人回说：“太太们说不歇了，叫奶奶自便。”凤姐便命歇歇再走。小厮带着轿马岔出人群，往北而来。宝玉忙命人去请秦钟。那时秦钟正骑着马随他父亲的轿，忽见宝玉的小厮跑来请他去打尖。秦钟远看着宝玉所骑的马，搭着鞍笼，随着凤姐的车往北而去，便知宝玉同凤姐一车，自己也带马赶上来，同入一庄门内。

那庄农人家，无多房舍，妇女无处回避。那些村姑野妇见了凤姐、宝玉、秦钟的人品衣服，几疑天人下降。凤姐进入茅屋，先命宝玉等出去玩玩。宝玉会意，因同秦钟带了小厮们各处游玩。凡庄家动用之物，俱不曾见过的，宝玉见了，都以为奇，不知何名何用。小厮中有知道的，一一告诉了名色并其用处此处，甲戌等本原有“宝玉一见了锹、镢、锄、犁等物，皆以为奇，不知何项所使”，在它的前面，还有“早有家人将众庄汉撵尽”等语，似属可厌与絮烦之语，程、高本一概删去，使文字干净利索。高鹗实是很了不起，大有功于《红楼梦》，红学界有人大骂高鹗其伪其劣，实在是不公道的。宝玉听了，因点头道：“怪道古人诗上说：‘谁知盘中餐，粒粒皆辛苦！’正为此也。”一面说，一面又到一间房内。见炕上有个纺车儿，越发以为稀奇。小厮们又说：“是纺线织布的。”宝玉便上炕摇转。只见一个村妆丫头，约有十七八岁，走来说道：“别弄坏了！”众小厮忙上来吆喝。宝玉也住了手，说道：“我因没有见过，所以试一试玩儿。”那丫头道：“你不会转，等我转给你瞧。”秦钟暗拉宝玉道：“此卿大有意趣。”宝玉推他道：“再胡说，我就打了！”说着，只见那丫头纺起线来，果然好看。忽听那边老婆子叫道：“二丫头，快过来！”那丫头丢了纺车，一径去了。

宝玉怅然无趣。只见凤姐打发人来，叫他两个进去。凤姐洗了手，换了衣服，问他换不换，宝玉道：“不换。”也就罢了。仆妇们端上茶食果品来，又倒上香茶来，凤姐等吃了茶，待他们收拾完备，便起身上车。外面旺儿预备赏封，赏了那庄户人家，那妇人等忙来谢赏。宝玉留心看时，并不见纺线之女。走不多远，却见这二丫头怀里抱着个小孩子庚辰本上写着的是："二丫头怀里抱着他小兄弟"，程、高本改成了"抱着个小孩子"，这一改便索然无趣了，可见，程、高也确有改得不尽人意的地方，同着两个小女孩子，在村头站着瞅他。宝玉情不自禁，然身在车上，只得眼角留情而已。一时电卷风驰，回头已无踪迹了。

说笑间，已赶上大殡。早又前面法鼓为寺院中所设的法器。一般情况下，法堂中皆设有二鼓，东北角处之鼓叫"法鼓"，西北角处之鼓叫"茶鼓"金铙也是法器的一种，用铜铸成，上下两扇，中间有铃，持柄摇动起来，声音悠扬响亮。古时，铙与钹本是两件器物，后来合混为一了，幢幡宝盖，铁槛寺中僧众摆列路旁。少时到了寺中，另演佛事，重设香坛，安灵于内殿偏室之中，宝珠安理寝室为伴。外面贾珍款待一应亲友，也有坐住的，也有告辞的，一一谢了乏；从公、侯、伯、子、男，一起一起的散，至未末未时，为下午一至三点。未末，当为将近三点钟方散尽了。里面的堂客皆是凤姐接待，先从诰命散起，也到未正下午二点钟上下方散完了。只有几个近亲本族，等做过三日道场方去的。那时邢王二夫人知凤姐必不能回家，便要带了宝玉同进城去。那宝玉乍到郊外，那里肯回去？只要跟着凤姐住着，王夫人只得交与凤姐而去。

原来这铁槛寺是宁荣二公当日修造的，现今还有香火地亩，以备京中老了人口，在此停灵。其中阴阳两宅俱是预备妥贴的，好为送灵人口寄居。不想如今后人繁盛，其中贫富不一，或性情参商参与商，是两个星宿名：一个在西，一个在东，从不相遇。比喻人生别离很难相见，杜甫的诗《赠卫八处士》中有句曰："人生不相见，动如参与商。"延伸开来，又比喻人的性情极不相同之意。有那家道艰难的，便住在这里了，有那有钱有势尚排场的，只说这里不方便，一定另外或村庄或尼庵寻个下处，为事毕宴退之所。即今秦氏之丧，族中诸人，也有在铁槛寺的，也有别寻下处的。凤姐也嫌不方便，因遣人来和馒头庵的姑子静虚说了，腾出几间房来预备。原来这馒头庵和水月寺一势，因他庙里做的馒头好，就起了这个浑号这纯粹是为馒头庵的起名找辙，浑说它的馒头做得好。一个尼姑庵哪有卖馒头与舍馒头的，外人怎知它的馒头好，而为它起此浑号的。在作者来说，本意是要凑成那铁门槛与土馒头的意境，才将其拼凑到一起来。所以，下边又紧跟上一句："离铁槛寺不远"，离铁槛寺不远。

当下和尚工课已完，奠过晚茶，贾珍便命贾蓉请凤姐歇息。凤姐见还有几个妯娌们陪着女亲，自己便辞了众人，带着宝玉秦钟往馒头庵来。只因秦邦业年迈多病，不能在此，只命秦钟等待安灵罢，所以秦钟只跟着凤姐宝玉。一时到了庵中，静虚带领智善、智能两个徒弟出来迎接，大家见过。凤姐等至净室更衣净手毕，因见智能儿越发长高了前在第七回书中已提到了她，周瑞家的送宫花时，见她正在惜春屋内说笑呢，模样儿越发出息的水灵了，因说道："你们师徒怎么这些日子也不往我们那里去？"静虚道："可是这几日因胡老爷府里产了公子，太太送了十两银子来这里，叫请几位师父念三日《血盆经》又名《目莲正教血盆经》或《佛说大藏血盆经》，本不载于西方《大藏经》之内，系后世僧徒所作。因迷信说，妇女产后出血不吉利，要污秽江河，死后要入血池地狱，故而产后要请僧尼念诵《血盆经》以消灾，忙的就没得来请奶奶的安。"

不言老尼陪着凤姐。且说那秦钟宝玉二人正在殿上玩耍，因见智能儿过来，宝玉笑道："能儿来了。"秦钟说："理他作什么？"宝玉笑道："你别弄鬼儿！那一日在老太太屋里，一个人没有，你搂着他作什么呢？这会子还哄我！"秦钟笑道："这可是没有的话。"宝玉道："有没有也不管你，你只叫他倒碗茶来我喝，就撂过手。"秦钟笑道："这又奇了，你叫他倒去，还怕他不倒？何用我说呢！"宝玉道："我叫他倒的是无情意的，不及你叫他倒的是有情意的。"秦钟没法，只得说道："能儿倒碗茶来。"那能儿自幼在荣府走动，无人不识，常和宝玉秦钟玩笑，如今长大了，渐知风月，便看上了秦钟人物风流，那秦钟也爱他妍媚，二人虽未上手，却已情投意合了。智能走去倒了茶来。秦钟笑说："给我。"宝玉又叫："给我。"智能儿抿着嘴儿笑道："一碗茶也争，难道我手上有蜜！"宝玉先抢着了，喝着，方要问话，只见智善来叫智能去摆果碟子，一时来请他两个去吃果茶。他两个那里吃这些东西？略坐坐仍出来玩耍。

凤姐也便回至净室歇息，老尼相伴。此时众婆子媳妇见无事，都陆续散了自去歇息，跟前不过几个心腹小丫头，老尼便趁机说道："我有一事，要到府里求太太，先请奶奶的示下。"凤姐问道："什么事？"老尼道：

"阿弥陀佛！只因当日我先在长安县善才庵里出家的时候儿，有个施主姓张，是大财主。他的女孩儿小名金哥，那年都往我庙里来进香，不想遇见长安府太爷的小舅子李少爷。那李少爷一眼看见金哥就爱上了，立刻打发人来求亲，不想金哥已受了原任长安守备公子的聘定。张家欲待退亲，又怕守备不依，因此说已有了人家了。谁知李少爷一定要娶，张家正在没法，两处为难；不料守备家听见此信，也不问青红皂白，就来吵闹，说：'一个女孩儿你许几家子人家儿？'偏不许退定礼，就打起官司来。女家急了，只得着人上京找门路，赌气偏要退定礼。我想如今长安节度云老爷，和府上相好，怎么求太太和老爷说说，写一封书子，求云老爷和那守备说一声，不怕他不依。要是肯行，张家那怕倾家孝顺，也是情愿的。"

凤姐听了笑道："这事倒不大。只是太太再不管这些事。"老尼道："太太不管，奶奶可以主张了。"凤姐笑道："我也不等银子使，也不做这样的事。"静虚听了，打去妄想，半晌叹道："虽这么说，只是张家已经知道求了府里，如今不管，张家不说没工夫、不希图他的谢礼，倒像府里连这点子手段也没有似的。"

凤姐听了这话，便发了兴头，说道："你是素日知道我的，从来不信什么阴司地狱报应的，凭是什么事，我说要行就行。你叫他拿三千两银子来，我就替他出这口气。"老尼听说，喜之不胜，忙说："有！有！这个不难。"凤姐又道："我比不得他们扯篷拉纤的图银子。这三千两银子，不过是给打发说去的小厮们作盘缠，使他赚几个辛苦钱儿，我一个钱也不要。就是三万两我此刻还拿的出来。"

老尼忙答应道："既如此，奶奶明天就开恩罢了。"凤姐道："你瞧瞧我忙的，那一处少的了我？我既应了你，自然给你了结啊。"老尼道："这点子事要在别人，自然忙的不知怎么样；要是奶奶跟前，再添上些，也不够奶奶一办的。俗语说的：'能者多劳。'太太见奶奶这样才情，越发都推给奶奶了。只是奶奶也要保重贵体些才是。"一路奉承，凤姐越发受用了，也不顾劳乏，更攀谈起来详解请见【破译二】。

谁想秦钟趁黑晚无人，来寻智能儿。刚到后头房里，只见智能儿独在那儿洗茶碗，秦钟便搂着亲嘴。智能儿急的跺脚说："这是做什么！"

就要叫唤。秦钟道："好妹妹，我要急死了！你今儿再不依我，我就死在这里。"智能儿道："你要怎么样，除非我出了这牢坑，离了这些人，才好呢。"秦钟道："这也容易，只是'远水解不得近渴'。"说着一口吹了灯，满屋里漆黑，将智能儿抱到炕上。那智能儿百般的扎挣不起来，又不好嚷，不知怎么样就把中衣儿解下来了。

这里刚才入港，说时迟，那时快，猛然间一个人从身后冒冒失失的按住，也不出声。二人唬的魂飞魄散。只听"嗤"的一笑，这才知是宝玉。秦钟连忙起来抱怨道："这算什么？"宝玉道："你倒不依，咱们就嚷出来。"羞的智能儿趁暗中跑了。宝玉拉着秦钟出来道："你可还强嘴不强？"秦钟笑道："好哥哥，你只别嚷，你要怎么着都使的。"宝玉笑道："这会子也不用说，等一会儿睡下咱们再慢慢儿的算帐。"

一时宽衣安歇的时节，凤姐在里间，宝玉秦钟在外间，满地下皆是婆子们打铺坐更。凤姐因怕通灵玉失落，等宝玉睡下，令人拿来塞在自己枕边。却不知宝玉和秦钟如何算帐，未见真切，此系疑案，不敢创纂【破译三】。

且说次日一早，便有贾母王夫人打发了人来看宝玉，命多穿两件衣服，无事宁可回去。宝玉那里肯？又兼秦钟恋着智能儿，调唆宝玉求凤姐再住一天。凤姐想了一想，丧仪大事虽妥，还有些小事，也可以再住一日：一则贾珍跟前送了满情，二则又可以完了静虚的事，三则顺了宝玉的心。因此便向宝玉道："我的事都完了。你要在这里逛，少不得索性辛苦了。明儿是一定要走的了。"宝玉听说，千姐姐万姐姐的央求："只住一日，明儿必回去的。"于是又住了一夜。

凤姐便将昨日老尼之事悄悄的说与来旺儿。旺儿心中俱已明白，急忙进城，找着主文的相公，假托贾琏所嘱，修书一封，连夜往长安县来。不过百里之遥古时，都把京城称之为长安。这长安县也不是今日陕西省的长安县，实乃是京郊的昌平、顺义等县，故云"不过百里之遥"，两日工夫，俱已妥协。那节度使名唤云光，久悬贾府之情，这些小事岂有不允之理，给了回书。旺儿回来，不在话下。且说凤姐等又过了一日，次日方别了老尼，着他三日后往府里去讨信。那秦钟和智能儿两个，百般的不忍分离，背地里设了多少幽期密约，只得含恨而别，俱不用细述。凤姐又到铁槛寺中照望一番。宝珠执意不肯回家,贾珍只得派妇女相伴。后事如何,且听下回分解。

破译详解

① 破译一: 这位北静王世荣(实指皇六子永瑢)的过继父亲慎靖郡王(自号紫琼崖主人),其为人确实如同本回书中所讲:"海内众名士凡至都者,未有不垂青目的,是以寒邸高人颇聚。"原来这位紫琼居士是极好结交天下文人学士的,一点没有王爷的官气和豪门贵族的富贵气,故而海内众名士进京时多去其家中拜访,可以说是归之如流水。郑燮的《板桥自序》中就详记其事,曰:"紫琼崖主人极爱惜板桥,尝折简相招,自作骈体五百字以通意,使易十六祖式、傅雯、凯亭持以来。至则袒而割肉以相奉,且曰:'昔太白御手调羹,今板桥亲尝王割肉,后先之际,何多让焉!'"

郡王亲手割肉给客人吃,使得还有一点文人傲气的郑板桥感叹得无以复加,将自己比作李白尝到了皇帝亲手调治的羹汤。当然,受到如此隆盛厚待的不止郑板桥一人了,有多少如同郑板桥一般的文人名士,常是晨夕朝暮不断地聚到郡王府里来,谈诗论文,探讨学问,亦如板桥所说:"主人专与山林隐逸、破屋寒儒争一篇一句一字之短长,是其虚心善下处,即是其辣手不肯让人处。"

本回书中说,宝玉如果能够"常去谈谈会会,则学问可以日进矣",这话也说得非常确切。郑板桥文中就曾说到,这位王爷是极其爱好与文人名士们探讨学问,争一句一字之短长的,他由此而发地感慨说:"学问二字,须要拆开看。学是学,问是问。今人有学而无问,虽读书万卷,只是一条钝汉尔!琼崖主人读书好问,一问不得,不妨再三问;问一人不得,不妨问数十人,要使疑窦释然,精理迸露,故其落笔晶明洞彻,如观火观水也。善读书者,曰攻曰扫。攻则直透重围,扫则了无一物。紫琼道人深得读书三昧,便有一种不可羁勒之处。试读其诗,如岳鹏举用兵,随方布阵,缘地结营,不必武侯八阵图矣。"

试想,宝玉如果真能够常去这位郡王之家,与那些文人学士探讨学问，学问焉有不日益长进的呢？

② 破译二：在《红楼梦》的这前十五回书中，登场次数最多、亮相的段子文字最长也最为精彩的人，莫过于王熙凤了，连本书的主角贾宝玉都不如她，更不要说次主要人物林黛玉和薛宝钗了。她有整回整回、完全可以独立成章的戏：一是接见刘姥姥，二是毒设相思计害贾瑞，三是借到宁国府来协助料理丧事，四是弄权铁槛寺。而独立成章描写贾宝玉的，只有第五回“贾宝玉神游太虚境”，其余的几回，都是伴他人，甚或为着突出他人而写的：例如，第八回与宝钗互识身上携带金锁与通灵玉，是为着伴写宝钗以及钗、黛二人各自不同秉性而写的；第九回群儿闹学与这第十五回得趣馒头庵，都是为着突出秦钟而写的。林黛玉虽然也有一回专场，即来到贾府时那场，但却是个过场戏，对她本人并不怎么突出，只是把她作一个引子，由她作为牵线人带领读者认识到贾府上上下下的人及其不同寻常的豪华排场而已。因此，看过这十五回书，给人留下印象最深的人物，莫过于这个王熙凤了。她从一上场接待黛玉时起，就熠熠闪光，灼灼夺目；而越发展下去，越是形象丰满，个性张扬，作为一个活脱脱的典型人物，已经活灵活现地打造出来了。她不是书中的最主要人物，但却不亚于，甚至胜过于最主要人物，犹如同《水浒传》中的林冲、鲁智深、李逵等，其性格突出闪亮，皆不在宋江、晁盖之下，这也正显示出了《红楼梦》《水浒传》不同于一般小说的独特风格与不同凡响的写作技巧。

王熙凤是一个典型的复合性格之双面人。在前十四回书中，多显现其美好的一面，着力地突出她的机灵乖巧、热情待人、办事能力极强也极其认真、讨得方方面面的人都很喜欢她的可爱可敬的一面；而从这一回起，转而突出她的贪婪、狠毒、阴险、私心太重、不择手段地算计人与坑害人的一面，即由善的一面，转为恶的一面。她是两面都很突出，都很个性化的一个人，都是在其他小说书中所不容易见到的。因此王熙凤的人物形象，也便更为超群凸立，更为生动鲜明，更为有血有肉地深刻在人们的心目中。至今，犹见人们在说话中常常提到某某人“活像王熙凤似的”。

作者对于王熙凤这个人是爱，还是憎呢？作者虽然是爱而知其恶、憎而知其善地全面展开地来写，但平心而论，在基调上来说，他还是很爱这个人物的，故而将秦氏魂托贾家子孙后事这样的警世之语，托之于她的梦里，而不是托在别的什么当家人、主事人身上。就书中所写的贾宝玉当时的心情来看，他喜欢凤姐决不亚于黛玉、宝钗，虽然这爱，又是另一番含义上的爱。

王熙凤最大的弊病，就在于恋恋不忘一个“权”字。她的所作所为，全部心思，都用在如何保住当家管事的权上来，并想尽一切办法，如何地扩大这个权力。第十三回书中写到宝玉突然向贾珍问起忧愁何事，并帮助他想出解除忧愁的方法——邀请凤姐过来帮助理事，焉知这不是凤姐唆使的呢？依着宝玉衣来伸手、饭来张口这样性格的一个人，他自己是决然想不到此事的。我们再看看后面，连凤姐都不好意思当着邢、王夫人的面走下去接对牌时，倒是他宝玉急忙地从贾珍手里接过对牌“强递与凤姐了”，这不明显的，是他们两人事先商定好了的吗？

王熙凤为什么这么恋权呢？因为在她看来，权有两大好处：一可得威，二可得财，而这两样，又都是王熙凤极其贪恋的。我们先说这个“威”字吧！人们常说，权威、权威，可见，有权才有威，或者准确一点地来说，这个威字得之于权，是较之于依靠其他方面的本事，例如品德高尚与不懈奋斗等等，都更容易获得到手的。俗话说：“大丈夫八面威风”；而在现实生活中，小女子也可以八面威风，只要她手里有权，就能轻而易举地获得这种威风，让人们都看重她，敬畏她，害怕她，而又不得不当面来奉承她，依附她，顺从她，讨好她，这是多么让人开心的事，那也是最让王熙凤感到满足与可以凌驾在众人之上的事儿。

权的另一条好处，就是可以借此而获得额外之财。人们常说：“有权就有钱”，这恐怕是古今中外，皆不能除外的。在这一回书里，开始展示出王熙凤如何用权收贿、开始贪赃枉法的行为。当然，在此之前，她也可能有这方面的劣迹，但看得出来还是有些收敛的；而在这里，却已经是可以明目张胆地弄权贪贿，确实让读者心里立时为之一悸的，在那粉灿灿如花似玉的面孔后面，突然看到了一个蹲在其身后的魔鬼，一个丑恶的灵魂。好在书中没有细写其事，没把破坏张华爱情与婚姻的详情细节展示出来，在读者心目中，还没有把凤姐那美好的一面破坏得甚是厉害。

但是，贪是无止境的。凤姐从铁槛寺里开头，以后一步步地越走越远，越陷越深，她不知道，也没有想到，这正是她在自行凿破那铁门槛，越往下走下去，离那土馒头也就越发不远了。这也正如那十二支《红楼梦曲》所说的一样："机关算尽太聪明，反算了卿卿性命。"

曹雪芹怎么对于有着这样一个贪酷性格的人，还用那样温情脉脉的文字和怜爱不止的心情来写她呢？因为他要写他在生活中所认得的一个真实的人，正因为是真实的人，才是一个七情六欲都不会刨光得干干净净的人。她有可爱的地方，也有可憎可恶的地方，我们细看，那金陵十二钗中，不都是个个皆都是两面俱备的人物嘛：秦氏淫乱，探春趋炎附势，对亲娘和亲娘舅都过分的刻薄；迎春柔弱性懦，扶亦不立；妙玉矫情造作，洁癖超常；宝钗谋于心计，有时甚至于要嫁祸于人；就是宝玉最倾心与深爱的林妹妹，作者也不乏对其尖酸刻薄，肚量狭窄容不得人之痼疾，做深层次的揭露。正因为作者这样地写，才叫人感动，因为读者在书中看到的是生活中真实的人，有着常人所有的七情六欲，是人们在现实生活中都能够见得到、听得到的人；所以书中写了那么多的人，上自贾母、邢王夫人、贾珍、贾琏等起，下自丫环小厮，三四百号的人，个个皆都栩栩如生，跃然纸上，甚至像焦大那么一个老仆人，叙及到的只有短短的一段文字，也给人们几百年来都难以磨灭的印象，在近现代的文学作品中，经常能够看到他的名字。

这正是《红楼梦》所以能够取得如此成功之处，脂砚斋有一段评语说得很好："所谓人各有当也，此方是至理至情。最恨近之野史，恶则无往不恶，善则无一不善，何不近情理之如是耶？"大红学家俞平伯也明确地指出过这一点："我们看，凡《红楼梦》中底人物都是极平凡的，并且有许多极污下不堪的。人多以为这是《红楼梦》作者故意骂人，所以如此；却不知道作者底态度只是一面镜子，到了面前便须眉毕露无可逃避了，妍媸虽必从镜子里看出，但所以妍所以媸的原故，镜子却不能负责。以我底偏好，觉得《红楼梦》作者第一本领，是善写人情。细细看去，凡写书中人没有一人不适如其分际，没有一个过火的；写事写景亦然”（见其所著《红楼梦研究》）。

③ **破译三：**《红楼梦》在这一回中，也如同写王熙凤的性格的转化一样，也有另一个方面的转折，即由意淫转弯到滥淫，亦即警幻仙子在太虚幻境中所说的：“如世之好淫者，不过悦容貌，喜歌舞，调笑无厌，云雨无时，恨不能天下之美女供我片时之趣兴：此皆皮肤滥淫之蠢物耳。”

我认为，所谓意淫与一般之淫滥不同之处，在于有情，是情与性、灵与肉的深度结合，是以深刻感情为基础的，是以情感为先的；先有深情，后有两性，而且是情愈深而淫愈禁的，如贾宝玉之对于林黛玉。但在这一回里所发生的一切，却远远不是这样的。宝玉和秦钟对于那个纺线的二丫头有什么情，才刚刚见面，就眼巴巴地望着，贪恋不舍；对于智能儿也是一样，两个人为之争风吃醋。而那秦钟更不像样子，已到了饥不择食的地步，不管人家智能说的话如何在理，“除非我出了这牢坑，离了这些人，才好呢。”如果他稍微能够为对方打算一下的话，也不会不管不顾地说，“‘远水解不得近渴’”，说着一口吹了灯，就把智能抱到炕上。

而且不光是贪恋女色，男色也不放过，宝玉在捉住秦钟与智能上炕时，要挟地对秦钟说：“这会子也不用说，等一会儿睡下咱们再慢慢儿的算帐”，至于怎么算帐，书中说“未见真相，此系疑案，不敢创纂。”

这些越过意淫范围的行为，自然都可以，也都应当归之于秦钟的名下，但是伴之而行的宝玉，也不能脱得干净。这一些，都是与古人所说的“发乎于情，止乎于礼”的古训背道而驰的。康熙在废除胤礽太子之位时，曾耐心地训教其臣子们说：“朕从不令外间妇女出入宫寝，亦从不令姣好少年随侍左右，守身自洁。今太子所行若此，朕实不胜愤懑，至今六日未尝安寝。”说着说着，竟至“涕泣不已，诸臣皆呜咽”。

那么，怎么认识书中对于宝玉这个“天下第一意淫之人”的典型塑造呢？我认为，虽有此回的破格，但小瑕不掩大瑜，并不能因有此回的破格行为而改变宝玉始终是个痴情的人，亦即爱情专一、感情至上的天性，或者说是坚贞不渝的信念也好。不然，我们便无法理解，他后来何以虽有貌美若仙的娇妻宝钗、有温柔体贴的美妾麝月在身旁，终于还是断然抛下而离家出走，遁入空空的佛门，终生守着“空对着山中高士晶莹雪，终不忘世外仙姝寂寞林”的天荒地老也不会改变的情怀呢？

我们从后来的书中也可以看出，此后再也没有出现过与秦钟今日所发生过的这些事儿，虽然他与湘云、妙玉、宝琴、香菱都有过情意缠绵，与金钏、鸳鸯、芳官、柳五儿有过调笑、讨情、乞爱和纠缠不清的亲暱行为，甚至于同晴雯已有了那样刻骨铭心的爱，但却都丝毫没有改变，甚至也丝毫没有影响到他那意淫第一的极为特殊的典型形象。

而对于此回书中的一些越格，是否可以这么理解：他对于纺线二丫头的贪恋，正是说明与他那见了女儿便清爽，自幼便喜欢天地中那些最美好的形象的心理有关。实际上，少男少女成熟到了一定的程度，都有着对于异性的爱慕，不过是萌发的程度不同而已。不然，为什么人们对于美女都要格外地看上一眼，女人也都要着意地梳妆打扮，为讨得人们更多的注目而倾心。用现代的话说，就是要争取“提高回头率”。

至于同秦钟的男事，我认为主要是为着伴领秦钟而写出的。在群儿闹学的那一回是这样的，这一回也是如此。为着要写秦钟的纵淫于男女两色，便把他自己也牵连上去。在现实生活中，秦钟发生的这些与俊男相交的事，已在前回书中的香怜、玉爱等人身上不止一次地发生过了，这回再次，可能，或者说是也许是，他是与别的男人发生的，但因在此特殊环境下，是宝玉一路上把他从送殡的浩荡队伍中引领出来的，除了宝玉之外，身边没有可以再行此事的现成的对象可找，只好因捷就简地引到宝玉身上来了。好在，在当时人的理念中，有这事与无这事都是无伤大雅的。因为那时候，还没有“同性恋”这么一说。

（未完待续）